自治総研叢書 35

ベルギーの連邦化と地域主義
— 連邦・共同体・地域圏の並存と地方自治の変貌 —

佐藤 竺 著

敬文堂

まえおき

　本書はベルギー王国の1970年代以降の統治構造の転換＝単一国家から連邦制への移行とそれに伴うフラーンデレン（オランダ語圏）とワロン（フランス語圏）の共同体・地域圏の自立性強化と両者の対立激化、特に1960年代の経済力逆転に伴う前者の独立志向、両地域と連邦政府との並存、およびそれぞれ両地域の地方自治制の異なる方向への進展の実情を紹介しようとするものである。この根底には、大英帝国のスコットランドやスペインのカタルーニャなど特にヨーロッパで顕著となった民族独立の動きと軌を一にするものがあるが、その要因はベルギー独特のものといえる。また、その動きと並行して、ベルギーの場合、ヨーロッパ連合（EU）との対応が年々強化され（超国家レベル）、それに伴い連邦政府の存在価値が弱まる中で（国家レベル）、連邦からの相次ぐ権限移譲によって共同体と地域圏の機能の重要性が著しく高まり、またこの両者が連邦を飛び越して直接EUと関係する局面も増え（共同体・地域圏レベル）、このレベルに従来の機能が吸い上げられると共に、ヨーロッパ自治憲章の制定等もあって基礎自治体やその連合体が強化された（基礎自治体レベル）ため、国家と基礎自治体の中間にあって大きな役割を果たしてきた県（province）(1)（県レベル）は直近の憲法改正ではその廃止を可能にする条文も挿入された。これを要約すると、強（超国家レベル）・弱（国家レベル）・強（共同体・地域圏レベル）・弱（県レベル）・強（基礎自治体レベル）ということになるので、以下の記述ではこの点を考慮しながら筆を進めることにする。

　ベルギーは、著者が1971年に初めて4か月間、ヨーロッパから北米へと都市計画の視察の旅をしたとき、パリからブリュッセルまでのインターシティ

　（1）日本の文献は多くが「州」と訳しているが、ベルギーの場合は後述するとおり著者の実態調査の結果では日本の府県相当であり、単一国家の時期には国と基礎自治体の中間にあって3層構造をなしていて日本語の「道州制」にいう州とは異なるので、「県」と訳した。

i

急行で相席となったベルギー人の若かったエグモンド夫人から自宅のあるゲントへ来るよう誘われて厚かましくも訪問、大変な歓待を受け、爾来延べ10回にも及びこのエグモンド夫妻（Harko & Lieve van Egmond、後にゲント大学医学部教授）によって私たち夫婦はヨーロッパ各地へ案内してもらうことになった。だが、このときはまだかつて隆盛を極めたフラーンデレンの文化遺産のブリュッセルやゲントの大聖堂、素敵な街ブルージュなどとかワロンの絶景美のアルデンヌ地方やリエージュ、ナミュールなどの都市の魅力を満喫するにとどまっていた。そのベルギーを研究対象に選ぶことになったのは傘寿になってからで、後述のような経緯があった。

　ベルギー王国についての研究は、あとがきで触れるように、英・独・仏・伊・北欧諸国などと比べると、比較憲法の観点からの憲法の飜訳や若干の著書・論文に限られており、著者が会長を務めた自治体国際化協会の比較自治研究会でも小国としてオランダなどとともに研究対象外だった。そこで、同研究会の米国部会長も兼務していた著者が、調査研究の提案者として別個現地調査を行うことになり、その結果を調査研究報告書として、平成19年度「ベルギーのリージョナリズム——連邦・共同体・リージョン——」、同20年度「ベルギーの地方自治——実態調査報告——」として発表することができた。

　だが、近年ますます激しさを増しヨーロッパ各国を悩ましている移民問題、難民問題やテロ、ギリシャの財政危機を始め相次ぐ難問の発生で最近のヨーロッパがめまぐるしく変化する中で、EUの動向の重みが増し、それに伴い人口1100万の小国とはいえ、ベルギーの首都のブリュッセルがEUの首都として脚光を浴びるようになり、またEUの中で果たしているベルギーの国自体やその要人たちの活躍も際立っている。それだけに、この国の政治・行政についてはもっと研究が行われるべきであり、その特有の「多極共存型民主主義」の存在を始め、両言語圏のいずれかが有利な決定を行うことのないよう３分の２の条件付多数決制を採っているし、揺り籠から墓場まで指導者が面倒を見る「主柱主義」が支配して国民の自立性の障害となってきたなど興

味深い現象に事欠かない。

　ところで、本書の刊行については、前述の研究調査報告発表後間もない頃、著者が地方自治総合研究所（自治総研）の会合でその予定を述べたところ、同席した辻山幸宣所長と当時の佐野幸次事務局長から是非自治総研で出版をとのまたとない申出があり、ありがたく承諾した。だが、脱稿が予定より何年も遅れたのにはやむをえない事情があった。その最大の理由は、現地調査の際に拝受してきた文献や資料が一部の英語とドイツ語を除いていずれもオランダ語とフランス語であったため、英語や旧制高校時代に第2外国語で学習したドイツ語以外は初めての言語で、その独学での修得に手間取り、その後の翻訳に長い年月を要したこと、その間急がれたペーター・ヘフナー著『ドイツの自然・森の幼稚園――就学前教育における正規の幼稚園の代替物』2009年7月、公人社（ドイツ語翻訳）の出版（自治総研・公人社）や比較自治研究会の部会長として行った結構な量に上った「ニューヨーク州憲法」2011年3月、「同地方自治体法」と「同ホームルール法」共に2011年9月、（いずれも自治体国際化協会ホームページ掲載）などに時間が取られたこと、それでもやっとベルギー関係の必要な翻訳をほとんど終えてまとめの執筆に掛かった時突然の敗血症からきた腰痛で2度も続けて切開手術を受け、さらに併せて老化による背骨のずれを金属で固定化する手術（これが膿んでその後さらにもう一度入院して手術を受けた）も行われたため結局延べ1年も入院をよぎなくされたこと（おまけにその間左足の突然の蜂窩織炎でこれまた入院治療を要した）、さらに完了間近になって心臓機能の著しい低下で両肺に水が溜まって息切れが酷くなり、リハビリのトレーニングも一切禁止となったことなどである。ともあれ、初めての言語の翻訳の苦心の跡は、別刷の自治総研資料に収録したベルギー憲法を初め公務員関係法令、ワロンの自治法、リエージュ県の議会規則、本書第2部の自治体現地調査報告などから推察戴きたいし、拝受してきた各自治体のそれぞれ膨大な資料はこれも大半がオランダ語とフランス語だったが、必要と思われるものは余すところなく収録した。したがって、肝心の現状の方は、聴取内容とデータだけ

はいささか古くなったがもはや改めて出掛けて再調査して全面的に書き直す体力も機会もなく、今日の変貌著しい時代にあっては時期を失した感はいなめないがご容赦頂きたい。だが、本書の構成自体は、これまでの政治学の常識とされてきたのとは逆に近代的な単一国家から連邦国家へと変容せざるをえなかった諸事情｛後述のPeeters教授はほとんどの連邦国家は従前の独立もしくは同盟関係構成体が一定の権限を新設の中央レベルに移す（統合的連邦主義）だったのに対してベルギーでは対照的に連邦化の過程は中央レベルで始まり、権限を共同体と地域圏に移した「遠心的な連邦国家」「移譲型の連邦化」(devolutionary)とその特徴を表現している（"3 Refrections on the Belgian federal state" *in Michael Burgess and John Pinder ed. Multinational Federation* 出版年・出版社不明｝と、それに伴う民族・言語・文化の違うフラーンデレンとワロン両共同体・地域圏の対立やその地方自治への影響、またベルギーの連邦政府、両共同体・地域圏を拘束し、第2次世界大戦後年々拡大強化されてきたEUや様々なヨーロッパ諸国の関係する条約、協定など超国家レベルの動向にも焦点を当てている。

刊行に当たり、まず取り組んでから足かけ10年を要し、本書の脱稿が奇しくも2016年4月著者の米寿の誕生月となるまで辛抱強くお待ち願った辻山・佐野の両氏と出版を取り仕切って頂いた現事務局長の密田義人氏に感謝の意を表したい。ともあれ、創設以来40余年、今では当初の研究員で存命なのは辻山現所長と著者のみとなってしまったが、著者の後半生の切っても切れない貴重な存在である自治総研から本書を出版できるのは何よりの喜びである。

また、たまたま私費留学でロンドンに滞在中だったところから、前述の現地調査の宿やアポイントメントの手配、現地での車の運転から膨大な資料の発送までを務めてくれた愛弟子の新潟大学馬場健教授には、併せて著者のコンピュータ操作の指導を始め、その日常の支援がなかったら、著者のここ20年の研究は成り立たなかったといっても過言でないほど世話を掛けてきたことにこの場を借りて厚くお礼を申し上げたい。

さらに、著者が老骨にむち打って全く未知だったオランダ語やフランス語

に挑み、ベルギーの研究をライフワークとして取り組む気になったのは、最近は音信不通になってしまったが前述の、そしてあとがきに記したように初対面なのに大変なもてなしを受けて以来のエグモンド夫妻の長年の厚遇に幾らかでも報いたかったからであり、ここで深甚の謝意を表すると共に、彼らに導かれて訪問を重ねるうちにその魅力の虜となったベルギーについて日本の人々に少しでももっと理解を深めて欲しいと願うからである。

　最後に、身内のことに言及するのは昔気質の人間としていささか気が引けるが、結婚して60年余、著者が後顧の憂いのないよう家庭を切り盛りし、著者が自らコンピュータを操作できるようになるまでの間、得意の英文タイプやワープロで著書や論文、各種報告などの拙稿を清書してくれたこともあり、度重なるベルギーを初め渡欧に同行していて、本書の完成を心待ちにしていたのに、持病が急速に悪化、今では家族のことさえほとんど認識できず療養施設で余生を送っている妻新に本書を捧げるのをご容赦願いたい。

　　2016年4月

佐藤　　竺

（※まえおきで紹介している「別冊の自治総研資料」は、本文の中で「補巻」とされていますが、公益財団法人地方自治総合研究所が発刊する自治総研資料№119「ベルギーの連邦化と地域主義・補巻〈資料集〉」のことです。同資料は、非売品のため、必要な方は、自治総研03-3264-5924にお問い合わせください。）

〈目　次〉

まえおき（ⅰ）

第1部　ベルギーの政治と行政

第Ⅰ章　EUの動向（超国家レベル）とベルギーへの影響…… 3
第1節　EUの出現と圏域拡張の動き（3）
第2節　第2次世界大戦直後の動き（5）
第3節　ECSCからEUへ（7）
第4節　ECSC発足以降の主要な条約等（8）
第5節　EUの主要機関（12）
第6節　EUをめぐる意見の対立と脱退の動き（15）
第7節　ヨーロッパ諸国での移民排斥の動き（20）
第8節　国際条約と国内法（28）

第Ⅱ章　連邦政府（国家レベル）の役割低下……………… 29
第1節　ベルギー王国誕生までの歴史（29）
第2節　建国以降の対立・抗争（34）
第3節　多極共存型民主主義とその変容（40）
第4節　南北両地域の現状比較（45）
第5節　教育政策の対立（54）
第6節　言語境界線の確定と言語紛争（62）
第7節　王制の役割と問題点（70）
第8節　移民問題（77）
第9節　政党の南北分裂と組閣の難航（85）

第Ⅲ章　連邦化と政府の変容 …………………………… 103
第1節　連邦化の進展に伴う憲法改正（103）
第2節　連邦化と各政府間関係（120）

第Ⅳ章　連邦国家の権限配分 ……………………………… 122
第1節　ベルギー連邦国家の各政府レベル（122）
第2節　管轄権配分（124）
第3節　各共同体と地域圏の概況（130）

第Ⅴ章　仲裁院の誕生と憲法裁判所への移行 …………… 145
第1節　仲裁院制度の概要（145）
第2節　仲裁院の創設とその役割（146）
第3節　法的（憲法的）基礎（148）
第4節　憲法裁判所の組織（149）
第5節　憲法裁判所の管轄権（151）
第6節　憲法裁判所の審理（153）
第7節　憲法裁判所の手続（154）

第Ⅵ章　国務院（最高行政裁判所）……………………… 157
第1節　国務院の構成（157）
第2節　国務院の機能（163）
第3節　司法制度（174）

第Ⅶ章　地方自治関係法令・資料 ………………………… 179
第1節　ワロン地方民主制・分権法典（179）
第2節　リエージュ県諸法令（254）
第3節　公務員関係法令（278）

目　次

第2部　自治体現地調査報告

第Ⅰ章　現地調査のスケジュール……………………329
　まえおき（329）
　第1節　現地調査訪問先日程表（2007年9月3日～7日）（330）
　第2節　現地調査訪問先質問項目（332）

第Ⅱ章　県レベルの自治体……………………338
　第1節　東フラーンデレン県（338）
　第2節　リエージュ県（373）
　第3節　ナミュール県（393）

第Ⅲ章　基礎自治体……………………419
　第1節　リエージュ市（419）
　第2節　ナミュール市（427）

第Ⅳ章　大学研究者……………………455
　第1節　ゲント大学人権センタースタッフ（455）
　第2節　ペータース教授（ルーヴァン大学）（459）

第Ⅴ章　実態調査から得られた知見……………………464
　第1節　連邦レベルの問題（464）
　第2節　県レベルの問題（466）
　第3節　基礎自治体レベルの問題（469）

あとがき（471）

ベルギー全図

第1部　ベルギーの政治と行政

第Ⅰ章　EUの動向（超国家レベル）と
ベルギーへの影響
第1節　EUの出現と圏域拡張の動き[2]

　第2次世界大戦後のEU（ヨーロッパ連合）の出現と活動の活発化は、周知のとおりヨーロッパの長年にわたる主権国家のあり方に多大の変化をもたらした。20世紀に再度の大戦で戦火を交えたフランスとドイツの不戦の誓いを体現したヨーロッパ独自軍の創設に始まり、国際司法機関の設置、共通通貨ユーロの採用など、ヨーロッパの超国家的統合への動きは、統一憲法の採択こそ頓挫したものの着実に進展している。そして、その圏域拡張の波は、いまだ加盟の承認には至っていない一部の東ヨーロッパ諸国やトルコにまで及び、包含する加盟国総人口は5億人に迫る勢いを示している。それに伴い、EUやさらに国連関係の国際条約の各国国内法、とりわけ憲法との関係に新たな解釈運用の必要性が生まれ、他方EUの推進する分権化はそれぞれ多民族によって構成されるヨーロッパ各主権国家の内部に構成諸民族のアイデンティティ確立への運動を誘発し、またそれによって増幅されている様子もうかがえる。そして、EUを初め超国家機関が国のレベルを飛び越してベルギーの場合には共同体や地域圏と直接対応し、あるいは条約や協定が直接国内法同様に適用される現象が生じてきている。さらに、共通通貨のユーロの採用は巨大なヨーロッパ統一市場を生み出してその世界市場での強固な地歩を確立した。とりわけヨーロッパ自治憲章の採択は、ヨーロッパのみならず世界各国の自治権拡充の動きに対して多かれ少なかれ影響を及ぼした。

　一方、EUによるヨーロッパの統合はユーロを基軸とする経済圏のみなら

（2）この節は2007年に著者が実施した現地調査の際に入手した資料のほか、多くを*Information Sheet of The House of Representatives*, http://www.benelux.beのsheet 34.00〜37.00と一部『新法律学事典』第3版第3刷、有斐閣、平成5年などにも依拠して記述している。

ず、コンピュータ化と結合したメディアの急激な発達に支えられて世界共通語の英語による言語の統一をも促進している。これは同時にこれまでのヨーロッパにおけるフランス語の斜陽化をもたらし、またこれまで参加各国の公用語だった伝統的な自国語の中に公用語として認められなくなったものも出てきて、多言語主義が選別に掛けられ、そこから漏れれば消えていく運命にある。これにより伝統や文化が消滅してしまうとの危機感を抱いた若者を中心に、これらの地域語を学習し、残そうという運動も起こっているが、反面こういった試みは極右の民族主義者の国粋主義的運動の手段として利用される虞もある。現にベルギーでも、こういった動きが見られることはいうまでもない。ここでは、後述するようにもともと各地に多様に存在していた地域語（方言）が、ケルトのオランダ語と類似のフラマン語と、ラテンのフランス語と同根のワロン語に統合されてきた。しかも、歴史的には国際的に優位の地位にあったフランス語がワロンの経済力を背景に長らく同国の公用語として君臨し、これによって劣勢に立たされてきたフラーンデレンの激しい文化運動を引き起こしてきたのだった。

　ともあれ、現在ヨーロッパを旅行してみると、EUの存在の恩恵が私たちにも及んでいることが体験できる。何よりもイギリスなど一部を除いて通貨はユーロだけですませて一々入国の際に当該国の通貨に交換する手間が省けるようになったし、車で旅行する際の国境でのパスポート提示の煩わしさもない。1971年に初めて3か月にわたってヨーロッパ各地を調査旅行して以来たびたび彼の地に足を踏み入れたが、国が代わるたびに通貨を交換し、パスポートを提示しなければならず、前述のベルギー人夫妻の車でベルギーからオランダ・ドイツ・スイス・オーストリアと約3,500キロを旅したときなど、特に最後の2国間の国境の出入りのたびに1日に何度も検問されたのを思い出す。まして東ヨーロッパへの出入国の際の長時間待機など今では2度と体験できないものとなってしまった。

　とまれ、現在のベルギーの政治状況、特に連邦化に伴い多重化した政府レベルについて語る場合に、国内の連邦・共同体・地域圏・県・基礎自治体に

加えて、超国家レベルに触れなければならない。したがって、まずベルギーが深く関わってきた主としてヨーロッパの国際的・超国家的組織、条約や協定などについて概観しておく必要があるが、実は後述するようにこのヨーロッパにおける超国家レベルの進展の先端を切ったのは、英・仏・西独の3大国とベルギーを含む小国のベネルクス3国（ベルギー・オランダ・ルクセンブルク）だった。ベネルクス3国は1815年のウィーン会議でこの現在の3国からなるネーデルラント王国の独立が認められたが、後述のように1830年にベルギー王国が分離独立し、次いで1890年にはルクセンブルク大公国が独立した。そして、第2次世界大戦中の1944年にベネルクス関税同盟が誕生、戦後の1948年にベネルクス経済同盟となり、さらに2008年にはベネルクス同盟と改称したが、この3国を合わせても面積は7万6657km²（北海道島と同程度）、人口は2700万人強にすぎない。だが、この3国の結束は固く、議会間協議会（ベネルクス議会）、閣僚委員会、理事会のほか、ベルギーの破棄院、オランダの最高裁判所、ルクセンブルクの高等裁判所の裁判官たちの中から任命される各3人ずつ9人で構成されるベネルクス裁判所も持っている。

第2節　第2次世界大戦直後の動き

第2次世界大戦終戦から約5年間に、ヨーロッパでは三つの重要な国際的協力機関が相次いで発足した。最初が1948年設立のヨーロッパ経済協力機構（OEEC）で、「ヨーロッパ経済協力機構に関する条約」により設置された、アメリカのマーシャル・プラン（1947年）によるヨーロッパ復興計画とその実現のための経済協力法によるアメリカの援助の受入体制の確立を目指したが、後に復興の達成に伴い貿易の自由化や開発途上国の援助に転換、1961年にヨーロッパ経済協力開発機構（OECD）と改称した。現在ベネルクス3国を含む西ヨーロッパ諸国とトルコが加盟しているが、日本も1964年に加盟している。

つぎが、北大西洋条約機構（NATO）で、第2次世界大戦後の東西対立に対処するための個別的・集団的自衛による共同防衛の組織として1949年に

アメリカ、カナダとベネルクス3国、イギリス、フランス、ノルウェー、デンマーク、アイスランド、ポルトガル、イタリアの12か国で設立、その後ギリシャ、トルコ、ドイツ、スペインが加わった。

　三つ目がヨーロッパ審議会（CE）でヨーロッパ理事会とも呼ばれ、加盟国が著しく増えて現在は47国に及び、この中には後述のEU加盟国も含まれ、別に後述の閣僚委員会のオブザーバーとして6か国（カナダ、ローマ教皇庁、日本、メキシコ、アメリカ、イスラエル）も参加している。その目的は、国防を除き政治・経済・社会・文化の分野で、人権、議会制民主主義および法の支配を守ること、国によって異なる社会慣習および法慣習を標準化すること、共有する価値と異文化を横断する欧州意識の自覚を推進することにあり、1989年以降、その主な職務は、ヨーロッパ後期共産主義に対する政治的な重しと人権監視者として行動する、政治、法律、憲法、経済の改革を遂行しつつある中央と東ヨーロッパの諸国を支援する、人権、地方民主制、教育、文化、環境といった領域での専門知識を提供することに置かれている。その機関には意思決定機関として構成諸国の外務大臣からなる閣僚委員会と審議機関として加盟諸国の国会から選出される318人の正議員と同じく318人の代理からなる協議総会があり、議員たちは個人の資格で発言しその政府には拘束されない。その本部はストラスブール（欧州宮殿）にあり、ヨーロッパ人権裁判所と人権委員を持ち、特定の機関により遂行される監視装置として、人種差別と不寛容に対するヨーロッパ委員会（ECRI）は人種差別、外国人排斥、反ユダヤ主義および不寛容に対する闘争においてヨーロッパ理事会の構成諸国を支援する独立の監視装置であり、また汚職に対抗する国家集団（GRECO）はヨーロッパ理事会により優先順序を提供する反腐敗の基準の構成諸国による遵守を監視するために設立され、国家レベルで行われる腐敗と闘う政治的方策の抜け穴を浮かび上がらせるのに貢献し、必要な立法的、制度的、実践的な改革を行うよう構成諸国に勧奨する。ヴェニス委員会は、民主主義、人権および法の支配に関するヨーロッパの規則に対する法的制度的枠組に適合するための努力において法律上の意見を発し、構成諸国を支援

する。

第3節　ECSCからEUへ

　ところで、EUへの道は、終戦から5年たって、フランスの外相ロベール・シューマンが、主として武器の製造に積極的な欧州の数か国の石炭と鉄鋼産業の統合を提案、1951年のパリ条約で欧州石炭鉄鋼共同体（ECSC）が設立されたときから始まった（この機関は50年後2002年7月に条約の規定に従い失効した）。この機関は、経済的動機に加えてベルギー、西ドイツ、フランス、イタリア、ルクセンブルクおよびオランダの6か国間の統合された石炭と鉄鋼の市場が、それまでの長年にわたるフランスとドイツの敵対に代えて共同で開発・運営することによって平和への戦いの基礎（不戦共同体）に据えられ、ここから1992年のマーストリヒト条約によりEUへと発展していった。

　この6か国は、1957年のローマ条約により翌1958年初頭ヨーロッパ経済共同体（ECC）、また同じく1957年の創設条約でやはり翌1958年初頭に欧州原子力エネルギー共同体（EAECまたはEuratom）を設立、この2機関とECSCの3者でヨーロッパ共同体（EC）を構成した。そして同時に、「ヨーロッパ共同体に共通の若干の機関に関する条約」により3機関別々だった総会（ヨーロッパ議会）と司法裁判所（ヨーロッパ共同体裁判所）をそれぞれ単一にし、さらに1968年には「ヨーロッパ共同体の単一理事会及び単一委員会を設立する条約」（併合条約）で理事会及び委員会を単一にして3共同体の機関を全て統一した。ただ、このとき提案されたヨーロッパ合衆国樹立のための防衛共同体と政治共同体の設立はフランス議会の反対で挫折、また強力な権限を有する最高機関構想もフランスの反対で実を結ばなかった。

　その後、1973年にイギリス、デンマーク、アイルランド、1981年にギリシャ、1986年にスペイン、ポルトガルが加盟、この間に加盟国間の経済統合の推進が議題に上り、政策や法制度の違いが貿易の自由化を妨げ、市場競争の障害となっているとして、ヨーロッパ経済共同体では域内の単一市場設立構

想が浮上、1986年には議定書が調印されてローマ条約が大幅に修正され、経済分野に関する政策を原則として共同体が統括、共同市場設立を標榜、また域内における人、商品、サービスの移動の自由を図るべく、1985年にはシェンゲン協定が調印され、加盟国間の国境という障壁の除去が実現した。

　1989年になると、今度はポーランドの民主化に始まり、東ヨーロッパ諸国の共産主義体制が相次いで崩壊し、1989年11月ベルリンの壁の撤去、翌年10月にはドイツが再統一され、これに伴ってヨーロッパ諸共同体は旧東ドイツにもその領域を拡大することになった。このような激変はヨーロッパ諸共同体にとっても重大な影響を及ぼし、ヨーロッパの統合は政治の分野においても協力関係を強化することが求められるようになった。そこで1992年2月にマーストリヒト条約（ヨーロッパ連合条約）が調印され、翌年11月1日にヨーロッパ連合（EU）が発足した。

　1951年のECSCの設立以降今日までのEUの加盟国の増加状況をたどってみると、1951年創始者の6か国（ベルギー、ドイツ連邦共和国、フランス、イタリア、ルクセンブルク、オランダ）、1973年デンマーク、アイルランド、イギリス、1981年ギリシャ（10番目）、1986年スペインとポルトガル、1995年フィンランド、オーストリア、スウェーデン、だが国民投票の結果ノルウェーは加盟せず、2004年キプロス、エストニア、ハンガリー、ラトビア、リトアニア、マルタ、ポーランド、スロベニア、スロヴァキア、チェコ共和国、2007年ブルガリアとルーマニア、2013年クロアチア（28番目）となる。

　また、加盟候補国の地位を承認されたのは、2005年末の旧ユーゴスラビアのマケドニア共和国、2010年末のモンテネグロ、2012年3月のセルビア、2014年3月のアルバニアで、ほかに協議中はトルコ（加盟の申し入れは1987年だがキプロス共和国の承認がネックで未承認）とアイスランド（加盟の協議は2009年6月開始）である。

第4節　ECSC発足以降の主要な条約等

　先述した1951年のECSCを生んだパリ条約、EECとEuratomを創立した

第Ⅰ章　EUの動向（超国家レベル）とベルギーへの影響

1957年のローマ条約、この2機関とECSCの3者を統一してヨーロッパ共同体（EC）を構成した条約と同時に「ヨーロッパ共同体に共通の若干の機関に関する条約」により3機関別々だった総会（ヨーロッパ議会）と司法裁判所（ヨーロッパ共同体裁判所）をそれぞれ単一にし、さらに理事会及び委員会を単一にして3共同体の機関を全て統一した1968年の統合条約の後、さらにヨーロッパの統一を促進する動きが活発化した。その主なものを、時系列を追って概観してみよう。

ヨーロッパ共同体は、1965年に共通の農業政策を採用する決定をし、1978年には構成諸国が交換レートの変動を制限し、国境通過協力を高めるためにヨーロッパ通貨制度（EMS）を新設した。1979年にはヨーロッパ議会への第1回直接選挙が行われた。

次いで、1986年には単一ヨーロッパ法（SEA）が制定されてヨーロッパ理事会において条件付きの多数決の採用、立法分野での同理事会とヨーロッパ議会との協働が決められた。

その後、1992年2月調印され、翌1793年11月に発効したマーストリヒト条約（正式名はヨーロッパ連合条約）で、後に詳述するヨーロッパ連合（EU）が創設され、単一の制度的枠組を有する政治連合となった。これにより、人、物資、サービス、資本の自由な往来がヨーロッパ市民にヨーロッパ諸国間を自由に行き来するのを認め、EUの内部の市場を統合し、経済通貨連合（EMU）がその主たる目的としての単一通貨の採用決定とともに創設された。ただし、加盟国が増加してきたこの時点では、加盟国間の意見の不一致が表面化してきた。委員会や司法裁判所がその構成員が加盟諸国によって任命されるが、権限行使は各国から独立していたのを始め、多くの事案が独自の方式でECにより処理されるようになっていた。これに対して、特に、外交・軍事・刑事分野に超国家機関に多くの権限を行使させるべきではなく、政府間協議により解決すべきだとの意見が強く、従来のECの経済分野に関する権限から分離された。だが、この条約の批准は一部の国で難航、国民投票でいったんは否決されたり、政権が総辞職に追い込まれたりした。

第1部　ベルギーの政治と行政

　1997年には、シェンゲン諸協定（第1次と第2次）が後述のアムステルダム条約によってEUの法に取り入れられた。シェンゲン（Schengen）はその付近を流れるモーゼル河上の船上で1985年に、ベネルクス3国とフランス、西独の5か国によってこの協定の署名が行われたルクセンブルクの都市名。これらの協定は、シェンゲン地域として知られる内部に国境のない地域を創設した。シェンゲンは市民たちが国境の検問を通過しなければならないことはなく旅行することを認めるが、対策として、シェンゲン地域の外部の国境では取締りを強化する諸方策が講じられた。現在では26か国がシェンゲン地域に属し、その人口は4億人超、面積は約430万km²、シェンゲン諸国は共通のビザ政策を持っていて、一つのシェンゲン国のビザが全てのシェンゲン国に対して有効である。諸国はまた司法と治安の分野でも協力する。シェンゲン諸国間の情報交換を促進するために、シェンゲン情報制度（SIS）が展開されている。1997年以降、シェンゲン協定はEU協定、いわゆる「EUの現在」（acquis communitaire）の一部となったが、シェンゲン・ビザはブルガリア、ルーマニア、キプロスに対してはまだ効力がない。また、イギリスとアイルランドは協定に参加していない。

　1995年6月交渉開始、1997年10月調印、1999年5月にようやく発効したアムステルダム条約は、ローマ条約やマーストリヒト条約に大幅な変更を加えたが、ユーロの採用と、常時議題に上っていたヨーロッパ諸機関、委員会と議会の影響を図る「深化」か、新構成諸国の加盟を増やす「拡張」かについて決着を図り、ベルリンの壁の崩壊直後だったためにその重点を「より強固な協力」に置き、若干の領域では一層緊密な共同作業を構成諸国に可能にした。条約の内容は膨大で、死文化した条文の削除と条文番号の再配置をし、ヨーロッパ議会のEUの政策決定への関与強化を図ったが、特に重要なのは共通外交・安全保障政策（CFSP）の強化（CFSP上級代表新設など）と刑事・警察分野の協力だった。

　2000年12月にヨーロッパ理事会で合意されたニース条約（2001年2月調印、2003年2月発効）は、EUの拡張に対応する政策作成制度を用意するために、

第Ⅰ章　EUの動向（超国家レベル）とベルギーへの影響

抜本的な転換が要求され、委員の数を制限したがヨーロッパ議会の議員定数は732に増やし、理事会に条件付きの多数決でもってより多くの問題を決定させることにした。

2001年のレーケン宣言は、この年ブリュッセルのレーケン城で開催されたヨーロッパ議会の最中に、ヨーロッパ政府の指導者たちは、新設の大統領の下で現行の諸条約を単一のヨーロッパ憲法に置き換えて、ヨーロッパの組織をもっと分かりやすくし、市民たちにヨーロッパ計画にもっと積極的に関与させ、構成諸国とEUとの間の管轄権の範囲を確定することを望み、ヨーロッパ憲法を用意するヨーロッパ総会を設立した。この総会はEUの最重要な諸機関の代表者たち（各国議会、ヨーロッパ議会、各国政府、ヨーロッパ委員会）で構成された。

これより先1999年1月1日に、経済金融同盟（EMU）諸国はその公式の通貨としてユーロの創設を決定、2001年にギリシャが12番目のEMU加盟国となり、2002年1月1日ユーロがこれらの国々の国の通貨に取って代わってユーロ圏が誕生した。その後、バルト3国などが参加して現在19か国が加盟している。ユーロのお陰で、人々はほとんど全てのEU諸国を通貨の交換なしに旅行できるようになった。

ところで、ユーロ諸国は予算の赤字をGDPの3％まで減らされなければならない（いわゆるマーストリヒト基準）安定協定（1997年）に合わせて、ユーロ諸国はユーロ圏に入るときに安定計画を作成する。それは諸国が中長期的にできる限りその予算の均衡を保つことになる。財政危機に対応して、EUは全構成国の監視を強化したが、それが後述するように財政力の弱体な国々、ギリシャ、スペイン等の反発を招くことになった。

2004年にはヨーロッパ憲法の制定が日程に上るが、2003年末のブリュッセルでのヨーロッパ・サミットでは、国家の首脳たちや政府指導者たちはヨーロッパ憲法草案に関して合意に達し損ねた。中でも、ポーランドとスペインがこれらの国々は草案の中に予定された投票比率のために連合内で持つその力が余りにも少なくなると感じてその批判を表明した。

2004年6月に、国家と政府の首脳たちは最終的にヨーロッパ憲法に関して合意に達したが、その憲法はその後で全構成国によって批准されなければならなかった（国会による及び／又は国民投票による承認）。2005年に、フランスとオランダでの反対の国民投票の後で批准過程は中断された。そのときまでに、約10の構成国がすでにヨーロッパ憲法を批准していたが、ヨーロッパの指導者たちは結局憲法制定を放棄し、計画を現行のヨーロッパ諸条約：ヨーロッパ連合規約（TEU）とヨーロッパ連合の職務に関する規約（TFEU）の修正に限定することを決定するにとどめた。

2007年のリスボン条約はEUの創設条約の修正を準備するもので、政府間会議（構成国政府からの代表者で構成）で結実したもの。その条約は改革条約にすぎず、それは単に現行の諸条約において何が修正されなければならないかを示すだけの補足的条約である。だが、その条約もまた全構成国の批准を要し、最初の国民投票（2008年1月）でアイルランドでは反対票多数、第2回目の国民投票（2008年6月）でようやく賛成票多数となった。最後の調印国のチェコ共和国でも批准まで順調には進まなかったが、2009年11月にチェコ憲法裁判所が条約はチェコ憲法に適合していると明言してようやく決着がついた。

第5節　EUの主要機関

EUは数多くの機関を有するが、ヨーロッパ委員会、ヨーロッパ連合理事会（閣議）、ヨーロッパ議会、ヨーロッパ理事会は最も重要である。

ヨーロッパ委員会は連合の日常活動を処理するが、ヨーロッパの利益を守るためには、構成諸国の政府には左右されない。

ヨーロッパ理事会は2009年に設置され、2014年以降理事の人数を18人に縮小したが、各国が理事を維持するよう決定した。ヨーロッパ委員会議長はヨーロッパ理事会により提案されるが、ヨーロッパの各選挙が考慮され、ヨーロッパ理事会議長はこの目的のためにヨーロッパ議会に助言を求め、国家と政府の首脳たちからなる候補者はヨーロッパ議会の絶対多数によって支持

第Ⅰ章　EUの動向（超国家レベル）とベルギーへの影響

されなければならない。構成諸国の諸政府は未来の議長との協議を経て理事たちを任命、理事たちは個別にヨーロッパ議会の聴問に出頭しなければならない。委員会はヨーロッパ議会が全理事を承認して初めて活動できる。委員会は5年任期で任命されるが、ヨーロッパ議会は委員会を監督し、任期途中でも委員会全員の辞任を強要できる。委員会は毎週ブリュッセルで会合するが会合は非公開である。

　委員会の職務はヨーロッパ議会、ヨーロッパ連合理事会、各国議会に提出する新ヨーロッパ「法」を起草し、EUの規則や訓令が実行されているか、ヨーロッパ諸条約やヨーロッパ「法」に従っているかを確かめ、「処罰権」を有する。委員会はヨーロッパ連合理事会での決定を遂行し、国際組織においてEUを代表し、取引、提携、加盟について協定し、連合の資産を管理する。

　ヨーロッパ連合理事会は構成諸国の閣僚たちからなり、その構成諸国の利益を守る。理事会の会期の構成は議題により左右され、外務大臣たちは外交問題の討議のために毎月会合する。対外問題理事会は対外・安全政策高等連合代表により主宰され、EUの共通の対外・安全政策を指揮する。一般的に、外務大臣たちのほか、経済、財務、農務大臣たちも月に一度会合し、その他は6か月ごとに1度から3度会合する。議題が、ベルギーにおいて、共同体（例えば教育）とか地域圏（例えば農業）の管轄権である場合には、共同体または地域圏政府の所管大臣は交代制で決定されるが、6か月ごとに異なった構成国が理事会を主宰する。会合はブリュッセルとルクセンブルクで開催される。

　理事会はヨーロッパ議会とともにEUの立法機関であり、ヨーロッパ議会と一緒に予算を決定し、委員会がそれを執行する。理事会は一般的指針の設定、構成諸国への勧告により経済政策を調整し、非構成諸国や諸国際組織と国際的協定を締結し、共通の対外・安全政策を設定して執行し、構成諸国の行動を調整し、治安と司法が関係する場合に協力を編成する。

　ヨーロッパ議会はEUの市民を代表し、その議員たちは5年ごとに選挙さ

れる。投票するために登録されるEUの各市民はEUの共同体選挙法と構成諸国のそれぞれの選挙法に従って投票できる。ヨーロッパ議会には751人の議員がいるが、そのうち21人はベルギー人である。ただしその議員たちは国別に集まってはおらず、彼らの政治的信条に基づき表1に見るとおりの7つの政治集団に細分割される。

表1　ヨーロッパ議会における政治集団別議席数

ヨーロッパ議会における政治集団	議席数	ベルギー政党	議席数
欧州人民党集団（キリスト教民主主義者たち）	221	CD&V、cdH、CSP	4
社会主義者と民主主義者の進歩主義同盟	191	両共同体社会党	4
欧州保守主義者たちと改革主義者たち	70	OpenVLD、MR	6
自由主義者と民主主義者の欧州同盟の集団	67	フランドル国家主義党	4
欧州連合左翼／北欧緑左翼の多国間集団	52		
緑／自由欧州同盟の集団	50	緑の党・環境党	2
自由民主主義集団	48		
無所属議員たち	52	フラーンデレンの利益	1
総　　計	751		21

2015年7月1日現在　The House of Representatives: *Parliamentary information sheet 34.02*

　その主な職務はヨーロッパ連合会議と共同でヨーロッパ立法を討議し承認し、EUの年次予算を決定すること、EUの他の機関、主として委員会に対する民主的統制、特に委員会の構成員たちを承認し否認すること（委員会に辞職を強要さえできる）、新たなEUの構成諸国の参加、EUと他の諸国との貿易協定とか提携協定といった重要な国際協定を承認することである。

　ヨーロッパ理事会は、リスボン条約（2009年末）以降重要な機関になり、構成諸国の国家や政府の首脳たちと欧州委員会の議長とからなるが、その任務は政策の広範な方向を決定し、連合の将来について熟慮することにある。ベルギーは、元首ではなく首相がヨーロッパ理事会に議席を有する。理事会は、原則として、年4回ブリュッセルで会合するが、ヨーロッパ・サミットとも呼ばれる。

　2009年12月1日以降、ヨーロッパ理事会は大統領を持つことになったが、大統領の任期は2年半であり（一度は再選が可能）、ヨーロッパ理事会の会

議を準備し、その共通の対外・安全政策に関する諸問題について連合の対外的代表を確保し、世界レベルでEUを代表する。2010年から2014年までベルギー人のヘルマン・ロンパイが務めた。

EUはそのほかに、裁判所、会計検査院、ヨーロッパ中央銀行とヨーロッパ投資銀行、ヨーロッパ経済社会委員会および地域圏委員会といった幾つかの機関を持っている。

第6節　EUをめぐる意見の対立と脱退の動き

1　意見の対立

EUが28もの構成国と夥しい数の政治集団を含むだけに、意見や利害の対立が顕在化するのは当然である。ベルギー下院の解説（The House of Representatives: *Parliamentary information sheets 34.01*）は、次の3点を指摘する。

第1に、諸構成国が連合に管轄権を移譲すべき分量について意見が大きく別かれる。穏健派は過激派に反対し、物事は国家レベルで政府間の協議により解決すべきだと考える。この集団は、その主権の多くを手放したくないドイツ、フランス、イギリスといった強力な構成国からなる。他方、過激派はヨーロッパにより多くの権力を持たせたい国々で、ベルギーやルクセンブルクはこの集団に属するが、この姿勢はまた共同体アプローチとも呼ばれる。こういった見解の相違を沈静化するために、マーストリヒト条約は決定事項を組織全体ではなく関係国で行う方式「各加盟国に決定権を持たせる政策」（principle of subsidiarity）の原則を採用、万事できる限り市民に密接な権力レベルで執行されるべきであるとした。

第2に、EUの財政もまた対立する利害を生み出し、EUに自らが受け取るよりも多く貢献しているドイツやオランダなど（最終的な支払国）がある一方、ギリシャ、ポルトガルや大部分の新構成国はその貢献より多くのものを受け取る（最終的な受取国）。このため、最終的な支払国は構成国の賦課金を国民総生産の1％に制限することを望んだ。

第1部　ベルギーの政治と行政

　第3に、思想的対立もあり、自由諸派は自由市場が一層の繁栄を生みだし、構成国間の繁栄の格差が縮小されると信ずるが、社会民主主義諸派は社会問題を強調し、自由化が全体の利益のための事業を危うくすべきではないことに気づくよう願った。

　一方、スイスは、EUへの加盟を1986年3月の国民投票で圧倒的多数で否決して以来今日まで拒否し続けているが、加盟により統一規格、共通政策の押し付け、自決権の制約となるのを嫌っているからといわれた（朝日2004年6月3日朝刊）。唯、この時点で既にドイツがそれまでフリーパスだった入国審査を突然厳しくしたり、EUが再輸出課税を検討するなどの風当たりが強まり経済的な不利益や生活の不便が生じたりしていて、いずれ加盟を検討しなければならなくなろうが、加盟すれば直接民主制に裏打ちされた強い権限の3分の1ぐらいはブリュッセルに移譲せざるをえなくなると反対していた。

2　イギリスのEU脱退の動き

　EUからの脱退の最近の動きで特に注目されるのはイギリスである。この問題については、学士会館の定例懇話会での講演をまとめた力久昌幸「歴史は繰り返すのか――欧州統合をめぐるイギリスの苦難――」『学士会会報』第915号（2015年11月）に、イギリスの一貫したEUに対する消極的な姿勢と今回で2度目になる脱退の動向についての詳細且つ適切な解説があるので、以下それに全面的に依拠して記述することにする。

　2015年の総選挙では、大方の予想に反して保守党が過半数を獲得して単独政権が誕生、公約のEU加盟継続の是非を問う国民投票が2017年末までに行われることになった。元々イギリスはヨーロッパとの一体感が強くなく、先述の1950年代初めに創設のECSCやECCには参加せず、1960年代に入って経済の停滞や世界における地位低下の懸念から2度加盟申請をしたもののフランスのドゴール大統領にそのつど阻止され、その退陣後にようやく先述のとおり1973年に加盟が認められた。だが、ユーロ圏には入らず、シェンゲン協

定にも不参加のままであり、1980年代に入るとサッチャー政権以降ヨーロッパの統合反対のヨーロッパ懐疑主義勢力の拡大の影響を受けて保守党内の対立が強まった。さらに、最近では、EU脱退を標榜するUK独立党が2014年のヨーロッパ議会選挙でイギリス選出議員の第一党となり、国民投票に消極的だった保守党キャメロン首相に加盟継続の是非を問う国民投票実施を公約させたのだった。（著者の見解ではこのUK独立党の運動は後述のポピュリスト）

EU加盟諸国では他に例を見ない加盟継続の是非を問う国民投票をイギリスでは、既に加盟後2年で実施、このときは与党の労働党内の対立の解決をウィルソン首相が国民投票に委ねたが、野党の保守党は加盟継続で一致していて、これは2度目では逆に野党の労働党内が加盟継続でまとまっている点で共通している。ただ、前回と違うのは前回は加盟継続で一致していた主要な新聞が反対に回る可能性があり、経済界も一枚岩ではないし、なによりもUK独立党への国民の支持が大きいことである。

だが、脱退は、イギリスの経済や政治に大きな影響が出ると予想される。まず、輸出産業にEU域外諸国並みの高率関税が掛けられ、国内で活動している外資系企業が撤退し、世界の金融市場におけるロンドンの地位も打撃を受ける。一方、EUも世界第6位の経済大国を失うことは大きな痛手となるし、また国内では新ヨーロッパの態度が強いスコットランドの独立運動が息を吹き返す可能性も高い。

以上が講演の概要で、演者の焦点は演題にも見るとおり、前回同様の加盟継続により「歴史は繰り返すのか」に置かれているようだが、著者としては、大英帝国という大国がEU脱退という爆弾を抱えていることそのものに関心がある。

3　ギリシャの財政危機とポピュリズム

ポピュリズムが、グローバル化する経済の恩恵を実感できない人々のEUへの不信と不満を集めて俄にヨーロッパの幾つかの国で脚光を浴びるように

なった。このポピュリズムとは、エリートと対立する大衆の権益を尊重する政治思想で、右派の保守にも左派の革新にも存在する。朝日新聞の2015年11月10日の特集記事によれば、2014年のヨーロッパ議会選挙では、右派では2010年以来第一党（国会の定数199議席中117議席）のフィデス・ハンガリー市民連盟が得票率約51％、前述のイギリスのUK独立党とデンマークのデンマーク国民党がそれぞれ約27％、フランスの国民戦線（国内では下院定数577議席中僅か2議席）が約25％、オランダの自由党とフィンランドのフィンランド人党がそれぞれ約13％、ドイツではドイツのための選択肢が約7％、これに対して左派では後述のギリシャの急進左翼進歩主義連合（シリザ・国会では定数300議席中145議席）約27％、ドイツの五つ星運動が約25％、スペインのポデモスが約8％となっていた。そして、同紙は同時にその日からギリシャから始まる「ポピュリズムの欧州」という長い連載を開始した。

　一方、ポピュリズムは大衆迎合・大衆扇動の意味でも使われて、エリート層から非難されることもある。ヨーロッパでそのきっかけとなったのはギリシャの財政危機で、ユーロの信用保持のためにEUから財政赤字削減策として福祉予算の大幅カットや公務員の大量整理などの緊縮策を求められて国民の暮らしは困窮、内閣は総辞職に追い込まれ、代わって政権に就いたのはポピュリスト政党のシリザのアレクシス・チプラスだった。彼は緊縮策に反対し、EU脱退を打ち出して勝利したが、EU側は予想以上に強硬で離脱を要求、彼はあっさりと方針を転換、新たな支援と引き替えに緊縮継続を受け入れざるをえなかった。それでも再度の総選挙で勝利し、エリート層やドイツなどの債権国への批判の態度は変えていないという。

　この財政危機は、朝日新聞の記事（2010年12月3日朝刊）によると、その後2010年11月28日アイルランドを皮切りに、ベルギーを含む諸国に一斉に飛び火し、一時騒然となった。それまで順調な海外企業の進出で模範生と謳われていたアイルランドが、一転EU財務相臨時会合が国際通貨基金（IMF）と共に、金融市場の安定を守るために最大850億ユーロ（当時のレートで9兆5000億円）に上る支援を決めたが、この期待は裏切られ、財政力の弱いア

第 I 章　EUの動向（超国家レベル）とベルギーへの影響

イルランド、ギリシャ、ポルトガル（少数与党のため財政再建がままならず）、スペインといった常連だけでなく、国内総生産（GDP）比の政府債務が100％を上回るイタリア（この年12月中旬に内閣の信任投票を予定）やベルギー（正式の内閣が長期不在中だったため不信を買っていた）の10年物国債の金利も上昇、9％を超すアイルランドほどではないが、2.7％のドイツに比べてイタリア4.5％、ベルギーも4％を越えて売りの対象となった。これは先述の臨時会合で将来ユーロ加盟国救済の場合には2013年以降発行の国債に返済繰延べや金利の値引きをする条件を付す案が示されたことによる。ともかく、国債を大量に買い入れて量的金融緩和を進めるアメリカや日本と一線を画してその直前のギリシャ国債の集中的買入れ以後抑制してきたヨーロッパ中央銀行（ECB）の12月2日の理事会で総裁が買入れは続いていると語った直後から一部の国債が買われ始め、ECBへの買入れ期待感が高まったが、ポルトガルやスペインまで救済の範囲が広がるとEUの域内総生産の2割になり、残りの加盟国で支えられるか不安とした。そして1992年のポンド危機（投資家ソロスにより通貨ポンドを売り浴びせられて後にユーロに繋がるヨーロッパ為替相場安定メカニズムERMからの脱退に追い込まれた）の二の舞になることが危惧されたのだった。

　ところで、いま一つヨーロッパでのポピュリズム台頭のきっかけとなったのは、大量の移民や難民の流入に対する反感で、ポピュリストやそれに共感する政治家たちは、域内での人や物の自由な動きを保障するEUによって、これらの移民・難民に職を奪われ、収めた税金を食われるという不満を抱き続けている。ポピュリストはこの不満を煽ってその勢力を拡張してきたのであった。もっとも、中にはギリシャのシリザのように移民に寛大なものもある。

　ベルギーの場合は、後に改めて詳述するが、極右のVlaams Belang（フラーンデレンの利益）は「フラーンデレン共和国」独立と移民の排斥を提唱してきた。だが、他の有力諸政党は南北のいかんを問わずその移民排斥とフラーンデレン独立の主張への共通の警戒感から、いわゆる「防疫線」（cordon

19

sanitaire）を張ってその連立への参加もその提出法律案に賛成することも交渉相手とすることも一致して拒否して封じ込め政策を採ってきたので、その影響力には限界がある。ただ、同じくフラーンデレンの分離独立を主張して、2007年の総選挙以来連邦下院選挙で第１党となり（キリスト教民主フラーンデレン党CD&Vと同盟で27議席）、2010年（単独で27議席）、2014年（単独で33議席）と選挙ごとに着実に議席を増やしてきたフラーンデレン国家主義党（NVA）は共同体・地域圏議会でも第１党であり、その発祥の地ベルギー第２の都市アントワープの市長も2012年12月の統一地方選挙で握り、同市議会選挙でもそれまでの第１党だった社会民主党（SP.a「フラーンデレン社会党」）に代わって第１党となった。このCD&V伸長の要因は、1990年代にその支持者だった労働者たちが移民に職を奪われるのを恐れているのに有効な政策を打ち出せなかった社会党からの鞍替えだったといわれ、やはり移民排斥の主張も強く影響を残していた。そのことがまた連邦下院の第１党ながら、票を欲しさにポピュリストのVBにすり寄ったと非難され、組閣の度に他党から参加を拒否される要因ともなっているといわれる。

第７節　ヨーロッパ諸国での移民排斥の動き

1　不法移民の激増

　生まれた国と異なる国に住む人を移民と呼ぶならば、2010年の国連推計では２億1400万人いて、内ロシアと東ヨーロッパを含めたヨーロッパに6900万人、アメリカ大陸とオセアニアを合わせた人数を上回り、またEUの2006年の統計では域内移住が120万人、域外からの移住が180万人だった（毎日新聞2012年４月３日朝刊）。ヨーロッパに多いのは、19世紀以降植民地化されたアフリカやアジアの国々が第２次世界大戦後に相次いで独立したが、旧宗主国で戦後の経済復興や発展期に大量に必要となった労働力の担い手として、言語も同じということもあって流入してきたことによる。だが、これらの合法的移民ではなく、正式の入国手続を踏まない不法移民は、推定でEU内に400万人～800万人いるが、1992年のマーストリヒト条約（同上紙はアムステ

ルダム条約としているが誤り・前述参照）で域内移動の自由を認めたため、一度域内に入られると追跡は困難となる。20世紀末には北アフリカや中東からの不法移民も増えたが、1988年以降ヨーロッパを目指して地中海や大西洋で死亡した人が1万8000人にも達した（同上紙）。

2　フランス

　不法移民の激増に伴い、それまでの受け入れたうえで同化を図る方針を改めて強硬な取締りに転換する国が軒並み続出、その模様が日本の新聞で報じられるようになった。まず、毎日（2012年4月3日刊の大統領選特集「苦悩するフランス」①）は、南部の都市トゥールーズで3月19日に起こったユダヤ人学校襲撃事件でイスラム過激派の若者を相次いで拘束したことを報じ、各都市に移民の集住地区が生まれ、人口6500万人の約8％がイスラム系で占められ、学校で同教徒の女子生徒の着用するスカーフが宗教を国家権力から切り離す国是になじまないとして政治・社会問題になってきたことを取り上げた。そして、前述の極右政党国民戦線のルペン党首の「移民は社会に同化できない。私は国家の秩序を取り戻す」という演説を報じ、襲撃事件を受けて移民・治安対策が大統領選挙の争点に急浮上、国民戦線支持層の取り込みを狙い、新しく入国する移民の半減を打ち出していた右派現職のサルコジ大統領（この選挙で社会党のオランドに敗北）はイスラム過激派摘発継続を強調した。だが、この国では、第2次世界大戦後の発展を底辺で支えてきたのが移民で、その労働力なしにはフランス経済は回らず、その受入制限は経済競争力を損なうとする経営者団体会長の主張を紹介、また「フランスは開かれた国であって欲しい。移民の子どもたちに希望を与えることが国家の責務だと思う」という移民の言葉でこの記事を結んでいた。その後、2015年11月13日のパリでの大規模なテロの直後のフィガロ紙の世論調査では移民受入反対が1か月前の47％から62％に急増したと伝え（朝日2015年11月21日朝刊）、同紙（朝日同年12月7日朝刊）は、ルペン党首が5年前に第2次世界大戦中のナチスやヴィシー政権を美化する父親の前党首を除名して移民反対一本に

絞る方針に転換、最近の世論調査ではトップの30％近い支持率を誇ると報じた。そして、前日の13州議会選挙でルペン党首率いる国民戦線が28％で１位、６州でトップ、サルコジ前大統領の共和党が27％で２位、オランド大統領の社会党が23％で３位となって各州で10％を得た各党で決選投票実施となったが、社会党の戦術が成功していずれの州でも国民戦線は州知事を獲得できる過半数に達しなかったものの議員数は大幅に増えた。

3　イギリス

つぎに、イギリスについては、移民というよりは2004年にEUに加盟した東欧８か国（前述、ただしこの中にはバルト３国も含まれる・著者注）からの出稼ぎの急増が問題になっていることを朝日（2006年10月21日朝刊）が一面一杯に報じた。この記事は、出稼ぎと移民の区別がやや不明のところがあるが、まず、その出稼ぎが殺到して苦悩するイギリス南東部の都市ピーターバラの実情を紹介する。2005年１年間に労働者登録をした外国人が約5,000人、内ポーランド人が2,000人、リトアニア人1,130人、スロヴァキア人480人など東欧が上位を占め、自営業者や不法就労者を加えると人口の１割に相当するが、機械工として週３日働けば本国での収入の２倍にもなる。同市は政府からの助成金を受けて支援センターを開設したりしてきたが、割安な市営住宅は入居待ち7,000人でもはや受入の余地はないとした。

イギリスは、2004年当初からこの東欧８か国に無制限の受入れ措置を講じてきたが、この時点では同様な門戸開放国は当時のEU加盟15か国中アイルランドとスウェーデンだけだった。そのイギリスが2007年１月１日のルーマニアとブルガリアの加盟を控えてその無制限受け入れをドイツと同じの2011年まで労働力不足の職種以外制限する方向に転換した。2006年に入ってイタリアなど５か国が開放に加わったが、失業率のEU平均より高いドイツなどは無制限受入れ期限の2011年まで引き延ばすことを明言している。イギリスが制限に踏み切ったのは、2004年５月からの２年間に東欧からの合法移民の総数が政府予想の20倍もの42万7000人に達し、自営業者や不法労働者を加え

第Ⅰ章　EUの動向（超国家レベル）とベルギーへの影響

ると60万人と推定され、ルーマニアとブルガリアに歯止めを求める声が与野党から一斉に上がったからという。

4　ルーマニアとブルガリア

そのルーマニアとブルガリアはEU加盟国中最貧国で、1人当たりのGDPが西欧諸国が加盟国の平均を上回っていたのにこの両国はその4割未満にとどまっていた（朝日同上）。毎日（2008年9月30日朝刊）は、シェンゲン協定でEU加盟国間の国境を撤廃する一方域外からの不法移民の流入阻止のための国境管理強化を図り、対外国境管理協力機関を設置してきたのに対して、この両国は体制整備が遅れているため不法移民の流入や麻薬の密輸が横行、さらに係官の腐敗が指摘され、その実態を写真付で詳しく報じた。

5　スウェーデン

一方、1930年代以降社会民主党を主体とする左派勢力が一時期を除き長期政権を維持して高福祉路線を推進、著者が1970年代に3度オンブズマン制度（1809年という早い時期に創設、他国は1950年代以降）と先進的なニュータウン建設についての調査で訪問した当時、移民に対してこれらのニュータウンに住宅を提供、仕事を斡旋するなどしてきた永世中立宣言国スウェーデンでも、2006年の総選挙で野党の穏健党中心の右派野党連合が勝利し、12年ぶりに政権交代となった。読売（2006年9月19日朝刊）は、その要因としてヨーロッパ諸政党の中道化の潮流の波及と雇用対策への不信感とを挙げて、前者については4年前の総選挙では減税と社会福祉の見直しを訴えて得票率を8ポイントを減らしたのに、今回は一転高福祉維持を主張して社民票を吸収、また後者では政府発表では5％台の失業率が実質的には20％近くに達していて、政府系機関要職への与党党員の指名が相次いだことなども報じていた。この後、2010年の総選挙については朝日（2010年9月21日朝刊）によれば、中道右派4党連合が定数349議席中172議席で勝利はしたが（中道左派連合は157議席にとどまる）過半数に3議席足りず、中道左派の環境党との連

携を探っていて、右翼政党のスウェーデン民主党の助けは借りないとしていた。この政党は、移民や難民を広く受け入れてこの時点で938万人（スウェーデン大使館のホームページによると2015年現在980万人）の人口中7人に1人が外国生まれとなっていて、治安の悪化や福祉コストを疑問視する風潮を追い風に地方議会から勢力を伸ばし、党首は他の諸国の極右政党同様移民政策の失敗を批判してきたが、その背景には8％台に上昇した失業率（4年前より3％増加）や若者の就職難があった。

6　スイス

　ここは宣言でなく条約により永世中立国となっているスイスは、多くの国際機関が本部を置き、難民を多数受け入れて開かれた国を自負してきたのに、読売（2010年12月8日朝刊）は、ここ数年排外主義的な動きが強まっているとして、この年の11月28日の国民投票では、外国人が凶悪犯罪を犯した場合はもちろん生活保護不正受給だけで自動的に国外追放とする憲法改正案が賛成多数で承認されたが、他国同様右派政党の伸長のほか独自の直接民主制も極端な政策の実現を助長していると報じた。そして、この国民投票に必要な10万人の署名集めを主導した右派で下院第1党の国民党は長年第4党に甘んじていたが、2003年の総選挙で第1党になり、2007年選挙でもトップを維持し、その間2006年の難民受け入れを規制する法改正や、2009年のモスクに付属するミナレット（尖塔）の新規建設禁止の是非を問う国民投票でいずれも賛成派の中核となって賛成多数で承認された。同党が躍進したのは、シェンゲン協定加盟で外国人に職を奪われると危惧するようになった国民の不安を煽ったからで、「スイスは国民独裁への道を進んでいる」とする新聞論調も紹介され、他のヨーロッパ諸国では選挙で右派が伸長しても極端な排他的法案は議会で成立が阻止されるのが通例だが、スイスでは逆に議会を通過した法案でも国民投票に掛けて否決できることを指摘していた。

7　オーストリア

　同様に永世中立国であるオーストリアでは、ウィーン伝統の舞踏会の一部が極右勢力の集会になったことが批判され、ユネスコの文化遺産登録から排除される騒ぎとなったことが朝日（1912年2月16日）で報じられた。王宮ホーフブルクの舞踏会はこの年で59回を重ね、極右政党の自由党党首が「外にいる連中こそ民主主義の敵だ。ドイツ圏の文化を守り抜こう」と気勢を挙げ、華やかな衣装に身を包んだ約3,000人の男女が踊り始めたが、フランス、スウェーデン、ベルギーの極右政党の党首や幹部が出席していた。一方、王宮の外では抗議する約2,500人のデモ隊が、「ナチスは出ていけ」「オーストリアの文化を汚すな！」と怒声を挙げ、当日（1月27日）がアウシュビッツ強制収容所解放日だったこともあって「死者への侮辱だ」と加熱、一部は警官隊と衝突して多数の負傷者や逮捕者を出した。この騒ぎの発端は、約20の舞踏会の中に極右が入っていると指摘されてユネスコ国内委員会が謝罪し、2年前に認定した「ウィーンの舞踏会」を登録リストから抹消したことにあった。舞踏会と極右を巡る騒動は、既に当時の党首がナチスを賛美して物議を醸した自由党が連立政権入りした2000年の最高格式の国立オペラ座舞踏会に、入閣した党幹部たちが出席したため1万人以上のデモ隊が場外で抗議、招待されていた外国の著名人たちが出席を見合わせたこともあった。この年1月の世論調査では、第1党の中道左派社会民主党と第3党の自由党の支持率が共に28％と並んでしまい、自由党党首は次の総選挙で自由党が第1党になったら首相になると発言、欧州債務危機の対応ではユーロ圏離脱、EU脱退の持論を展開した。同国経済はEU内でも堅調、失業率も4％だが、移民の急増で外国籍の住民が10年前より35％も増え、職を奪われるという恐怖感を抱き、自由党の支持基盤になっている。

8　ドイツ

　ドイツは、ナチスによるユダヤ人大量虐殺などの過去から外国人差別には敏感だったはずだが、朝日（2010年11月23日朝刊）は、欧州で続く経済危機

の下、国民の一部に根強くあった移民嫌悪感が強まり、外国人敵視の傾向が加速していることを裏づけるシンクタンクの調査結果を紹介、極右政党の勢力拡大の素地の存在があるとした。それによると、外国人について回答者の32％が職場が乏しければ国へ送還、34％がドイツの社会福祉を食い物にしようとやってくる、58％がイスラム教の実践は著しく制限すべきだとしたが、なんと13％が国の繁栄のためにはあらゆる手段を取って支配するヒューラー（ヒトラー）を望み、調査は２年前と比べてあらゆる階層で人種差別的傾向が強まっていると結論づけていた。著者が最初に訪独したときの体験を語った先述の部分でお客さん労働者だったトルコ人から始まり、人口約8190万人中約1570万人（2009年現在）と２割近くに移民とその子孫が増えたが、社会統合が難航しており、与党キリスト教社会同盟党首が異文化圏からの移民は不要と述べたり、メルケル首相までが多文化共生社会の失敗を語ったりするに至っていた。そして、この時点では、極右のドイツ国家民主党はネオナチと同一視され連邦議会からは排除されているが、旧東独地域では勢力を延ばしていた。なお、2015年11月13日のパリでの大規模なテロの直後の大衆紙ビルトの世論調査では移民受入反対の右翼政党「ドイツのための選択肢」が支持率10.5％に増え、大連立の２大政党に次ぐ第３党になったが（朝日2015年11月21日朝刊）、この年９月以降40万人という大量難民の流入が受入の旗を振ってきたドイツの方針転換をよぎなくしていることを報じた。

9　オランダ

オランダでも、2010年に連立政権が崩壊した後の総選挙で与党が惨敗、一方極右の自由党がイスラム移民受入れ停止、コーラン発行禁止などを掲げて第３党に躍進、新政権はその閣外協力を得てようやく組閣に漕ぎ着けた。この年、朝日（２月21日朝刊）はアフガニスタンでのこの年夏に期限を迎える同国軍の駐留延長をめぐる与党内の意見不一致（連立３党中労働党が反対）を理由に８年間首相を務めた最大与党の「キリスト教民主勢力」の首相が連立政権崩壊を発表した。派兵が長引くことへの国民の不満があり、迎えた６

月 9 日の総選挙では大変動が起こった。その前日の朝日（6月8日朝刊）は、僅か9議席の自由党を大きく延ばすと予測、既に3月の地方選挙で同党が第1党になった都市や、第2党になった政治中心都市ハーグを紹介、ナチス占領下でユダヤ人排斥に手を貸した反省から移民受入を否定する議論は慎んできていたのに2001年の米同時多発テロを境に変化したと伝えた。そして、総選挙の結果の発表翌々日11日の日本の朝刊（朝日・毎日・読売）の記事をまとめてみると、まず選挙結果は最大与党だった「キリスト教民主勢力」は41議席から21議席に半減、第4党に転落、代わって第1党には最大野党だった右派の自由民主党が31議席で進出、与党だった労働党が31議席、極右の自由党が24議席で第3党となった。自由党進出の背景の一例としてロッテルダムの人口の半分が2017年には外国人となることを挙げていた。つぎに、新政権発足への動きでは、自由民主党党首が名乗りを上げたが、移民規制強化などで一致している自由党との連立の可能性を否定せず、自由党の側も政権入りを希望、「キリスト教民主勢力」を加えた保守3党で定数150の議席中過半数ぎりぎりの76議席となる連立の可能性が取り沙汰されていると報じていた。だが、朝日（7月25日朝刊）や読売（9月27日朝刊）によると、「キリスト教民主勢力」が自由党の入閣なら不参加を表明して組閣は難航、朝日（10月15日朝刊）や毎日（10月25日朝刊）は、結局その年3月にベルギーが決めていたイスラム女性のブルカ着用禁止などを受け入れて自由党の閣外協力を加えて保守2党の少数内閣発足となったと報じた。なお、毎日（2012年8月28日〜9月1日）は、「極右の実像」という連載記事で自由党を取り上げ、党是と意見の異なる党員への暴力沙汰から始まり、テロを恐れて与党議員でさえ簡単に近づけないウィルダース党首、些細な住民トラブルを針小棒大な反移民騒動にでっち上げる実例、右翼嫌いで自由党の閣外協力に不快感を示した女王に対して左派系政党に同調して女王の権限縮小を画策した動きなどを報じていた。

第8節　国際条約と国内法

　ベルギーの連邦化と地域主義の進展を検証しようとすると、その背後に今指摘したヨーロッパでのこのEUの不断の圏域拡張と、一見それとは相反する方向の分権化のうねりが連動していて、しかもこの両者がその中間に介在する既存の主権国家ベルギーの頭越しに緊密に連携して動いていることが看取できる。例えば、1970年の連邦化に伴う連邦政府と対等・並列・同格の「共同体」と「地域圏」の誕生によって、EUと両者の間に主権国家同様の条約締結が可能になった。また、EUの条約と連動する国内法（この場合は連邦の国法と両機関の共同体法と地域圏法「デクレ」）の制定なしに条約自体が直接適用されるということになり、全ての法規が憲法同様の条約遵守を要求されるに至った。そうなると、ベルギーでも憲法と条約のいずれが優位性を持つかの論争も現れた。まだ私が学生だった敗戦直後の占領期に、日本でも憲法の規定に矛盾抵触する条約の締結によって違憲の法律を制定できるかどうかの議論が当時の憲法・国際法の研究者の間で闘わされていたのを思い出す。ともかく、このような新たな法律上の問題や国内の3実体（連邦・共同体・地域圏）間の紛争を解決する機関として仲裁院が設置され、21世紀に入ってから憲法裁判所に衣替えすることについては後述する。

第Ⅱ章　連邦政府（国家レベル）の役割低下

第1節　ベルギー王国誕生までの歴史

1　国土と人口

　ベルギー王国は、北はオランダ、東はドイツとルクセンブルク、南はフランスと国境を接し、西は北海に面している。面積は3万528km²（九州よりやや狭い）、人口は移民の増加に伴いこのところ年々増加していて、2014年現在約1120万人（フラマン人が57％、ワロン人が33％、外国人10％）、人口密度は367人／km²、宗教はカトリックが約4分の3、後はプロテスタント、ユダヤ教、イスラム教などである。

2　歴史——独立以前と以後

　それぞれの国家にはもとより特有の歴史が存在する。ベルギーもその例外ではない。ベルギーの場合は1830年の独立までの歴史と以後の歴史を一応分けて記した方がよい。前者は今日の南北対立につながる民族・言語・文化の相違を生んだ大きくはラテンとゲルマンの定着・移動の歴史である。特に、国民の少数派である民族が独立や自治権の強化を求めて運動しているのとは異なり、ベルギーはヨーロッパを二分するラテンとゲルマンが勢力均衡の中で、地理的にも東西に引ける言語境界線で国土を二分する形で南北に分かれて対峙しているという特異性が顕著であるだけにその淵源をたどっておく必要がある。

　一方後者は、オランダの圧政からの独立に始まる近現代史で、独立の原動力となった南部のワロンのフランス語話者が北部のフラーンデレンを支配し、公用語は唯一フランス語だったのはもちろん、軍隊も将校はフランス語話者のみで第1次大戦でフラマン人は彼らの命令を理解できず大量の戦死者を出

第1部　ベルギーの政治と行政

し、フラマン人の死刑になる裁判でも法廷では彼らの理解できないフランス語しか使われず死刑を執行され、後に冤罪が確定して大問題となったし、北部の国立大学でもフランス語での教育しか認めず、フラマン人のフラマン語使用運動を激化させたのだった。

　ただ、ベルギーの歴史については、小川秀樹『ベルギー　ヨーロッパが見える国』（1994年、新潮社）が全編で古代から現代に至るまで詳細に記述しており、また石部尚登『ベルギーの言語状況──「言語戦争」と「言語境界線」──』（http://members.aoi.com./Naoto1900/langues/sommaire.html、年不祥）がベルギーでの言語の古代から現代に至るまで各種の方言が現在の複雑な言語状況に変化してくるのをやはり詳細にたどっているので、まず古代についてこの両著に全面依拠して極簡略に触れておくことにする。

3　独立以前のベルギーの消長

（1）ローマ帝国時代──ケルト語からラテン語へ

　現在のベルギーの地には、最初フランスと同じく現在のドイツ南西部からケルト民族が移住、定着した。前述のヨーロッパの言語境界線はこの時期に起源を有する。このケルトがカエサルにより征服されてローマ帝国の属州 "Belgica" となったが、この名称は彼が非ローマ人のケルト人の一族 "Belgae" から取って命名したといわれる。この名称はその後消えて、18世紀末にフランス語に再登場し、現在の用法として復活する。この古い時代彼らが話していたのは広大な地域で使われていてフランス語の基層語となったケルト語系の言語のガリア語だったが、今では全貌は不祥とされる。そして、ローマ帝国の属州となったことにより、ローマ人兵士たちが持ち込んだ俗ラテン語に取って代わられていったが、これはフランス語やワロンの一部、スイスの一部などに現存するロマンシュ語となる。

（2）ゲルマンの大移動──フランス語の支配

　その後4世紀になると、ライン河右岸にいたフランク族が気候の変化、他民族の侵攻などにより移動しはじめ、その言語がフランス語に大きな影響を

第Ⅱ章　連邦政府（国家レベル）の役割低下

与えたが、ベルギーの地域語にも同様だった。その初の王国メロヴィング朝の創始者はベルギー生まれで、この王朝はベルギーだけでなく広範囲の版図を有していた。ベルギーに限ってみても、フランク人は、初めその北部の悪条件のデルタ地帯に住み、現在のフラマン語の元を作り出した。そして、領土をしだいに拡張し、その優秀な軍事力で遂に西ローマ帝国を崩壊させるに至った。

　ところが、言語の方は逆にラテン語化され、軍事力ではローマに勝ったが文化では破れたといわれた。また、フランク族のキリスト教化も並行して進んだ。一方、南下して領土を広げていって自らの言語をラテン化させていったフランク族と、北部に残留した民族との間に言語的な隔たりが生じ、これが1,500年を経た今日までの言語境界線を形成する原因となった。

　（3）中　世

　続いて、約1,000年前頃から始まるヨーロッパの中世のベルギーについては、全2著のほか『ベルギーの地方自治』（CLAIR REPORT 212）（自治体国際化協会、2001年、3頁）が簡潔に解説しているので、それによると、この地にはフラーンデレン伯領・ブラバント侯国等現在の県名にも残る封建領主支配が出現した。ここでは、言語の面では前述のとおりそれぞれの地域の孤立・閉鎖の中で多数の方言・地域語が定着していった。一方、フラーンデレン地域では毛織物工業が発達し、ゲントやブリュージュ等の都市が商業の中心地として繁栄し、そこに住む市民は自治権を獲得した。

　15世紀に入ると、この地域は、リエージュ公国以外はフラーンデレン伯家とブルゴーニュ公の婚姻によりブルゴーニュ公国に編入された。ブルゴーニュ公は、行政と司法の監督機関を創設し、一方都市自治権の制限を意図したがこちらは守られた。だが、ブリュージュは西ヨーロッパの中継港としての地位をアントワープに譲ることになる。そして、マリ・ド・ブルゴーニュの死に伴い、この地はハプスブルグ家（スペイン・後オーストリア）の支配下に入った。

　16世紀前半、都市化が進み、アントワープが西ヨーロッパの商業・金融の

31

一大中心地になり、芸術や科学が発達、繁栄の時代を謳歌したが、反面貧困問題とオランダで起こった宗教改革へのフェリペⅡ世の圧政に対して世紀後半には社会運動が激化した。そして、現在のオランダ北部諸州ではプロテスタント勢力がスペイン軍の駆逐に成功した。だが、南部諸州はリエージュ公国以外スペイン軍の支配が続き、カトリック教が強制された。その後、スペインに代わってオーストリアの支配下に入り、さらにナポレオンの登場で18世紀末フランスが侵入、1815年彼のワーテルローの敗戦までその支配下にあった。

（4）オランダの独立・支配と同共和国の崩壊

オランダの古代以降16世紀までの歴史は、フリース人が今も定住するフリースラント以外はベルギーと同じで、フランク族が居住していたが、1515年スペイン国王となったカールⅤ世はオランダ17州（Pay Bas）に根付いていた新教徒を王国の統一を妨げるものと恐れてしだいに北へ追いやった。1560年その後継者となったフェリペⅡ世は、スペイン生まれでスペイン語しか理解せず、この地の人心を把握できず迫害を一層強化したため、広範囲に叛乱が起こり、これを鎮圧しようとするスペイン軍に抵抗するため遂に北部7州はユトレヒト同盟を結成して自治を宣言した。この争いは、途中1609年には休戦条約を結んで事実上の独立が達成されていたが、結局80年間も続いた末、北部7州は1648年オランダ連邦共和国としてミュンスター講和条約によって国際的にも認められることになった。

この頃から、アムステルダムを拠点とするオランダ大商人たちの活躍は、バルト海貿易の商権確立から地中海、アジア、新大陸貿易と拡大、一時はヨーロッパ随一の貿易大国・経済富裕国へと押し上げた。だが、その後イギリスやフランスとの覇権争いに敗退して経済的に衰微し、1795年フランス革命に巻き込まれて共和国は崩壊した。

（5）ナポレオン敗北とオランダ連合王国の誕生

この後、バタヴィア共和国からフランスへの併合と続いたが、ナポレオンの敗北後、前述の5大国は1814年10月1日開催のヴィエンナ会議でヨーロッ

パの運命を取り決め、オランダは現在のベネルクス3国の地域に相当する領土にオランダ連合王国が誕生、現在のベルギー領土の大部分はオランダに割譲された。この王国の成立は、フランスとの間に緩衝地帯を欲するイギリスと、オランダ王国と王が姻戚関係にあるプロシャとの肝いりによるものだった。だが、ヨーロッパをこのように人為的に分割したそのやり方とその結果生じた過ちが、ヨーロッパ全体をまもなく震撼させる革命の爆発への引金となった。

ともあれ、1815年オランダ連合王国は、北と南に17の県を設け、ハーグとブリュッセルが交互に1年ごとに国会の所在地となった。また、オランダの隆盛に伴い、初めはアムステルダムの商人や銀行家たちの間で交わされていたゲルマン語系の一地域語にすぎなかった「オランダ語」が国語として統一されていったが、一方スペイン統治下に残ったフラーンデレンでは言語の統一は見られず、それぞれの地域語が使われていて、これが独立後の公用語としてのフランス語の確立に一つの口実を与えることになった。

4　ベルギーの独立

オランダ連合王国成立後、現在のベルギーの地域でのその圧政に対して、住民の間に急速に不満が高まっていった。新国王ウィレムI世は、王国の統一を旗印に国内全土にオランダ語の使用を強制した。だが、これは、特にベルギーの地域において南北ともに激しい反発を買うことになった。ワロンで住民がフランス語を使っていたのに加えて、両地域ともに支配層の多くがフランス語を話していたから、経済的に強力な彼らからオランダ語より優位なフランス語を取り上げることなどできるはずはなかった。また、前述のとおりフラーンデレンは、使用される言語はオランダ語と同根のフラマン語だったが、全体がまだ当時は農村地帯で、カトリックの下級聖職者が強い影響力を持っていて、オランダ語の浸透がプロテスタントの普及につながると危機感を抱き激しく抵抗した。そして、オランダやオランダ語に対しては、フラーンデレンの一般住民が一層頑強に抵抗したのは陰にこれら聖職者の扇動が

あったからだといわれている。

　こうして、国王ウィレムⅠ世の言語政策がベルギー独立運動に火を付けることになったが、その対象はそれだけにとどまらず、国家を統治する権威主義的方法全般、自由の制限、検閲の導入、国王のオランダ人官僚（北部の各県出身）が行政全体に占める支配力、さらにはギリシャでの成功裏に終わった暴動やヨーロッパにおける民族主義感情の高揚などの全てが、1830年のベルギー革命の突発の要因となった。一方、完全な産業転換を遂げた社会での社会的経済的諸条件や当時の二つの思想的運動――カトリックと自由主義運動――への収斂が、オランダ体制に対する人民の叛乱を主導したことも指摘できる。

　こうして立ち上がったベルギー自由軍は、この年9月にはオランダ軍と対決し、ブリュッセル公園の周辺地域でのその月下旬の4日間の激しい戦闘で勝利を収め、ベルギー領土内からのオランダ軍追放に成功した。そして、1830年10月4日、オランダ軍はまだ領土から撤退中だったが暫定ベルギー政府がベルギー各県の独立を宣言、引き続き各県政府から選出の臨時政府の9人のメンバーが11月3日の国会選挙を命令した。こうして選挙された国会は、11月18日ベルギー国民の独立を宣言し、さらにベルギーは1830年12月26日のロンドン会議で承認された。続いて、国会は前述のとおり最初のベルギー国王にSaxe Coburg Gothaのレオポルトを選び、彼は1831年7月21日憲法に基づく宣誓を行った。なお、ベルギー独立の国際的承認は1839年4月19日の講和条約で確認された。

第2節　建国以降の対立・抗争

1　ワロンの優位とフラマン語運動の発生

　ところで、この独立を闘った二つの勢力が、民族、言語、文化の全く異なっていたことから、独立後ベルギーでは伝統的に対立する南北両地域の抗争が今日まで様々な形で続き、以後1970年頃まで140年にわたってワロンの経済的政治的支配が確立し、その使用するフランス語が唯一の公用語となって

いた。その背景には、第1節で指摘したとおりの事情があり、建国当初からフランス語話者に重点を置いたワロン中心の国づくりの下で築かれたその優位性は揺るぎそうもなかった。この対立・抗争については、小川『前掲書』のほかBambi Ceuppens and Marie-Claire Foblets "The Flemish Case; A Monolingual Region in a Multilingual Federal State"に詳しいので参照して以下概説する。(3)

　独立を勝ち取ったとき、北部の貧しいフラーンデレンはオランダ語の方言を話す田舎の農民たちが支配的だったが、一方南部の豊かなワロンは前述のとおりヨーロッパ大陸で最初に工業化された地域だった。ただし、ほとんどのベルギー人は自国語として方言を話していたのに、地方のエリートたちは上流社会への移行の印として使われたフランス語を話していた。これに対して、フラマン語運動は、人口の約60％を形成するフラマン人の権利を擁護し、フランス語と同等にオランダ語を公用語として認めさせようとするものだった。

　だが、フラマン語運動は一つの組織ではなく、もっと広い文化的言語的経済的政治的活動と見なされ、それらの活動は不断に変化する社会や集団に適用できるが、オランダの言語・文化・政治の若干の局面に共通に接触することによってのみ結び付けられるにすぎない。これに対して、フランス語話者の教会は、フラーンデレンの住民をフラマン人として形成・維持することによって彼らがカトリック教徒であり続ける限りでフラマン語運動の主張を支持した。だが、彼らとは違って下級聖職者は文化の伝道者として重要な役割を演じ、オランダ語話者たちを自覚したフラマン人に変え、すでに独立の際には大きな力を発揮させるのに成功していた。

（3）in David M. Smith and Enid Wistrich ed., *Regional Identity & Diversity in Europe—Experience, in Wales, Silesia and Flanders—*, Federal Trust for Education and Research, 2007, pp.102〜157.

第1部　ベルギーの政治と行政

2　フラマン語運動の成果

　フラマン語運動は、他方で国家主義的な「田園詩」を育て上げ、教会を捨て、あるいはブリュッセルにおいてオランダ語からフランス語へ使用する言語を切り替えてしまった都市労働者とは鋭く対照的に、唯一フラーンデレンに敬虔な田舎の農民を残し、彼らを「真の」フラマン人と考えた。だが、こうして逆説的に田舎でのフランス化への圧力はほとんどなかったためにフラーンデレンの農民たちをフラマン主義に「改宗」させるのは極めて難しかった。

　一方、多くの農村共同体ではフラマン語運動の美辞麗句は外部の聖職者たちによって持ち込まれた。だが皮肉にも、フラーンデレンの帰属意識を獲得した最初の地方人は、フランス化への圧力がより強く、他のオランダ語使用の学生たちと一体感を獲得した都市中心地においての高等教育を追求するために自分たちの自治体を離れてしまった人々だった。フラーンデレンの中流階級の「国民の向上」（volksontwikkeling）は、フラマン語運動の美辞麗句の中に顕著に現れ、「フラマン国民」（het Vlaamse volk）を志向する恩恵的な態度を表現している。ここでの「国民」（volk）という言葉は、①文化的には（フラーンデレン）国民全体に関係し、②社会的には「下流」階級、特にフラマン語運動の観点からは「上層」中流階級の文化に習熟した労働者階級に関係するという二つの含意を持つ。

　ところで、フラマン語運動は、独立当初からのフランス語独占に対して譲歩を迫り、少しずつ成果を獲得してきた。最初の異議申立は、若干のフラマン人の作家や詩人から出た。1840年には初めての大規模デモが起こり、フラーンデレンでの行政公文書にオランダ語を、司法においても使用を、フラマン語アカデミー設立をなどの要求をしたが、このときは成功しなかった。だが、運動は、ベルギーを独特な多言語実体として強化する本来の目標から急速に離れてフラーンデレンが自らの権利において政治的認知を求める方向へと向かった。最初はフラマン人にフランス語話者と同等の地位をとの最小限の要求だったのが、間もなく単一言語のフラーンデレンではフラマン語だけ

第Ⅱ章　連邦政府（国家レベル）の役割低下

の使用に向けて過激化し、1873年になって初めて「言語についての法律」が制定され司法の場での使用が認められ、78年には行政の場へ、83年には教育の分野へと拡大されていった。だが、首都ブリュッセルだけは支配層の大半がフランス語話者だったため除外され、89年にようやく口頭による証言だけに認められ、94年には二重言語も法定されたが、依然として重要な決定はフランス語に限られていた。当時、フランス語しか使われていなかったゲント大学でフラマン語による教育の要求が出たのに対して、フランス語を話し地位を得ていたフラマン人の教授陣は、フラマン人の将来のためにはフランス語を習得する方がよいと反対して実現しなかったという。

　ついで20世紀に入ると、前述の第1次世界大戦の悲劇が起こったが、これは兵士の80％がフラマン人だったのに軍隊用語はフランス語のみだったことによるもので、しばしば反抗も起こり、遂に1938年士官と士官候補に両言語の知識習得を義務付けたのだった。一方、運動は世紀の変わり目には広範な支持を集め、戦間期には大衆動員が始まった。フラマン語の完全な認知への過程は、社会的はもとより法律的にもフラマン語運動から1960年代末まで100年少々掛かった。

　しかも、南北の経済力が逆転して以降、今度は逆に北部で公立学校においてオランダ語だけを使用し、フランス語の使用を禁止する事例や、北部の自動車工場内でやはりオランダ語以外の使用を禁止する事例が出てきて、いずれも日本の朝日新聞（前者は2006年10月4日、後者は2007年5月26日各朝刊）で大きく報じられた。

　前者の学校は、ブリュッセルから北西に15キロのメルヒテム町（人口1.5万人）で06年9月から校内でのオランダ語以外の使用を全面的に禁じた。理由はフランス語使用家庭が圧倒的に多いブリュッセルに近く、児童の父母の15％がオランダ語を話せないためにそのような家庭の児童に早くオランダ語を身に着けさせたいからというにあり、またフランス語禁止のいま一つの狙いは住民の統合で、同一言語を使用しなければ統一はできないとしていた。しかもフラーンデレン地域圏政府はオランダ語を使えない住民が公営住宅に

第1部　ベルギーの政治と行政

入居する際、オランダ語学習を義務付ける法律案を地域圏議会に提案した。これは大問題となり、まずワロン地域圏の政府と議会が居住の自由を定めた憲法に違反と反対したが行政裁判所は違憲を否定、ワロン政府がEUのヨーロッパ委員会に書簡を送ってEU市民は住宅について等しい権利を持つとの回答を引き出し、フラーンデレン議会が法律案を可決すればヨーロッパ司法裁判所に提訴する可能性もあるとのことだった。

　後者の工場は、北東部のゲンクの自動車部品メーカー、HPペルツァー工場で、全従業員に工場内では原則としてオランダ語以外話してはいけないと通告、休憩時間も昼食時間もオランダ後のみ、違犯して警告書を3回受け取ると解雇されることになった。従業員125人中38人がトルコ系で反発、労使交渉継続中、労組は業績不振なのでトルコ系を狙い撃ちして解雇するための口実だとしているが、労組は分裂、社会党系は反対だがキリスト教民主フラーンデレン党系は容認。朝日の解説では、極右政党のVBが地域圏議会の第1党に躍進、キリスト教民主フラーンデレン党が後述の「防疫線」を無視してVBにすり寄った結果だとしていた。

3　運動の変容とフラーンデレン分離主義者

　1919年の普通選挙権と女性参政権の採用によって、政治家たちはオランダ語話者選挙民の支持獲得のためにフラマン語運動の要求を政治化せねばならなくなり、その諸要求は文化的領域から政治的領域に移った。その文化的諸要求（フラーンデレン全体での行政・軍隊・教育制度や司法部のオランダ化）がフラーンデレンの全主流政党の政治家たちの協調的な努力のお陰で満たされた。

　ところが、1930年代には運動は強力な反民主主義傾向に転じ、これが第2次世界大戦中の対独協力や後述するように戦後移民増加に対する排斥運動の急先鋒となっていく。そして、フラーンデレンの国家としての独立運動を展開するが、この強烈な分離主義者（flamingants）たちは、同根の言語を話すオランダへの統一は好まない。これは、恐らく宗教と言語の違いからベル

ギー側にオランダの歴史や経済への劣等感が伏在していることが考えられる。ただし、当のオランダではオランダ語がもはや国際的に影響力の小さいところから英語の習熟に熱心といわれ、これはヨーロッパの中小諸国に共通に見られる現象といえよう。

一方、ブリュッセルでは、前述のとおりフラーンデレン地域圏にありながらその住民の多数派はフランス語話者になった。以前にはフラマン語運動は個人の言語選択権を主張していたが、これが首都の進行中の「フランス化」（verfransing）と、そのフラーンデレンの後背地全体の言語的高潔性が尊重されなければならないという見解とに利用されてきた。

4　ワロン分離主義者

フラーンデレンとは対照的に、ワロン分離主義者の発生はかなり遅く20世紀も半ばを過ぎてから始まり、その主張も当然内容は異なる。これは、ワロンとフランス語の優位が長く続き、その経済力を背景に重要な国家政策決定権を独占してきたことによる。ところが、1960年代に入り、石炭と鉄鋼を中心とした経済が陰り始めると、経済的に独立の要求が強まり、1960～61年のベルギー史上最大の「冬の大ストライキ」を契機に、これが1970年の地域圏の設置による連邦化へと発展していくことになる。

だが、ワロンの分離主義者の主張は、ベルギーの国家としての存続要求を強めている。これは、経済力の大逆転でワロンはもはやフラーンデレンから離れては生きられなくなったからで、フラーンデレンから上がる国家収入にその存続が大きく依存していることによる。このことが逆にフラーンデレン側の不満のタネで、2007年の総選挙の結果はその表れであり、極右政党だけでなく中道右派のキリスト教民主フラーンデレン党の第1党躍進につながったのだった。また、ワロン分離主義者の場合は、独立よりは民族、言語、宗教を同じくするフランスへの併合を望んでいるともいわれる。

第3節　多極共存型民主主義とその変容

1　「主柱化」(verzuiling) の成立

　ベルギー政治の特色の一つは、オランダからアメリカに移って政治学者として活躍したA・レイプハルト（A. Lijphart）によってオランダをモデルにして1960年代後半に解明され名付けられた「多極共存型民主主義」（consociated democracy）にある（彼は77年にはベルギーについても分析している[4]）。『世界民族問題事典』では、「社会が複数のサブカルチャー＝民族・宗教・文化・階級などに分裂し、それぞれのエリートが相互に妥協することによって社会の分裂解体やグループによる強圧的支配を回避されているような一種逆説的民主主義体制を指す」とし、それが「有効に機能しうるためには、一方で各サブカルチャーの凝集度が高く、一般人がエリートに対して従順であること、」「他方でエリート間に、紛争の非政治化、比例制原理の多用、秘密交渉といったゲームのルールが成立することが条件として必要とされる」と解説している。そして、これはベルギー、スイス、オーストリアなどにも当てはまるとし、連邦制や地域主義研究者たちも好んでこのモデルを活用している。このような国では英米流の多数決民主主義は成り立たず、とりわけベルギーでは南北の対立から連邦での立法部や諸機関の構成には特別多数決の採用や徹底した均衡が図られている。

　また、個々のサブカルチャー内部では政党を頂点に社会集団、放送、学校、その同窓から各種趣味やスポーツなど生活の中でのサークル活動に至るまでそれこそ揺り籠から墓場までそれぞれの主柱（pillar）と呼ばれるものを形成して相互に拮抗しながら、しかもエリート間の協力・妥協・取引によって大連合政権を構成して政治的安定が保たれる（ベルギーに関する文献では「主柱主義」という言葉がしばしば使われる）。ただし一般人の従順さやエリート間の妥協などは民主化の促進に妨げになり、またベルギーではこの妥協が困難になってきていることが、著者の現地調査時に続いていた組閣の難航

（4）梅棹忠夫監修『世界民族問題事典』平凡社、1995年、641頁。

第Ⅱ章　連邦政府（国家レベル）の役割低下

で露呈された。

　ともあれ、ベルギーの場合は、このような状況から比例代表制を採用せざるをえず、これが多党分立を招き、しかもイタリア型のように第1党の得票にプレミアムを付けることもないので、連立政権の結成が不可欠となる。また、分権の進展と軌を一にして、それまでの中央諸党がいずれも南北に分裂、状況は一層複雑化した。そのため、総選挙の後の組閣が難航、新政権発足まで、1988年には148日、2007年には191日、2011年には世界最長といわれた541日間を要し、後者ではフランス語圏社会党の党首を首相に主要6政党の連立政権の発足に漕ぎ着けた。これは、直前の10月のベルギー・フランス系金融大手デクシアが破綻し、暫定政権では政府の債務を減らせないとみた投資家がベルギー国債を売り浴びせた結果、アメリカの格付け会社による長期国債の格付け引下げとなり、危機感を強めた6党が緊縮策を盛り込んだ2012年度予算で歩み寄ったことによる。だが、このように長期にわたる政権不在が可能だったのは、一方でEUという超国家の枠組と、他方で共同体や地域圏に教育、経済、雇用保険、医療などが既に連邦から移譲されていて、「国」がなくてもほとんど困らないという状況があったからといえる（「読売」2011年11月28日夕刊、「毎日」同12月5日朝刊、「朝日」同12月6日朝刊、「読売」同12月7日朝刊）。

　ところで、1970年代に経済力の逆転によって強力になったフラーンデレンの税源や社会保障についての連邦から共同体・地域圏への移譲要求が強まると、経済的に衰退したワロンとしては「ベルギーは一体だ」としてフラーンデレンに譲歩を迫るか、あるいは言語の共通性からフランスへの併合を志向するかしか道はなくなった。一方、フラーンデレンの側は、共同体・地域圏議会の第1党の極右のVlaams Belang（フラーンデレンの利益）の「フラーンデレン共和国」独立の提唱を背景に、その主張を大幅に取り入れた前述の税源や社会保障の地方移譲を主張して2007年の総選挙で連邦では第1党に躍進した第2党キリスト教民主フラーンデレン党など、経済的にお荷物になったワロンの切捨てを志向する可能性が強い。もともとこのVlaams

Belangの進出に対しては、前述したように、他の有力諸政党は南北のいかんを問わずその移民排斥とフラーンデレン独立の主張への共通の警戒感から、いわゆる「防疫線」(cordon sanitaire) を張ってその連立への参加を一致して拒否してきたのに、票の欲しさから中道右派のキリスト教民主フラーンデレン党がそちらへすり寄ったもので、恐らくそのことも2007年以降毎回第1党の同党を首班とする組閣が成功しなかった一因ではないかと思われる。

2　主柱化の変容

前掲のBambi Ceuppens and Marie-Claire Foblets "The Flemish Case; A Monolingual Region in a Multilingual Federal State"(pp.105～106) は、1919年の普通選挙権の導入が、他の民主国家と同様にベルギーの「主柱」による多極共存型民主主義（彼は協調的連結的制度とも呼ぶ）にしだいに大きく変容を迫ることになったとして以下のように説明している。まず、これにより各政党間の権力均衡を変え、分節型多元主義の特殊な一形態としての「主柱化」への道筋が付けられた。これは、1で簡単に説明したように、諸政党と市民団体やその広範囲な補完的組織との間の排他的な結合の制度であり、揺り籠から墓場までのその分節の広がりの中へ人々を巻き込む。ベルギーの主柱は、重なり合った裂け目でカトリック教徒を教権反対派から、資本家を労働者から分けるとされる。ただし、1960年代までは全ベルギー人の約90％がカトリック教で洗礼を受けていたので、宗教による政治的関係の区別はできない。

それまでカトリックと自由主義の交代による政権が続いていたのが、1919年以降フラーンデレンのカトリックとワロンの社会主義者との連立に取って代わられた。ベルギーの協調的連結的制度は、個人よりはむしろ集団志向で、サブカルチャー的分節とエリートの調整とによって特徴付けられる紛争処理の制度的形態である。まず、この制度の安定性は、異なるサブカルチャーを代表するエリートが有する、これらのいずれかに利益をもたらし不利益を与えることのないよう政府の費用と恩恵を配分する能力によって左右される。

第Ⅱ章　連邦政府（国家レベル）の役割低下

さらに、この制度は、人々の政治的エリートへの生得の服従に特色があり、これはベルギーの有権者の特徴を表す政治的受動性を説明する。したがって、歴史的にはベルギー政治は恩恵と後見（pistonnage）によって特徴付けられ、「人々は非人格的形式的な国家官僚の迷路を通して彼らを導き、その法規をうまく免れ、あるいは経済資源に接近するために潜在的に有用な場所に配列された洗練された仲介者のネットワークに依存する」とされる。

　歴史的には主柱は地理的基盤を持ち、大都市は社会主義が優勢、砂糖、ビール等々の工業を有する県庁所在都市は自由主義が支配するが、一方農村部は圧倒的にカトリック民主党だった。このフラーンデレンの状況は、フラマン人の帰属意識と関係がある。人々は、自治体からヨーロッパ・レベルまでのそれぞれ特有の地理的な場所に対応するが、全てのヨーロッパ人の中でベルギー人、特にフラマン人は自らの地方自治体に最も強い帰属意識を持ち、第2にベルギー国家に、第3にフラーンデレンに帰属意識を持つといわれる。フラマン語の「教会の塔」心理（verktorenmentaliteit）は、自分が第一義的にその地方教区に帰属意識を持つことを意味する。方言は19世紀末まで標準化されず、標準的オランダ語は1930年代になってようやく学校教育の言語となったことが関係している。フラーンデレンのために一層の政治的な自治を要求するエリートたちとは反対に、フラマン人の多数はまず地方レベルでの政治的自治に関心を持ち、強力な血縁と居住の長さとに基づくその一連の緊密な社会関係を有する特別な限られた空間に発生する郷党主義に始まり、その政治的表現である自治体中心主義に進んだ。

3　主柱化の衰退

　ところが、ベルギーの連邦制への移行が迫った1966年と1968年の間に、二重言語のカトリックのルーヴァン大学では反教権派の研究者たちが教会の権威主義的指導と主柱化された制度に挑戦した。彼らはまた大学が地方（フラーンデレン）共同体にしっかり「根を下ろす」べきだという理由でエリート階級を構成するフランス語話者の存在に反対した。だが同時に、彼らはフラ

ーンデレンにおけるフランス語での教育の廃止を望むフラーンデレン魂を持った中流保守層とは同盟できそうになかった。小川秀樹の前掲書（93〜96頁）によるとこのルーヴァン大学は両大戦でそのつどドイツ軍に徹底的に破壊され、アメリカ人の寄付で復興した後、フラマン人とワロン人の教授陣が対立、後者がワロン地域に大学を新設して移る際に、図書館の全図書にナンバーを振って奇数と偶数で分け合ったという逸話を披露している。

　ともあれ、ルーヴァン大学のオランダ語化は、世俗化と脱主柱化（ontzuiling）への道を開き、カトリック教会の政治的影響力を減退させた。これに続いて、主な政党が選挙運動の全国的展開をやめてフラーンデレン派とフランス語話者派とに分裂した。また、フラーンデレン最大の大学における教育をオランダ語化する運動は、フラーンデレン国家主義者を、彼らがそれまで支持してきた国家、王制、教会の三つの制度から引き離してしまった。その結果、フラマン語運動は、その目指すものが現存の連邦レベルであれ将来像としてのフラーンデレン国であれ圧倒的に反教権的共和的なものになった。そして、主柱化の衰退が、主柱化された制度の外部に新たな社会運動に結集する流動的な有権者と多元的地域主義政党とを創り出すことになり、代わってこれらは伝統的な左翼と右翼の分裂を超えて有権者をうまく引きつけるようになった。

　1960年代経済の中心がしだいに南部から北部へ移行した時期に、フラマン語運動は、フラマン人をブリュッセル後背地に進行中のフランス化とフラーンデレン経済のオランダ化に反対する大衆抗議の動員に、ブリュッセルにおいて成功した。Vlaams Belangを除けばいかなるフラーンデレンの国家主義政党も、かつて8％以上の得票を獲得したことはなかったが、これらの政党の影響力はかなり強く、「単一目的政党」（zweeppartijen）としてフラーンデレン国家主義の主張を押し付けるのに成功してきた。

第Ⅱ章　連邦政府（国家レベル）の役割低下

第4節　南北両地域の現状比較

1　ワロンの地域主義

　本節は、全てフラマン人で地域主義研究者のStefaan De Rynck "Civic culture and institutional performance of the Belgian regions"の分析に依拠しているが、彼によれば、まずベルギーの共同体と地域圏は、全部合わせれば国全体の公共支出の3分の1以上を消費し、前述の多用な機能を担っていて、ヨーロッパの同等の州などよりもかなり進んだ自主性を発揮している。だが、南北両地域の生活水準や教育水準など具体的な市民生活では、経済力の実体を反映してかつての長期にわたるワロン優位から、ここ3分の1世紀の間に完全にフラーンデレン優位に転換した。このような状況を背景に、フランス語話者とワロンの側の地域主義は、前述のフラマン語運動とこれが単一ベルギー国家内部のフランス語話者の既得権益に提起した脅威とへの反動として出発した。だが、しだいにフランス語話者とワロンの運動の中に、全フランス語使用ベルギー人の間の結合要因としてのフランス語圏の重要性を強調する人々と、ワロン地域圏の経済のための自主的計画を提唱する人々との間に対立が現れた。前者は、ブリュッセル、ワロン、ブリュッセルの周囲のいわゆるフラーンデレン周辺部の全てのフランス語話者は国内のフラマン語話者の多数派に対抗して共通の利益を持って団結しようと主張した。だが、「地域主義者」はこれに異論を挟み、ワロン経済の再生は「ブリュッセル」ではなく何よりもまずワロン地域に依存せねばならないと反対した。そこには、ブリュッセルの政治的財政的確立を志向するワロン運動の役割への懐疑心があった。ブリュッセルは工業化の時期にワロン経済を支配し、衰退が始まるやいなやそれを見捨てたという反感があった。

　ワロン地域圏運動はその拠点を政治的左翼に持ち、自決こそがいわゆる「ベルギー・フラーンデレン国家」による少数派のワロンとその経済の継続

（5）in Patrick Le Galès and Christian Lequesne ed., *Regions in Europe*, Routledge, 1998.

的な搾取に対抗する唯一の選択だと強調した。とにかく、国内で少数派になるという恐怖が、フラーンデレンがワロンよりも豊かになった1960年代の経済的発展によって煽られた。

2　フラーンデレンとワロンへの二極化

　両地域は、経済事情とも関連して宗教でも異なる。フラーンデレンは長い間カトリック教会が政治と個人生活を支配する農村社会だったが、ワロンはヨーロッパで最初に工業化した地域の一つで早くから世俗化過程に入っていたため、自決運動の方向は異なった。フラーンデレンの国家主義者は、カトリックで右翼の傾向が強く、中道主義のキリスト教民主党が伝統的に最大政党だったのに対して、ワロンの国家主義者は反聖職主義で社会主義的であり、社会党がワロン側では強力である。

　ベルギー社会では三つの伝統的な裂け目として経済・言語・宗教が指摘できるが、言語問題だけが1960年代に重大な二極化の段階に入った。これは、他の二つの問題をめぐる動員が著しく弱体化したことによる。そのため、カトリック教徒対自由思想家と同様に自由市場主義者と社会主義者とが後述の言語境界のおのおのの側に容易に整列でき、全政党の純然たる地域圏政党への分裂が言語と比較して経済と宗教の比重を減らし、それはまた国の南北間の分裂を補強することになった。

　そして、以前は弱体だったフラーンデレンが、戦後の俄か景気の時期に特に教育水準の絶えざる向上を生み、これが決定的だった。教育とフラーンデレンの一体性の自覚との間には強い相関関係があるが、このような相関関係はワロンの一体性に関する限り見られない。

3　両地域の政策成果の比較

　Stefaan De Rynckは、両地域の教育、環境、女性の機会均等、公共輸送、失業者の職業訓練の分野での業績比較を行っている。彼によれば、両地域の地域圏 ｛ここでは共同体と地域圏の両者を含む｝ 政府は、社会生活の質の改

第Ⅱ章　連邦政府（国家レベル）の役割低下

善のためにこれらの諸問題を等しく重視しているが、フラーンデレン政府はこれらの領域全てにより高い政策提供能力を持っている。
（1）個別の政策分野
　ア．教育分野
　　　この分野では、地域圏への分権がフラーンデレンの学校制度改革の行政的政治的エネルギーを放出した。単一国家時代には改革構想は全会一致の原則により常に挫折させられたが、分権以後公立学校の自治、任期制その他の重要な改革を伴う教育業績評価の分解精査が迅速に実現できた。一方、フランス語話者の側では教育政策は地域圏改革以後ますます暗礁に乗り上げた。ここでは政府は支出削減のために全予算項目を調査せねばならず、その結果学生団体や教員組合と不仲となり、最後の数年間は重大な抗議運動を引き起こしてしまった。
　イ．公共輸送、失業者の職業訓練、女性の機会均等の分野
　　　これらの分野でも、フラーンデレンの側がより大きな有効性を発揮している。訓練コースの提供、公共輸送により供給された距離の量、地域圏の行政内部で採用・昇進した女性の数は増えていた。
　ウ．環境政策の分野
　　　最後に、フラーンデレンはワロンに比べて環境政策でもずっと進んでおり、より厳格である。
　　　これは大臣会議に提出された資料などで明らかである。
（2）統治過程
　ア．統計と情報
　　　この分野では、フラーンデレン政府は集権的な政策制度と内部目的への利用だけでなく広く一般公衆配付用もよく整備しているが、ワロン政府は立ち後れている。
　イ．内閣の安定性と予算の機敏性
　　　この面でも、フラーンデレンの方が優れている。例えば、地域圏オンブズマンがワロンよりも少し早く1992年にフラーンデレンで創設さ

れた。
　　ウ．地域圏議会の役割
　　　　ここにも差が見られる。ベルギー政治の伝統に従って議会は決定作成過程をできるだけ避けてきた。執行部による支配は、常に多元的分裂をはらむ政治制度を運営可能にしておくためのエリートによる調停制度の基本的な柱となっていたからだ。地域圏は、強力な執行部と弱体の議会というこの国家の伝統的な型を模倣したが、フラーンデレンの議会はベルギーの議会以上にゆっくりとではあるが失地を回復しつつある。そこでは、他よりも情報が入手しやすいし、また各大臣の発する「緑書」は将来の政策を説明し、政策を評価するための手段を提供する。
（3）政府の応答性
　つぎは住民の諸要求に対する政治制度の応答性だが、この測定に役立つデータは存在しない。ただし、地域圏が市民の目に付く所で十分に業績を上げているかどうかに関する情報は、地域圏がより多くの権力を持つべきかどうかについての市民の意向を聞けば推測できる。この点で両地域に差はないが、地域圏への一層の分権に賛成のフラーンデレンの比率はやや高く、「国家政府が全てについて決定すべき」の所説には反対の意味での「地域圏が全てについて決定すべき」に賛成がフラーンデレン37％、ワロン31％だった。
（4）地域圏エリートの自己評価
　地域圏のエリート自身によって行われたその業績についての評価では見解は大きく分かれる。フラーンデレンのエリートの大部分は、ワロンのエリートが望む以上に地域圏への分権によってその制度が彼らの要求に対してより応答的になるとして一層進めたいと望む。カトリック民主党員のような穏健派国家至上主義者は、彼らの「地域圏化すべき」リストを持っていて、社会保障制度の児童保護や保健の部分、連邦レベルに残された調査や開発の業務、凝集したフラーンデレンの公共輸送政策のために漏れた部分のような国有鉄道、会社・県や市町村政府に関する基本立法を挙げる。これに対してワロン

の側では、最後の国家改革が今なお消化されていないと議論している段階で、分権をもっと進めようという意向はうかがえない。

この政治的エリートの見解は、社会・経済・文化の領域のエリートにより表明されたものと一致する。企業家のトップ94人とのインタビューによれば、フラーンデレンでは消極的もしくは中間的立場に立つ人と半々に別れる。また、フラーンデレンの企業家の方が新たな責任を負うことにより熱心であり、現状に満足を表明している。

とにかく、地域圏への分権は、ワロン側と比較してフラーンデレンの側では活力を誘引してきたことは明らかだが、この分裂は増大するのか、それともワロン地域圏がかなり急速にもっと進んだ立場にその状態を修正できるか岐路に立っているようだ。

(5)「市民性」の影響

市民性は、長い歴史的伝統により形づくられるが、政策決定装置の質、立法革新の量、政策の成果の産出と社会の要求への官僚制の応答性に関係する表示を根拠にしてStefaan De Rynckは、Patnumを借りて両地域圏の総業績を表す単純な指標を作り、北部の地域圏は全て南部の地域圏よりも優れた業績を示すと結論付け、以下のように説明している。そして、社会経済の発展と市民性との関係について論じ、社会経済の近代化は南部の地域圏の業績が悪い理由とはならず、市民性がカギであり、経済的に先進的な地域圏は単にたまたまより市民的であるがためにより多くの成功を収める地域圏政府を持っているように見えるだけだとした。市民共同体では市民は公務に積極的に参加し公共の問題により多く関心を示す。彼らは私欲をより広い公共需要に関係するものに一層限定し、市民性のより低い共同体のメンバーよりは目先の利益の獲得にそれほど熱心でない。高度に市民的な社会での個人同士の関係はより水平的であり互恵主義の特徴がある。一方、市民性のより低い共同体では相互関係は保護者と従属的顧客とに序列がありがちで、市民的な社会は市民性のより低い社会よりは民間組織や政治組織の成員の比率も高いし、団体（association）のメンバーはより多く政治的責任を持ち、より多く政

治に参加し、より高度に「主体的な市民的能力」を有することを示した。

（６）市民の政治参加

　ベルギーの地域圏の市民組織に関する限り明らかにフラーンデレンの側により高い成員のレベルを有する団体間の濃密なネットワークが存在する。ある調査では、PTA、環境団体、スポーツクラブ、文化団体等々といった組織の積極的メンバーかどうかの設問には、ワロンの31％に対してフラーンデレンは38％が積極的と答えた。同様な結果は別の調査からも出てきて、特に経済団体（労組、雇用者あるいは自営業者の組織）ではワロンの33％に対してフラーンデレンの41％がメンバーだとしていた。フラーンデレン市民の「公共生活」への高い関与度も、例えば1980年代の平和抗議行進はフランス語話者よりもフラーンデレンの方が多数を動員したことからうかがえる。フラーンデレンにおける高度な市民組織のもう一つの例証は主柱の存在によって提供される。その役割については繰り返さないが、社会的亀裂の弱化にもかかわらず主柱組織は生きながらえて、教育、保健、失業・児童救済、農家や小規模企業の援助、高齢者や障害者用ホームなど一定の政策の提供に重要な役割を独占し続ける。ただし、主柱化の現象はワロンよりはフラーンデレンの方が普及していて、ワロンでは行政がより強力な役割を演ずるため教育、保健、福祉の分野でははるかに少ない。これは、ワロンでは政策形成過程は市民社会を形成する組織への依存が小さいためより多く国家依存であることを示す。

　つぎに、ワロン人に比べてフラーンデレン市民の方が政治参加度は高い。特に、非伝統的な政治参加の方法ではフラーンデレンはワロンよりも勝り、政治的デモにより多く参加する。だが、一般的にはベルギー市民に対しては他の国々と比較して政治の重視や政治的利益の点では評価が低い。詳細は略すが、①政治の重視の程度、②政治への興味の程度、③政治を話題にする程度の設問に対して、全国、フラーンデレン、ワロン、ブリュッセルに分けたそれぞれの高い者の回答比率（％）は、ベルギー（25・29・52）、フラーンデレン（29・34・59）、ワロン（19・19・38）、ブリュッセル（26・36・61）

第Ⅱ章　連邦政府（国家レベル）の役割低下

とワロンが極端に低いことが分かる。また、このうち高学歴市民についての上２つの回答は、ベルギー（40・51）、フラーンデレン（44・57）、ワロン（29・31）、ブリュッセル（38・51）と同様で、性別・年齢・職業といった他の変数とも一致する。これらによって、フラーンデレンの市民性はワロンよりも高いことは明らかで、またフラマン人はワロン人よりも幸福と生活への高い満足を表明し、市民文化と生活全般的への満足との間には強い相関があるといえる。

（7）政治的エリートと市民

さらに、市民と地域圏のエリートとの接触については、ワロンの政党の議員たちは一般に選挙民への個人的サービスの提供についてより積極的であり、年金から土木事業用の許可を得た車のナンバープレートの獲得まで個人サービス提供システムは顧客主義的で、個人の権利を主張したり恩恵を施したりするために官僚制的過程に政治家が干渉し、政治家に接触するかしないかで扱いが変わってくる。このシステムは、個人票の獲得に有効か否かにかかわらず政治家と「その」市民との階統制的関係を生み出す。ある調査では、政府から何かを獲得するために政治家の個人的サービスを求めるのは、フラーンデレン市民では18％だったのに対してワロン市民は27％だった。

ワロンの地域圏エリートはその「従者」との相互作用においてより多く依存型で行動する事実は、行政内部の政治的任用（猟官制）が永続的に多いことによって確認される。政治的支持は、長い間ベルギー行政における任用や昇進を得るために最低の作業員レベルでさえ必要だった。最近になってようやく連邦とフラーンデレン政府はこの慣行を行政の最高階層内の思想的均衡を維持するための最高位の任命に限定した。とにかく、個々の大臣たちや大臣顧問たちが彼ら自身の選挙民からの依頼人を望まれた職に就かせるために行政の人事政策に干渉する慣行は、近年劇的に減少してきていて、この慣行がフラーンデレン行政内部ではほとんど完全に姿を消した。だが、ワロン行政ではなお広く残っていて、ワロンの首相はその行政の政治化を弁護し、ワロン議会での最近の討論でもこの慣行を変える意向がないことを表明した。

第1部　ベルギーの政治と行政

4　両地域の差異の要因

フラーンデレンとワロンとの差違は国際的文脈においては過大視されるべきではないが、前述の数字や説明が示したようになお残る。Stefaan De Rynckによればこの差違は、歴史的道程において形成されたものとだけはいえず、仮説として3組の相関する説明ができるとする。

第1は、人口統計的経済的条件における二つの社会間の構造的差違で、ワロンは比較的高齢の人々とはるかに高い失業率を有する。高齢者と失業者とは市民的政治的生活に統合されるのが低い傾向にある。

第2に、二つの地域圏はそれらの国家主義運動と結び付いた異なった種類の国家主義により特徴付けられる。フラーンデレンの国家主義は、市民社会の内部から、完全な権利と特定の集団としての認知とを獲得する積極的な運動として生まれたが、フランス語話者はこの新たなフラーンデレンの運動への防衛的立場に置かれ、主として政治制度の内部から初めは現存の統一ベルギーにおける既定の権力的地位を防衛するために反撃したのだった。一方では、フラーンデレンの大義のために闘い、政治制度からは一定の距離を置く多様な市民団体が存在する。他方では、フランス語話者の側には、反応は主として地域圏政党と政治家によって示されるのでこのような団体は少ししか見られない。

第3に、エリートによって指導される「地域圏の利益」の動員は、フラーンデレンの側ではより率直な方法で起こるが、内因的な方法で社会的経済的生活を再生するための自治の積極的重要性を強調するワロンの運動は、しばしば国民国家の改革に関する討論において困難な立場に立たされる。フランス語圏では、ワロンの政治的エリートとブリュッセルのそれとが完全に分裂している。フランス語話者のエリートは、フラマン人に対してフランス語話者集団の権利を擁護する方向でワロンのフランス語話者をブリュッセルのフランス語使用エリートに結び付けるはずなのに、実際は逆にワロンの地域主義者と闘う。ブリュッセルの権力集団は、まさにワロンの地域主義者が自ら

第Ⅱ章　連邦政府（国家レベル）の役割低下

をそれとは区別したいと欲するものにほかならないからで、その原因は、ブリュッセルが主として外来の投資の中心地として脱工業化時代の挑戦に対応するはずの多種分散型経済への準備を怠り、工業資本主義の絶頂期にワロンにおいて利益を獲得（搾取）したと見られていることによる。

　もちろん、このような分裂はフラーンデレンの側には存在しない。そこでは、エリートも市民もどちらも地域圏の利益という概念においての同一性と動員がよりはっきりしている。これは、フラーンデレンの市民はワロンの市民よりも自らをその地域圏と一体視するという事実に反映する。前述のとおり、フラマン人の約40％は地域圏と一体視するが、反対にワロン人は地域圏もしくはフランス語話者共同体との一体視は22.5％にすぎない。また、ワロンでは約67％がベルギー国を第１位に選ぶが、フラーンデレンでは42％にすぎない。特にエリートに関しては、フラーンデレンのエリートの大多数が地域圏と一体視するが、この一体感はワロンのエリートについてははっきりしないし、より少ししか存在しないといわれる。したがって、フラーンデレンとワロンの社会構造上の差違、フラーンデレンにおける自治のための運動は市民社会内部で始まり、今なおフランス語話者やワロンの側のより政治的な運動の性質に反対する市民団体によって支持されているという事実、潜在的動員力を弱めるフランス語話者・ワロンのエリート内部の分裂、これらは全て観察された市民文化の差違として説明できる。

　開放的か閉鎖的であるかの点で、両地域圏における政策ネットワークの構造がここでは決定的である。一般的にフラーンデレン政策ネットワークはワロンの政策ネットワークより開放的であり、例えば環境団体は環境大臣の諮問チームに選ばれる。ワロンの側に比べてより多くの環境主義的運動を有しているという点での社会の市民性と政治的エリート自身のこれらの集団の動員との間に微妙な相互作用が存在する。したがって、それには市民性だけの場合よりは多くのものがある。政治的一群は市民団体によって提供される入力に対してかなり開放的でなければならないし、疑いもなく政治的エリートはこれらの団体が出入りする構造に決定的な影響力を持つ。

53

第1部　ベルギーの政治と行政

　一方、ワロンの側の政策決定過程はより閉鎖的である。例えば、EUの構造基金についての交渉など、フラーンデレン側では公私の組織がともに各段階での交渉に積極的で、「積上げ」活動がフラーンデレン政府によって調整されるが、ワロン側では行政は特殊目的の部局に分散され、他の関係者によって積み上げられた入力は制限されるという。

第5節　教育政策の対立

　両地域圏の長年にわたる顕著な対立の一つとして教育政策、特に小中学校の経営母体を巡る抗争があり、建国以来の懸案となっていたが、20世紀後半に大きな争点となった。この点については、前述のStefaan de Rynckによる "Regional Autonomy and Education Policy in Belgium"[6]「ベルギーにおける地域圏の自治と教育政策」に詳しいのでそれに全面的に依拠して記述する。

1　1958年学校協定への道程

　国の教育政策は、建国以来国立学校を好むか、カトリック学校を推進し国家干渉を最小限にとどめるかで激烈な抗争が続いていた。この根源は1830年憲法の簡単な表現「教育の自由・無制限な妨害の禁止」に遡及する。この条文が国立学校を含む教育への個人的発案を制限し、教会の影響力を圧縮しようとする19世紀の自由主義政権の行動を制約したが、一方統一的な国営の教育の展開の試みも失敗し、カトリック学校に代わる公立学校の展開を狙ったもっと穏やかな手段も不成功に終わった。さらに、1884年から1914年までベルギー・カトリック党の単独支配（西欧で独特の例）によるカトリック政府は公共政策を私立小学校の拡大を支援する手段に利用した。ところが、1950年代に中学校進学希望者の増加に伴い、当時の多党派政府は当初はキリスト教・民主主義党政府で、カトリック学校への補助金を増額し、国立学校の拡

（6）in Michael Keating and Nicola McEwen ed., *Devolution and Public Policy —A ComparativePerspective—*, Routledge, 2006.

充を制限したが、その後を襲った社会主義・自由主義連合（1954年～1958年）は、逆にカトリック学校への補助金を減額し、国立学校の設立に金を使用したため、カトリック集団は反カトリック政府に対して街頭その他で抗議運動の組織に動いた。

2　1958年学校協定

　1958年になってようやく学校協定が3大政党の指導者たちの全会一致で締結を見、学校協定法が制定されてその後の教育政策の手続と内容の両方を決定した。ここでは、実質的な教育対価がカトリック学校か公立学校かの親の選択を妨げてはならないとし、「妥当な距離」の範囲内に両タイプの学校への無償入学を全国でできるようにした。このため、中央政府は特にカトリックの政党が支配してきたフラーンデレン地域に大量に公立学校を設置せねばならなくなった。

　協定はまた中央政府による公立学校職員と同一ベースでの私立学校職員の給与の支払いを規定、さらに運営支出への補助金も規定し、同様な仕組みが自治体により組織された公立学校にも適用された。この妥協は公立私立両学校を公金により成長させることにより抗争を収束させたが、この協定は「分節的多元論」の制度で、全政党が教育独占の考えを放棄した。

　また、国立学校の性格の問題を「中立」（neutralité）のお陰で解決することになった。これはフランスの「宗教とは無関係」（laïcité）とは異なり、ビジョンの一致よりはむしろ学校内での対内的多元論を意味し、急進的な国家主義者の見解とは反対に国立学校内では児童に倫理コースを採るか公認の宗教コースを採るかの選択権を付与した。

　この協定により中等教育サービス事業でのその役割を公認された民間団体は、1960年代に一大成長部門になり、中央政府全支出中の教育支出のシェアは1955年の13%から1965年には22%へと急上昇した。もちろん政策の目的は高度化した支出それ自体にあったわけではなく、学校協定の処置は1960年代の膨張する中等学校人口の円滑な吸収をうまく処理することにあり、カトリ

ック学校は30万人という異常な生徒を引き受けて大きな役割を演じた。

3 1988年の政策状況

1980年代までは教育事業への資金供給は潤沢で、国家統制も緩やかになり、教育政策は補助対象学校により自主的に立案された。1970年代のより総合的な教育形態の導入により利用できる科目の選択の数が多様化され、1980年代初め以降カトリック中学校生徒の獲得競争で両共同体において最大の前進を見たが、その時期世俗化がかなり急速に進行した。この結果国公立学校は最大の被害者となり、特に表2に見るとおり、フラーンデレンの中等レベルとフランス語圏の公立レベルの落ち込みがひどかった。

このようなカトリックの一人勝ちの要因は、著者の見解では背景に全国民の9割以上がカトリック教徒という事情があると思われるが、Stefaan

表2　教育事業の市場占有率（％）

	1982～83	1989～90	2000～2001
フランドル共同体			
小学校教育			
地域圏政府	15.39	13.43	13.36
基礎自治体	22.07	21.81	22.70
民間部門	62.54	64.77	63.94
中学校教育			
地域圏政府	20.34	17.03	16.07
基礎自治体	8.93	8.55	8.29
民間部門	70.77	74.42	75.64
ワロン共同体			
小学校教育			
地域圏政府	13.09	11.89	9.83
基礎自治体	44.82	43.93	47.43
民間部門	42.08	44.17	42.74
中学校教育			
地域圏政府	28.89	26.97	25.25
基礎自治体	21.42	19.54	15.89
民間部門	49.68	53.48	58.86

第Ⅱ章　連邦政府（国家レベル）の役割低下

　de Rynckはカトリックの教育共同体の増大する組織と社会的影響力にあり、歴史的にはカトリックの事業者はほとんどが教区・管区・学校法人から発展したこと、中央レベルでの一層強力な団結が1950年代の「学校闘争」と結合して発生し、組織的団結は1970年代にさらに強化され、一方宗教上の分裂の徴候が50年代より弱まった時期だったこと、対照的に教育補助金が急速に膨張し、カトリック部門にその組織力を築き上げる誘因や可能性があったことを挙げている。

　また、つぎに述べる1988年の教育組織再編の時期にかなり緊密な三部門、①強力に組織化された教員組合、②特認された政府や政党への接近を利用して行動する比較的自主的な事業者、③その対極の教育事業計画担当の行政内部の均衡権力（ただし国立学校を除き弱体化）が教育供給の側を支配し、教育の質を維持する中央の規制・国家の役割も弱化した。もともと学校協定制度は学校の側にかなりの自由を残し、国家には弱い統制権を付与しただけだったが、1830年（独立時点）にすでに「建国の父たち」は教育サービス事業における国家の積極的な役割の可能性を否定し、76対71で憲法の修正を拒否していた。

4　1988年の教育再編

　学校協定制度は1980年代には公共支出削減により挫折し崩壊した。公的負債削減の流れの中でキリスト教民主党と自由主義党の連立政権は公立学校を標的にした選択的切詰め手段を適用、フランス語圏よりはフラーンデレンに焦点を当てた。これに対して、反対党、特にフランス語圏社会党はその後学校協定委員会の審議を妨害、一括取引処理はもはや可能な道を提供できず、国家政府が直接教育措置を賦課する決定を議会での討論抜きのいわゆる「無制限権力」を行使して行った。このような多数党の手法の適用は1958年の学校協定のような妥協政治の終焉を意味し、教育改革の政治的統制のための闘争と結果的に地域化自体への引金となった。

第1部　ベルギーの政治と行政

（1）地域化された教育：新憲法

　1988年の教育政策の共同体への移行により教育問題に関して共同体議会に主権に近い権力が譲渡された。同年の憲法改正は、予定された5政権党間の連立形成過程で行われ、フラーンデレン社会党（SP）とフランス語圏キリスト教民主党（PSC）の2党は地域圏の中枢の権力的地位に就かず、5政党の妥協により憲法に新たな規定が導入され、1830年憲法制定時の単一条文を9つの条文に拡張、1988年の新憲法は両共同体における少数派の権利を擁護し、異なる形の学校への予算配分の枠組を決定したが、新しい条文は学校協定の妥協の原則をほとんど踏襲、国家政策の遺産がその憲法の選択に重く影響した。例えば公立学校は思想的中立の必要から親と児童生徒の哲学的思想的宗教的信条を尊重し、道徳か宗教かのコースに従う個人の権利と義務の尊重を残した。また、教育を組織する積極的な自由という学校協定革新の核心を模倣し、妥当な要求であればいつでも共同体に民間創業者への補助を義務づけた。加えて新規定として、一般的な憲法上の教育に対する平等の原則を一層明確にし、「児童生徒、親、学校職員、学校法人」は法の前で平等と謳ったが、キリスト教民主党はこの法的根拠をカトリック学校への資金提供増額のために利用、一方社会主義諸政党はこのような増額に反対し、不平等な扱いは「目標の相違」から起こりうるとの規定を追加、例えば国立学校のコストの方が高いのは多様な宗教と道徳のコースの提供によるからだとした。

　国家の少数派保護のいま一つのタイプは新規定の守護神となる憲法裁判所の導入で、これにより連邦司法部の役割が増大、学校協定委員会の以前の政党政治の仕組みを個人と集団の権利保護の保証に置き換え、憲法の修正は権限を連邦政府から共同体に移譲したばかりでなく連邦の役割を決定し直し脱政治化させた。新しい憲法は立法部が教育の組織を規制し補助すべきことを明記し、それまでの政党間の取引の中で執行部によってのみ問題を解決してきた方式を放棄、代わって1990年代には最高行政裁判所の国務院がこの新規定の保護を保証した。

第Ⅱ章　連邦政府（国家レベル）の役割低下

（2）地域化された教育：財政

　連邦レベルによる地域教育政策への恐らく最も重要な規制は財政の枠組の限定であり、1980年代の財政緊縮と南部における地域主義者とフランス共同体社会主義者との政治闘争が強く影響した。連邦政府は1998年末まで二重の緊縮基準を設定、全公共支出はインフレ進行速度以上に早くは上昇できず、また名目赤字は前年より多く計上することはできなくなった。これに基づき政府の予算編成過程で共同体の歳入を1988年の教育支出の水準に固定し、1998年までは年間インフレ率にのみ基づく歳出増加にとどめ、共同体への全連邦補助金は毎年度GDP同様に低下し、OECDの評価ではベルギーの教育支出は1980年代半ばまではGDPの6％以上あったのが1995年までに5％あたりに落ちていた。また、教育が政府の全歳出中に占める比率は1980年代半ばの約15％から1995年までに約10％に低下した（UNESCO 1998年）。

　だが、これは主としてその部門を管理してきた各共同体政府の支配外で起こった事象で、実際に共同体は財政権を持たず、厳しく制限された連邦の枠組の中で起債ができるだけで、共同体は全共同体支出の80％以上に相当する教育に他の権限から切り替える余裕はほとんどないのが実情である。

　ところで、国家財政協定と地域政治状況の結果、フラーンデレンの教育予算はフランス語共同体に比較して毎年度高い増加を示し、1989年〜1997年の間にフランス語共同体は実勢価格で3％まで緊縮したが、フラーンデレン共同体は下限に近い1％の成長を続けた。両共同体とも1990年代末に向けて財政状況が悪化し、その間インフレに比較して僅かに上回っただけだったが、フラーンデレンは全てにおいてより多くの「酸素」を持った。というのは共同体と地域圏が合体する機会が与えられて地域の教育財産に投入する資金を移譲できたからで、つまり1988年の憲法上の巧みな処理が長い歴史的過程の成果を発展させ、教育原理の自由を積極的に定義し、国レベルによる窮屈な予算拘束の強制と同時に地域の政策決定者の統制外の財政支出賦課について私立学校による公金使用にどの程度まで条件を付けられるかという問題を提起、憲法裁判所は「悪しき制限」が補助金の付与に課せられてはならないと

判決（仲裁裁判法廷、停止28／92、『ベルギー官報』1992年5月14日）、明らかに新憲法において定義された政策構造は民間法人に対して重要な資源を供給することになった。

　ところで、Stefaan de Rynckの記述は1998年の両地域圏の政策変更以下延々と続くが、ここでは最初に締結された学校協定とその両地域圏の教育政策が異なった方向に進展していったことだけ説明すれば十分なので省略して、彼の結論だけ紹介するにとどめる。

　彼は「むすび」において次のように述べる。まず、1988年の再編は憲法が今では基本的政策構造をそれ以前より限定するという事実にもかかわらず教育政策における明白な分裂へと導いてきた。フラーンデレンにおける国家の役割は「権能付与国家」に変形したが、一方フランス語共同体の行政は顕著にサービス事業にとどまっている。同時にフラーンデレンでは民間の発案に対する外在的統制は、学校に対する成果志向の説明責任を有するフランス語共同体よりもはるかに増強された。政治的諸要因はこの分裂を理解するのに極めて重要であるが、その分裂は公共政策に対する古典的な説明ではうまく説明できない。政治文化か権力資源に基づくモデルはフラーンデレン政府が民間学校の質の統制においてより多くの国家積極的行動主義者の選択に乗り出したフラーンデレンでは異なった成果を予言することになる。

　実際にフラーンデレンでは左翼は弱体化し、カトリック学校共同体ははるかによく組織化され、フランス語共同体よりは民間の発案と教育の自由を守る点では一層強力になっている。

　入力出力モデルや圧力応答モデルでは政策は挑戦の強さに応じて変化すると論ずるだろう。学校での落第の範囲と学業成績の格差はフランス語共同体の方が大きい。フラーンデレン共同体の方が学校の質と一層平等な取扱いの保証とを改善する衝動が強い。

　政策変更はまず初めに地域圏政治によって政党の適応の形で影響された。代わってこれは公務員制度の大臣レベルか上級レベルの政策企業者に対して機会を開いた。政策改革の過程は教育政策分野の組織的社会的特徴によって

第Ⅱ章　連邦政府（国家レベル）の役割低下

影響され、とりわけ社会集団や組合の存在と組織によってこれらの諸要素の組合せは地域圏特有の方法で発生する。つまり政策変更はより偶発的な諸要素、すなわち機会を利用する政治関係者たちと結び付いた新しい政治の構造的特色によって駆り立てられる。だがそれが全体像ではない。政策の変更は十分な長期間にわたって単純に特定の一節目としてではなく眺められなければならない。本稿が示したようにフラーンデレンの事例で導入された最初の変更は以前には考えられなかった新たな政策の選択に道を開いた。変更はまたしばしば調整を要求し、さらなる変更の増殖過程、それによってしだいに国家遺産とは一層劇的に異なった改革を行う方向に導いた。これらの全てが文化的選好と調和した政策選択を運んでくる車である地域圏自治についてフラーンデレンで時々聞ける政治談話をいくらか傷つける。教育の事例が物語っているように政策選好はいつでも政策の変更に反応し新たな環境を考慮に入れるよう展開する。加えて地域圏の政策決定の統制を越えた他国からのアイディアがフラーンデレンにおける新たな質統制制度に起こったように既定の政策共同体における思考に影響した。地域主義は地域圏の選好と国家政策との間の明確な懸隔への欲求不満から起こりうるがひとたび起これば最初の選好を変えられる活力を生み出してきた。新しい状況は新たな勢力均衡を造り出しそれによってそれまで守られてきた思考の枠組を作り替える。

　他方フランス共同体の事例はこの型に照応しない。そこでは教育の地域化が社会主義的政策決定者たちによって国家の緊縮手段による脅威の下にあると認識する国家政策遺産を温存する保証と見なされた。フランス語共同体は国家遺産を変更するよりはむしろ大いに温存する意識的な選択を行った。結局フランス語共同体の主要関係者は制度的変更と新しい憲法に対して国家政策を変更しようとしなかったばかりか国家にとっての新たな役割の新方向への現状変更を回避しようと動いてきた。

第1部　ベルギーの政治と行政

第6節　言語境界線の確定と言語紛争

1　言語境界線の確定

いま一つ国家レベルで指摘しておかなければならないのは、1,500年に及ぶヨーロッパの民族移動の一環として、しかもその中心となるゲルマンの南下と在来のラテンとの民族・言語境界線がちょうどベルギーを南北に二分したため、政治問題が民族・言語・文化・経済と複雑多様に絡み合っていること、したがって連邦化と地域主義は歴史的必然性を持っていたにもかかわらず、比例代表制下での多党分立、連立政権をよぎなくされて特にフラーンデレンの独立志向を強めていることである。

ベルギーの連邦制への移行の根底には、前述の長い歴史の中で形成されてきたゲルマンとラテンの今日の南北対立にまでつながる民族・言語・文化の相違が横たわる。言語境界の凍結は、社会的不利益解消のために集団の権利を主張するフラーンデレンの領土原則（territorialiteitsprincipe）と、歴史的支配を維持するために個人の権利を主張するフランス語話者の側の個人原則（personaliteitsprincipe）との妥協を示している。

これはまた、ヨーロッパの一つの言語境界線の表れであり、それを挟んでフラーンデレンとワロンの言語を中軸とする紛争が展開されてきた。この点については石部尚登の前掲書『ベルギーの言語状況』が古代から中世の「ゲルマンの大移動」を経て今日の多様な言語状況に至るまでの経緯と現状を詳細に分析しているが、以下それによると、通常はオランダ語圏のフラーンデレンとフランス語圏のワロンの対立として簡略に説明されるが、実際にはそれぞれのオランダ語もフランス語もオランダやフランスで使われるものとはやや違いがあるとする。その理由は、両言語とも長い歴史の中で特に封建社会の孤立分散状況の中で地域ごとの方言が定着してきたことによる。それぞれの国で標準語となっているオランダ語もフランス語も、元は両国の一方言だったものが、オランダの場合はそのかつての大発展を主導したアムステルダム地方（ランド地方）の地域語が共通語になり、またフランス語もパリの

第Ⅱ章　連邦政府（国家レベル）の役割低下

イル・ド・フランス地方の地域語が12世紀以降のこの地の文化的地理的好条件によって16世紀に公用語に採用されたにすぎない。したがって、フランデレンで使われているオランダ語は、正確にいえばフラマン語と呼ぶべきで、そこの極右勢力がオランダへの併合は望まず、その独立を主張しているのはそのためである。一方、ワロンのフランス語も今なおおおまかにいって5つの県ごとに別の言葉が話されていて、最西端のHainaut県のほぼ全域とその東隣のWalloon Brabant県の西半分がピカール語、後者の東半分とその南側のNamur県の西半分が西ワロン語・ワロン＝ピカール語、Namur県の東半分のそのまた北半分とWalloon Brabant県の東半分とLiegé県の西端の一部がナミュール語、リエージュの残り大部分がリエージュ語、Namur県の東半分のその南半分とLuxembourg県の北半分とがワロン語・ワロン＝ロレーヌ語、後者の南半分がロレーヌ語、なお後者の西端に僅かながらシャンパーニュ語が存在する。ただし、これらはいずれもフランス語からの派生語ではなく、それと同根の俗ラテン語（昔ローマから移住してきた一般人の使用していた方言）から生まれたもので、ワロン語として統一はできないとしている。しかしながら、本書ではその点に留意しつつも一応オランダ語圏とフランス語圏と大まかに二分して記述することにする。

　ちなみに、地域ごとに異なる方言といえば、日本だって昭和に入りラジオが普及していわゆる東京弁が全国に放送されるようになってから初めて共通の会話ができるようになるのであり、前述の川崎市ではその頃全国各府県から中国や朝鮮まで含めて満遍なく多くの人が流入していたことが当時の『横浜貿易新報』（現神奈川新聞）に毎年数字を挙げて詳しく報じられていたが、その子弟が小学校に入学してもお互いに方言では意思疎通ができず教師はお手上げの状態で、裕福者の子弟はみな東京か横浜の私立学校に越境入学していた。ところが、小さな記事だが同紙にある教師がこういう状況の子どもたちに共通して理解できる言葉を作り出し、市長が痛く感心して表彰したと出ていた。今となってはその方法がどういうものだったか知るよしもないが、敗戦後間もなく津軽弁や薩摩弁を話す友人たちと接したとき、両者間はもと

第1部　ベルギーの政治と行政

より私自身もどちらの言葉もチンプンカンプンだったのが思い出される。また、もう3分の1世紀前のことだが、スウェーデンに何度か訪れてストックホルム郊外の次々に新設されるニュータウンを調査してはよく整備されているのに感心していたが、実はここには移民が収容されていてそれぞれ言葉が違って通じ合わず、生粋のスウェーデン人は逃げ出してしまうと聞かされた。今の日本人には想像も付かないヨーロッパの多民族・多言語・多文化状況が随所に見られるということになる。

　ベルギーでは、長いフランス語話者優位に対して1963年にフラーンデレンの強い要求を入れて、東端のVerviersから西端のKortrijkに至るほぼ東西に一直線の人工的な言語境界線（frontiére linguistique）が法定され、ここから連邦化・地域主義の動きが始まり、言語紛争が民族・文化のみならず経済的・政治的・社会的要因と複雑に絡んで激化していく。ちなみに、この境界線を規定する国法は、下院ではフラーンデレンの総数104のうち賛成93、反対11だったのに対して、ワロンは総数93中賛成37、反対56と、極めて対照的だった。

　なお、この線引きが妥協に基づく人工的なものだったことにより、境界をまたいでの反対の言語使用が見られることは当然で、フラマン語とワロン語は境界線付近では相互浸透し、影響し合っているといわれる。要するに、この境界は各行政機関の公用語使用上の便宜のものであって住民の日常生活での言語使用を規制するものではない。

2　ベルギーの地域圏の形成と分裂問題

　後述するような市民共同体に関するフラーンデレンのより高い数値は、前述のとおり社会資本が集積されてきた長い歴史的過程の成果ではない。ベルギーの地域圏は19世紀末にしか遡れないかなり新しい社会的構造物であり、その時期には言語がヨーロッパ中で国民国家形成の要因になっていた。「ワロン」の概念はその時期に創り出されたもので、「フラーンデレン」も地域圏全体を表すために現在の意味になった。ただそれ以降、ベルギーをそのゲ

第Ⅱ章　連邦政府（国家レベル）の役割低下

ルマン部分とラテン部分とに分ける水平の言語境界線が突出した政治的社会的意味を持つようになったにすぎない。単一体としてのベルギーは1830年の独立国家創設以来続き、地域圏よりはもっと長い政治的社会的区域として存在したことに注目する必要がある。このような長期の存在は、制度的単一体としてのベルギーが分裂の重圧下にある今日その痕跡をなお残していて、この圧力にもかかわらずベルギーは文化的統一体として生きながらえることは確かである。したがって、前節で述べた例証は両地域圏間の著しい差違を示すけれども、これらの差違は国際的展望において見れば過大評価されるべきではなかろう。

3　政治統一体としてのベルギー

文化的類型という点では、両地域圏中フラーンデレンの市民は、同じ言語を持つが同一の宗教の歴史を持たないオランダ人よりはワロン人に近いし、同様にワロン市民はフランス人よりはフラマン人に近い。総体的には、ベルギーの二つの言語地域は、文化的にはスイスの言語地域とは違って非常によく似ているといわれる。この両者の文化的類似性は、政治的統一体としてのベルギーへの愛着の方が地域圏へのそれよりも高いことによっても明らかである。ただし、この感情はフランス語話者の方がやや強いが、フラーンデレンの多数者によっても支持される。社会保障制度は地域圏に移すべきかそれとも国に残すべきかの設問についてさえ、より豊かなフラーンデレンにとっては分割から生ずる物的利益が大きいにもかかわらず地域圏の選択者36％と比較して約50％はベルギー・レベルに残すべきだと答えていた。

4　類似した言語圏対立

（1）スイス

ベルギーの南北対立に類似した国内の地域間対立の顕著な例は若干見られるので、その実態をベルギーと対比させながら見てみると参考になるように思われる。

第 1 部　ベルギーの政治と行政

　ベルギーの言語圏対立と似ているのがスイスだが、相違点も幾つかある。まず類似しているのは言語圏が四つに分かれていることだが、両言語圏の面積や人口の開きがそれほど大きくないベルギーと違って、スイスはドイツ語圏が面積も国土の4分の3、人口も3分の2と圧倒的に優勢で、フランス語圏の人口は2割にすぎない。つぎに、連邦化の時期が遅かったため両言語圏の対立を緩和・阻止する措置を種々講ずることができたベルギーと違って、見解が対立した場合には国民投票に頼るため、仏語圏は不利で、不満が募ることになる。だが、スイスではベルギーやスコットランド、カタルーニャなどと異なり、一言語圏の独立の動きは全く見られない。朝日新聞（2006年1月28日朝刊）は、スイスでは、両言語圏の考え方の隔たりを「レシュティの溝」（レシュティはドイツ語圏を代表する料理）と呼ぶとして、それが1980年代からアジアや東欧の移民が増えて両言語圏の対立を表現するために使われるようになったことを紹介、特に対立が顕著に現れるのは「対外的な開放性」や「社会政策」に対する国民投票だとした。そして、前者の例として、EUとの関係などの外交や難民・移民政策など圏内のジュネーブに国連欧州本部が所在することもあって仏語圏は寛大だが独語圏は保守的、1992年末EUと共通市場を形成する「欧州経済領域」への加盟を問う国民投票では仏語圏は賛成72%対独語圏37.7%、全体では49.7%で否決されて仏語圏がショックを受け、また後者では仏語圏で反対の多かった定年年齢引上げが独語圏では多数を占めたという。そのほか、宗教も独語圏はリベラル派が多数だが仏語圏は逆と報じていた。とまれ、このように独語圏の一方勝ちとなるのは、著者の見解では、ベルギーの人口比がブリュッセルを含めておよそ3対2とスイスの3対1よりも小さいことのほかに、連邦化の日が浅く、しかも国家解体の危機に陥らないようにむしろ少数派に有利な様々な制度的工夫をすることができたベルギーと違って、スイスは古くから連邦制を採り、直接民主制の伝統に依拠したことにある。ただし、それより1年半前の朝日（2004年6月3日朝刊・前述）は、「EU加盟に民意の壁」の表題で、2001年3月の即時加盟の是非を問う国民投票で、ランツマインデの権限が奪われるとの理由

第Ⅱ章　連邦政府（国家レベル）の役割低下

で推進派が完敗したが、ドイツがフリーパスだった陸路の入国審査を突然厳しくしたり、EUが再輸出課税を検討したりするなど風当たりが強まっていていずれ方針転換の時期がくるかも知れないとの識者の談話を載せていた。

（2）スコットランド

このスイスと違って独立運動が高まり、住民投票まで突き進んだのはスコットランドだった。この問題は、2014年に住民投票が行われて反対多数で一応決着となり、山崎幹根「スコットランド独立運動から考える自治のかたち─民主主義の刷新と国家統合」『月刊自治研』662号（2014年11月号）で、この運動の意義と果たした役割、賛成反対両派の争点、保守党政権が約束した権限移譲の矛盾と実行の困難性、今後の展望などについて詳細に論じているので参照されたいが、ここでは新聞論調（朝日2007年1月18日夕刊、2011年7月21日、2012年2月16日、毎日同10月17日、朝日1913年8月23日各朝刊）などを参考に言語圏対立の観点に絞って記述する。イングランド、ウェールズ、北アイルランドと共に英連合王国を構成するスコットランドは、大ブリテン島の北部に位置し、周辺の島を含めて同島の面積の3分の1強（北海道よりやや狭い約7万9000㎢）、人口は526万人（英連合王国の約1割）、ヨーロッパ最古の王国といわれているが、紀元43年のローマの侵攻でもイングランドやウェールズと違って独立を維持し、たびたびイングランドとの戦争を繰り返した後、1707年に英連合王国に参加、議会はイングランド議会に一本化された。第2次世界大戦後主力の造船業が日本との競争に敗れて経済は衰退、英連合王国のお荷物視されていたが、1969年に始まる北海油田の開発で経済自立の機運が高まり、サッチャー政権の進めた炭鉱閉鎖などで失業者が急増したもののロッパ全体の風力や潮力の資源の25％と試算される自然エネルギーの開発が進んで自立への自信が再燃していた。このような動きの中で1999年にはイングランドを除く3地域には自治政府と議会が発足、とりわけスコットランド議会は保健医療、司法、教育、産業振興など幅広い分野で立法権を有することになった。その後2011年5月の議会選挙で独立を主張するスコットランド民族党が単独過半数を獲得（129議席中69）、独立を問う住民

投票を2014年秋に実施するとして2012年1月素案を発表し、独立支持が多数を占めれば2016年5月に独立するとした。国政第1党の保守党からは一人しか国会議員を出しておらず、民族党党首は独立後の非核化も表明、英国唯一の核戦力である潜水艦発射弾道ミサイル「トライデント」のグラスゴー近郊の海軍基地からの撤去も約束した。また、冷戦終結により世界中に軍事力を展開する必要はなくなったので北欧諸国のように「自衛隊」に縮小して浮いた金を福祉に回すことも意図していると報じられた。だが、2014年9月に実施された住民投票では45％対55％で独立は否定された。

（3）スペインのカタルーニャ

スイスやスコットランドと並んで日本でも新聞や雑誌などでよく取り上げられるのがスペインのカタルーニャ州の独立問題である。同州は、スペイン北東部のフランス国境と地中海に接する州で、ピレネー山脈が隔てるイベリア半島とヨーロッパ諸国を結ぶ回廊として栄え、カタルーニャ君主国として出発して以来約1,000年の歴史は、一時イタリアに版図を拡大したり、逆に後のスペインに併合されて自治権を喪失したり、フランコ独裁政権の下でカタルーニャ語の使用を禁止されたりしてきたり波瀾万丈だったが、フランコ没後の1978年に制定された新憲法によりカタルーニャ自治憲章でカタルーニャ語はカスティーリャ語（いわゆるスペイン語）と並んで同州の公用語となった。前2者と異なり、同州は、面積は国土の15分の1（3万2110km²、九州よりやや狭い）、人口も6分の1強（752万人）と比重は小さいが、19世紀初頭にはいち早く産業革命を経験し、日本を含め外国企業の投資も集中、国内では最も豊かな地域となっていて、そのことが、同州の独立志向の基盤となっている。

朝日（11月22日朝刊）は既に2005年にカタルーニャ州議会で可決されている案による国と州を対等に置くより大きな自治権を認めるかどうかの論議がスペイン国会で始まり、妥協点を探ろうとする社会労働党政権と国の解体を恐れて審議を拒否する野党の国民党の対立を報じた。1979年に制定された現行憲章に分権が不十分だとして不満を持つ州議会与党の地元社会党に2004年

第Ⅱ章　連邦政府（国家レベル）の役割低下

に誕生した社会労働党政権が州議会の案なら国会で通すと約束、州議会は翌05年9月に国民党を除く9割の賛成で改正案を可決した。この案は、①同州を一つの国とし、スペイン標準語よりカタルーニャ語を優先、②州独自の徴税権を認め、税収の一部を国庫に上納、③州の司法権の独立性を高めるというにあり、国会の下院は賛成多数で審議開始を決めたが、①は憲法違反の疑い、②は同州がGDPの2割生むだけに他の州への影響は大きいとしていた。そして、社会労働党政権が州の要求に寛大なのは国会下院350議席中で同党は過半数に12議席足りず、同州独立派（8議席）などの協力が不可決のためとしていた。

　ついで、朝日（2006年5月24日朝刊）はその続報として、スペインの各州で自治権拡大の動きが相次ぎ、ヨーロッパ統合で国境の垣根が低くなり、国のありがたみが減っているためとまえおきしたうえで、カタルーニャ州の前記案は国会で異論が噴出、「国」は拘束力のない前文に移され、徴税権の代わりに国庫配分率を高める修正がなされたと報じた。

　さらに、朝日（2013年8月23日朝刊）は、財政が弱体で債務危機に陥ったスペインで、失業した者たちの、飛行機が飛ばない地方空港や走る車のない高速道路などバブル期の膨大な公共投資など愚かな税金の浪費への怒りを紹介、独立運動の担い手が従来の保守系民族主義者から「毎年1600億ユーロ（著者注・同国GDPの1割に達する）の税収が中央に吸い上げられている」との不満が、中央政府の緊縮策に反発する左派支持者や失業に苦しむ若者の間にも広がったと報じた。そして、2012年9月11日の「カタルーニャの日」には150万人が独立を求めてバルセロナに集結、11月25日のカタルーニャ州議会選挙では、独立派の左派「カタルーニャ左翼共和派」が同じく独立派の穏健保守「カタルーニャ保守連合」に続く第2党に躍進して両党で2014年に独立を問う住民投票実施に合意、この選挙では独立を主張する四つの政党が合計87議席と、全体の約3分の2を獲得し、翌2013年1月には同議会は「主権回復宣言」を可決した。さらにその後2014年11月実施の住民投票では同州は国家としての独立を望む声が8割に達した。2015年9月27日に投開票され

第1部　ベルギーの政治と行政

たカタルーニャ州議会選挙では、独立賛成派が135議席中過半数の72議席を獲得し、11月には独立手続開始を宣言した。一方、スペイン政府は違憲として住民投票を一貫して認めず、憲法裁判所も違憲の判決を下して対立している。また、同州では独立への不安も芽生えているとして、同州の製造業にとって最大の市場はスペイン国内であり、経済危機の克服に全力を挙げるべきだとの経済界の声や、独立反対派の議員の「統合の時代に新たに国境を引く発想が理解できない。結局は地方で利権をむさぼってきた政治家の権限を強めるだけだ」との批判を紹介していた。

第7節　王制の役割と問題点

1　立憲君主制の採用

ベルギーの国家体制は、建国以来立憲君主制を採る。この体制は、日本と対比してみると、国王は明治憲法下の天皇制のような強大な権限を持ってはいないが、現行日本国憲法のような単なる象徴的な存在にはとどまらず、内閣と一体となって執行権を握るとともに、例えば総選挙以降の組閣について首相予定者を指名する権限を持っている。また、20世紀初頭までは植民地コンゴを国会や内閣の承認なしに私有していたし、ごく最近では妊娠中絶法案の裁可に反対して後述のように国会と厳しく対立することさえあった。

1830年10月4日後述のようにベルギー独立宣言に引き続き憲法起草のため公選された国民議会が翌31年2月7日憲法を公布、新国家の機構が基礎付けられた。このときまず問題となったのは国家元首を国王にするか大統領制を採るかだったが、国民議会はほぼ全会一致で君主制の採用に踏み切った。独立を推進したのは一つにはその直前のフランスの7月革命だったところから共和制もありえたが、それでは大国の反発を招き侵略を受けて独立を危うくする虞があったからといわれる。むしろ、当時の大国の一つイギリスはナポレオンの再来によるフランスの脅威を阻止する緩衝地帯としてベルギーの独立・中立化を歓迎したといわれ、この状況はずっと続き、今では首都ブリュッセルをEUの首都にまで押し上げるに至ったと考えられる。

また、初代国王には最初フランス国王ルイ・フィリップの息子を想定したがフィリップの反対で頓挫、イギリス王家と姻戚関係にあるドイツの王子を選定して当時のヨーロッパ5大国（イギリス・オーストリア・フランス・ロシア・プロシャ）の信頼の向上を意図してその思惑と合致できた。

　このとき、本来ならばベルギー国内から国王を選ぶべきだったが、伝統的なフラーンデレンとワロンの対立から困難であり、むしろ外来者を迎えることによって両者の対立の緩衝装置の役割を期待することになったといえる。現に2007年6月総選挙以降両者の諸政党間の深刻な対立の中で、日本と違って国王が組閣の主導権を握り、難航する折衝の仲介役を根気よく務めたのはその表れにほかならない。

　国王の国家元首としての権力は「制限された個人的権力」のみであり、自前で行動する責任・権限はなく、大臣と一緒に行動する場合だけ権限を持つことを意味し、「国王」の語は法的意味で使われる場合実際には政府か個々の大臣により行使される権力との関係で用いられる。ただし、国王は何らの個人的権力も行使しないとはいっても何らの政治的影響力も行使しないということを意味しない。伝統的に国王は政府に聴聞・助言・激励を行う権限を有する。

2　王制の推移
（1）王制の再度の危機

　ベルギーで独立時に君主制が誕生したいきさつについては、本章第1節において紹介したのでここでは省略するが、20世紀に入って2度ほど重大な危機に見舞われた。その一つは、議会や政府との協議も経ていない独断的な植民地の私有化とその経営の失敗で、20世紀初頭遂に私有を廃止し、国有化せざるをえなくなったことである（この点についての叙述は梅棹監修『前掲事典』の1,030～1,031頁、小川『前掲書』161～181頁に拠った）。この国王の植民地への関与は第2次世界大戦後の植民地解放時期にも見られ、君臨すれども統治せずで国王が絡むことのなかったイギリスとは対照的で当時批判の

的となった。いま一つは、第2次世界大戦で国王がその出自ともいうべきドイツへの親近感から、政府と共にロンドンに亡命することなく残留してヒトラーと協力したことにより、戦後退位させられ、王制の存続については国民投票に掛けられたものの辛うじてその存続が承認されたときである。

　ちなみに、現地調査の際に二つの衝撃的な経験をした。一つは、フラーンデレンのオランダ語通訳が買ったばかりの週刊誌を持っており、その表紙が何と国王が素っ裸で1か所だけ木の葉で隠して走る格好をしていた。その内容については詳しくは聞けなかったが、王制に対する国民の目は厳しいようで、近い将来廃止されるだろうとの声さえ聞かれた。いま一つは、前世紀末に、イギリスやオランダ同様女王を認めるようになった点について、少し前に日本でも問題になったのでその経緯を確かめたところ、何も両性の平等などとは関係がなく、現在国王の3人の子どもが男・女・男の順番で、長男なら問題がないが彼に万一不慮の事態が起こったとき次男はとんでもない放蕩息子なので大変なことになるとの配慮に出たものと説明された。真偽の程はともかくいずれにせよ、国民の皇室に対する批判は自由で、それだけにまた逆にその多民族間のかすがいとしての国王の存在が認められているように感じられた。なお、2013年7月禅譲（これはベルギー史上2人目）により長男フィリップスが即位して杞憂は消えた。

　（2）植民地経営の失敗

　最初の危機は、現在の移民問題の原因の一つでもあるアフリカ・コンゴの国王の植民地経営の失敗のときだった。ベルギーの植民地政策は、他のヨーロッパ諸国よりずっと遅く1876年レオポルトⅡ世の手によって開始された。彼は、人道主義と地理学研究に名を借りてブリュッセル地理会議を開催、国際アフリカ協会を設立、続いてコンゴ盆地を発見した探検家のH・スタンリーと協力して82年には国際コンゴ協会を設立して多数の現地首長たちと条約を結び、事実上この地を支配するに至った。この植民地のコンゴ自由国の領有は、85年ベルリン会議で商業への門戸開放・コンゴ河の自由航行を条件に国際的に承認された。

第Ⅱ章　連邦政府（国家レベル）の役割低下

　ところが、レオポルトⅡ世は、政府や議会の後援なしに独力で植民地国家経営に乗り出し、開発費用と鉄道建設・現地人の叛乱鎮圧費用が巨額に上ったため、これを賄うゴムの供出や苛酷な搾取により、国内の自由党や労働党から国際的にまで厳しい批判にさらされることになった。そこで、議会は1908年植民地経営を国王の個人的所有からベルギー領有省の管理下に移した。その結果、開発は急進し、鉄道・森林・鉱山など各関連会社は莫大な利潤を挙げるようになった。その後の植民地支配から解放に至るまでの状況については改めて移民の所で触れることにして、ここでは国王の失敗だけ指摘するにとどめる。

（３）国王退位問題（梅棹監修『前掲事典』1,030頁および小川『前掲書』
　　　207〜209頁）

　２度目の王制の危機は、第２次世界大戦のドイツ軍のベルギー進行から始まり、戦後の1951年半ばまで続いた国王退位問題だった。ドイツ軍の侵攻は、大戦開始の翌年の1940年５月10日に始まり、首相と国会議員の多数はフランスへ亡命、続いてロンドンに臨時政府を樹立したが、国王レオポルトⅢ世はドイツ軍に無条件降伏し、最初ラーケン宮に幽閉されたもののその年秋にはヒトラーを訪問、翌41年には議会の同意なしにスウェーデン王女と結婚した。44年９月ドイツ軍排除・占領終結により亡命政府が帰国すると、国王はザルツブルク近郊に軟禁され不在となった。国会はその帰還を期待して王弟シャルルを摂政に据えたが、当時勢力の強かった社会・共産両党は復位に反対、カトリックのキリスト教社会党と中道の自由党右派が賛成と、戦時中の国王の反国家的行動と戦争責任問題で分裂、ここにも地域・文化・政治をめぐる対立が露呈した。

　こうして、その後51年７月の解決までに10回以上の政権交代と３回の総選挙が繰り返され、協議は内乱の瀬戸際まで進み、その間50年３月には国民投票が実施された。結果は57.6％が賛成となったが、その多くは人口の多かったフラーンデレンで、逆に首都ブリュッセルとワロンでは40％台にとどまった。ともあれ、これを受けて国王は帰国したが、後者の地域ではデモと政治

ストが続き、遂に彼は復位を断念、長子のボードワンに大権を移譲、翌年夏退位した。

　この一連の流れの原因としては、南北の言語・文化対立に加えて、①ドイツと人種・言語を同じくするフラーンデレン国民同盟の対独協力問題、②共産党との大戦中の対独抵抗運動と祖国愛運動の独占、③ワロンでは商工業の発達で伝統的に労働運動が活発で社会党が強かったこと、④これに対して王制賛成のキリスト教社会党がフラーンデレンでは多数を占めていたことなどが挙げられていた。ともあれ、こうして、第2次世界大戦後イタリアや東欧諸国など王制廃止が相次いだ中でベルギー王制が存続できたのは、フラーンデレン対ワロンの対立・抗争の緩衝役としての王制への期待がなお強かったことの表れとみることができよう。

3　国王の権限

　このような国王への期待もあって、国王には単に名目的な象徴的存在にとどまらず、国会に任せていては南北対立で妥協成立が困難な総選挙後の首相指名など重要な権限を持っている。本稿の論題に関わる重要な点だけを以下に指摘しておく。

　（1）立法部の一部門としての権限（以下はJohan Vande Lanotte, Siegfried Bracke, Geert Goedertier, *Belgium for Beginners*, Die Keure／la Charte, 2006, pp.32～52による）

　国王は、連邦立法部の一部門としては名目的ながら発議権（議会に法律案を提出する権限）、修正権（法律修正案の提出権）、裁可権（単独では無責任無権限、裁可には大臣の署名が必要）の3種の権限を有する。

　ところで、国王に裁可拒否権（不裁可権）があるかどうかは議論のあるところで、近年1度だけこの問題をめぐり国王が国会と対立したことがあった。1990年国王ボードワンが、カトリック教徒としての良心的な反対から国会を通過した妊娠中絶法の裁可を拒否、重大な憲法上の危機に陥り、以下の両論が対立した。一方の見解は、国民により選挙されていない国王の不裁可は承

第Ⅱ章　連邦政府（国家レベル）の役割低下

認できないとの主張であり、これに対して他方は、国王は彼の良心に反する原本に裁可を拒否する権限があるとの反対論を展開した。最終的に国王の要請で、1990年4月3日1日だけ国王の職務免除を認め、内閣だけの裁可ですませる妥協策を採った。国王は裁可の手続に必要な全てを行うことを政府に要求しながら、良心的反対から自らの裁可を拒否したものの、同時に民主的機関の作用を妨害する意思はなかったという。もっとも、これは唯一の例外だった。

とまれ、国王という人物をとおして政府の各大臣は発議と修正提案を行う機会があり、他の多くの国々同様これは大いに利用され、国会通過の法律の約80％は政府提案となっているが、法案作成に直接の責任はない。

（2）執行部を構成する国王（以下はJohan Vande Lanotte, Siegfried Bracke, Geert Goedertier『前掲書』Ⅱ EXECUTIVEおよび*Information Sheet of The House of Representatives*, 17.00と18.00による）

国王は、日本とは違って実質的に連邦政府の執行部の重要な一角を占め、以下のような権限を有する。特に首相の任命は国王の責任だが、連立政権で、しかも両共同体・地域圏の利害対立が強まる一方なので、2007年やさらには2011年の選挙後のように難航することは避けられなくなっている。

　ア．国王が大臣を任命

憲法に従い執行権は国王と共存する。だが、国王は単独では無権限で、一緒に政府を形成する大臣たちを任命する。執行権は、国王個人にでなく彼を長とする政府に属する。国王は、最大15名の大臣を任命でき、首相を除き両言語話者に平等に分けられる。すなわち、15名の内訳は、両言語話者7名ずつ・首相は別にどちらからの一人となる。また、14名の場合は両言語話者7名ずつ、首相はその中の一人となる。2002年の憲法改正により閣僚には必ず異性を含むことになり、これにより男性ばかりだけでなく女性ばかりも許されなくなった。

各大臣は、①特定政策領域に責任を有し、②職務遂行に従事する一定数の公務員（政府各省所属）を統括し、③大臣秘書官を形成する個人的な幕僚

（公式には大臣官房）を持つ。国王は、別に副大臣を任命、特定の権限（例＝行政簡素化）を付与され、閣僚中の特定の大臣の下に振り分けられる。一般的には副大臣は閣僚大臣と同様な権限を持つが、数は制限され、その数は基本的に割り当てられる大臣の同意を得ねばならない。ゲント大学のスタッフは、その設置は連立与党の大臣増員要求に対処するものにすぎないと批判的意見だった。

　ここでは、閣僚大臣と副大臣が公選でなく国王によって任命される点が重要であり、日本と異なるが、公選の国会が監視に当たる点は日本と同じである。また、閣僚大臣と副大臣は実際は全て国会議員から選ばれるが、日本と違って大臣への就任で国会議員としての国民の委任は喪失し、ただし大臣を降りれば国会の議席が回復される。

　　イ．実際の政府の構成

　憲法上大臣を任命する国王の権限の選択の幅は狭い。大臣は国会の信任の確保を要し、国王は選挙の結果を考慮する必要があり、任命に当たっては事前に各方面の意見を聴取する。実際は政府の形成過程は以下のように進行するが、基本的に国王が次期首相候補に組閣の打診をし、その候補者が政党間の交渉をまとめて内閣を組織するメドが着いたところで首相以下の大臣の任命となる。

　　　（ア）国王は情報を獲得する

　総選挙後できるだけ多くの人から助言をもらう。通例は上下両院議長や各党党首など若干の政治家だが、従来の主柱主義の伝統もあって、経営者団体や労働団体の代表も相談相手となる。

　　　（イ）首相候補（情報提供者Informateur）を指名して組閣の可能性
　　　　を探らせる

　国王は、以上の話合いに基づき提案された内閣が成否について調査をする政治家1名を指名する。彼は、各政党と協議し、どの政党が政府で協働できるか連立を組めるかを精査する。だが、必ずしもこういう形で進めるとは限らず、選挙結果が明確な場合にはそれ以上の情報は不要と判断して直接政府

の形成を任せる人間を任命することもある。

　　（ウ）国王が組閣を任せる人間（形成者Formteur）を任命する

　組閣を任された人間は政府を提案する作業を進める。この場合連立協定をまとめる政府を形成中の各党を糾合する。この協定では、各党が来るべき任期中に達成したいと望むものについて合意に達するよう努力する。ひとたびこの協定が起草されると政府の顔ぶれの協議に入る。すなわち誰を閣僚大臣や副大臣に据えるかで、成功すれば組閣を任された人物が国王に提案する。

　　（エ）国王が各大臣を任命

　それに次いで国王が組閣を任された人物から提案された人々を大臣の職に任命する。滅多に起こらないが、国王には任命の拒否権が留保されている。ほとんどの場合国王は組閣を任された人物を首相職に任命することになる。

　　ウ．国王は統帥権も持つ

　国王は、戦争状態と戦争終結を確定する。1993年の憲法改正までは憲法は国王が「戦争宣言」できると記していたが、改正により「戦争状態の確定」と変更された。これにはベルギーは好戦国でない事実を伝える狙いがあり、ベルギーが仮に他国から攻撃された場合もしくは国際的レベルで決定の場合戦争状態の確定を宣告することになる。ただし、国家の利益と安全がこのような通告を発するのを許さない場合以外は立法部にも決定は通告されなければならない。

　　エ．国王は恩赦権も持つ

　恩赦権も憲法が国王に付与しており、裁判所によって宣告された刑罰の軽減・免除を行うことができる。

第8節　移民問題

1　移民の実態

　ベルギーのいま一つの特徴は移民（あるいは難民）問題で、移民の数は現在の総人口約1100万人に対してその１割を占めるに至っている。もちろん、この移民の増加は世界的現象で、特にヨーロッパでは不法移民問題を中心に

第1部　ベルギーの政治と行政

国によってそれぞれ特有の問題を抱えていることについては、第1章で各国別に詳しく述べたが、ベルギーでもその歴史にまつわる独特の移民の流れと、それに伴う問題が生起してきた。最初の移民は第2次世界大戦中のワロン地域での炭鉱労働者の不足のために迎えたドイツ人捕虜やイタリアとトルコ、モロッコ（旧仏領で仏語を話せる）など地中海沿岸からの移民で、彼らはいずれ本国に戻るお客さん労働者だったはずだが、結局それぞれ地域に同化していった。ついで、植民地だったコンゴや保護領ルワンダ・ウルンジからの流入が始まった。こうして、その人数の激増に伴い、一方ではこの人たちの人権擁護の問題が起こり、他方ではその排斥運動が激化していて、特に極右政党の活動が活発となっている。また、2015年に入ってベルギーの移民がパリなどで起こした再度の大規模なテロが、首都ブリュッセルがEUの中心地であることと関連があるとも取り沙汰された。

　移民の問題は、特にアフリカからの移民の場合は根底にヨーロッパ諸国の植民地政策のツケが回ってきたという事情が横たわるが、最初のEU諸国からの移民は「ガスト・アルバイター」（お客さん労働者）で国内の人手不足を補う、しかも自国民がダーティーな労働として嫌う分野の貴重な担い手として歓迎されていた。そして、お客さんだけにいつかは帰国すると考えられていたが、予想に反してそのまま家族とともに定着し、またその数が飛躍的に増えるにつれてしだいに厄介者扱いされることになってくることが多い。1971年著者が初めてドイツへ入ったとき、トルコ人など約30万人はまさにまだガスト・アルバイターだったが、その後大分たって10倍の300万人に増えたときには全く事情は違っていた。だが、数年前、やはりベルギー人夫妻に連れられてベルリンに数日滞在したときには、ちょうどボンから大統領府が移動してきたときで、旧東独全体に旧西独の威信を掛けて東ベルリン再開発やアウトバーンの拡幅に取組み、ドイツ人の賃金の3分の1といわれたポーランド人やロシア人が肉体労働に従事していたが、これは紛れもなくガスト・アルバイターだった。しかも、この人たちが公園に持ち込んだ壊れたバスに寝泊まりしているのを見たとき、かつて『川崎市議会史』を執筆した際

第Ⅱ章　連邦政府（国家レベル）の役割低下

に、1924（大正13年）関東大震災の後昭和初頭の不況で全国から流入した労務者が、沖仲士など１日働いて１円そこそこの日当、１割以上ピンハネされてそれも平均５日に一度しか職に与れず、１日20銭では川崎大師が慈善事業として営む１泊30銭の「社会館」にも泊まれず、鉄道のガード下や神社・寺院の床下、放置された土管の中で暮らす者が数百人もいたのを思い出す。しかも、当時は社会保障もなく、おかずもない白米だけで１杯５銭、これにも手が出ないから篤志家たちの寄付した米を使って社会館で朝炊き出してくれる１杯のおかゆだけで重労働に従事したから、亡国病と恐れられた不治の病の結核に平均の10倍も罹るという悲惨な状況だった。

　21世紀に入って間もなくの頃、イギリスの労働力不足からやはりポーランドからの移民が多くなり、一方ポーランド自体で労働力不足が深刻化していると報道された。ともあれ、こういった事情はそれぞれ国によって状況は多様だが、後述するようにベルギーでも時期を異にして入国してきた多様な人種・民族に分かれる移民が前述のように現在では人口の約１割を占め、一方では住宅の提供などの手厚い政策を展開しながらも、排斥運動も含めて様々な問題を提起していて、ここにもヨーロッパ共通の課題が見受けられる。

　このベルギーの移民についての以下の本節の記述は主としてBambi Ceuppens and Marie-Claire Foblets「前掲論文」110～115頁に拠ったが、前述のように当初はヨーロッパでも最も早くから工業化が進んでいたワロン地域での第２次世界大戦中のドイツ人捕虜、次いで占領された西独の領土の東独難民、その後は双務協定（1974年廃止）によるもので、終戦直後のイタリア人の炭鉱夫などから始まり、経済力が逆転した1960年代以降はフラーンデレンへの非熟練労働者移民に変わって、同じイスラムながらまずトルコ人や北アフリカのモロッコ人が同地域の少数派を形成、その後植民地解放後に旧植民地のコンゴ（現在のコンゴ民主共和国）や旧保護領のルワンダ・ウルンジ（現在のルワンダとブルンジ）などからの移民へと変化してきた。もっとも移民は、内戦や虐殺などの危険から逃れるためにやむなく離国する難民と違い、自発的に出国するもので、特に旧植民地からの移民はベルギー国籍

を有していたし、学歴や知的水準も高い者が多く、無碍に排斥される対象となっているわけではなかった。だが、その総数が全国民の1割にも達し、その宗教・風俗・習慣などの違いから生粋の国民との間に摩擦が目立つようになると、自分たちの支払う税金が移民の福祉に使われるとの不満を煽る民族主義的極右勢力を中心にその排斥運動が勢いを増し、寛容な対応を主張する政治勢力との対立が先鋭化するに至った。ちなみに2005年現在約100万人を数えた外国人中EU市民が全体の55％を占め、それ以外ではモロッコ人約8万人強（9.3％）、トルコ人4万人（4.6％）で、また1999年から2005年の間に帰化に関する法律改正でこの両者の帰化が激増、前者が9万人強、後者が5万人強あった。唯、国勢調査で宗教や人種への言及が禁じられたので、在住者については査定が困難になったといわれる。

　ベルギーでは、1974年にイスラムを国の5宗教の一つに加え、回教徒は国民の4％を数えると推定されるが、手厚い財政援助を受けるキリスト教会やユダヤ教会と違ってモスクには助成はなく、また矢張り政府の助成を受ける前二者の運営する学校のようなイスラム教の学校は今のところ存在していない。

2　移民排斥運動の激化

（1）「福祉国家」と移民問題

　今日フラマン人の4人に1人はVlaams Belangに投票する。この極右政党は、フラマン人の権利は独立のフラーンデレン共和国においてのみ守られると信ずるが、ベルギーのイスラム教徒に対する人種差別に対して2004年の連邦最高裁により有罪判決を受けている。

　ベルギーの「外国人」は、普通選挙権の導入と続く福祉国家の発展に伴い、各種利益集団が市民のために独占的に福祉国家の恩恵を確保しようと望んだために危機に陥った。フラーンデレン社会学者の中には、主柱と結び付いた民間団体の分裂が民主的参加の欠如と外国人への不信に寄与していると論ずる者もいる。「ビーフステーキ社会主義」（biefstuksocialisme）という言葉

第Ⅱ章　連邦政府（国家レベル）の役割低下

は、集団志向的主柱的文化から個人化された消費文化への転換を示す。労働者階級と中産階級の乖離は終息せず、それどころか逆にこの新たな消費文化は福祉国家の恩恵を「外国人」に拡大したいと望む人々と、これらの恩恵を「実の国民」にとどめたいと欲する労働組合員を含む排外主義者との違いを募らせてきた。

（2）アントワープとVlaams Belang

　主柱制度の外部にあるほとんどの政党と同様にVlaams Blok（Vlaams Belangの前身）は、最初は地方選挙、特にアントワープで勢力を伸ばした。ここは歴史的にはユダヤ人共同体に敵対するフラーンデレンの国家主義者の砦であり発祥の地であった。このフラーンデレン最大の都市では、郊外への都市労働者の逆流出と同時に1970年代の脱主柱化と経済の後退が起こった。その結果、主柱は都心でのその草の根のボランティアや活動家たちを失い、脱主柱化はまた労働組合の政治勢力を後退させた。一方、国政政治家は、増大する顧客主義によって浮動的な選挙民を引き付けようと努力した。

　1982年アントワープが近隣基礎自治体と合併させられたとき、中心都市の有権者は地方政治家への個人的接近方法を失った。資金難から自治体は、そこの住民が「外国人」によって包囲され、基礎自治体に疎んぜられ裏切られ見捨てられたと感じた貧困な近隣の新市域には十分な投資ができなかった。Vlaams Blokはこの間隙に入り込み、1930年代の反ユダヤのスローガンをマネすることによって以前の社会民主党投票者を鞍替えさせた。続いて同党は、妊娠中絶、安楽死、同性愛者の権利等々に保守的倫理的な見解を採るキリスト教民主党員や、その後より多くの法律や秩序に賛成の自由党員をも標的にすることによってその訴えを都心から外部に拡大してきた。Vlaams Belangの美辞麗句は、地方近隣の定着住民を「外国人不法占拠者」と対比し、あるいは室内に閉じこもるキリスト教「地方民」を「路上生活の」イスラム教移民と対比させ、また等しく政治家から疎んじられていると感ずる田舎の中産階級フラマン人を恐怖に叩き込んだ。

　基礎自治体合併は政策決定中心部とフラーンデレン全体の居住地域との

81

地理的社会的距離を拡大し、政治の職業化、高級化をもたらした。多くのVlaams Belang投票者の体験する周辺疎外意識は地理的真実であるが、権力と政策決定の中枢から離れている地方共同体に対して実のあるものを用意する。距離が無視につながり、地理的距離が政治的無権力性と等しいことを示してVlaams Belang投票者は周辺共同体の本物の価値を地方・地域圏・連邦の空虚・浅薄と対比できるというわけである。

　一方、Vlaams Blokは、寛大なベルギー福祉制度に「寄食する」と描写するイスラム教徒の魔神教化を攻撃することによってその選挙で成功を収めた。同党の台頭は、1980年代と1990年代との間になぜベルギー人の90％が他のより小さな少数派を無視して「外国人」を後述の北アフリカとトルコ人の移民と同一視するようになったかを説明する。世間一般のイメージでは、「イスラム教と外国人」は「街頭犯罪、社会保障の搾取、イスラム教原理主義、女性差別、麻薬取引、都市住宅スラム化、文化の根絶とアノミー等々」と結び付けられる。ただし、実際にはイスラム教徒の世間一般の理解はもっと複雑で、第1に性的差別、すなわちイスラムの女性は日常的には男性イスラム教徒の「家父長制」の不運で純潔な犠牲者として描かれ、第2にモロッコ人の世間一般の理解はトルコ人のそれよりも否定的である。トルコ人以上にモロッコ人は日常的に十分に「統合」もしくは「同化」していないと非難される。

（3）旧植民地からの移民と難民

　1980年代末に新種の移民・難民がサハラ砂漠以南のアフリカから入国してきた。旧ベルギー領コンゴのコンゴ民主共和国と保護領だったルワンダ・ブルンジからだが、入国の権利に関する法的処置、市民権取得、雇用等々には何らの特恵も与えられなかった。このうち保護領は、前述の国営への移行後の1916年にドイツ領を占領したもので、既存の支配層を利用した間接統治を進め、医療援助や初等教育導入などを行った。第2次世界大戦後、戦中戦後の食糧・資源への需要増大により、庶民地や保護領の開発は急進展し、銅・錫・亜鉛・ダイヤモンド・コバルトなどの鉱物資源やパーム油・綿花・ゴム・木材などの輸出額は戦前の10倍に達し、本国の経済復興に寄与した。だ

第Ⅱ章　連邦政府（国家レベル）の役割低下

が、現地の白人やコンゴ人の参政権を認めず、民族主義と反ベルギー感情を刺激、独立運動が激化した。このため、1960年に、ブリュッセル円卓会議を開催、現地の指導者を集めて主権移譲を決め、コンゴ民主共和国の誕生となった。だがその直後、コンゴ民主軍の反乱、労組のスト、部族対立などで危機に陥り、ベルギーは1万人の派兵をしたが混乱は収まらず、国連軍が空輸作戦を展開し、収拾に苦悩した。

　この植民地放棄後の移民の大多数は、1960年代と1970年代の間の彼らの国々が独立達成後に高等教育をベルギーで受けるために学生として入国したもので、政治的保護を要求した。2006年にサハラ砂漠以南のアフリカ人では、コンゴ人が2万1066人で1位、4番目にルワンダ3,613人、ブルンジ1,812人となっていた。うち4,559人のコンゴ人、879人のルワンダ人、460人のブルンジ人がフラーンデレンに住み、1993年から2001年の間に1万8169人のコンゴ人がベルギー国籍を取得した。また、大部分のルワンダ人は、1994年の大量虐殺の影響で入国、7,002人に難民が適用された。その後、1999年コンゴ民主共和国からの難民2,060人、ルワンダ1,667人、ブルンジ768人と続いた。これら旧植民地と保護領からの入国者は、宗主国とは緊密な歴史的関係がなかった国々からやってきた非ヨーロッパ移民とは異なり、ベルギー・フラーンデレンと関係があると考えている。特に、コンゴ人は二つの保護領の住民とは違ってベルギー国籍を持っていたためだろう。

3　フラーンデレンの移民政策
（1）フラマン人の移民観

　まず、国全体で見ると、ベルギーは異質の抑圧された多数者が共存し、その各々が全て劣等感にさいなまれているのに他に対する優越性を主張する世界で唯一の国といわれたことがあった。これまでは、連邦は、フラーンデレンのフランス語話者とワロンのオランダ語話者の承認を含んでいるという恐怖から、民族少数派保護ヨーロッパ枠組協約を批准してこなかった。出入国と居住の規制は常に国家の大権だが、連邦化に伴い人種的無差別政策（統合

政策）は地域圏と共同体の政策権限となり、それらはさらに県と自治体に移管された。だが、フラーンデレンの人種無差別政策には基礎自治体と県の間に大きな差があり、多元的文化政策推進主義者と人種的無差別主義者の姿勢が混雑している。例えば、前述のアントワープ自治体は、公衆と直接接触する市の職員にイスラム教徒のベールのような何らかの宗教的象徴の着用をフラーンデレンで唯一明確に禁止した。

概して移民の混入に関しては、フラマン人は人種的文化的差違を考慮せず、社会的経済的窮乏も無視する傾向にある。政治家と社会の主流はモロッコ人とトルコ人を社会経済的窮乏は考慮せずに人種的文化的差違を元に異邦人化するが、一方植民地以後の中流階級の移民は同化を認める。

移民たちは彼ら自身の民間団体によって自らを解放することが期待され、これは主柱化による労働者階級の解放や社会文化的諸団体によるフラーンデレン運動の発展と完全に調和する。だが、社会の主流は、一般にイスラム人が新しいイスラムの主柱によって解放されるという着想には反対する。

（２）フラーンデレン共同体政府の移民政策

フラーンデレンの立法は特定の人種文化少数者を公式には認めず、「植民地開拓者」（allochthons）——ベルギーに合法的に居住し、国外で生まれた少なくとも一人の親（祖父母）を持ち、その人種的祖先もしくは弱い社会経済的地位を元に差別を受ける人間——という言葉を使用する。1998年以降、フラーンデレン政府は、また個人統合（人種無差別主義）政策、いわゆる「市民化政策」（inburgeringsbelreid）（policy for civilisation）を採り、オランダ語教科とベルギー＝フラーンデレン社会への導入コースからなる教育も行っている。これとは別に、政府の移民の市民団体への助成も続けられている。

（３）移民をめぐる意見の対立とVlaams Belang

フラーンデレン運動は現在、社会経済的解放を育むために集団として自らを組織する移民の権利を主張する左翼の立場の人々と、彼らは社会の主流に個人的に同化しなければならないと主張する右翼の側の人々とに分裂してい

る。また、フラーンデレンへの帰属意識の方が強いフラマン人は、イスラム教徒の労働移民とその世襲者に対して拒否的態度を持つ傾向にあるが、ベルギー人の帰属意識の方が強いフラマン人は彼らをより肯定的に見るという。

　Vlaams Belangは移民を攻撃してきた。主な政党の個々の政治家たちは、移民は彼らの低い社会経済的地位と差別に責任があり、人種問題と犯罪行為との間には直接の関係があるというその見解に賛成してきたが、一方政党自体はVlaams Belangを権力の座から排除できるのは前述の防疫線の手法、全主流政党が基礎自治体、県、地域圏、連邦、ヨーロッパのレベルで連立を組まないという協定によってだけと考えている。

第9節　政党の南北分裂と組閣の難航

1　連邦化に伴う既成政党の分裂

　1970年の憲法改正で連邦化の具体的動きが始まる前後から、その直前に始まっていた主柱の求心力弱化と相まって、カトリック、自由主義、社会主義各系列の既成政党の南北分裂が相次いで起こった。その結果、早くからの比例代表制の採用や連立政権の慣行の下さらに多党分立の傾向が強まり、第Ⅱ章第3節で述べたとおり総選挙のたびに組閣が難航するようになった。ここでは、分裂した各党についての理解を得るために、これまでたびたび参照したThe House of Representatives: *Parliamentaryinformation sheet* 09.02. (Results of the Federal Elections) に依拠して、2007年（2015年には既に消去）、2010年、2014年の選挙での下院での各党の議席獲得状況や必要に応じて選挙区（各県とブリュッセルの計11区）別の得票状況などについてまず記述する。なお上院は直接公選議員が40人いたが、2014年の憲法改正により公選議員は廃止された。

2　下院での各党議席獲得数

（1）2007年総選挙での各党の獲得議席数

　下院の議員定数は1993年の憲法改正により212人から150人に減少した。

第1部　ベルギーの政治と行政

　2007年の選挙での各党の獲得議席数と前回との増減を列挙すると以下のとおりである。（括弧内は上院）

　　ア．フラーンデレン
・CD＆V-N-VA（両党の選挙連合）
　CD＆V（Christen-Democratisch & Vlaams）「キリスト教民主フラーンデレン党」中道右派（2001年にキリスト教人民党（Christlijke Volkspartijが改称）
　2004年のフラーンデレン議会選挙からCD＆V（Christen-Democratisch & Vlaams）はN-VA（Nieuw-Vlaamse Alliantie）と選挙連合を組んだ。
　前回25（22）→今回30＋8　（上院9＋3）
　選挙前にフラーンデレンの最大政党になり、指導者はフラーンデレン共同体の首相で、今回国会の最大政党になったが政権は取れなかった。
　N-VA（Nieuw-Vlaamse Alliantie）「新フラーンデレン連合」中道右派・国家主義政党
　前回は僅か8議席だったのが今回の選挙で大幅に勢力を拡大、連合を解消して次回の選挙では独自に戦い、第1党に躍進、10年27、14年33と議席数を増やしている。
・SP.a（Socialistische Partij Anders）「異なる社会民主党」（フラーンデレン社会党）
　前回23→今回14　（上院4－3）
　2003年連合名簿をFR（フラーンデレン地域主義）とSPIRIT（左派自由党・2009年Groen!と合併消滅）と作成。
　今回大きく後退、政権が専ら国家改革を目指すため連合政権への参加断る。
・openVLD（Open Vlaamse Liberalen en Democraten）「フラマン自民党」
　中道左派
　これまでの連邦首相Guy Verhofstatの自由民主党と小自由主義諸政党との連合
　Vivant（左派自由）とLiberaal Appèl（右派自由）

86

第Ⅱ章　連邦政府（国家レベル）の役割低下

前回25→今回18　（上院5－2）

前の議席維持できず→政権維持できず。

最近数年間党内紛争が続き、二人の著名政治家が離党。

2006年の地方選の後著名な政治戦略家のNoël Slangen指揮下で名称変えて改造試みた。

・LDD（Lijst Dedecker）「デデッケル・リスト」

　今回5＋5　（上院1＋1）

　VLDの分派・予想以上の躍進5％条項突破6.3％

・VB（Vlaams Belang）「フラーンデレンの利益」極右政党

　前回18→今回17－1　（上院5±0）

　新しい名前で初めて選挙に参加。

　だがフラーンデレンの独立と移民排斥のために全政党から排斥。

　（「防疫線」＝コルドン・サニテール）を設定された。

　新政権には参加しない。

　今回はVLOTT（右派自由党）からの候補者がそのリストに合同。

・Groen!「緑」環境保全政党

　前回0→今回4＋4　（上院1＋1）

　AGALEV（Anders Gaan Leven）の後継政党（2003年に改称）。

　2009年にSLP（Social Liberale Partij）と合併。

　予想以上の躍進5％条項突破6.3％

・PVDA（Partij van de Arbeid van Bergié）毛沢東派極左政党

　前回0.5％→今回0.9％

・CAP（Comité voor een Andere Politiek）両言語圏での極左運動

　今回フラーンデレンで0.4％・ワロンで0.2％

　共産主義・トロツキスト、SP.aの中道路線に反対して前年に結成

　　イ．ワロン

・MR（Mouvement Réformateur）「改革者運動」自由主義政党

　前回25→今回23－2　（上院6＋1）

2002年にPRL（Parti Réformateur Libéral）「自由改革者党」を中心にFDF（Front Démocratique des Francophones）「フランス語話者民主戦線」、MCC（Mouvement des Citoyens pour le Chngement）「変革のための市民運動」、ドイツ語圏のPFF（Partei für Freiheit und Fotschritt）との合同。

これまでの与党で党首Didier Reyndersは財務大臣を務めた。

ワロン地域圏では勝利──これまで支配的だった社会党を敗北に追い込んだ。

三つの主要な主張で選挙戦①支配的なSP＝各種の腐敗のスキャンダルにまみれ、失業に繋がる貧困な統治と時代錯誤な政治制度を告発された＝との政権交代の必要、②新たな財政改革・減税・経済への政府統制の必要、③フラーンデレンの好一対openVLDとの友好・共進政策

・PS（Parti Socialiste）「社会民主党」ワロン系社会党

前回25→今回20－5　（上院4－2）

これまでの与党・1978〜79年のワロン系の首相を出したことも。

最大の政敵＝MR──CharleroiではPSの上院議員が汚職で起訴された後SPと決別。

・cdH（Centre Démocrate Humaniste）「人道的中道民主党」ワロンの中道右派・キリスト教

前回8→今回10＋2　（上院2±0）

2002年にキリスト教社会党（Parti Social Chrétien）から改称。

・Ecolo（Ecologistes Confédérés pour l'Organisation de Luttes Originales）

前回4→今回8＋4　（上院2＋1）

ワロンで最大の躍進。

・FN（Front National）国家主義政党

前回1→今回1±0　（上院1±0）

フランコ国家主義政治運動、移民に強硬策主張。

第Ⅱ章　連邦政府（国家レベル）の役割低下

（2）2010年総選挙での各党の得票数と獲得議席数

つぎに、2010年の総選挙の各党得票数、議席獲得数と比較のためのその前回07年、前々回03年のそれを一覧表にしたのが表3である。

これで見ても最大得票数の政党でも定数の150の5分の1の30であることが分かる。

今回初めて登場したのはワロンのPP（Parti Populaire）「人民党」だけである。

各政党の3回の消長を見ると、フラーンデレンではN-VAが躍進して第1党に躍り出たこと、小党ながらLijst Dedeckerが進出してきたこと、逆に左派のSP.aと内紛の中道左派のopenVLDが大きく後退したこと、従来首相を務めてきたCD＆Vも23議席から17議席に後退したこと、極右のVBも後退したこと、一方ワロンでは前回大きく議席減となった左派のPSが前々回並みに回復第2党に復帰したこと、逆にPSと対立している自由主義政党のMRがかなり後退したことが見て取れる。

表3　2010年総選挙の各党得票数と議席獲得数

政党名	得票数	%	議席	07年	03年
N-VA	1,135,617	17.40	27	*30	*25
PS	894,543	13.70	26	14	25
MR	605,617	9.28	18	23	25
CD＆V	707,986	10.85	17	—	—
SP.a	602,867	9.24	13	14	23
openVLD	563,873	8.64	13	18	25
Vlaams Belang	506,697	7.76	12	17	18
cdH	336,184	5.52	9	10	8
Ecolo	313,047	4.80	8	8	4
Groen!	285,989	4.38	5	4	0
Lijst Dedecker	150,577	2.31	9	5	—
PP	150,577	1.29	1	1	—
白票か無効票	402,488				

＊は前回は合同名簿だったし、したがって前々回は不明。

第1部　ベルギーの政治と行政

表4　2014年総選挙の各党得票数と議席獲得数

政党名	得票数	%	議席	10年	07年
NVA	1,366,397	20.26	33	27	30
PS	787,058	11.67	23	26	14
MR	650,260	9.64	20	18	23
CD&V	783,040	11.61	18	17	*
openVLD	659,571	9.78	14	13	18
SP.a/SPIRIT	595,466	8.83	13	13	14
cdH	336,184	4.98	9	9	10
Groen!	358,047	5.32	6	5	4
Ecolo	222,524	3.30	6	8	8
Vlaams Belang	247,738	3.67	3	12	17
PTB-Go!	132,943	1.97	2	—	—
FDF	121,384	1.84	2	—	—
PP	102,581	1.52	1	1	1
白票か無効票	29,057				

（3）2014年総選挙での各党の得票数と獲得議席数

本書脱稿直近の2014年の総選挙の各党得票数、議席獲得数と比較のためのその前回、前々回のそれを一覧表にしたのが表4である。

今回の新顔はMRの一員だったFDF（Front Démocratique des Francophones）「国民戦線」だけである。

今回は前回と比べて各党の議席の変動は小さく、フラーンデレンで第1党のN-VAがさらに議席数を伸ばしたことと、逆に極右のVBが後掲の本拠地アントウェルペンを初め各選挙区での議席減が響いて激減したことが目につくにすぎない。

3　選挙区別各党の得票数と議席獲得数

つぎに各党の全国11の選挙区別の得票数と議席獲得数を個別に見てみると（表5～15）当然政党の南北分裂状況が一目瞭然となるが、また各党の選挙区（ブリュッセル以外は県単位）での優劣が判断できる。

第Ⅱ章　連邦政府（国家レベル）の役割低下

（1）フラーンデレン

ここでは、全国で第1党のN-VAが5選挙区の全てで第1位であり、地域圏第2位（全国では第4位）のCD&Vが第2位2県、第3位が3県、全国

表5　アントウェルペン選挙区

政党名	2010年			2014年		
	得票数	%	議席	得票数	%	議席
N-VA	336,631	30.71	8	449,531	39.38	11
VB	177,012	16.07	4	79,852	7.00	2
CD&V	170,260	15.53	4	183,636	16.09	4
SP.a	156,976	14.32	3	142,096	11.57	3
openVLD	120,935	11.03	3	116,892	10.24	2
Groen!	84,314	7.69	2	112,477	9.85	2
白票か無効票	51,680			47,638		

表6　東フラーンデレン選挙区

政党名	2010年			2014年		
	得票数	%	議席	得票数	%	議席
N-VA	269,049	28.15	6	306,650	31.01	6
openVLD	166,278	17.40	4	179,167	18.12	4
CD&V	147,151	15.40	3	177,349	17.94	4
SP.a	135,212	14.15	3	131,903	13.34	3
VB	117,817	12.33	3	61,620	6.23	2
Groen!	70,297	7.36	1	90,473	9.15	1
白票か無効票	53,337					

表7　西フラーンデレン選挙区

政党名	2010年			2014年		
	得票数	%	議席	得票数	%	議席
N-VA	188,317	23.98	4	230,265	28.50	6
CD&V	180,702	23.01	4	175,669	21.74	4
SP.a	118,803	15.13	3	142,406	17.63	3
openVLD	106,265	13.53	2	111,388	13.79	2
VB	71,200	9.07	1			
Lijst Dedecker	60,210	7.67	1			
Groen!	49,533	6.31	1	63,657	7.88	1
白票か無効票	50,521			45,810		

第1部　ベルギーの政治と行政

表8　リンブルフ選挙区

政党名	2010年			2014年		
	得票数	%	議席	得票数	%	議席
N-VA	154,230	28.83	4	174,030	31.39	5
CD&V	100,643	18.81	3	125,962	22.72	3
SP.a	97,011	18.14	2	98,194	17.71	2
VB	68,413	12.79	2			
openVLD	64,741	12.1	1	68,713	12.39	2
白票か無効票	35,234			33,704		

表9　ルヴァン（フラマン・ブラバント）選挙区

政党名	2010年			2014年		
	得票数	%	議席	得票数	%	議席
N-VA	85,399	27.05	2	192,698	28.37	5
SP.a	56,176	17.79	1	81,254	11.96	2
CD&V	51,328	16.26	1	112,251	16.53	3
openVLD	45,814	14.51	1	170,128	25.05	4
Groen!	30,905	9.79	1	59,096	8.7	1
VB	30,338	9.6	1			
白票か無効票						

では第5位と第6位を分け合うSP.aとopenVLDが、地域圏で前者が第2位1県、第3位2県、第4位2県、後者が第2位1県、第4位2県、第5位2県だったが、そのほかではVBが本拠地のアントウェルペンで第2位になっていたのが目についた。

（2）ワロン

ここでは、全国第2位のPSと第3位のMRが両年とも県第1位のルクセンブール選挙区以外地域圏で第1位と第2位を分け合っていた。

表10　ワロン・ブラバント選挙区

政党名	2010年			2014年		
	得票数	%	議席	得票数	%	議席
MR	81,421	35.79	2	97,741	40.75	3
PS	51,146	22.48	1	51,359	21.41	1
Ecolo	37,152	16.33	1	27,356	11.40	1
PP	11,461	5.04	1			
白票か無効票	12,499			12,630		

第Ⅱ章　連邦政府（国家レベル）の役割低下

表11　エノー選挙区

政党名	2010年			2014年		
	得票数	%	議席	得票数	%	議席
PS	348,184	48.18	11	123,985	41.04	9
MR	126,608	17.52	4	153,301	20.76	5
cdH	82,924	11.47	2	76,812	10.40	2
Ecolo	67,993	9.41	2	43,488	5.89	1
PTB Go!				38,194	5.17	1
白票か無効票	65,108					

表12　リエージュ選挙区

政党名	2010年			2014年		
	得票数	%	議席	得票数	%	議席
PS	216,827	35.79	11	187,897	30.00	5
MR	135,118	22.30	4	158,046	25.23	5
cdH	84,393	13.93	2	81,759	13.05	2
Ecolo	83,791	13.83	2	56,890	9.08	1
PTB Go!				50,603	8.08	1
PP				32,229	5.51	1
白票か無効票	42,528			47,432		

表13　ナミュール選挙区

政党名	2010年			2014年		
	得票数	%	議席	得票数	%	議席
PS	92,857	32.20	2	83,361	27.83	2
MR	71,099	24.65	2	84,788	28.31	2
cdH	45,905	15.92	1	48,135	16.07	1
Ecolo	38,577	13.38	1	29,186	9.74	1
白票か無効票				29,512		

表14　ワロン・ブラバント選挙区

政党名	2010年			2014年		
	得票数	%	議席	得票数	%	議席
MR	81,421	35.79	2	97,741	40.75	3
PS	51,146	22.48	1	51,359	21.41	1
Ecolo	37,152	16.33	1	27,356	11.4	1
PP	11,461	5.04	1			
白票か無効票	12,499			12,630		

第1部　ベルギーの政治と行政

表15　ルクセンブール選挙区

政党名	2010年			2014年		
	得票数	%	議席	得票数	%	議席
cdH	50,564	31.41	2	56,702	33.41	2
PS	45,869	28.49	1	41,346	24.36	1
MR	31,459	19.54	1	37,371	22.02	1
白票か無効票	14,512			14,416		

（3）ブリュッセル選挙区

　ここは蘭仏両言語の二重地域圏であり、南北両地域圏の政党が2010年の選挙では入り乱れていて北部のopenVLD、CD＆Vが各2議席、VBが1議席を得たが、2014年には議席を得たのは南部の政党だけとなった。

表16　ブリュッセルHV/HV選挙区

政党名	2010年			2014年		
	得票数	%	議席	得票数	%	議席
MR	159,912	19.17	5	115,038	23.07	4
PS	139,660	16.74	4	123,985	24.86	5
N-VA	101,991	12.23	3			
cdH	67,324	8.07	2	46,441	9.31	2
Ecolo	66,681	7.99	2	52,133	10.45	2
openVLD	59,840	7.17	2			
CD＆V	57,902	6.94	2			
VB	41,917	5.03	1			
SP.a	38,689	4.64	1			
FDF				55,306	11.09	2
白票か無効票	37,049			29,057		

4　世界記録の政権長期不在

　余りにも有名になったベルギーの2007年と2010年の総選挙後の組閣難航も、政党の南北分裂による多党分立に起因するところが大きいことはいうまでもない。この両方について日本の新聞がかなり詳しく追っていたので、朝毎読の3紙の記事でこれをたどってみよう。

第Ⅱ章　連邦政府（国家レベル）の役割低下

（1）2007年総選挙後
　ア．新政権誕生の難航
　3か月後に191日の政権不在が続いた2007年の総選挙の直前、朝日（5月26日朝刊・以下断りなければ朝刊）は選挙後の連立政権の構成を予測、人口の多いフラーンデレンの第1党が連邦首相になる例が多いので、今回はフラーンデレンの野党CD＆Vが躍進して政権に帰り咲くとみた。躍進の理由は雇用保険や医療保険を連邦から地域圏の管轄に移すとか治安対策強化など極右のVB支持者が歓迎しそうな政策を打ち出したのが奏功しているからで、あおりを食ったのが同党と地盤が共通する与党のopenVLDで、内紛から右派議員が離党、支持者がCD＆Vに流れた。ただCD＆Vが第1党になってもVBとの連立はありえないので南北で相当数の議席を獲得する両社会党との連立の可能性が強いが、ワロンの社会党は地域圏への権限移譲に強硬に反対しており、政策合意には手こずり、新政権発足は9月以降にずれ込むとの見方も出ていると結んだが、この難航の予測は的中した。
　この総選挙の直後の7月12日、3か月の期限付きで、過去8年間首相を務めてきたopenVLDの党首フェルホフシュタットがMR、CD＆V-N-VA、PS各政党と連立で暫定政権を樹立したが、この間に始まった新政権の発足の交渉は難航を極め、CD＆VのルテルムがN-VA、MR、PS、openVLDおよびcdHとの連立政権をようやく成立させて決着がついたのは翌年3月になってからだった。
　ところで、朝日（8月25日）は総選挙の直後、国王が前述のように組閣を任せる人間（形成者Formteur）として任命したCD＆Vのルテルム上院議員は、2か月後の8月23日に組閣断念を国王に申し出て承認された。彼が経済的に豊かな北部の利益を重視し、所得税・法人税の課税権や医療保険運営の連邦から地域圏への移管などを主張したり、「仏語圏の人は語学力が弱い」といった挑発的言動が火に油を注いだりしたことが、南部切捨て、ベルギー分裂に繋がると南部側の反発を呼び、連立相手に想定する中道右派のMRとcdHとの交渉が決裂し、CD＆Vは改革案の再検討は考えずと声明、一方cdH

95

はCD＆Vが解決の道を拒んだと述べたと報じた。また、VBがこの決裂を受けて「今こそ北部独立の時」と声明、CD＆Vも南部との妥協は難しくなったとしていた。

　ついで、同紙（9月25日）は、100日以上空白が続いているとの報道で、これまで同様のその原因を指摘すると共に、チェコスロバキアの1993年の「ビロード離婚」（チェコとスロバキアが流血などの混乱もなく滑らかなビロード生地のように円滑に手続が進んだので名付けられた）に見習おうが標語になりつつあると報じ、CD＆Vに責任があると決め付けた。

　さらに、同紙（10月30日）は、5か月たっても新政権は発足しない異常事態が続いているのはやはりCD＆Vに責任があるとしたうえで、ヨーロッパ各国も懸念を強めていて、隣国ルクセンブルクの首相が「ヨーロッパにおけるベルギーの信頼が無に帰すことになりかねない」と警告、ベルギー外相が「177年の歴史を通じて南北市民は常に共存の道を見付けてきた」との書簡を各国大使に送り、火消しに務めざるを得なくなったと報じた。そして、オランダ語系紙の9月の世論調査では、ベルギー分裂に賛成が北部で46.1％に達し、反対の49.6％に迫ったことを指摘した後で、危機感を募らせた市民の様々な南北連帯を訴える活動を紹介した。

　また、毎日（11月10日）も、空白が150日を越える最悪状態になった（過去最高は前述のとおり1988年総選挙後の148日）うえに、対立の火に油を注ぐ形の出来事を紹介、7日の世論調査では、フランス語系住民の43％がベルギー分裂の始まり、53％が組閣交渉は続けられないと出たとした。この出来事は、連邦下院の内政委員会がこれまで裁判などの公文書やフランス語使用を認めてきたブリュッセルを囲むオランダ語圏のハル・ビルボード地区住民にオランダ語使用を強制する案を、怒って退席したフランス語圏議員の欠席のまま可決しようとしたため、南部諸政党が連立交渉の棚上げを表明したものだった。

　この政権空白状況は越年し、朝日（2008年1月9日）は、まずブリュッセルの東隣のクライネム町の紛争を伝えた。ここはEUの本部の高級官僚や外

第Ⅱ章　連邦政府（国家レベル）の役割低下

交官たちの住む豪邸が多く、地理的には北部に属するが新住民の8割はフランス語系で、前年10月クライネムを含む3町は臨時議会を開いてオランダ語系議員たちの反対を押し切って「町長の正式任命を求める決議案」を可決、これに対してオランダ語系住民が「ようこそオランダ語圏へ」と書いたプラカードを掲げて町役場を囲み、警官隊と小競り合いになった。原因として、3町長の正式の役職は筆頭助役でしかないのにフランス語の選挙公報を配ったことが、北部の公文書はオランダ語とする法律に違反するとして選挙から1年たっても上部の行政機関が正式任命を拒んでいることにあった。そして、この記事に続いて連立交渉の難航を伝え、このような空白が可能なのは、一方で教育や経済など生活に密着した行政が地域圏に移り、連邦は外交と防衛、社会保障を担当するにすぎず、行政がつつがなく動いていること、他方でベルギーが主導したヨーロッパ統合の結果、単一通貨のユーロの導入で国の役割がEUに譲り渡され、地域圏の存在感が総体的に大きくなったことを挙げた。

　ともあれ、この時点での政治空白は、2008年3月2日CD＆Vのルテルムが首相に就任、CD＆VとN-VAの合同、MR、PS、openVLDおよびcdHの5党連立政権の誕生で解消された。

　　イ．ルテルム内閣4か月で辞表・受理されず

　ところが、ルテルム内閣は成立から4か月余りしかたっていない7月半ばに、語圏別地方政府への権限移譲のあり方について各党の要求をまとめきれないとして、早くも辞表を提出したが、国王はこれを認めず、首相とは異なるフランス語圏の政治家やドイツ語圏の自治体代表など3人を調停人に指名、打開策をまとめるよう求めた（朝日7月19日）。

　　ウ．ルテルム内閣不祥事で崩壊

　それから5か月後、今度は司法介入疑惑でルテルム内閣は崩壊、結局9か月の短命内閣で終わった。これについては、朝毎読3紙（12月24日）共2段抜きで報道、国王は22日に総辞職の申し出を受理、後継首相選びの調整役（情報提供者・Informateur）にマルテンス元首相（CVP {Christrijke

第1部　ベルギーの政治と行政

Volkspartij｝キリスト教国民党党首で1979年から9年間途中9か月を除き連続首相）を指名、後継者にはデハーネ元首相（CVP党首で年から3年余り首相）が有力視されているが難航が予想されるとした。また、不祥事とは、ベルギーの金融大手のフォルティスが米国発の金融危機を機に経営難に陥り9月に国有化されていたのを、政府がその株式の一部についてフランスの金融大手BNPパリバに売却する計画を建てたが、小口株主の一部が反対して差止め訴訟を起こし、ブリュッセル高裁が65日間の計画凍結を命じたところ、首相側近を含む当局者が政府側の主張を認めるよう圧力を掛けた疑いが浮上、最高裁判所が政府が介入を図った重大な形跡有りとする報告書発表に至ったものである。

　エ．ファン・ロンパウ内閣の成立

　だが、朝日と読売（2009年1月1日）はこの8日後の12月30日に、組閣調整役が連立各党に意見を聞き、同じくCD&Vのファン・ロンパウ下院議長がこの人ならと受け入れられた唯一の選択肢として、本人は「私の政治家としてのキャリアはもう秋、終盤だ」と固辞したが引き出されたこと、また彼は1993年から6年間予算相を務め、歳出に大なたを振るって恒常的な財政赤字からの脱却を実現したし、前述の司法介入疑惑問題でも下院議長として公平な采配ぶりを見せ、野党議員からも違う意見をまとめる手腕ありと評価されていること、それにオランダ語の俳句を個人ブログで披露する風流人で、「髪に風　何年たっても風はある　残念ながら髪はない」と詠んだエピソードなども紹介された。なお、連立与党は、同じくCD&V-N-VA、MR、PS、openVLDおよびcdHの5党だった。

　オ．短命だったルテルム内閣

　だが、連立与党内で聞き役に徹する堅実な政治手法で危機を鎮めたこのファン・ロンパウも、1年足らずでこの年11月EUのヨーロッパ理事会常任議長の要職に選出されて首相の座を去り、11月下旬に後を襲ったルテルム首相は前内閣と同じ5党の連立政権で出発したが、前述の司法疑惑問題などの失政から評判がいま一つで、組閣後僅か4か月後に崩壊した。

第Ⅱ章　連邦政府（国家レベル）の役割低下

　朝日と毎日は共に2010年4月23日付で4月22日に辞表を提出、28日付で27日にその受理を報じ、それらの記事は、崩壊の原因をブリュッセルと周辺地区で構成する選挙区の線引き問題で、現状維持主張のフランス語圏各党と一部を分割オランダ語圏に移す主張のオランダ語圏各党が対立、前述のデハーネ元首相が妥協案をまとめたが、openVLDが首相に問題解決の意思なしとして連立政権から離脱したことにあった。ただ、組閣のめどが立たなければ11年6月予定の総選挙を1年早める公算大としていてそのとおりとなったが、内実は7月から半年間ベルギーがEU議長国を務めるためこれは避けたかったとも報じていた。

（2）2010年総選挙後
　ア．直前の予想と結果

　世界最長の541日の長期政権不在の続いた2010年の総選挙は、予想どおりオランダ語圏独立派の躍進となった。選挙当日の朝日と毎日（2010年6月13日）は共に直前の世論調査の予想を紹介、前回僅か8議席のN-VAが第1党になるとし、毎日はさらに詳しく支持率は他を大きくリードして26％に上り、極右のVBなどを加えると分離・独立派が45.3％にもなると報じた。ただ、毎日はアントワープ大学教授の談話を掲載、彼は独立派政党の支持者も分離主義者はオランダ語圏住民の10～15％にすぎず、また毎日が紹介した一部のフランス語系政党の言い出したフランス語圏とブリュッセルの独立構想は非現実的と断じていた。一方、朝日はN-VAが優勢なのは、その政策が国の形を維持しつつ予算や社会保障は南北で分け、地域圏政府の権限を独立国家に近づけるというもので、極右の主張する分裂に比べて現実的だというにあるとしていた。

　選挙の結果は既に詳しく紹介したので省略するが、予想どおりの結果となった。そのために、組閣難航が起こることになる。結果の報道は日本の3紙共大きく紙面を割いたが、時期は若干ずれた。まず毎日（6月14日）が翌日で、N-VAの地滑り的勝利により北部は人々が変化を求めた結果だと大喜びだが、同党支持者も国の分割は望まないとする談話を紹介、一方連邦維持派

の少数政党に投票した失業中のフランス語系住民の「ベルギーの魅力は両言語圏を擁する多文化性にあり、分裂すればそれが色あせてしまう」との声を載せた。そして、連立協議難航は必至だが、N-VA党首は首相ポストをフランス語系に譲るとしており、実現すれば1974年以来36年ぶり（正しくは1978年のPSCの4か月余りの短命だったP. Vanden Boeynants首相以来32年ぶり）、これに対して有力候補の社会党党首はオランダ語系住民が国家機構の改革を望んだのに耳を傾けなければならないとN-VAとの連立合意を示唆したとも報じた。つぎに、読売（6月15日）は、弱小政党にすぎなかったN-VAが第1党に躍り出た原因を挙げ、だが極右を併せても下院の4分の1では直ちに国家分裂へ動き出す可能性は低いとして、毎日の紹介したワロン社会党首の発言を紹介した。さらに、朝日（6月20日）も選挙の結果を報じたうえで従来紹介されてきた状況を繰り返した後、更なる地方分権の議論が加速されるとし、前にも紹介した首都隣接のクライネム町で住民の8割がフランス語系なのに町立図書館の蔵書は4分の3がオランダ語でないと地域圏政府が補助金を出さないため町予算だけでやりくりしている例を挙げた。

　イ．連立交渉難航の報道

　この後日本の各紙の報道は連立交渉が続き、もう何日政権空白かを時折以下のように報じていた。まず毎日（9月5日）は、7月以来首相候補として交渉を主導してきたフランス語圏社会党PSのディ・ルポ党首が交渉決裂を受け、3日国王に辞表を提出、辞表は国王預かりとなったが、主因はブリュッセルの扱いで、手厚い国庫補助を求めるフランス語圏政党と首都の行政改革が先決とするN-VAが対立、またN-VAは各地域が経済力に応じて暮らすべきだとの論理も展開していると報じた。

　ついで、年を越えて2011年に入り読売（1月6日）は、5日で正式政権不在が206日になり、前回の記録を更新したが、前年10月新たに調停役を任された今度はオランダ語圏社会党SP.aのヨハン・バンデラノッテ前党首が関係7党に妥協案を提示する予定で、今のところ明確な反対が示されず、希望が持てるとした。ただ、ベルギーの公的債務残高のGDP比率は2009年度で

第Ⅱ章　連邦政府（国家レベル）の役割低下

96.2％とユーロ圏平均の79.2％を大きく上回り、その17か国中下から３番目、赤字削減策に取り組まないとベルギー国債の信用格付け引下げを警告する格付け機関も出てきたと報じた。

　さらに、毎日（１月25日）は、空白７か月以上、220日を越え、首都ブリュッセルで23日に５人の若者が企画した新政権早期樹立を求めるデモが４万人を越えたことを伝え、また前年12月以来ポルトガル、スペイン、イタリアなどと一緒にベルギー国債が売り込まれていて、10年物国債の利回りが昨年８月末の2.8％から21日には4.3％台を記録したこと、前述のとおり財政赤字がギリシャ、イタリアについでユーロ圏の下から３番目と悪いこと、アメリカの格付け会社Ｓ＆Ｐが12月最上級から２番目のAAプラスから半年以内に格下げすると通告したこと、国債通貨基金（IMF）が早期に財政再建に取り組むよう警告したことを報じた。

　その後、毎日と読売（共に２月19日）は、不在期間が18日で250日となり、前年３月総選挙後マリキ首相の続投まで249日掛かったイラクの世界記録を越えたことを伝え、国王が調停役のレインデルス前財務相に３月１日までにまとめよと命じたが交渉が進展する気配はないとし、17日にブリュッセルでまたも1,000人規模のデモが行われたと報じた。

　また、空白が１年を越えた６月には朝日（６月９日）が１頁全面でこれを報じ、計７人が国王に組閣責任者や調停者に指名されたが失敗したこと、だがルテルム暫定政府首相の下で奇妙にも経済や社会に大した混乱もなく政府が機能していて国家予算やリビアへの軍事介入など重要事項を決めたし、地方分権が進み住民に密着した施策は地域圏政府が担っていて国民生活に大きな支障がないとした。そして、ルテルム暫定首相は、記者の質問に答えて、独仏などの好調な経済に支えられていることを肯定したが、独仏向けの輸出は総額35％を占めて、記事では棚ぼたと評し、N-VAの幹部の言として、「このままでもうまくいっていることが本当の危機だ。家に例えればプラスチックの屋根で、風雨はしのげるが、取り替えなければいつか壊れる」を紹介した。なお、読売は識者の言を引用して、秋まで事態は動かないと見ていた。

第1部　ベルギーの政治と行政

　　ウ．ようやく連立合意成立
　難産の続いた連立交渉がようやく決着したのは師走の12月5日だった。直前にまず読売（12月28日夕刊）が、11月27日主要6政党が合意に達したと伝え、首相予定者のフランス語圏社会党PSのエリオ・ディルポ（E. Di Rupo）党首を中心にPS、CD&V、MR、SP.a、openVLD、cdHの各党首が左右に並んだ共同会見の写真を載せ、前述の米格付け会社の1段階引下げ（11月25日）で危機感を強めた6党が2012年度予算案で財政赤字をGDP比約2.8％に圧縮し、2015年度に財政均衡を目指す方針を受け入れたとした。なお、最大政党となったN-VAは今回も政権に加わらなかった。
　ついで、毎日（12月5日）もほとんど同様の記事を掲載、ただ緊縮予算に反対する労組の5万人以上参加のストが2日にあったと報じていた。さらに、朝日（12月6日）も同様な記事だったが、ここでは「EUと自治政府があれば国がなくても困らない。同じ言葉を話す者同士で経済的に自立して生きるのが一番合理的だ」「ベルギーという国はそのうち自然に蒸発する」という北部の一市民の声を紹介した。
　12月6日の541日ぶりの正式政権誕生を伝えたのは読売（12月7日）と毎日（12月9日）で、共にディルポ新首相のプロフィールを載せていたが、それらによると彼はイタリア移民で珍しい無神論者、同性愛者。7人兄弟の末っ子、1歳で父親をなくし、貧困を乗り越えて南部のモン大学で薬学博士号（読売は化学とする）取得、学生時代に社会主義に傾倒、25歳で政界入りし、モン市議会議員から始めてヨーロッパ議会議員、上院議員を経て1994年スキャンダルで辞任した同僚の後任として副首相兼交通相に就任、99年党首になるとベルギー史上最大の政界疑獄で傷ついた党勢回復に貢献した。
　なお、次回の2014年の総選挙の後の新政権は、南部のMRの党首ミッシェル（C. Michel）を首相に、3か月後の10月11日に両社会党抜きのMR、CD&V、N-VA、openVLDの4党で成立している。

第Ⅲ章　連邦化と政府の変容

第1節　連邦化の進展に伴う憲法改正

1　単一国家時代の憲法と小改正

　1830年ベルギーが独立を宣言したとき、権力を県と基礎自治体に分権する3層の政府レベルからなる単一国家として組織された。周知のように、1787年にアメリカ合衆国憲法が制定されて以来、国家権力による国民の基本的人権を守るために、権利章典と政治機構からなる憲法を有する立憲国家の形態が各国で採用されるようになった。ベルギーでも独立の翌年憲法が制定され、今となっては古いが長命で、その内容は後述の1970年から始まる国家改革に伴う6回の改正以前に普通選挙や女性の参政権の実施などの選挙関係の3回の小改正が行われたにとどまり、清宮四郎「ベルギー国憲法」（宮沢俊義編『世界憲法集』〔岩波文庫〕初版所収）に見ることができる。清宮は、そこでの解説で、制定は19世紀前半なのにかなり進歩的、内容も法典として割合によくまとまっているので他国でも倣ったもの少なくないとして、1848年のドイツのフランクフルト憲法、1849年のオーストリア憲法、1850年のプロイセン憲法を挙げ、明治13年の元老院憲法・明治憲法にも影響したこと、小規模だが自由主義的議会民主制の見本であり、形式的には君主制だが基礎原理は民主主義と自由主義でその上での君主制であること、国王は憲法の制定者ではなく憲法の所産であって政治の実権は持たない装飾的存在にすぎず、日本国憲法下の天皇の国事行為同様に憲法と憲法に基づく特別法の明文によって与えられた権能しか有しないこと、19世紀の自由主義の典型的な産物であることは第2編権利の保障に端的に現れ、今となっては真新しいものではないが、信教の自由（第14～第16条）と教育の自由（第17条）は独立と憲法制定と関連し、オランダ政府に対するカトリック派の闘争に由来する特殊事情か

ら生まれたこと、国民の自由の保障のための組織原理としての権力分立制を徹底して採用、第3編に一般原則と各種権力についての詳細な規定を設け、立法権は国王・代議院｛下院｝・元老院｛上院｝が共同して担う（第26条）、行政権は国王に帰属（第29条）、司法権は法院と裁判所が担う（第30条）としていることを記述していた。そして、清宮は、1970年のその初版の第14刷で、最近かなりの大改正が問題になっているようで、19世紀前半のブルジョア・デモクラシーの所産であり、政治の中心勢力は両議院のブルジョアが実権把握、宗教の関係からカトリック党と自由党が政権を分かち合っていたにすぎず、19世紀末頃から第4階級の台頭で勢力均衡が破られ、選挙権拡大とともに政情が複雑化し、長命のこの憲法にも遠からず異変が起こりそうだと予言していた。

2　連邦化進展のための憲法改正

ところで、1970年、1980年、1988年、1993年、2001年、2014年と6回に及ぶ憲法改正は、段階的にベルギーを現在では共同体と地域圏からなる連邦国家に変えた。（著者は、このうち最近の2001年の改正時の全文を基礎に、2014年の改正をゴシックで挿入｛削除や修正の指摘を含む｝したものを、オランダ語の原文を翻訳して補巻（Ⅰ-1）に収録したので参照されたい。）とまれ、これらの改正は、国の内部に、フラーンデレンでは主として文化的理由のために、またワロンでは主として経済的理由のために、一方でそれぞれより大きな自立を熱望する二つの共同体が存在し、他方でそれぞれの言語の尊重要求（地域圏）が増大したことによる。

さらに、都市圏と基礎自治体連合の法律による創設などが規定された。

（1）第1次国家改革

このうち、1970年から2001年までの改正（第1次から第5次までの国家改革）については著者が実施した1970年の現地調査の際に快く長時間を裂いて説明して頂き、数点の著作を下さったベルギー憲法学の権威Patrick Peetersルーヴァン大学教授の解説論文'The Fifth Belgian State Reform

('Lambermont'): A General Over View' "*European Public Law*" Vol.9, Issue 1, 2003、同 'Refrections on the Belgian federal state' in Michael Burgess and John Pinder ed., "*Multinational Eederations*", Rout ledge, 2003、前掲のInformation Sheet of The House of Representatives, 04.00および日野愛郎「ベルギーにおける連邦制改革と政治変容」（佐藤竺監修・金井利之・財団法人日本都市センター編著『オランダ・ベルギーの自治体改革』第2章第1節128～130頁）に依拠することにする。

　まず、1970年の憲法改正は、憲法第1条が記しているように「共同体と地域圏からなる」連邦国家に変形する第一歩だった。これにより三つの言語文化共同体（オランダ語共同体、フランス語共同体、ドイツ語使用共同体）と三つの地域圏（フラーンデレン、ワロン、ブリュッセル）が憲法に挿入された。これにより、ベルギー連邦主義の最も典型的な特徴の一つ、すなわち部分的には領土的に重なり合う二つの型の構成国家からなる連邦国家が出現した。ただし、文化的共同体（個人レベル）とは違って地域圏（地域レベル）の制度は、ようやく1980年（フラーンデレンとワロンの地域圏に対して）と1988年（ブリュッセル首都圏）に活動するようになったにすぎない。また、これによる両地域間の対立を回避し、共同体間の一方的支配を排除し、少数派を保護するための①特別多数決、②条件付多数決、③「警鐘手続」の制度、④大臣会議（内閣）の言語同数制も導入された。

　①の規定はこの多数決は憲法改正（憲法第195条）および憲法の条文番号や一部分の一部の変更（憲法第198条）に要求される。下院の場合、3分の2の定数（少なくとも100人の議員の出席）と投じられた投票の3分の2の賛成票が必要となる。このような特別多数決は、要件は多様だが日本を含め、いずれの国でも採用されている。

　②の規定は「四つの言語地域圏の境界は、各院の各言語集団の議員の過半数が出席するという条件で、且つ2言語集団において表明された賛成票の総数が少なくとも表明された票の3分の2に達するという条件で、各院の各言語集団の票の過半数により可決される法律による以外変更乃至修正はできな

い（憲法第4条第3項）。」とし、例えば上下両院で人口僅か1％に満たないドイツ語圏の議員の過半数の賛成が得られなければ言語境界線の変更ができないわけで、その後以下に列挙する他の事項にも適用されていった。まず若干の地域をその境界を決めて県への分割から外し連邦の執政権下に直接従属させて特別法に従わせることができる法律（憲法第5条）、つぎに連邦所管署の管轄権は憲法と憲法自体により可決される法律で授権される事項のみ、共同体・地域圏の管轄権も法定のその他の事項の事項のみ（憲法第35条）、新設の地域圏の制定する地域圏法に関するもので、憲法第39条に規定される地域圏に管轄圏を付与する法律、それにより新設される機関の公布する規則の法的効力を決定し、また法的効力を有する地域圏法の公布権限を授与する場合、地域圏で住民投票の対象外となる諸事項（憲法第39条の2）、県の諸機関の廃止（憲法第99条第1項）、共同体・地域圏法の制定（同第3項）、法律により予定され旧ブラバント県内のオランダ語話者及びフランス語話者の正当な利益を保障するための特別な方式を確定した諸規則の修正（憲法第63条§4）、ヨーロッパ議会選挙のためにその方式を決める法律とその規則の修正（憲法第168条の2）、改正後の上院議員の指名方式を決める共同体法（憲法第67条の経過措置）、下院選挙と欧州議会選挙の同日執行の規定（憲法第65条第3項）、二院制及び任意的二院制立法手続の拡大（憲法第77条、第78条）、フラーンデレンとフランス共同体議会の構成と運用方法（憲法第115条§1）、それにワロン地域圏議会を加えた選挙、構成運用方法に関する規則で採択される諸事項（憲法第118条§2、第121条）、それと同文のブリュッセル首都地域圏議会（憲法第123条§2第2項）、同じくドイツ語話者共同体議会（同第3項）、フラーンデレンとフランス共同体議会の共同体法により決める文化に関する諸事項と条約の締結に関する方式を可決する法律（憲法第127条§1）、同じく住民の個別的要求に対応した諸事項並びに協力の形態及び協定の締結に関する方式（憲法第128条§1）、フラーンデレンとフランス共同体がフラーンデレンとワロンの地域圏の権限をそれぞれが行使できる方法の修正（憲法第137条）、利害紛争解決のために（憲法第143条）共同

体と地域圏の政府の管轄権に属する事項について訴追を命令し、捜査及び訴追に関する方針を含む刑事方針の指令を発する所管大臣の管轄権と保安政策計画化作成への共同体及び地域圏の参加、検事総長合同理事会代表の参加を決める法律の採択（憲法第151条§1）、ブリュッセル裁判区内の司法的事項での言語使用に関わる改革の本質的要素、検事局、所在地及び管轄（憲法第157条の2）、国務院の行政訴訟部の全体会議規則の修正（憲法第160条第3項）、高等司法評議会の法定以外の管轄権の決定（同§3）、王国の首都が属する都市圏の管轄権を決める法律（憲法第166条§2）、条約に関係共同体及び地域圏の政府間の合意が得られない場合の手続の決定（憲法第167条§2）、フラーンデレン共同体及びフランス共同体の財政制度の決定（憲法第175条第1項）、地域圏の財政制度の決定（憲法第177条第1項）、ヨーロッパ議会の選挙と同日か任期前の解散の場合の連邦議会の任期を決める法律（憲法第195条の経過措置）などである。ともあれ、この採用によってフラマン人もしくはフランス語話者の各々が他より有利な法律を制定できないようにした。ただし、この結果ベルギーは多数派が少数派によって支配される国だと結論付けるほどワロンに有利に働く。これに対して、フラマン人には大きな不満が残る。第1に、フランス語話者のエリートが、長年にわたって彼らを見下しフラーンデレンの要求を敵視してきたことへの恨みがある。第2に、1960年代以降国の経済力の基盤は南部から北部へと完全に移行し、今や南部は北部に養ってもらっているのに、数の上では少数のフランス語話者が不釣合いに国家を支配していると確信している。これが、主柱化のフラーンデレンにおける衰退と結び付いて、今やフラーンデレン国家の独立を標榜する極右のVlaams Belangが、移民への強硬策提唱と相まって、そこでの選挙でこのところ常に4分の1前後も得票する原因となっているといえよう。とにかく南北対立は、言語境界線を言語領域にとどまらず、内部の差違は一応棚上げして地域圏間の差違を強調する「国境」へと変形し、またフラマン人とフランス語話者との間の民族的言語的対立は保守主義者（カトリック教徒）と進歩主義者（反教権派）との間の思想的対立に取って代わられていった。した

がって、南北領域に根差す連邦化は、端緒的には主として思想的グループの差違だったものが、民族・言語の違いに根差す文化的なものに変容していったといえる。

③は憲法第54条の規定で、「予算及び特別多数決｛条件付多数決｝を必要とする法律を除き、言語集団の一つの少なくとも4分の3の議員により署名されて報告の提出の後で公開の会議での最終投票の前に提出される明確な理由を付した動議は、その動議が指摘する法律案若しくは法律案の規定が共同体間の関係に重大な損害をもたらす虞があると宣言することができる。この場合には、議事手続は停止されて動議が閣議に付託され、閣議は30日以内に動議についての明確な理由を付したその意見を表明し、関係議院に対しその意見について又は必要があれば修正された法律案若しくは規定について決定するよう要請する。この手続は同一の法律案若しくは同一の規定に関して一言語集団の議員たちにより一度だけしか実行できない。」としている。これも連邦化に伴う少数派の尊重の表れである。[6]

④の規定は「内閣は最大15人から成る。場合により総理大臣を除き、内閣は同数のオランダ語話者大臣及びフランス語話者大臣から成る（憲法第99条）」とする。

（2）第2次国家改革

ついで、1980年改正は、文化共同体を共同体と改称、立法権（議会）を共同体と地域圏（ブリュッセルを除く）に付与、それぞれが制限列挙された排他的権限を有し、その枠内で法律の効力を有するデクレ（以下の拙訳では「共同体法」「地域圏法」とした）の制定が可能となった。これにより共同体の自治が一層進んで文化的事項と教育の一定局面とに関するその権限に加え

---

[6] Bambi Ceuppens and Marie-Claire Foblets' The Flemish Case: A Monolingual Region in Multilingual Federal State' in David M. Smith and Enid Wistrich ed. Regional Identity & Diversity in Europe" はこれと条件付多数決とを混同しており、拙著前掲調査研究報告書、平成19年度「ベルギーのリージョナリズム――連邦・共同体・リージョン――」ではこれを参照したため誤っており、ここで訂正しておきたい。

第Ⅲ章　連邦化と政府の変容

ていわゆる対人事項（保健政策、社会保障と青少年保護）にも責任を持つようになったが、何よりも地域圏の制度が本格的に発足・発展して環境、計画、住宅、地域圏の経済とエネルギーといった経済分野を専権するようになったのが大きかった。それとともに、フラーンデレンとワロンの地域圏はもとより3共同体はまた自らの政府も獲得した。ただし、このとき後述するように議会は一部共同体や地域圏の議会議員をも兼ねる「二重委任権」を持つ国会議員で構成されることになった。また、フラーンデレンでは、フラーンデレン議会は地域圏と共同体の議会を合体するように創設され、両者の完全に分離するワロンや共同体議会のみ存在するドイツ語共同体とは異なった形態が採られた。ワロンの分離はフランス語共同体ではブリュッセルがフラーンデレン内にある飛び地となっていて行政体が異なるためである。こうして、ベルギーの連邦モデルは直ちに一定の非対称的局面を示し始めた。

　さらに、この改正で当初は分離に伴う連邦・共同体・地域圏間の管轄権限争いを解決するための後述の仲裁裁判所（現憲法裁判所）もまた創設され、これはその後各種議会が制定する法規（連邦法・共同体と地域圏のデクレ・オーディナンス）が憲法上の基本的権利や自由を遵守しているかどうかだけを限定的に審理する権限を付与されて著しく拡大された。

（3）第3次国家改革

　1988年（～1989年）改正では、共同体と地域圏の権限はいま一度それぞれ拡大され、共同体では教育、地域圏では公共事業（道路整備など）、運輸（港湾など）、基礎自治体と県への行政監督権が付与された。この結果、特に地方自治制度は両地域圏が全く別の地域圏法により確立運営されることになり、本書では999か条に上るワロンの地域圏法（仏語）について概説し、また全訳を補巻（Ⅱ）に収録した。加えて、この憲法改正で、長らくフラーンデレンとワロンの利害対立で懸案のままとなっていた新しい「ブリュッセル首都圏」が自前の議会と政府を持った自らの権限を付与された。

　また、この改革で、同時に新たな財政制度も共同体と地域圏の財政に関する1989年1月16日条件付多数決法（以下［特別財政運営法］と呼ぶ）によっ

て導入され、共同体と地域圏にとってそれまでの最重要な財源だった補助金制度が配付税と共同税の制度に取って代わられて歳入は大幅に拡充された。

さらに、仲裁院の司法権が、連邦・共同体・地域圏の憲法上の平等原則（憲法第10条と第11条）と教育の自由および権利（憲法第24条）とに関する適合性を含めるよう拡大された。

この時点とつぎの1993年の憲法改正との間の1991年6月に、国家改革とは無関係な憲法改正が行われ、王位継承は男性のみとされてきたのを長子相続権の下で女性にも認めることにした。なお、この改正では共同体、地域圏への権限移譲拡大と財源付与のための新財政制度確立、ブリュッセル首都地域圏制度新設も実施されている。

（4）第4次国家改革

1993年の憲法改正では、「ベルギーは連邦国家であり共同体と地域圏からなる」と連邦制への移行を宣言するに至った。まず共同体と地域圏の議会の直接公選を実現してその権能を一層強化した。つぎに、連邦レベルではその就任時に政府に与えられる信任は条件付であり、いつでも建設的不信任動議により、すなわち新たな首相の指名によるか建設的信任動議の否決により無効にされることができることになった。前掲ベルギー下院の解説（Parliamentary information sheet 20.00）により詳しく説明すると、政府の総辞職の第一の可能性は総理大臣が辞表を国王に手渡すのが通常の筋書で、越えられない意見の相違が連立政権を形成する政党間に生じて政治的危機が存在するときは、総理大臣は連邦政府の辞表を国王に送る以外の選択はない。国王は辞表を受領するか拒否するかのいずれかができるし、またその決定を保留して政府与党に妥協に達する時間を与えることもできる。国王は辞表を受諾すると、その議員の多数がこれを支持することを条件に、下院を解散する。選挙が40日以内に下院のために召集されなければならず、新たに選出された下院は2か月以内に会合しなければならない（憲法第46条）。その後交渉が新政府を形成するために開始される（前掲国王の権限参照）。第2の可能性は下院が政府の辞職を余儀なくさせる方法で、実際には政府が下院に多

第Ⅲ章　連邦化と政府の変容

数を持たないために倒れるのは極めて希で、一般的には政府内の内輪もめが任期前の辞職を引き起こす。下院は政府に、ここで「建設的方法」で身を引かせて、それを別の政府に交代させることができる（憲法第96条）。これは以下のようにして起こる：下院の多数が政府の方針に関して建設的不賛成の動議を可決するかまたは信任動議を拒否して、新たな総理大臣を国王に3日以内に提案することによって「建設的」動議を行う。この動議は、それが現政府の辞職に加えて新総理大臣の指名を用意するために「建設的」と呼ばれる。国家元首は政府を形成する者から提案された人物を選任する義務がある。この筋書では下院による政府交代は新たな選挙は必要ない。この可能性は1993年の憲法改正によって採用されたがいまだに利用されたことはない。その狙いは政治運営の継続性を掘り崩す余りにも多い任期途中の選挙を避けることにあった。下院は不賛成の動議を可決するかまたは信任動議を拒否して、新たな総理大臣を3日以内に提案せねばならないこともなしに、政府を倒すことができる。法律的観点からは、政府はこのような状況下では辞職する必要はないが、実際には政権を持続することはできない。この場合には、国王（連邦政府）は下院を解散させて、新たな選挙に導く。下院と上院はこの両院が「憲法修正の布告」を可決するや否や、特に憲法修正の布告のベルギー官報への登載の日に、自動的に解散させられる（同sheet 4）。この場合には、下院と上院は3か月以内に召集される。

　また、この改革では、二院制の徹底的な改正に着手、上院は制限された立法権しか持たない討議の府に変えられ、連邦レベルでの共同体と地域圏による討論の場となった。そのほか連邦大臣の縮減、ブラバント県のフラーンデレン・ブラバントとワロン・ブラバントへの分割を実現した。なお、その後2000年の改正では死刑制度の廃止（憲法第14条の2）が行われた。

　この連邦化に伴う憲法の重要な改正点は、第1に連邦議会となった上下両院の改革で、(1)選挙権と被選挙権の年齢引下げ——欧州各国でこの時期一斉に実施された選挙権の満21歳から満18歳への引下げ、被選挙権の下院は満21歳から満18歳への上院は満40歳から満21歳への引下げ（ベルギーでは投票は

111

第1部　ベルギーの政治と行政

義務で違反は処罰）、(2)議員定数の下院212名から150名への縮減、初めて上院の定数71人に決定（別に国王の子が含まれる）、(3)上院の構成——伝統的な貴族院的性格から直接選挙制への全面的変更（但し国王の子は満18歳で上院議員となる）、第2に残余権限の国から共同体・地域圏への移転、第3に共同体・地域圏への条約締結権の付与であった。

（5）第5次国家改革

　ア．改革の概要

2001年の国家改革はランベルモント協定（Lambermont）[7]とロンバルト協定（Lombard）[8]とからなる。前者の「官邸」協定は共同体の財政運営に関する手法、地域圏の財政権拡大と地域圏への権限移譲を含んでいた。ただし共同体と地域圏は一定の列記された権限のみ持っており、剰余権力は連邦立法者の役目とされた。だが特に重要なのは地域圏への自治体（県と基礎自治体）に関するほとんど全ての権限移譲だった。地域圏はまた分権化された機関の構成・組織・権限・行政・選挙に関するほとんど全ての権限を取得したが、国家の雇用者や政治的代表の給与規定はもち論、市民の地位・警察・消防サービスに関する権限は連邦に残った。

知事の任免は連邦機関と共同で地域圏によってのみ行使されうることになった。

　イ．地域圏の管轄権拡充

地域圏にはまた農業と沖合漁業および販売と輸入政策に関する権限も付与され、それ以後地域圏は連邦政府が明らかに権限を残している一定の局面以外農業に責任を有することになり、これまで連邦政府が農業に関する余剰権力を維持し、一方地域圏は一定の列記された権限しか持たなかったのが逆転、連邦政府は例外的に、これらの例外はむしろ広く限定されてはいるが、一定

（7）Lambermont（フランス語読みではランベルモン）はベルギー首相官邸の名称、そこでこの協定が締結された；フランス語話者たちはこれをSaint-Polycarpe協定ともいう。

（8）Lombard（フランス語読みではロンバルド）はBrussel地域圏議会の所在地で、そこでこの協定が締結された。

第Ⅲ章　連邦化と政府の変容

局面だけに責任を残している。これらの例外は公衆衛生のために特に食物連鎖の安全性をカバーし（ダイオキシン危機の再現！）、価格と所得の政策も連邦レベルに残され、沖合漁業は完全に地域圏すなわち海に面するフラーンデレンの事項となるが、大陸棚と領海は依然として国際公法に支配されると解される。販売と輸出に関する連邦権限は一層制限され、連邦政府は輸出・輸入・投資の危険保証の提供と多辺的商業政策とだけに権限を残し、ベルギー外国貿易庁は廃止され、その代わりに別の機関が連邦政府と地域圏との協力協定に基づき創設されて、この機関は［共同商業任務］の組織化に責任を負うことになる。地域圏への上述の権限移譲に加えて2003年には、武器と弾薬の輸入、輸出および輸送が地域圏の権限下に入り、2004年1月1日までに共同体と地域圏に対して開発協力の分野をこれらの分野が共同体と地域圏に関係する範囲で移譲された。最後に、地域圏と共同体は、また選挙支出・政府公報と政党への財政補助への監視の責任も負うようになる。

　ウ．共同体の財政再編と地域圏の財政自主権の拡張

　第5次国家改革の財政的局面はフランス語使用政権党の承認を得るための重要な論拠だった。今一度［権限にとっての財源］の原則が完全に適合した。1993年国家改革の場合と同様に最後の改革の直接的原因はフランス語共同体のとりわけ教育支出のための構造的財政的需要だった。フランス語共同体とは逆にフラーンデレン共同体の教育分野での支出と財源は地域圏の財源によって緩和できる。これはフラーンデレン共同体とフラーンデレン語地域圏間の准合併のために可能である。フラーンデレン政権党はその代わりに地域圏の財政自治権の拡充を要求した。

　エ．共同体の財政運営再編

　共同体の財政運営は主に連邦税収の共同体への一部配分によって行われるが、1989年1月16日の特別財政運営法においてこの財政運営の仕組みのために使われる［配付税］の語は共同体がこの点に関して何らの正規な権限を有することなく連邦税からの収入の一部だけが共同体に配分されるだけだから若干誤解を招く。第1に、これは個人所得税からの収入の一部の配分を含み、

113

基本額は同法に明記されていて、共同体が教育を除いて列記された権限を行使する際の財政需要を満たせるよう計算され、インフレとGNPの成長とを考慮して調整される。フラーンデレンとフランス両共同体への配分は納税者の居住地を基礎にした個人所得税からの収入における各共同体の取り分に従って行われる：すなわちそれぞれフラーンデレン地域圏もしくはワロン地域圏からの個人所得税収入全額とブリュッセル首都圏におけるそれぞれ個人所得税からの20％もしくは80％（フラーンデレン共同体にとっては配分額の64％近く、もしくは2001年にはほぼ28.5億ユーロに相当）、加えて共同体は付加価値税収入一部の配分による財政運営も受け入れ、この基本額もまた同法で決定され、この額は共同体が教育事項の莫大な大多数に関して権限を付与された1989年に共同体に交付された教育配分額に相当、この基本額も消費者物価指数の変動を考慮して毎年度調整される。共同体の個人所得税の取り分と違って付加価値税の取り分は実際の経済成長（GNP）に調整されていないが、修正は1989年以降の青少年数の減少を考慮して毎年度の基礎に適用され、共同体間の配分は就学適齢期の児童生徒数に応じてなされることになる。この結果、フラーンデレン共同体は2001年に付加価値税配分額の57.08％を交付され、第5次国家改革は共同体の付加価値税配分額を十分に増やしてきたが、これは両共同体の［財政運営再編］である。個人所得配分額には変化がなかったが、2002年～2011年期の付加価値税収入からの固定的付加収入の総計は11.15億ユーロに達し、さらに2007年以降共同体の付加価値税配分額の取り分は経済成長と調整されて配分額の91％に上る。連邦国家の財政容量の成長は経済成長に完全には着いていかないと予想され、追加的財政収入もまた個人所得税収入の配分を基礎に共同体間に累進的に配分されるだろうが、それはフラーンデレン共同体に有利となろう。

　一方、ドイツ語話者共同体の財政運営再編は連邦国家予算の年度の基礎を無視した配分額の増加により行われ、固定的な追加財源は他の二つの共同体に付与される付加的財源の一定の率として決定されることになる。

　　オ．地域圏の課税権の拡充

第Ⅲ章　連邦化と政府の変容

　憲法から直接派生した一般的な地域圏の課税権に加えて特殊な税が地域圏税として前述の1989年1月16日の特別財政運営法に含まれた：すなわち、賭博税、スロットマシン税、酒類販売免許税、相続税と財産税、資産評価税、不動産譲渡登録手数料、自動車税、環境税である。地域圏は関係税を左右する別々の規制権を持った（税率決定権、課税基礎、免税）。第5次国家改革に伴い地域圏税の目録は一定の登録手数料、ラジオとテレビの免許手数料、自動車税とユーロ・ヴィネットを含めて拡大され、それ以降地域圏は原則として地域圏税に関する税率、課税基礎と免税の変更権を持った。だが反対にいわゆる環境税（環境に起因すると見られる損害のために消費に向けられる生産品に掛けられる税）は地域圏税としては廃止される。これらの地域圏税からの全収入はその課税地を基礎に地域圏に配分されるが、連邦国家の財源喪失は地域圏に付与される個人所得税の取り分の減少で補償され、共同体同様に地域圏もまた個人所得税からの収入の取り分を受けることになる。前述の特別財政運営法ではこれらの取り分は［共同税］と呼ばれるが、共同体の［配付税］とは違って地域圏は課税地を基礎に割り当てられた取り分に対して超過付加金を課したり還付金を付与したりする権限を持っているものの、このために連邦政府と各地域圏政府との事前協議が必要とされた。さらに経済的金融的統一を維持するために連邦政府はこれらの超過付加金や還付金の最高率を課することができた。第5次国家改革は超過付加金や還付金を創設する地域圏の権限を拡充したが、地域圏は普通税の増額減額を創設する権限を付与されることになる。地域圏は課税区分によって区別されるべきか否かはあるが手数料に関して普通超過付加金もしくは還付金や、一般的な還付金や手数料に関する還付金を付与する権限を有するが、これらの超過付加金と還付金は個人所得税の対象となる全ての人に適用される。地域圏はまたその本質的な権限と結び付いた普通税の増額減額を生み出せ、これらの増額減額は特有だが支払われる。したがって、課税基礎ではない個人所得税に基づいた超過付加金と還付金の形を採る。だが地域圏の権限の拡張は現存する諸条件の特殊化と拡張と並行する。特別財政運営は法超過付加金・還付金・税の

第1部　ベルギーの政治と行政

増額減額の総額に対する全体的な最高率を設けていて、この最高率は各地域圏に居住する個人所得税からの収入の3.25％（2001年以降）と6.75％（2004年以降）に達するが、地域圏は還付金を付与し超過付加金を課するこの権限を個人所得税の累進制を低下させることなく行使しなければならず、またこの行使が不公平課税の強制になってはならないとする。

　国会の討議の間これらの基準はその曖昧さの故に批判されたが、事前協議の必要性は連邦政府と他の地域圏政府とを通知する義務によって取って代わられよう。最後に、地域圏はまた最高率の遵守と個人所得税の累進性について会計検査院の助言を求める必要がある。

　　カ．ブリュッセル制度の改革

　第5次国家改革では、ブリュッセル機構の仕組みも変えられ、権限のより一層の地域分化があり、基礎自治体の財政が改善された。この制度改革はいわゆる［小国家会議COSTA］で協議されたが、これらの協議は2001年4月29日の首相官邸協定に結実し、その後ほとんどが若干の権限の共同体と地域圏への移譲に関する条件付多数決法草案と共同体の財政運営再編・地域圏の財政権拡充に関する条件付多数決法草案とに挿入された。ブリュッセル首都圏内の自治体レベルと地方警察協議会における言語グループの代表に対する若干の修正とは別にブリュッセル制度改革は最初にブリュッセル地域圏議会におけるフラーンデレン住民の積年の願いであった代表強化を扱い、フラーンデレン共同体委員会会議が有するブリュッセル首都圏での文化、教育、対人関係事項の権限が拡大された。そして、特に極右政党のフラームス・ブロックによる妨害を防ぐ手段が講じられた。ただ、この改革の結果は後述の第Ⅳ章第3節で説明するのでここでは省略する。

　ところで、Peetersは前掲の'The Fifth Belgian State Reform'でこの国家改革についての問題点を3点ほど挙げて詳細に論じているが、要点だけ指摘しておく。第1は、国家改革の基礎となる共同体のあり方をめぐる対立で、フラーンデレン共同体は［2＋2］の構造、すなわち2つの大きなフラマン語とフランス語の統一体と二つの小さな統一体（ブリュッセル首都圏と

ドイツ語使用共同体）とに基礎を置く国家改革を要求したが、地域圏を基本に据えるフランス語使用諸政党の一致した反対に遭い、拒否権によって葬られた。

だが、第2は、食物連鎖の安全性が脅かされたダイオキシン危機の最中に施行された直近の1999年の総選挙で、恐らくその危機のために国会選挙は政治的大変動をもたらし、［紫・緑］あるいは［虹］連合（自由党・社会党・緑の党）が連邦レベルと共同体レベルの両方でできそうに見え、キリスト教民主各党（CVPとPSC）が長らく初めて野党に追いやられたが、フランス語使用諸政党は新たな制度の協議の受入れ拒否を続けた。したがってそれ以前の国家改革において生じていたものとは反対にいかなる詳細な制度的同意も連邦内閣の組閣中には協議できなかった。紫・緑政府連合はこのような協議をCOSTA（Commissie Staatshervorming＝国家改革会議）'Coréeあるいは'Ciiri'［政府間政党間制度改革会議］に付託したが、連邦、共同体、地域圏各議会はもとより連邦、共同体、地域圏各政府もこの会議に代表されるはずだった。この国家改革の新ラウンドを協議する方法はフラーンデレンにおける紫・緑連合への参加と連邦議会において制度立法（憲法修正でなくても）を修正するのに必要な3分の2多数決への寄与に「国家統一党」（フラーンデレン国家党）を納得させるための前提条件だったが、それに基づき第5次国家改革で築かれた政治的協定は連邦政権政党間の激烈な協議の後ようやく締結された。これらの協定は何よりもまず連邦教育補助金の共同体間の配分に関するサン・エロアーズ協定、農業と国際貿易の地域圏への移管に関する2000年4月のヘルメス協定、最後に国家改革に関する2001年10月17日のいわゆる首相官邸協定に含まれたより大きな協定を含んでいた。後者の協定とブリュッセルの制度改革に関する2001年4月29日の首相官邸協定はそれぞれ地域圏と共同体への権限移譲および共同体財政運営再編と地域圏の課税権拡充に関する2001年7月13日の条件付多数決法によって履行された。

第3に、地域圏の分権化された機関に関する権限の地域圏への移譲は国務院（後述行政最高裁判所）法制部の憲法上の反対を呼び、その条件付多数決

第1部　ベルギーの政治と行政

法案に関する勧告において同院はこのような権限は憲法第162条の最初の文言の修正の後に初めて地域圏へ移譲されうると裁定し、その規定に従えば県と基礎自治体の規制は［法律］に留保され、これは連邦の権限留保と読まれなければならないとした。だが、憲法の修正のための宣言は憲法の［制度］諸条項の審査の可能性を用意していなかったから、憲法第162条はその議会会期中には審査に付することができず、国務院の反対は首相官邸協定とそれ故に第5次国家改革を妨害することになった。これに対して、連邦政府も国会も違憲とする国務院の反対を無視し、憲法における［法律］という言葉の解釈（すなわちそれが［連邦法］を意味するか否か）はその規定が憲法に挿入された時期と関連して決定されるべきであり、もしもその規定が1970年の第1次国家改革以前の時期に遡ったならば第162条の最初の文言の場合のように憲法会議は［法律］という言葉が［連邦法］を意味するとしたいとしてもほとんど議論の余地はないが、第1次国家改革が遂行されて以降挿入された規定だけがこのような解釈を持てたにすぎず、その問題への最終の発言権は仲裁院だけにあるとした。実際に、野党｛CD&V（キリスト教民主党・前のCVP）｝とN-VA（フラーンデレン国家主義者、前のYUの分裂グループ）が一定の周辺基礎自治体やこれらの基礎自治体政治家・住民と一緒に既に仲裁院に幾つかの無効請求を提出していて、これらの請求は分権化された諸機関に関する権限の地域圏への移譲の合憲性に異議申立をし、仲裁院が2003年中にその判断を下すことが期待されるとした（ただしこの結果は不明）。

　なお、その後2007年の憲法改正では仲裁裁判所の憲法裁判所への変更が行われた。

（6）第6次国家改革

　2014年の憲法改正は、第6次国家改革の一部として、特に上院は国民代表から共同体・地域圏の代表へと変わり、議員をそれぞれの議会の選出だけとし、王室議員をなくし、その構成を劇的に改正した。第6次国家改革は、第53国会の間に、二元制の、国の各種の機関の権限配分と財政が劇的に改正された。それは、ベルギー国家の連邦的性格を変えることなく、多くの制度的

第Ⅲ章　連邦化と政府の変容

変革をすることになった。この改正は連邦化の最終的帰結ともいうべき大改革で、特に上院を国民代表から共同体・地域圏の代表へと変え、議員をそれぞれの議会の選出だけとし、王室議員をなくし、国会の調査権を国民代表の下院だけの権限とし、上院の発議権を限定し、それに伴い条約承認に関する法律案の上院先議権は削除され、大臣の出席要求も縮小された所管事項に限定、一方下院の審議の慎重を期すため第 2 読会を規定したうえ、不要となった条文の削除を行った。そのほか、下院議員選挙と欧州議会選挙との同日執行、地域圏の住民投票の承認、県の諸機関の廃止容認とその場合の超基礎自治体団体による代替、超基礎自治体団体や超基礎自治体、県の住民投票の承認、会計検査院に共同体と地域圏、所属する公益業務機関の予算と会計の統制の付託を可能にするなどの改正も行われた。

　この第 6 次改革について言及した著作や論文は皆無なので、以下この憲法改正を逐一列記しておくことにする。2014年の選挙から、上院は「常設の機関ではない」（新たに憲法第44条に挿入）とされ、多くが直接公選だった上院議員は姿を消し、憲法第67条により、連邦化した諸構成体（共同体や地域圏）の議会により指名される構成員たちからなる機関に変わった。目的は上院を国内の各種の構成体がそこで会合する機関に変形し、連邦国家の組織および運営への参加を保証することだった。また同時に、憲法第67条で定数を71人から60人に減らし、各共同体や地域圏の議会から指名される人数を細かく規定、数えてみると、フラーンデレンから35人、ワロンからは24人、ドイツ語共同体から 1 人となった。また、「当然の上院議員たち」（王室構成員の皇子たち）の制度は廃止され、一方同一性が 3 分の 2 以上となってはならないとの規定も新設された（憲法第67条§ 3 ）。

　つぎに、上院の性格変更に伴い、その権限も基本的に変更されたり縮小されたりすることになった。①法律案の発議権の限定（憲法第75条）、②国会の調査権を国民代表の下院だけの権限とし、③条約承認に関する法律案の上院先議権は削除され、④大臣の出席要求も縮小された所管事項に限定、⑤一方下院の審議の慎重を期すため第 2 読会を規定した。

これらの改正により、現在では国民は以前の国・県・基礎自治体の三つから、連邦レベル、共同体レベル、地域圏レベル、県レベル、基礎自治体レベルの５つの権力レベルに対応するようになった。完全を期するとすれば、ヨーロッパ・レベルも疑いもなく将来影響力を増大させるであろうから付け加えるべきであろう。

　ところで、各レベルは自前の管轄権を有する。連邦政府・共同体・地域圏間の管轄権分割は憲法と特別多数決によって成立した法律によって規定される。連邦議会だけがこの管轄権分割を変更しうる。これを行うには各言語グループが含まれる条件付多数決が要求される。共同体と地域圏だけが配分された管轄権を有する。この第６次改革により、共同体と地域圏は個人に対する健康保護と援助、司法、家族手当、労働市場、遠距離通信、映画の免許、エネルギーと環境政策、住宅、農業、経済および産業政策、県、動物保護、輸送と道路の安全、強制買収手続および移転委員会、公務員、ブリュッセルにおける地域圏の利益と安全の二重文化問題に関係する事項を手に入れた。

　その結果、各レベルは所与の地域にある住民に課せられた法規に基づき政策を実行できる。連邦・共同体・地域圏は並列、県と基礎自治体は前者に従属する。一見して複雑に見えるこの分割は二つの目的を持つ。その一つは、機構を拡大することによってより大きな効率を追求することである。ただし、国民国家の管轄権は上述の超国家（ヨーロッパ）レベルに移されてきている。いま一つは、共同体と地域圏に管轄権を配分することにより国民に密接な政策を生むためであるが、その背後には両地域の自主権拡大要求が存在するのはいうまでもない。

第２節　連邦化と各政府間関係

１　変化した当初予算の状況

（１）連邦政府予算

　連邦化に伴い、共同体や地域圏への権限移譲とそれには不可欠な財源移譲で、連邦政府の予算は大きく様変わりしたが、なお当初予算書は膨大なボリ

ュームで、2007年会計度の全訳（オランダ語とフランス語）はすませたものの、補巻への収録（Ⅰ-2）はかなり圧縮せざるを得なかった。

（2）連邦と各政府レベルの予算関係

　連邦化に伴い、特に共同体と地域圏に多くの機能が移譲された結果、財源の移譲も必要となったが、税源は連邦が手放さないため、連邦の収入の譲与が不可欠となっている。補巻に収録したⅠ-3はその状況を他のEUや自治体と併せて示したものであり、5節に分かれ、第1節は共同体と地域圏への支出か収入の譲与の全てを含み、第2節は社会保障への連邦政府の補助金に関係し、第3節は地方政府の裁量に委ねられる財政上の財源に関係し、第4節は欧州連合の財源に関係し、第5節は連邦政府が評価した地方政府の財源についての補助金の総額に影響する前の第4節の要約となっているが詳しくは補巻収録のⅠ-3を参照していただきたい。

第Ⅳ章　連邦国家の権限配分

第1節　ベルギー連邦国家の各政府レベル

1　各政府の概況

　各政府レベルは、国際条約、憲法、特別法、通常法に明記された一定の一連の管轄権を有するが、つぎにそれがどのように配分されているかを概観してみよう。なお、この点についてはベルギー関係の文献の多くが多少なりとも概説しているが、最新の最も詳細な体系的記述は前掲の連邦下院のInformation Sheet of The House of Representative 23.00〜27.00に見られるので、主としてそれに依拠しながら説明する（原文が英語なので以下の表3の規範等は英語で表記されている）。
(9)

　現在のベルギーは連邦体制を採り、連邦・共同体・地域圏の並列・同格がその特色となっているが、一方ではEUの権限がしだいに国内に浸透、それとの関係が重要性を増すとともに、他方では合併により区域を拡大した自治体が強化されたのに、県が共同体・地域圏の出現によってその存在価値が薄れてきている。とりあえずこれら6レベルの政府の概況を表1にまとめておいた。なお、国内の各級選挙は年をずらして執行されており、したがってかなり与野党の勢力分布には差が出てくる。

1　下位区分

　ベルギー連邦の下位区分は、次の4言語地域圏、3共同体、3地域圏からなる。

　（9）この資料は、保存していれば毎年インターネットで自動的に修正されるので最新のものが入手できる。

第Ⅳ章　連邦国家の権限配分

表17　ベルギーにおける政府レベルの概要

選　挙	人　口	任期	立法機関	規　範	執行機関
欧　州	482,000,000	5年	内閣・議員	Ordinance他	委員会・閣議
連　邦	10,512,382	4年	下院・上院	Law	連邦政府
共同体					
フラーンデレン		5年	議　会	Decree	Fl　政府
フランス語		委任	議　会	Decree	共同体政府
ドイツ語話者		5年	議　会	Decree	共同体政府
地域圏					
フラーンデレン	6,078,600	5年	議　会	Decree	Fl　政府
ワロン	3,413,978	5年	議　会	Decree	地域圏政府
ブリュッセル	1,018,804	5年	議　会	Ordinance	地域圏政府
県（10）		6年	議　会	Regulation, Ordinance	常任理事会
自治体（589）		6年	議　会	Regulation, Ordinance	正副市長委

（1）4言語地域圏

　ア．オランダ語話者地域圏（フラーンデレン）

　イ．フランス語話者地域圏（ワローニア）

　ウ．ブリュッセル首都二重言語地域圏

　エ．ドイツ語話者地域圏

（2）3共同体

　ア．フラーンデレン共同体（＝フラーンデレン＋ブリュッセル首都圏のオランダ語話者制度）

　イ．フランス語共同体（＝ドイツ語話者地域圏を除くがブリュッセル首都圏のフランス語話者制度を含むワローニア地域圏）

　ウ．ドイツ語話者共同体（＝ドイツ語話者地域圏：Amel、Büllingen、Burg-Reuland、Bütgenbach、Eupen、Kelmis、Lontzen、Raeren、Sank-Vithの各基礎自治体）

（3）地域圏

　ア．フラーンデレン地域圏（＝オランダ語話者地域圏）（県名はオランダ語で表記）

　　（憲法第5条：「フラーンデレン地域圏は以下の県で構成され

第1部　ベルギーの政治と行政

　　　る：Antwerpen、Vlaamse-Brabant、West Flanderen、Oost Flanderen、Limburg）
　イ．ワロン地域圏（＝フランス語話者地域圏）（県名はフランス語で表記）
　（憲法第5条：「ワロン地域圏は以下の県で構成される：Walloon Brabant、Hainaut、Liège、Luxembourg、Namur」）
　ウ．ブリュッセル地域圏（＝ブリュッセル二重言語首都圏）

2　県と基礎自治体

（1）10の県

県は表2に見るとおり10あり（県名はオランダ語）、ブリュッセル首都圏だけは独立している。県名のフランス語はフラーンデレンがFlandre occidentale, Flandre orientale, Anvers, Limbourg, Brabant flamand、ワロンがBrabant wallon, Hainaut, Namur, Liege, Luxembourg。

表18　県と人口

フラーンデレン		ワロン	
West-Vlaanderen	1,139,815	Waals-Brabant	364,722
Oost-Vlaanderen	1,383,647	Henegouwen	1,287,172
Antwerpen	1,682,683	Namen	456,620
Limburg	811,962	Luik	1,036,588
Vlaams-Brabant	1,040,261	Luxemburg	257,114
Brusselse Gewest	1,012,258		

注　人口は2005年7月1日現在

（2）基礎自治体

　589の基礎自治体（2005年7月1日）
　　フラーンデレン308、ワロン262、ブリュッセル首都圏19

第2節　管轄権配分

1　連邦化の進展に伴う管轄権配分

連邦化の進展と共に各レベルはそれぞれ自前の管轄権を有することになっ

た。連邦政府・共同体・地域圏間の管轄権分割は憲法と条件付多数決で成立した法律によって規定される。連邦議会だけがこの管轄権分割を変更しうるが、これを行うには各言語グループが含まれる条件付多数決が要求される。共同体と地域圏だけが配分された管轄権を有する。

　その結果各レベルは所与の地域にある住民に課せられた法規に基づき政策を実行できる。連邦・共同体・地域圏は並列、県と基礎自治体は前者に従属する。一見して複雑に見えるこの分割は前述のとおり以下の二つの目的を持つ。その一つは、機構を拡大することによってより大きな効率を追求することである。ただし、国民国家の管轄権は次々に上述の超国家（ヨーロッパ）レベルに移されてきている。いま一つは、共同体と地域圏に管轄権を配分することにより国民に密接な政策を生むためである。ただし、その背後には両地域の自主権拡大要求が存在するのはいうまでもない。

　ともあれ、各レベルの機関は、国際条約、憲法、特別法、通常法に明記された一定の一連の管轄権を有するが、つぎにそれがどのように配分されているかを概観してみよう。なお、この点についてはこれまで引用した文献の多くが多少なりとも概説しているが、最新の最も詳細な体系的記述は前掲連邦下院のParliamentary information sheet 05.00.に見られるので、主としてそれに依拠しながら説明する。

2　管轄権配分の状況

（1）超国家レベル――ヨーロッパ・レベル

　欧州連合内の共通の政策を実現するために、ヨーロッパ・レベルは通貨、貿易、物資・サービス・資本の自由な流通、農業と漁業、運輸、社会政策や環境政策、自治体のネットワーク等の各種の分野に関与する。

（2）並列的権限レベル間の管轄権配分

　　ア．配分状況

　　（ア）連邦レベル

　連邦レベルは、国家の統一に不可欠な諸事項、すなわち憲法、制度、司法、

第1部　ベルギーの政治と行政

国防、公共秩序、社会保障、産業関係法と労働法、価格と所得政策、商法と会社法、財政金融政策、連邦税に関する立法、および全般的に余剰権力（前述のとおり明確に共同体と地域圏に配分されていない権限）を管轄する。

　　（イ）共同体レベル

　共同体は、設置当初はフラーンデレンの文化要求に基づいて設置されたが、その後はそれと関係のある教育、言語、学校、メディア等と並んで、広く対人関係問題にも権限が拡大されてつぎのような事項を管轄する。

　　　　a　文　化

　文化遺産、美術館、図書館、ラジオ・テレビ局、スポーツ、観光、文字放送助成、芸術研修、継続的職業教育と研修、言語保護。

　　　　b　教　育

　これは事実上教育の全ての面を含む。共同体はまた教職員の行政的財政的状況を規定する管轄権を持つ。

　だが連邦機関は賃金引下げの一般的手段を執ることができるし、また以下の管轄権も有する——義務教育学校の就学期間の設定、資格付与の最低条件、年金に関する法規。

　　　　c　対人事項

　青少年保護、家族・保育政策、高齢者・障害者政策、移民同化、保健政策・入院措置と在宅介護。

　対人事項の一定局面は例えば障害者認定や高齢者の受け取る法的に保証された収入など連邦権限下に入る。

　　　　d　言語の使用

　教育・行政・雇用者とその職員間の関係における言語使用、行政における言語使用事項＝教育・公式の法的記録文書はもとより会社の活力を左右する雇用者と職員の間の社会的関係。

　フラーンデレン共同体とフランス語話者共同体は、この点で特別な言語体制に服する基礎自治体（都市）に対して管轄権を持たない。これは以下の基礎自治体に関係する。

《ブリュッセルは後述のため略》
フランス語地域圏に位置するがドイツ語話者地域に接するMalmedy地域の2基礎自治体。

これらの基礎自治体の言語使用は連邦権限下に入る。連邦レベルはまた二重言語ブリュッセル首都圏とドイツ語話者地域の言語使用に管轄権を有する。

　　e　国際的事項と科学政策

共同体はその管轄権下に入る限り他国との国際協定を含めることができ、また科学的調査の管轄権を有する。

　（ウ）地域圏レベル

地域圏は当初ワロンの経済的自立要求に基づいて設置を見たもので、今では広く地域関係事項の権限を持ち、以下のような地域に結び付いた全ての事項に対して権限を持つ。

　　a　地域開発

地区計画、分筆土地への計画承認と認可、都市修復、記念碑と遺跡の保護、緑地

　　b　住宅政策

社会住宅、住宅撤去

　　c　農村開発と自然保全

自然保護、森林、狩猟・魚釣り・養魚地

だが連邦レベルが捕鳥はもとより狩猟武器の生産・販売・所有の権限を持っている。

　　d　環　境

大気・土地・水質汚染の除去、騒音公害、廃棄物処理政策、危険な不健康な迷惑企業によって引き起こされた汚染

だが連邦レベルは超えてはならない公害や汚染の閾値に関する一般的基準に対する権限を有する。連邦政府はまたイオン化放射線・放射線廃棄物・廃棄物輸送に対する保護のための権限も有する。連邦レベルの権限はまた危険な企業内での労働の安全にも拡大された。

第 1 部　ベルギーの政治と行政

　　　　e　農業と漁業

　農業政策、農業生産物の監視、調査と開発、農業市場と輸出政策、園芸生産物と漁業生産物だが連邦政府は食物連鎖の安全、家畜の健康、畜産品の質を保証するために原料と農産物への統制管轄権を残している。

　　　　f　水政策

　廃水の濾過、飲料水の生産と配給

　　　　g　経　済

　一般的経済政策、企業助成

　だが地域圏はその経済政策に関しては連邦の経済金融の一体の全般的枠組内にとどまらなければならない。連邦レベルは前述のとおり財政金融・競争法・商法・会社法・社会保障等の管轄権を有する。

　　　　h　雇　用

　就職（失業者への職業紹介）

　　　　i　エネルギー政策

　電力と天然ガスの供給

　だが連邦レベルはエネルギーの大規模貯蔵設備・輸送と生産・エネルギー価格・電力部門の設備計画に権限を有する。

　　　　j　基礎自治体・県・広域基礎自治体連合（行政監督）

　2002年1月以降地域圏は下位の機関への管轄権を持った。

県と基礎自治体の諸制度の構成・組織・管轄権・作用

県・基礎自治体・広域自治体連合の選挙

自治体と県の財政運営

　　　　k　公共事業と運輸

　道路、港湾、地域圏空港、都会と郊外の交通

　だが連邦レベルは鉄道や空輸・交通と運輸の総則・ブリュッセル国営空港といった重要な事項に管轄権を持つ。

　　　　l　国際的事項と科学政策

　地域圏はその管轄権にとどまる範囲で他国との国際協定を締結し、科学的

第Ⅳ章　連邦国家の権限配分

調査を企画できる。

　イ．管轄権配分の問題点

　ところで、並列レベル間の権力配分は決して単純な問題ではではない。立法者は連邦国家・共同体・地域圏が対等な権限水準にあるべきだと考え、また権限紛争を避けるために3者には管轄権はそれぞれ専属的に割り当てられた。これは、一つの明確な管轄権もしくはその管轄権の一局面に対して既定のレベルが他のすべてを排除する権限を持つことを意味する。移民政策がこの状況の好例である。すなわち、移民の受入れと同化は共同体の権限下に入り、領土への出入・居住・世帯は連邦国家機関の権限下に入り、移民の住宅は地域圏の権限下に入る。

　問題は、配分されていない権限についてはどうなるかである。残余の管轄権は今のところ連邦の権限下に入り、それは連邦権限が共同体と地域圏に割り当てられていない管轄権の全てを持つことを意味する（余剰権力）。これは合衆国憲法やカナダ憲法など連邦国家の場合州の列挙された権限以外が連邦政府に帰属するのと同じ性質と考えられる。ただし、特別法において立法者が連邦レベルの専属的管轄権を確定している場合には、余剰管轄権は共同体と地域圏に付託されるだろう（憲法第35条）。

　一方、将来はこれらの管轄権もまた共同体と地域圏の下に入ると予想されている。

　ウ．管轄権の分割・継続的漸進

　連邦化以降連邦管轄権の共同体と地域圏への移譲は漸進的に行われた。この管轄権の分割は常に多くの交渉を経て進められた。というのは、その狙いは特にワロンとフラーンデレンに同質的な一連の管轄権を構成するにあったが、フランス語話者政党とフラーンデレンの政党の意向がしばしば食い違っているため多くの交渉を伴わざるをえなかったのである。

　ともかくこうして2003年には武器と弾薬の輸入・輸出・輸送が地域圏の権限下に入り、2004年以降共同体と地域圏は共同体と地域圏の管轄権に直接関係する開発協力の分野に対する権限を握り、またそれより先2002年には地域

129

圏は例えば農業・基礎自治体・県に関する立法を手に入れた。さらに、別の諸政党は社会保障（例えば家族手当とか交通安全）の一部割愛も要求している。

（3）下位権限のレベル

　ア．県レベル

県はその区域内の基礎自治体の権限に関係し、また関係事項が上位のレベル（連邦国家・共同体・地域圏）の権限下にない限りその利害関係にある全ての分野に関与する。特に地域圏がどのような事項が県の権限下に入るかを決定する。

以下のものは県に配分された管轄権の若干である：県の教育・県道網・「災害」計画・家庭ゴミの処理

　イ．基礎自治体レベル

基礎自治体は県の権限やより上位のレベル（連邦国家・共同体・地域圏）に配分された権限に関する限り基礎自治体に利害関係のある全ての事項において行動する。

以下のものは基礎自治体に配分された管轄権の若干である：公立社会奉仕センター、地方警察、自治体道路、基礎自治体金融、基本的スポーツ施設

第3節　各共同体と地域圏の概況

共同体と地域圏はその誕生の経緯の違いから実際の構成や運用などに差が出てくる。したがって、それぞれについて精査しておく必要がある。

1　フラーンデレン共同体とフラーンデレン地域圏

フラーンデレンでは、共同体と地域圏は後述のワロンとは対照的に一体であり、その立法権は共通の議会（フラーンデレン議会）により、また執行権も共通の政府により行使される。これは、フラーンデレンの主張は当初主として文化的事項に置かれ、共同体の設置を望んでいて、ワロンの望んだ地域圏がそれに付随してきたといういきさつによるものと考えられる。すなわち、

第Ⅳ章　連邦国家の権限配分

フラーンデレン地域圏の管轄権はフラーンデレン共同体によって行使されるということである。

（1）フラーンデレン議会

　ア．選　挙

　フラーンデレン議会議員の選挙は5年ごとに執行されるが、これはヨーロッパ議会と同日の選挙となっている。その最初は1995年5月21日に行われたが、直近の選挙は2014年5月25日だった。

　2004年早々下院と上院は共同体と地域圏の選挙法を改正して、連邦選挙同様ドイツに始まった各選挙区での5％条項が導入され、一方男性と同数の女性が候補者名簿に載せられなければならなくなった。同時に選挙権は年齢が21歳から18歳に引き下げられた。

　イ．立法議会

　政府による議会解散に伴う任期途中の選挙は廃止され、したがって次期選挙のある任期満了前に立法議会は解散させられないということになった。

　（ア）構　成

　フラーンデレン議会は議員124人からなるが、うち118人はフラーンデレン地域圏の5選挙区で直接選挙される。残りの6人はブリュッセル首都圏議会のオランダ語話者有権者によって直接選挙され、同グループの名簿上の上位6位までに投票された候補者が当選、彼らはここの共同体事項にだけ投票するが、地域圏事項に関する投票には参加できない。

　（イ）選挙区

　2004年6月13日、選挙区は連邦下院選挙とほぼ同様県単位に拡大されたが、フラーンデレン議会は同年1月14日この事項に関するデクレを採択した。この5選挙区はフラーンデレン・ブラバントを除き下院選挙のための選挙区と一致するが、もちろん配分される議席数は異なる。その内訳は、Antwerpen 33、Oost Flanderen 27、Vlaams-Brabant 20、Limburg 16、West Flaanderen 22である。

第1部　ベルギーの政治と行政

　（ウ）権　限
　　　a　デクレの制定
　フラーンデレン議会はデクレを議決する。これらのデクレは連邦法と同等の効力を持っているが、一定のブリュッセルの諸機関とオランダ語話者言語地域圏内にだけ適用される。
　　　b　任命と政治的統制
　フラーンデレン政府はフラーンデレン議会によって選任され、フラーンデレン議会は政府に認証を与える。議会は一定の適切に限定された条況下でのみ「建設的不信任動議」により政府を辞職に追い込むことができる。不信任動議は政府がもはや議会の信任を持たないとき議決されるが、前述のように政府が新しい政府を直ちに提案しなければならないがために前述のように「建設的」と呼ばれる。これは他と同様である。また、連邦レベルではその例はないが、議会は政府の個々の一員だけを政府全体の継続が妨げられることなしに辞職させることができる（これは日本も同様）。
　　　c　財政統制
　フラーンデレン議会はフラーンデレン共同体の予算を毎年度承認する。（2015年現在これ以下は消えているが参考になるので掲載した）2004年フラーンデレン共同体の歳出は179億1000万ユーロに達した。（連邦と共同体・地域圏の間の関係の政治的取り決めをしたいわゆる「官邸」協定は、なかんずく共同体の財政運営に関する手法、地域圏の財政権拡大と地域圏への権限移譲を含んでいた。）
　予算は項目別に以下のように配分された（総額の％で表示）。教育46、福祉・保健12、地方行政運営11、民間土木事業9、雇用6、環境2、公共機関活動5、財務管理3、文化・メディア4、住宅政策2
　2004年の歳入は179億2000万ユーロに達したが、この80％は連邦機関から移転された。ただし、この数字は2001年には約87％だったが、この減少の理由は2001年6月の「官邸」協定によるものだった。

第IV章　連邦国家の権限配分

　（エ）活　動

　フラーンデレン議会自体は、連邦レベルの承認（憲法改正か法律改正）なしにそれ自身の活動と構成の一定部分を決定できる。例えば、選挙区の境界、フラーンデレン議会の議員と政府の閣僚の数が変えられる。

　（オ）政治的構成

　フラーンデレン議会の議席は以下のとおり政党に配分されている（2004年6月13日選挙）。（2015年現在のものは掲載がないので不明）Vlaams Belang 32、キリスト教民主フラーンデレン党29、社会民主党（フラーンデレン社会党）25、フラーンデレン自民党25、緑の党（Groen!）6、N-VA 6、UF 1。

　ここではVlaams Belangが第1党、それにすり寄り、その主張を大幅に取り入れて2007年の連邦選挙で第1党となった中道右派のキリスト民主フラーンデレン党が勢力を伸ばしていること、一方緑の党など環境政党も勢力を広げていることなどがうかがえた。

（2）フラーンデレン政府

　ア．政府構成

　フラーンデレン政府の大臣は最大11人だが、現在の閣僚は10人で、少なくとも大臣の一人は二重言語ブリュッセル首都圏内に居住していなければならない。政府の大臣は議会の議長の面前で宣誓する。議長自身は国王の面前で宣誓する。閣議は「デクレ」を制定する。フラーンデレン政府の首長は「首相」と呼ばれる。

　現在の政権（最近のものはなく2004年当時）は、キリスト教民主フラーンデレン党・社会民主党（フラーンデレン社会党）・フラーンデレン自民党・N-VAの連立政権である。

　イ．行政部門

　フラーンデレン政府は大きな行政部門を持っていて、特定の仕事としてはVRT（フラーンデレン・テレビ）、ドゥ・リュン（フラーンデレン公共交通会社）、児童・家庭公社、OVAM（フラーンデレン廃棄物公社）、VDAB（英国の雇用局に相当するフラーンデレン職業紹介職業訓練機関）などがある。

133

第1部　ベルギーの政治と行政

2　フランス語話者共同体とワロン地域圏

フランス語共同体の権限の多くはワロン地域圏とブリュッセル首都圏議会のフランス語共同体委員会とに移譲される。

（1）ワロン地域圏

　ア．ワロン地域圏議会

　（ア）選　挙

ワロン地域圏議会の選挙はフラーンデレンと同じ5年ごとに執行され、ヨーロッパ議会と同日選挙であり、最初の選挙は1995年5月21日、直近の選挙は2014年5月25日だった。やはり2004年の選挙法改正で、各選挙区での5％条項が導入され、また男性と同数の女性の候補者名簿登載、選挙権年齢18歳への引下げも行われた。

　（イ）権　限

ワロン地域圏議会は「立法議会」であり、選挙のある任期満了前には解散させられない。

　　　a　デクレの制定

ワロン地域圏議会はフランス語話者言語地域圏（ブリュッセルではない）とドイツ語話者言語地域圏に適用できるデクレを制定する。

　　　b　任命と政治的統制

ワロン地域圏議会はワロン地域圏政府を任命する。政府は議会に責任を負う。

議会は他と同様「建設的不信任動議」の可決によってのみ政府を辞職に追い込むことができる。このような動議によって議会は政府への信任を撤回し、新しい政府を直ちに提案する。

議会はやはり他と同様政府の一員を辞職させ、更迭をすることができる。

　　　c　財政運営統制

議会はワロン地域圏の予算を毎年度承認する。（2015年現在これ以下は消えているが参考になるので掲載した）2004年ワロン地域圏の歳出は55億4000

万ユーロ、歳入は51億9000万ユーロに達した。

　（ウ）活動と構成

　ワロン地域圏議会自体は、フラーンデレン同様連邦レベルの承認なしにそれ自身の活動と構成の一部を決定できる。例えば、選挙区の境界、議会の議員と政府の閣僚の数を変えられる。

　（エ）権限移譲

　憲法第139条はドイツ語話者議会はワロン地域圏の一定の権限を行使できると明記する。

　2001年末に採択された法律によりさらに多くの管轄権が移譲された。こうして、記念碑と遺跡に次いでドイツ語話者共同体はまた議会の選挙支出・政府広報・政党の追加財政運営の管轄権も持つ。

　（オ）構　成

　ワロン地域圏議会の総数75議席は13選挙区から全て直接選挙により選出される。

　選挙区当たりの議席数は、2001年10月1日に実施された国勢調査に基づき2003年9月4日のデクレで修正されたが、選挙区定数の最大はLiègeの13人、最小は2人だった。2015年現在のものはブリュッセル首都地域圏のフランス語話者集団の19名を加えている。

　（カ）政治的構成

　ワロン議会の議席配分（2004年9月1日、それ以降のものは不明）は、第1党ワロン系社会党が34、改革者運動（MR）20、人道的中道民主党（cdH）14、極右の国民戦線（FN）4、緑の党（Ecolo）3となっていた。

　イ．ワロン地域圏政府

　ワロン地域圏政府の大臣は9人、議会の議長の面前で宣誓する。彼らは大臣と呼ばれる。

　議長は国王の面前で宣誓する。

　ワロン地域圏政府の首長は「首相」と呼ばれる。

　現在の政府は社会党と人道的中道民主党の連立である。

（2）フランス語話者共同体

ア．フランス語話者共同体の議会

（ア）構　成

議会は直接公選ではなく、ワロン議会からの75人の選任代理人と19人のブリュッセル首都圏議会のフランス語話者議員で構成され、総計94人である。

（イ）権　限

a　デクレの制定フランス語話者共同体議会のデクレはフランス語話者言語地域圏と一定のブリュッセル制度にも適用する。

b　任命と政治的統制

フランス語話者共同体議会はフランス語話者共同体政府を任命する。

政府は議会に責任を負う。議会はワロン議会と同様な方法で「建設的不信任動議」の可決によって政府を辞職に追い込むことができる。

c　財政統制

フランス語話者共同体議会はフランス語話者共同体の予算を毎年度承認する。

（2015年現在これ以下は消えているが参考になるので掲載した）2003年歳出は71億4000万ユーロだった。その主な支出項目は教育（70.2％）で、財源の4.8％はワロン地域圏とブリュッセルのフランス語話者共同体委員会に、11％は保健・社会事業・文化・スポーツ・視聴覚助成に配分された。

d　管轄権移譲

フランス語話者共同体は一定の管轄権を割愛し、観光・社会振興・職業訓練・学校輸送・自治体と民間のスポーツ施設助成・家庭援助・移民政策・高齢者・療養所・障害者政策等はワロン地域圏の諸機関によって行使される。

ブリュッセルではこれらの権限はブリュッセル首都地域圏のフランス語話者共同体委員会によって行使される。

この管轄権移譲は憲法第138条によって規定されているが、他の権限も将来移譲されうる。

（ウ）活動と構成

第Ⅳ章　連邦国家の権限配分

フランス語話者共同体議会はその議員数、地位、免責等に関する基本法も制定できる。

イ．フランス語話者共同体政府

フランス語話者共同体政府は大臣8人で、少なくともその一人は二重言語ブリュッセル首都圏内に居住していなければならない。フランス語話者共同体政府の大臣はまたワロン地域圏政府とブリュッセル首都圏政府の一部でありうる。他と同様政府の大臣は議会の議長の面前で宣誓する。議長自身は国王の面前で宣誓する。

閣議は「デクレ」を制定する。

現在の政府は社会党と人道的中道民主党との連立である。

3　ブリュッセル首都地域圏

ブリュッセル首都地域圏は、前述のとおり他の地域圏に10年ほど後れて設置されたが、この遅延の原因となった南北の意見の対立により他の地域圏と共通の制度と併せて特別の制度が創られた。まず、ここは、ブリュッセル市（commune）を含む19の基礎自治体（commune）からなる都市圏（agglomération）と連邦国家を構成する首都地域圏（region de Bruxelle-capitale）の二重性格を有する。しかも、フラーンデレン地域に属しながら徐々にフランスの影響を受けて特殊な制度を作り上げた。①地域圏は、現在はフラマン人は10％にすぎないが、その参加の機会を保障する仕組みとして議会内に2言語グループを設置、執行部においても同数原則を設け、さらに一部選挙区には特定の制度を採用した。②共同体は、それぞれオランダ語共同体委員会（commission comunautaire）とフランス語共同体委員会を設け、これらの共同体委員会は地域圏議会議員により構成され、さらに両者からなる合同共同体委員会も存在する。さらに、③県（province）としての役割も担い、フランスのパリと同様に市議会は基礎自治体議会（conseil municipal）と県議会（conseil general）とを兼ねている。

第1部　ベルギーの政治と行政

(1) ブリュッセル首都地域圏議会
　　ア．選　挙
　ブリュッセル首都地域圏議会の選挙は5年ごとに執行される。その選挙の最初は1995年6月18日に行われ、直近（著者の現地調査の後）の選挙は他と同様2014年5月25日でやはりヨーロッパ議会選挙と同日だった。
　2004年選挙法改正で、各選挙区での5％条項の採用、男性と同数の女性候補者名簿登載、選挙権年齢の18歳への引下げが実施された。
　他の議会同様にブリュッセル首都地域圏議会は任期途中に解散させられることはない。
　　イ．構　成
　議会は89人の直接公選議員からなるが、二つの言語グループに別れ（2001年の「官邸」協定と「ブリュッセル議会協定」の履行）、うち17人はオランダ語話者言語グループを形成するオランダ語話者名簿から、また72人はフランス語話者言語グループを形成するフランス語話者名簿から選出される。
　これらの言語グループは、それぞれブリュッセルにおけるフランス語話者もしくはオランダ語話者住民を含む共同体事項に関係すればフランス語共同体委員会、フラマン語共同体委員会の名の下で議席を占める。これらの委員会は、したがってブリュッセル首都地域圏の管轄権の行使に関してはフランス語およびフラーンデレン共同体の「延長」と考えられる。このような複雑な構成は、長い間前述のようにブリュッセルの特殊事情が絡む南北の折衝の結果見出されたもので、しかも当初はフラーンデレン側の議員数は6人しかいなかったのが最近になって17人に増やされたものである。
　　ウ．選挙区
　ブリュッセル首都地域圏議会は19都市からなるブリュッセル地域圏の住民により直接選挙される（最小1人・最大19人）。
　　エ．政治的構成
　その政治的構成は、①オランダ語話者グループ17人中キリスト教民主フラーンデレン党3人、社会民主党3人、Vlaams Belang 6人、フラーンデレ

ン自民党4人、緑の党1人、②フランス語話者グループ72人中ワロン社会党26人、改革者運動25人、人道的中道民主党10人、環境党7人、国民戦線2人である。

その言語グループ内で議席の10％を占める政党の公選議員は公認の政治集団を形成する。したがって、彼らは彼らの秘書と個人の費用の財政的承認を受ける資格も有する。

オ．権　限

（ア）立　法

議会は、他の地域圏のデクレと違ってオーディナンスを制定し、これらはブリュッセルの地域圏事項の運営に関わる。この両法規には一つ重要な違いがあり、オーディナンスに対してはデクレの場合にはない制限的統制が加えられる。例えば、通常の行政的審判機関がオーディナンスが憲法もしくはブリュッセルに関する特別法に違反していないかどうかを照合する。加えてブリュッセルの首都の国際的役割と地位を維持するために連邦機関による制限的統制がある。国王（連邦政府）は、オーディナンスを連邦大臣とブリュッセル首都地域圏政府の大臣と同数からなる合同委員会に付託し、都市計画・地域開発・公共事業と交通に関連のあるオーディナンスについてもしもこの委員会で合意に達しない場合にはその施行を止め、下院が最後の手段としてこの施行停止となったオーディナンスを（2言語グループ内の多数からの要求で）無効にすることができる。

議会は、以前のブリュッセル広域都市圏の廃棄物の収集と処理・タクシー・消防・緊急医療援助等に関係する管轄権を引き継いでいて、これらの事項に対して議会はオーディナンスを制定する。

（イ）任命と政治的統制

ブリュッセル政府は、他の地域圏同様議会によって任命される。

いかなる場合にも、議会は政府もしくは1人かそれ以上の閣僚大臣か副大臣に対する不信任の動議をその罷免のために可決できるが、その場合はやはり議会は後継者を提案しなければならず、さもないと受け入れられない。動

議が政府を標的にするときは各言語グループ内の議員の多数によって採択されなければならない。

　（ウ）財政統制

　ブリュッセル首都地域圏議会は毎年度地域圏の予算を採択する。（2015年現在これ以下は消えているが参考になるので掲載した）2003年度では歳入は1兆9485億8800万ユーロ、歳出の主な項目（ユーロ）は公共事業5136億1700万、経済と雇用2406億3400万、交通と市民サービス1705億、住宅とエネルギー1608億9600万だった。

（2）ブリュッセル政府

　一方、政府はデクレを制定する。

　政府は首相1人、フランス語話者大臣2人、オランダ語話者閣僚大臣2人、副大臣3人の8人の閣僚で構成される。少なくとも1人の副大臣は別の言語グループに属さなければならない。

　決定は全員で行われ、3人が賛成しなければならない。

　現政府（2004年現在しか分からない）は社会民主党、人道的中道民主党、環境、キリスト教民主フラーンデレン党、フラーンデレン自民党、ワロン系社会党の連立である。

（3）共同体事項

　共同体事項に関しては、ブリュッセル首都地域圏の二つの言語グループは別々に会議を持ち、オランダ語話者グループはフラーンデレン共同体委員会議会、フランス語話者グループはフランス語共同体委員会議会と呼ばれる。

　政府の閣僚もまた彼らがその一部を形成する言語グループに応じて別々に会議し、ブリュッセル政府のオランダ語話者グループはフラーンデレン共同体委員会団を形成、フランス語話者グループはフランス語共同体委員会団を形成する。

　共同体委員会はフランス語話者市民とオランダ語話者市民に関する共同体の管轄権（文化・教育・対人関係事項等）を有する。フランス語共同体は、またブリュッセルのフランス語話者住民に関する一定の管轄権（観光、保健

政策）も委任する。これらの管轄権はデクレによって行使される。

　この両委員会が一堂に会する合同共同体委員会も存在し、ブリュッセル首都地域圏議会の二つの言語グループで構成する。したがって、それは「合同議会」と呼ばれ、一方もしくは他方の共同体に専属しない制度（例えばCPASのような）への権限を行使する。

　それはまた保健政策の対象となる人々、社会政策、障害者と高齢者等への管轄権を持つ。

　合同議会はオーディナンス（それが組織権として行動するときの法規）を制定し、各言語グループの多数決による。

4　ドイツ語話者共同体
（1）背　景

　ドイツ語話者共同体は、第1次世界大戦以降ベルギーの一部となったワロン地域のリエージュ県の東端の郡に存在する。ここMalmedyとEupen地区は、1919年1月12日から5月16日まで続いたベルサイユ講和会議においてベルギーが戦争で被った損害の補償として割愛されることが決まった所で、人口は僅かだが、ワロン地域圏内の1共同体として独自の権限行使が認められ、公用語もドイツ語である。

（2）概　説

　ドイツ語話者共同体は、3共同体中最小で、面積は全国の2.8％の854km²ほどあるが、居住人口は1％にも満たない約7万7000人にすぎない。歴史的いきさつに加えて、基礎自治体の数も僅か9だけだし、連邦上院議員も公選の72人中1人しかいないためか冷遇されている感があるのは否めない。まず、教育・文化面では、中高一貫教育はドイツ語で行われているが進学先はドイツにしかない。また、ラジオ・新聞・書籍はドイツ語もあるが、テレビはなく、ドイツの放送に依存する。ここの住民は、ベルギー人としての意識は希薄で、自治体への帰属を示す「自分たちはウーペン（Eupen）人である」と語るという。一方、ドイツに属していなかった地域でドイツ語が話されてい

る所があり、ここアルロ（フランス語でArlon、ドイツ語でArel）では、ルクセンブルク大公国の公用語のルクセンブルク語も使用されているが、公用語はフランス語となっている（石部『前掲書』18頁）。

共同体の諸機関の所在地はEupenである。

ドイツ語話者共同体の祭りはデクレで決められたとおり11月15日に催される。

憲法はドイツ語話者共同体を他の共同体と平等の地位におき、同一の権限を付与し、デクレを制定できる。ただし、管轄権は他の共同体とは異なり単純多数決の通常法で付与され、他の共同体や地域圏の場合のように条件付多数決によってのみ改正できる特別法によってではない。

ドイツ語話者地域圏の言語使用に対する管轄権は他の共同体と違って連邦諸機関が有する。また、地域圏事項に関してはドイツ語話者地域圏はワロン地域圏の一部となる。

ただし、憲法第139条はドイツ語話者共同体の諸機関はワロン地域圏の一定の管轄権を行使できると明記している。さらに、2001年末に採択された法律により一層多くの管轄権が移譲され、従来の記念碑と遺跡に次いでドイツ語話者共同体はまた議会の選挙支出・政府広報・政党の追加財政運営の管轄権も持つようになった。

（3）ドイツ語話者共同体議会

　ア．選　挙

議会の選挙は他と同様5年ごとに執行され、これもまた他の議会同様ヨーロッパ議会会と同日選挙であり、直近の選挙はやはり2014年5月25日だった。2004年の選挙法改正により連邦選挙同様5％条項、男性と同数の女性候補者名簿登載、選挙権年齢の18歳への引下げが実施された。

　イ．立法議会

ここの議会も任期満了以前の選挙は無効で、他の議会の場合同様任期満了以前に解散させられることはない。

　ウ．構　成

第Ⅳ章　連邦国家の権限配分

　　（ア）投票権を有する議員（＝イギリスでは「発言と投票の資格を持つ議員」

　議会はドイツ語話者言語地域圏からの25人の直接公選議員で構成される。その1人はまたドイツ語話者共同体の上院議員としても上院に議席を持つ。

　　（イ）諮問投票権を有する議員

　彼らは他の立法関係の会議の一定の議員である。だが、彼らはドイツ語話者地域圏に居住し、最初にドイツ語で宣誓しなければならない。彼らは単に諮問的投票権を持つにすぎない。その構成は、Verviers選挙区から選出された下院議員とワロン議会議員、Verviers選挙区から選出された上院議員、県議会のEupen地区選出議員となっている。

　　エ．選挙区

　ドイツ語言語地域圏にはリエージュ県内の9市（基礎自治体）がある。《市名略》

　それらは1つの選挙区を構成する。

　　オ．政治的構成（2004年9月1日、それ以降のものは不明）

　ドイツ語話者共同体内の現在の議席配分は以下のとおりである。ドイツ語話者キリスト教民主党（CDP-cdH）8人、ドイツ語話者自由党（PFF-MR）5人、ドイツ語話者社会党（SP）5人、環境（環境主義者か緑の党）2人、ドイツ語話者ベルギー党（PJU-PDB）3人、生活者党（Vivant）2人である。

　　カ．権　限

　　（ア）立　法

　議会はデクレを制定する。これらのデクレだけがドイツ語話者地域圏において法的強制力を有する。

　　（イ）任命と政治的統制

　ドイツ語話者共同体政府は議会によって任命される。議会は政府もしくは一人かそれ以上の大臣に対する信任の動議をその罷免要求に関して可決できる。ただし、動議が受け入れられるためには議会は後継者を提案しなければ

ならない。

　（ウ）財政統制

　毎年度議会は共同体予算を採択する。(2015年現在これ以下は消えているが参考になるので掲載した) 2003年度では予算額は約1億ユーロ、主要歳出項目は教育 (64%)、文化・スポーツ・観光 (13%)、家族・保健・社会政策 (11%)、行政 (9%) だった。

　(4) ドイツ語話者共同体政府

　政府はデクレを制定し、首相を含む4人の大臣からなる。決定は全会一致である。

　現政府はドイツ語話者社会党、ドイツ語話者自由党、ドイツ語話者ベルギー党の連立である (2015年現在のものは不明)。

第Ⅴ章　仲裁院の誕生と憲法裁判所への移行

第1節　仲裁院制度の概要

　憲法裁判所の前身である仲裁院は、法律の効果を有する諸法規の憲法（第8条～第32条、第170条、第172条、第191条）遵守と連邦国家・共同体・地域圏間の権力分立を規制する諸法規を審査する専属的管轄権を併せ持っていた。もっとも、この二つの基本的権限は、最初は後者だけだったのが後に前者をも任されることになったもので、同院は立法部、執行部、司法部のいずれからも独立した特殊の司法機関と解されていて、この性格はそのまま後に憲法裁判所に踏襲された。同院は、法規担当書記官と2人の事務官に補佐される12人の裁判官で構成され、別に事務職員が50人ほどいた。

　なお本章では、仲裁院と憲法裁判所について、これまで幾度となく参照したThe House of Representatives: *Parliamentaryinformation sheet* 28.00. (Cooperation and settlement of conflicts within the Federal State of Belgium)、 同29.00. (The Constitutional Court) http://www.benelux.be、およびベルギー政府のウェブサイトのThe Place of the Court of Arbitration in the Belgian Constitutional System http://www.arbitrage.be/en/presentation/presentation_institutions.htmlによる制度の紹介、仲裁院や憲法裁判所の地位、機能などについての記述に加えて、前述のPeeters教授の諸論文① "Reflections on the Belgian federal state" in Michael Burgess and John Pinder ed., *Multinational Eederations*, Rout ledge, 2003、　② "The Fifth Belgian State Reform ('Lambermont'): A General Overview" in *European Public Law*, vol.9, iss.1, 2003、③ "Expanding Constitutional Review by the Belgian Court of Arbitration" in *European Public Law*, vol.11, iss.4, 2005、　④

第1部　ベルギーの政治と行政

Patrick Peeters and Jens Mosselmans, "Belgium-Recent Institutional Developments" in *European Centre for Research on Federalism 2007 Year Book*, 2007を基に執筆した。同教授は、この分野の権威で、何本もの論文を発表しているが、そのうち4本の提供を受けここで利用した。

第2節　仲裁院の創設とその役割

1　仲裁院の創設

（1）仲裁院の憲法への登場

仲裁院が憲法上に登場したのは、ベルギーの単一国家から連邦国家への発展による。そのとき与えられたこの名称は、1980年に憲法（旧第107条の名称）に挿入された。同条第2項は以下のように規定する。「ベルギー全体に対して一つの仲裁院が存在し、その構成、権限、機能は法規によって決められる［…］」この憲法規定は1983年6月28日の法律によって補完され、同法はこの新設の同院の構成、権限、機能を規定した。

仲裁院は1984年10月1日上院において正式に就任式が行われ、1985年4月5日にその最初の判決を下した。

（2）仲裁院創設の意義

　ア．「法律不可侵性」の原理

Peetersによれば、仲裁院の創設はベルギー公法における重要な里程標（重大な事件）で、建国直後の憲法会議は立法部に寄せた信頼に照らして大審院は制定法の合憲性を審査する裁判所にまでは達していないという原則を述べ、このような審査は立法部自身の大権にとどめるべきだとした。要するに、この法則は、立法部と司法部との関係を長年にわたって支配することになるいわゆる「法律の不可侵性」の原理の判例を創ったのである。

だが、法律不可侵性の原理は、1971年の有名なレ・スキ判決（ベルギー大審院の判例法）における今一度の境界標（画期的な事件）によって一部無効とされた。大審院は、他の法律を待たずに当然に執行される条約と競合する制定法の施行を、各裁判官が拒否しなければならないということを支持した。

146

第Ⅴ章　仲裁院の誕生と憲法裁判所への移行

法律不可侵性の原理に対するこの最初の例外によって、ベルギーの裁判所はそれ以後ヨーロッパ人権協約のような他の法律を待たずに当然に執行される条約によって保障される基本的な権利や人権と競合する法令を適用するのを拒否しながら、他方で同じベルギー裁判所がベルギー憲法自体によって保証された基本的権利や自由の遵守に対して国家法を審査する権限を持たないというむしろ逆説的な状況になった。

　イ．仲裁院（'Arbitragehof'：'Cour d'arbitrage' or 'Schiedshof'）
　　の誕生の意義

　仲裁院の誕生は、伝統的な領域に分権化された3共同体と3地域圏からなる連邦国家への変形とともに起こった。立法権は、連邦・共同体・地域圏の立法権者の間に配分され、これらの立法権者が制定する法規の平等な法的地位は、それらの間の権限争いを解決する審判者を見つけ出す必要があった。また、各立法権者がその制定する法規が憲法上の権力分立を遵守しているかどうかを自己決定するのに任せるわけにはいかなかった。そんなことをしたら実際は分裂した憲法解釈になり、国家自体の存立を危機に陥れる虞がある。

　その解決は、1980年の憲法改正による憲法上の機関としての仲裁院の新設で実現した（憲法第142条・第107条）。憲法第142条は、その後仲裁院に関する1983年6月28日の制定法と仲裁院によって下された無効判決の結果に関する1985年5月10日の制定法とによって履行された。その後、これらの制定法は1989年1月6日の特別多数決法によって取って代わられた。そして、仲裁院は、それぞれが平等の法的地位を有する新設の立法部間の「審判者」（仲裁者）として機能してきた。

2　仲裁院の管轄権の拡張

　今日では［仲裁院］の名称は若干誤解を生みそうだが、それぞれが平等の法的地位を有する新設の立法部間の［審判者］（仲裁者）としての歴史上最初の機能を反映する独特の司法機関である。

　仲裁院の管轄権は当初は厳格に立法部間の争訟に限定され、実際連邦・地

域圏・共同体の立法の憲法上の立法権分立についての遵守を審査する管轄権を有するだけだったが、これは法律の不可侵性の原理に反映されるような「裁判官による支配」（gouvernement des juges）への伝統的不信が直ちに消滅したわけではなかった。憲法会議の意見では法律の不可侵性の原理はできるだけ手を付けずに残されるべきだとされたのであった。したがって、1988～1989年の第3次国家改革により仲裁院の管轄権が拡張された（憲法第142条；仲裁院に関する1989年1月8日の特別多数決法）のは5年後だった。

権限争い以外に仲裁院は制定法（連邦法と共同体および地域圏のデクレやオーディナンス）を3種の憲法上保証された基本的権利：すなわち平等と差別否定（憲法第10条・第11条）、教育の権利と自由（憲法第24条）についての遵守審査権を取得した。仲裁院の司法審査は教育分野での追加的権限の共同体への移譲と密接に結び付いており、仲裁院は共同体によるカトリックと国家組織の学校のネットワークの平等な扱いの審査を委ねられた。

憲法第142条によれば仲裁院の管轄権はさらに特別多数決法によって他の憲法上の諸規定に拡大されうる。特別多数派議会は1989年1月6日の特別多数決法を修正する2003年3月9日の特別多数決法により仲裁院の管轄権を憲法第Ⅱ章（ベルギー国民とその権利）の全ての条文と憲法第170条、172条、第191条に拡大することによってこの選択を利用している。

ついで、1994年の憲法改正で仲裁院に関する規定が第142条に挿入され、さらに2007年5月7日の改正で仲裁院の名称は「憲法裁判所」に変更された。

第3節　法的（憲法的）基礎

1　憲法規定

憲法の第142条第1項は、ベルギー全体に対して一つの仲裁院が存在し、その構成、権限、機能は法規によって決められると明記した。同院は、権限争い、憲法第10条、第11条、第24条の侵犯、法律が指定する憲法の各条文（現行では憲法第170条、第172条、第191条はもとより第Ⅱ章の全条文）の侵犯に関して判決により裁定する。事件は、法規により指定されたいかなる機

第Ⅴ章　仲裁院の誕生と憲法裁判所への移行

関、正当な利益を有するいかなる個人、もしくは予審事項（全ての司法裁判所が同院の憲法遵守審理権限を持つ事項について判決を下す場合の同院での予審が義務付けられている）にあっては、いかなる裁判所も同院に提訴できるとした。

2　組織法

この憲法第142条は、1989年1月6日の特別法（その後繰り返し改正された）によって補完された。同法は、同院の組織、管轄権、機能、手続と判決の効果を規定する。1989年1月6日の（普通）法は、同院の裁判官、法規担当書記官、事務官の俸給や年金を規定した。さらに、同院の権限と行為の種々の面に関連ある幾つかの勅令、規則、指針が存在した。

なお、この仲裁院の構成等については後述の憲法裁判所にそのまま踏襲されているのでそちらで詳述する。

第4節　憲法裁判所の組織

裁判所は、仲裁院から踏襲されたとおり12人の裁判官で構成され、出席議員の少なくとも3分の2の多数決で下院と上院によって交互に提案された二つの候補者名簿から国王により終身職として任命される。その際2種類の均衡が要求される。

その一つはオランダ語使用者とフランス語使用者間の均衡で、実際にオランダ語グループとフランス語グループに分かれ、各6人からなる各言語グループはその仲間から長を選び、院長職は各言語グループの長が1年交替で占める。裁判官＝法曹の言語固執は大学の卒業証書の言語によって決定されるが、一方裁判官＝政治家の言語の固執は最後のメンバーだった議会の言語グループによって決定される。判事の一人は適当なドイツ語の知識を持たなければならない。

その二つ目は、［裁判官＝法曹］の範疇と［裁判官＝政治家］の範疇間の均衡である。各言語グループの6人は、法曹は元上級判事（大審院か国務院のメンバー）、ベルギー国立大学の法律学教授、仲裁院の元法律事務官

149

(referndaris; référendaire) と、政治家は必ずしも法曹の訓練を持ったことがない連邦・共同体・地域圏議会の議員として少なくとも5年の経験を持っている判事で構成される。後者の範疇の導入は仲裁院もまた廃止もしくは疑問の要求の決定が前審に付されたときに［政治的現実］を考慮に入れるべきであるという意見を反映した。

候補者は、少なくとも40歳以上、判事の定年は70歳で、他の官職、地位、専門的活動との兼職は禁止される。

各言語グループの判事は部会長を1人選出し、他の部会長と交代で9月1日に始まる1年の任期で裁判所を統括する。裁判所は、法規担当書記官（最大限24人、オランダ語話者とフランス語話者は同数）により補佐される。現在の構成は、両言語グループの部会長・判事・書記官各9人・事務官（フランス語のみ）1人からなっている。別に名誉会員の制度がある。

院内の各言語グループは3人の［裁判官＝法曹］と3人の［裁判官＝政治家］からなり、原則として事件は言語グループの両部会長を含む7人の裁判官からなる法廷で審理されるが、その年の院長派が多数を占める（4裁判官）。例外的に事件が前審で審理されるときは同院は少なくとも10人の裁判官でオランダ語使用グループとフランス語使用グループの裁判官が同数出席しているときに限って判決を下せる。この最後の要件が満たされないときは多数派言語グループの最年少判事が棄権しなければならない。判決は投票によって決定され、投票賛否同数の事件では院長の投票が決定する。この複雑な制度は院内の一言語グループの構造上の多数、あるいは言語グループ間の永久の行き詰まりを避けるためだが、他方交互に言語多数派になる制度は院長職が次年度は別の言語グループの長によって占められるので一時的な多数派による濫用を防ぐ傾向がある。

第5節　憲法裁判所の管轄権

1　管轄権の概要

（1）憲法裁判所により審査される法規

　憲法裁判所は法律の効力を持つ法規の審査専権を有する。法律の効力を持つ法規とは、連邦議会によって（法律）、共同体と地域圏の議会によって（デクレとオーディナンス）採択された実体法と形式法の両方を意味する。したがって、裁判判決はもとより勅令、共同体と地域圏の政府のデクレ、省令、県と基礎自治体の条例や規則は同院の管轄権外にある（判決以外の行政権による法規の同種の審査は国務院の権限である）。

（2）憲法裁判所による審査の判断基準を構成する法規

　憲法第142条は国家、共同体、地域圏のそれぞれの権力を決定する法規の遵守について法律の効力を持つ法規の審査専権を憲法裁判所に付与する。憲法裁判所はまた憲法第Ⅱ章（第8条～第32条）、第170条（租税法律主義の原理）、第172条（税関係事項における平等主義）、第191条（居留外国人の保護）において保障された基本的権利と自由の法律の効力を持つ法規によるいかなる侵害についても判決を下す権限を有する。

2　付託方法

　事件は、憲法裁判所に、①法規によって指定された機関ならいずれによっても、もしくは正当な利害を有する個人なら誰でも提起できる無効訴訟の形態、②いかなる裁判所も仲裁院に予審事項の付託可能の二つの方法で提訴できる。

（1）無効訴訟

以下の機関と個人は憲法裁判所に無効訴訟を提起できる。

- ▶内閣と共同体・地域圏政府
- ▶その議員の3分の2の要求に基づく全立法議会議長
- ▶私法と公法の両方における外国籍はもとよりベルギー国籍の自然人（個

第1部　ベルギーの政治と行政

人）と法人

　後者は原告適格、挙証責任が問われ、除斥期間は争訟対象法規の公布から6か月である。無効訴訟は争訟対象法規の効果を中断しない。ただし、判決までに重大な回復不能の損害が予想される場合は例外的条件で争訟対象の効力停止を、停止決定後3か月以内にその事件の理非曲直に関して判決を下すまでの間命令できる。この場合の除斥期間は3か月で、提訴者は異議申し立てされた規範の施行が彼に重大な損害を引き起こし事後の回復は非常に困難となりうることを論証しなければならないが、一時停止する決定は万人に関係して（erga omnes）作用する。

（2）予審事項

　問題が、国、共同体、地域圏間の権力分立を規定する法規、もしくは憲法第8〜第32条、第170条、第172条、第191条との法律、デクレ、オーディナンスの適合性について特定の裁判所から提起される場合は、その裁判所は原則として憲法裁判所に予審問題を提起しなければならない。いずれかの裁判所が問題を提起するときは憲法裁判所の回答があるまでは問題の法廷は中断される。

　憲法裁判所が問題の法規が上述の諸法規と競合すると決定すれば、もはや関係裁判官は事件のその先の判決に当たりそれを考慮に入れてはならない。だが、問題の法規は法体系の中では維持される。この点では、それぞれの裁判所自体は行政機関の行為による権限の制限された法規や基本的権利の侵害に対して判決できるということを指摘しておくべきであろう。

3　判決の効果

（1）無効訴訟

　判決の効果は　無効訴訟と予審事項とでは異なる。訴訟が十分な証拠があれば争訟対象の法規は全部か一部無効とされる。争訟対象の法規を無効とする判決は、官報に登載された瞬間から絶対的な拘束力を持ち、遡及効を有する。ただし、必要ならば、憲法裁判所は無効とされた法規の効果を維持する

第Ⅴ章　仲裁院の誕生と憲法裁判所への移行

ことによって無効の効果の遡及を緩和できる。また、無効とされた法規に基づく行為、法規、判決はなお有効である。憲法裁判所により下された無効訴訟却下の判決は、このような判決により確定した法律問題に関して諸裁判所を拘束する。

（２）予審事項

予審事項に関する裁定の効果は無効訴訟の場合とはやや異なる。予審では、同じ訴訟当事者（控訴裁判所を含む）についての訴訟手続において判決を下す諸裁判所は懸案の予審法律問題に関して仲裁院によって下された裁定を遵守しなければならない。そのうえ、憲法裁判所が侵害と評決した場合にはその法規は法体系の一部として残っても、懸案の法規の無効訴訟がその期間内に提起できる新たな６か月の期間が開始される。憲法裁判所の判決は終審で法的強制力を有し、上告の道は開かれていない。

第６節　憲法裁判所の審理

１　審理の手順

全ての事件（中断訴訟を伴うと否とにかかわらず無効訴訟の提起、予審問題）が、受理順に裁判所の提訴表に載せられる。事件は、提訴どおりにオランダ語・フランス語・ドイツ語で提訴できるが、審査は1989年１月６日の特別法で決定された規則に従ってオランダ語かフランス語で行われる。当番の部会長はもしも事件が別の言語で審理されるならばそちらの部会長に権限を委任する。

毎年９月１日（部会長交代時期）裁判所の法廷の日取りが決められる。

通常事件は、７人の判事——全ての事件に出席する２人の部会長と複雑な交代制度に従って指名される５人の判事で審理される。この制度は、各法廷は各言語グループからの少なくとも３人の判事を有すること、常に少なくとも２人の前議会議員と２人の前法曹資格を持つ判事がいることを保証する。

７人の判事からなる通常の構成では、決定は単純多数決だが、両部会長は事件によっては憲法裁判所の大法廷に掛けることもできる。裁決する大法廷

には少なくとも10人の判事、それにフランス語話者判事と同数のオランダ語話者判事が出席しなければならない。裁判長は、大法廷の裁決の際に可否同数の場合の裁決権を有する。

2　法廷の構成

憲法裁判所は、特別法の規定により通常の行政事件は大法廷で討議し、裁判長によって指揮される。

裁判所は固有の職員を持っている。組織構成と言語の枠組は、各レベルでの言語の平等性を考慮して裁判所によって決定され、勅令によって承認される。

裁判所は、行政職員の職務と職責、欠勤理由、更迭、欠勤、賜暇休暇と休日の協定の決定権の全部もしくは一部を4年の更新任期で指名された2人の部会長と各言語グループの2人の判事で構成される人事委員会に委任できる。

裁判所の運営予算は、国の一般歳出予算を確定する法律において毎年度配分が決定される。

第7節　憲法裁判所の手続

1　概　要

憲法裁判所の手続は、原則として書面によって進められ、かつ対審的である。

無効訴訟と予審問題に関する手続規則は、事件に適用される方法に関する過程と裁判所の判決の効果を除いてはほとんど同じである。この裁判所の手続は、1989年1月6日の特別法と裁判所の手続指針によって規定される。

複雑な交代制度に従って各事件は7人の判事からなる審査会に付託される。

各言語グループの筆頭判事は、その事件のために指名されて報告判事として行動する。

大法廷は、裁判所が裁決するよう求められる同一の争訟対象の規定に関係のある諸事件を一つの同一判決にまとめることができる。

第Ⅴ章　仲裁院の誕生と憲法裁判所への移行

過重負担を避けるために選考手続が一定の事件を処理する場合略式裁判手続で進められている。

明らかに受け入れがたいとか裁判所の管轄権外にある事件は、部会長と2人の報告判事からなる「制限会議」によって却下されうる。

明らかに事実無根の訴訟、明らかに否定的回答を要求する予審問題、（事件の性質とか事件で提起された問題の比較的明瞭な性質のために）「即答判決」で解決できる事件は、（通常法廷で）関係裁判所での訴訟において本来提訴者か当事者だけがそれにより組み入れられる書面手続に従って解決できる。

憲法が争訟対象の法規により侵害されていることを確定する判決を同裁判所が下すということを報告判事たちがその結論において建議する場合を除いて、全ての事件について慣例に従って自動的に通報されている機関はこの予審手続には含められない。

2　調　査

略式裁判手続が適用される場合を除き、事件が同裁判所に提起されたことが「ベルギー官報」で公表される。提訴は、その公表後30日間の期限で裁判所登録所で相談に乗ってもらえる。

各種の立法議会、内閣、共同体と地域圏の政府は、予審的裁定のための付託において下級裁判所の手続で当事者が受けるのと同様に個別の通告を受ける。その後、書面による付託（陳述）が同裁判所になされ、立証のための証拠が適切なものとして特定期限内に提出される。

第三者の当事者も、上述の通告公表後に文書で当該事件への彼らの関係を主張できる。その後、書面で付託している全ての当事者は回答の陳述の形で書面による回答をその期間内に提出する短期間の猶予を持つ。

無効訴訟関係の事件では、提訴者の回答陳述はさらに第2の訴答の陳述で返答できる。

当事者は登録所で全ての文書と訴訟記録を含む事件簿に接することができ

る。

　裁判所自体はさらなる証拠を入手するために広範な調査を開始し当事者もしくはそれ以外の個人や機関に聴聞する権限を付与されている。

　陳述の交換と報告判事やその法規担当書記官の調査の期間終了後裁判所は当該事件の聴聞の用意ができたかどうかを考察する。次いで、いわゆる「準備段階」において聴聞の時期が確定され、何らかの質疑が開始される。陳述を提出した全当事者がそれについて通告され、必要な場合にはその中でさらに彼らの討議に付される問題に焦点を当てた報告判事による文書報告を受け取る。

3　聴　聞

　公聴会においては、判事の一人が事件について報告し、別の言語グループの2番目の報告判事が補足説明を行う。書面による付託書を提出した全ての当事者もまた口頭弁論（同時通訳付でオランダ語、フランス語、ドイツ語で）を個人でもしくは弁護士の助けを借りて行うことができる。

4　判　決

　事件の審理が続けられた後、裁判所は単純多数決で判決を下す。大法廷では、前述のとおり裁判長は可否同数の場合裁決権を行使する。

　審議は非公開である。賛成不賛成の意見についての言及はなされない。

　裁判所の判決は、オランダ語とフランス語の公式の会議で裁判長によって起草・宣告される。

　ドイツ語で提起された無効訴訟と事件の判決はドイツ語で起草され、宣告される。

　判決は「ベルギー官報」に3カ国語（略式で）で、また裁判所のウェブサイトではオランダ語とフランス語で全文公表される。

第Ⅵ章　国務院（最高行政裁判所）

第1節　国務院の構成

1　国務院に関する憲法規定

　国務院は1946年12月23日の国法で設置された連邦の最高行政裁判所であり、設置後だいぶたって憲法第160条につぎの規定が置かれ、憲法上の機関となったが、後述のとおり「行政訴訟部」も「法制部」も連邦のみならず共同体・地域圏、県、基礎自治体にも関与する。

　「ベルギー全体のために国務院を置き、その構成、管轄権限及び職務は法律に定められる。但し、法律が確定する諸原則に従い手続を決定する権限はその法律でこれを国王に付与することができる。

　国務院は行政裁判所として判決により判定を下し、且つ法律により定められた場合に意見を表明する。

　本項と同時に発効する国務院の行政訴訟部の全体会議規則の修正は、第4条の最終項で準備された多数決により可決される法律によるしか行えない。（本条は2012年10月14日発効）」

2　ベルギー国務院の特色

　国務院に関しては前掲のThe House of Representatives: *Parliamentaryinformation sheet* 30.00.（Council of State）とブリュッセル自由大学教授で国務院の一員でもあったMarnix Van DammeのThe Council of State: Institution on The Junction of "The Three Traditional Powers of The State"を主に参照して本章を記述した。

　ところで、行政裁判のあり方に関しては、英米流の最終的に司法裁判所に全て帰属させる一元的制度の国と司法裁判所とは別個の何らかの行政裁判所

第1部　ベルギーの政治と行政

を設置する大陸法系の二元的制度の国とに分かれるが、ベルギーは建国以来第2次世界大戦直後までは前者、それ以後は国務院の設置により後者と変わった。（ちなみに日本は大日本帝国憲法下では大陸法系の二元的制度を導入、行政裁判所を設置していたが、敗戦後の日本国憲法は英米法系の司法裁判所だけの一元的制度に切り替えた。）本来ならばナポレオン法典の影響が強い国だけに、建国時にフランスの国務院（Conseil d'Etat）の制度か、そこから独立したオランダの国務院の制度を採用したように思われるが、当時のこの両国の国務院制度にはそれぞれ問題があって敬遠された。前者は当時重大な危機に瀕していてベルギー建国直前の1829年度予算はほとんど否決されていたし、後者では国務院は司法機関ではなくて、国王ウイリアムⅠ世の支配下にある従順な制度でしかなかった。このため、憲法会議は行政争訟解決のためにも司法権、すなわち通常裁判所に属する裁判官による一元的制度から出発することになった。そして、「公民権」に関係する事項は全て解決する権限を司法部に属する裁判官たちに付与し、これらの裁判官たちはまた「政治的権利」についての争訟を解決する権限も付与された。ただし、憲法が後者の種類の争訟を解決する特別行政裁判所の設置を認めるという条件付だったが、立法者は1946年に国務院の設置にあたりこの権限を行使した。

　ところで、一元的制度が機能しえたのは、19世紀にあっては行政論争は量的にはつぎの世紀に引き受けられたものとは比べものにならないほど少なかったからで、19世紀の「夜警国家」から20世紀の「福祉国家」への転換とともに、国家活動は巨大化し、その結果国民と国家の間の潜在的な紛争の数を飛躍的に増大させた。この成長と平行して、政府は「神秘的要素が取り除かれた」（"demystified"）、すなわち国家は次第に非難されやすいと見なされてその行為は自明とは考えられなくなった。国民のこの高まる自覚と自信がこの傾向に拍車を掛けた。「王は間違いを犯すはずがない」という古びた格言はずっと以前に放棄されてしまった。しかも、通常裁判所がますます頻繁に政府を含む論争を解決する必要を生じたが、次第に一元的な法的保護の制度の不利な状況が顕在化し、伝統的に司法部に属する裁判官たちは専門が私

第Ⅵ章　国務院（最高行政裁判所）

法に偏り、政府を含む訴訟手続とは縁遠くなり、もはや彼らにその分野を任せられなくなったことを意味した。これらの理由が全て1946年12月23日の法律による国務院の創設へと導いた。

　これに先立って長期間にわたり法理論家により政府主導の作業集団と国会の両方で詳細な討議が重ねられ、結局本質的に二つの任務、一方では、最高行政裁判所として行政論争に判決を下すこと、他方ではより良質な法令原文 {normative text} を保証することとなり、単一の制度の中での司法機関（行政訴訟部）と助言機関（法制部）の結合となった。創設されたとき、国務院は制定法において執行権の一部と叙述されたが、同院はその任務の遂行のために決して執行権には頼らず、全く逆に発足してからずっと高度な不偏性と独立性を発揮し、まもなく行政訴訟部において最高の独立裁判所になった。だが、国務院が憲法上の認知を受け、裁判所や法廷が常時開けるようになり、その創設以来の仲裁裁判所のように憲法上の地位を持つようになるのは1993年になってからにすぎない。憲法に組み入れられてからは、同院は通常裁判所のように司法部には属さないし、それまでの長期にわたり置かれていたように単純に執行権の一部と見なせないことが強調された。逆に国務院は独特の地位を有し、特異な立場にあり、最高行政裁判所と諸立法機関の助言者としての特別な任務を併せ持つ。同院は全く正当に国家の三つの伝統的な権力の結合の上に位置づけられたのであった。前述のベルギー憲法の新第160条はベルギー全体のために存在し、その構成、権限および作用は法律により決定され、その法律が国王にその所定の原則に相応の管轄権を組織する権限を付与できるということを条件にする。

　1993年に調整された憲法の現行第144条（私権対象の係争は裁判所の専管事項）、第145条（政治的権利対象の係争は法定の例外を除き裁判所の管轄領域）および第146条（裁判所や裁判権行使機関の設置は法律事項）はアングロサクソン流の一元的方式とフランス流の二元的方式の間のものに発展したことを意味していた。

　このように展開され混合された法的保護制度が、現在ではベルギーにおけ

159

る行政府を含む一定の紛争が通常裁判所によって審理されうるということ、それ以外の紛争は特定の行政裁判所にのみ付託されうるということ、および一定の事件では希ながら司法および行政両裁判所が管轄手続に含まれるということになった。

3　国務院の構成

国務院は以下のような構成となっている。

（1）国務院長官

裁判長たちが国務院の最高位にあり、同僚により国務院内部から選ばれる。若干の場合には緊急の決定、判決のみを行うために招集される。

国務院長官は裁判長の一人である。

（2）14人の裁判長たち

14人の裁判長たちが各種の法廷を主宰し、原則として各法廷は裁判長と二人の顧問（評定官）からなる。

一定の場合には（例えば外国人に関する権利の主張および紛争）出席する評定官は一人だけである。

（3）国務院評定官たち

評定官は28人の国務院裁判官（14人のフランス語話者と14人のフラマン語話者）であり、若干の場合には、下院および上院により交互に提示された二つの名簿に従って、国務院自体により提示された3人の候補者名簿の中から終身で国王（＝連邦政府）により任命される。候補者たちは少なくとも37歳、法学博士か修士、かつ少なくとも10年の法曹経験を持っていなければならないが、この必要条件を満たせば外部の人間も任命できる。

一旦任命されると国務院の構成員たちは特定の部署、すなわち行政訴訟部か法制部に配置される。行政訴訟部に付託される事件数の大きさに配慮して、構成員の約3分の1が法制部、3分の2が行政訴訟部に配置される。国務院の仕事は、一定の規範的原文について助言する構成員たちが行政訴訟部に申し立てられる同じ原文に対する取消上告には含めることができないというよ

第Ⅵ章　国務院（最高行政裁判所）

うな方法で組織される。換言すれば国務院の両部の執務室は完全に独立しており、構成員は部の一部分を形成するが決して両方ではない。
(9)

（4）顧問官たち

彼らは名声のある法律家、一般には特定の法律分野を専門とする大学教授たちである。提出された教科書の類型に従って彼らは法制部を補佐するが、国務院および若干の場合には上院の提案で5年の任期で国王（＝連邦政府）により任命される。

彼らは後述の法制部の助言意見を一人乃至それ以上の顧問官、すなわち特定の法律分野の卓越した科学的もしくは実務的専門知識を有し、限られた、だが更新できる任期で任命される国務院の外部からの人たち（例えば大学教授たちか高級公務員たち）の顧問が受け入れられる3人の国務院判事たちからなる単一言語室から出される。
(10)

連邦政府と各共同体もしくは地域圏との間の権限配分に関する諸問題を引き起こす要請は「合同室」、すなわちフランス語話者室とフラマン語話者室の合同会議により審理される。

行政裁判所として行動する国務院行政訴訟部とは対照的に法制部の会議は公開されない。

（5）聴聞官室（Auditraat）

聴聞官室の構成員は64人、うち法制部の15人を除き残りは行政訴訟部に配置される。

行政訴訟部においては事案の調査を付託されて判決を作成し、公開法廷で

（9）その結果、ベルギーの国務院はルクセンブルクの国務院がヨーロッパ人権・基本的自由保護協定第1節第6条に関係して直面した問題（それが1995年9月28日のProcola判決となった）には直面することはない。この判決ではヨーロッパ人権裁判所はルクセンブルクの国務院が同一の裁判官たちが後に取消上告により争論となった規範的原文についてそれ以前に助言意見に関係していたので、「公平な裁判官」（"impartial judge"）と考えることはできないとの結論を下した。

（10）国務院には二つのフラマン語話者法制室と二つのフランス語話者法制室がある。

161

その見解を表明する。法制部においては国務院の意見として提出される原文について報告を書く。この両部への配置は最後まで続きその専門化が達成されて次世代に引き継がれる。

聴聞官たちはその取調べでは完全に独立しており客観的である：すなわち彼らは常に法律尊重主義の立場をとり、例えば行政府が国務院行政訴訟部で争論に関係する場合はいつでも行政訴訟部の名前でもしくは同部のために行動することはない。

聴聞官たちの報告は同院の構成員たちを拘束はしないが、実際には、これらの報告が基調となって法令もしくは助言の発生の重要な部分を形づくる。特に行政訴訟部の場合取消の上告では確実にそうなるので、当事者たちは事件が採っている同院の最終判断の方向の最初の重要な指摘を手に入れることができる。

（６）調整室

調整室の任務は、とりわけ立法の状態を精査すること、国務院の二つの部の意向を受けて証拠書類を説明すること、世間一般の意向に沿った立法状態についての証拠書類を説明することおよび立法の調整、法典化および簡潔化を用意することである。

調整室は国務院の「文献情報活動」（"documentation"）機関であり、14人の構成員がおり、「法務書記」（"référendaires"）「上級法務書記」（"senior ledal clerks"）と呼ばれる。聴聞官たちは取調べを遂行し同院の全構成員たちは調整室の構成員たちにより彼らに提供される文献情報の助けを借りて協議し決定する。

調整室により蓄積された文献情報は主に現時点の立法状況に関係がある。この文献情報は国務院の全ての部局が、また法の修正により一般公衆も利用できるようになったが、実際には、調整室は主に法制部のために働く。[11]調整室は全ての関連した規範的原文を知り尽くしたうえでその助言意見を案出す

（11）その名称にもかかわらず、調整室は規範的原文の調整にはほとんど希にしか関係しない。これは均一の用語で一つに、引き続き生じる番号を付けられる原

(12)
る。

　調整室の構成員たちは任用のためには聴聞官たちと同じ条件を満たさなければならない。例えば同一の試験に合格する必要がある。実際には、試験の合格者たちは国務院におけるその職歴を通常は調整室から始めて、一定期間の後聴聞室に異動する。この利点は職員が国務院のあらゆる面を学ぶ機会を持つことにあるが、一つの欠点は調整室での活動の継続が余りにもたびたびの人事異動によって妨げられることである。ともあれ、調整室内でその職歴を続ける若干の下級裁判官たちによる最近の迅速な決定だけは称賛に値すると評価されている。

第2節　国務院の機能

1　二つの部
（1）法制部

　この部は法律案、議員提出法律案、共同体法案と地域圏法案、国の勅令案や省令案、規則案の準備段階で、また若干の改正について熟考した法的助言を与え、かつ以下の検証をするが、必ずこれらはまず公表される以前に法制部に助言を求めていなければならない。
(13)

　①提案された原文は上級の法規範（憲法、法律、等々）を遵守しているかどうか；

　　　文に、例えば基本の法律とその各修正を統一することである。この理由はこういった原文の「調整」（"co-ordination"）に対する要求が比較的少ないことにある。
(12)　調整室はまた付託された規範的原文に関する技術的な意見も案出するだろう。それゆえ法制部との共同作業に関して調整室と聴聞室との間で任務の配分が進められてきた：「法務書記たち」（"référendaires"）は立法的な面に関する技術的意見を案出するが、一方聴聞室は内容についてより合法性を志向した取調べを遂行する。
(13)　法令原文の起草についての助言は、唯一ではないが法制部の最重要役割である。例えば、同部は法令原文の起草についてそれらの内容や目的の評価後に首相や地域圏政府長官から任務を課せられることがありうる。また立法の調整、法典化、あるいは簡易化に巻き込まれるかも知れない。

②発案した機関は対処する課題に対する管轄権を有するかどうか；

　③法律案の原文は良質かどうか：原文の明晰性、矛盾抵触のないこと、フランス語の原文とオランダ語の原文の一致。

ただし、原文の「政府支出金」に関する決定には手が出せない。

　国務院は技術的法的助言を与えるが政治的助言は与えられない。

　　ア．義務的意見法律案、共同体・地域圏法の草案、条例草案、取締通達草案。

　この慣行には二つの例外がある：

　　①一般的範囲内にはない一定数の草案原文（国家や陸軍の持ち分に属する財産の予算、決算、負債、譲渡）は国務院には提出されてはならない。

　　②政府が緊迫状態を引き起こしそれを正当化するとき国務院は限定的な助言しか与えられない。したがって、発案機関の管轄権を検証し、最初に可決された法的根拠と正式手続を審査し、従われるべき法的手続を規整するだけである。

　勅令もしくは共同体か地域圏の政府の命令を起草する。一定の法令原文は助言を求めて草案の形式で付託されなければならないが(14)、それ以外の原文に対してはこのような諮問は任意にすぎない(15)。例え諮問が強制的であっても、政府はそれにもかかわらず規範が緊急に仕上げなければならず、したがって法制部の助言的意見を待つ余裕がないならば助言を求めない決定をすることができる。政府が自らこの緊急性に根拠を置くならば、それでもなおこの決

---

(14) 国務院法制部は法案、命令草案もしくは条例草案（すなわち政府もしくはその構成員たちによる立法発議）および取締通達（すなわち個別の効果はない通達。例えば任用通達は個別の効果があり、したがって助言を求めて法制部に付託することはできない）に関しては諮問を受けなければならない。

(15) 法案もしくは命令草案（すなわち当該議会の議員による立法発議）は任意に当該立法機関の議長の要請により助言を求めて国務院法制部に付託できる。法律や命令の提案に関する助言要請の数は法律、命令もしくは条例草案に関する要請よりは著しく低い。実際に、法律、命令もしくは条例の提議は法案よりもずっとはるかに有効な立法になる。

第Ⅵ章　国務院（最高行政裁判所）

定を正当化しなければならない。命令に関する正当化は後に国会が確かめることができる。

罰　則

国務院の助言が強制的であったのにもしも法令原案が法制部に要求されて付託されなかった場合は、緊急性の根拠について十分に動機付けられなかった場合は、あるいはこれらの根拠が欠けているかまたは不十分と思われる場合はその命令は違法で制裁の問題が生じる。

諮問の責務が法律、命令もしくは条例に関して破られたならば、課せられる大半は政治的制裁、すなわち諮問不履行の官署への信頼の起こりうる喪失である。仲裁院（憲法裁判所）は自らが制裁を課す権限があると考えないために、法律、命令も条例も諮問の責務の侵害を当然には打ち破れないが、上級及び下級の通常裁判所は訴訟の枠内ではそれらの命令の適用を拒否できるし、国務院行政訴訟部は問題の命令を拒否できる。

イ．任意の意見の要請

立法議会（下院、上院、共同体もしくは地域圏の議会）の議長は各種政府（連邦、共同体もしくは地域圏）の構成員たちと同様に、それぞれ自らの管轄権の問題に関して法律案、議員提出法律案、共同体法案もしくは地域圏法案はもとより問題の原文に対する修正に関しても国務院の助言を求めることができる。

ウ．助言意見の効用

法制部による助言意見は非強制的で、助言を請求する諸官署はいかなる場合にもそれらの行為を正当化する必要なしに助言意見に服そうと拒もうと自由である。実際には法制部の助言意見は大きな事実上の権威を有してはいるが、それらは助言意見を考慮するには及ばない。例えば、助言意見を無視しようと努める官署にとっては憲法との抵触とか重大な違法性を引き出すのは異常だと考えられるだろう。だが、法制部による助言意見は完全かつ十分に考慮される。それらの助言的意見において法制部は単に問題の存在だけでなく、その背景や可能かつ合法的な解決法も指摘する。

第1部　ベルギーの政治と行政

　法制部が提示された原文の技術的法的側面だけを審査しその便宜を論議したということはこれらの検討が純粋に手続だけでなければならないことを意味しない。伝統的に、法制部の助言意見は三つの主要な領域、すなわち提示された法令原文の合法性、提示された原文の諸規定の現行法への適用、および原文の読みやすさに焦点を合わせることが指摘されている。

　三つの上述の集中領域は国務院法制部が行政に対する国民の防御に関する重要な防衛的役割を演ずることを示唆する。その助言意見を通して法制部は法令原文の質を改善する助けとなるだろう。このことはそれ自体原文が後に適用される時に論争の数を減らす結果となろう。法令原文の法的な質が高ければ高いほど適用に伴う問題は少なくなる。

　国務院法制部による合法性の検討は同院が付託された法令が適切な官署により発布されたかどうか、すなわち憲法とそこから派生する法律に具体化されたとおりに権限を配分する諸規則が尊重されているかどうかを照合することになろう。同部のこの側面は連邦化の過程でのそのかなりの助言提供を明らかにする。

　まず、法制部は権限配分の原文の作成にあたっては、これらの原文の全てが助言を求めて付託されたので関わらされることになる。さらに、法制部はこれらの権限配分法を適用する法令原文に関する助言意見を出す。法制部の助言意見はこうして連邦政府と各地域圏との間に権限を分割するこれらの法律を解釈するための重要な一手段となっている（仲裁院・憲法裁判所に無効の訴えを提出したい者たちは彼らの訴えを根拠付ける有用な論拠を見出せる）。結果として、その裁判において仲裁院（憲法裁判所）はこれらの助言意見にしょっちゅう言及することになる。

　法制部による合法性の検討はまた必然的に付託された原文が一定の伝統的乃至憲法的諸原理、例えば平等に抵触するかどうかの照合を伴う。法制部はこの領域において仲裁院（憲法裁判所）により展開された判例を活用すると同時に後者の原理の適用を評価するであろう。合法性の検討のもう一つの側面は法的根拠のそれである。例えば、国王は立法者により権限が付与される

場合だけ勅令を発布できる。その助言意見において法制部はいずれかの文体の誤り、遺漏、不整合もしくは曖昧な表現を指摘する。同部はしょっちゅうそこに付託される連邦の規範の草案中のフラマン語とフランス語の間の不一致を注意する。[16] 法制部はまた付託される法令原文の起草を正規に進める行政手続が正しく守られているかどうか、すなわち命じられた助言意見または同意が諮問機関その他の機関から求められたかどうかも判定するだろう。[17] さもなければ同部は当該原文のそれ以上の審査を控えることができる。

　エ．義務的意見の要請

　立法議会の議長は次の場合には国務院の助言を求めなければならない：

　　①議会の３分の１の構成員がそのように要求する場合；

　　②（下院、上院またはブリュッセル首都地域圏議会または合同共同体委員会の）一言語グループの多数がそのように要求する場合；

　　③少なくとも12人の議会協調委員会の構成員がそのように要求する場合。

　オ．助言意見の期限

　原則的に、法制部は助言意見を提示する期限を自ら設定する。だが、実際に非常に頻繁に適用されるので助言意見が一定期限内に与えられるのが慣例となったこの原則には若干の例外がある。立法者は法制部の助言を遅くとも３日以内に要請する可能性（近隣諸国の国務院と比べてこの可能性は独特と考えられる）を規定している。この場合には助言意見は専ら法的根拠、規範を起草する機関の権限および手続要件の遵守の検討に限定される。このような助言意見の緊急要請は立法者からは例外であり、当該法令原文が遅滞なく公布される必要がある場合に限られると考えられた。もっとも実際にはこの

（16）原則的に地域圏の一つによって出されるいずれの原文も単一言語で起草され非公式な翻訳が添えられる。これの例外は以下のとおり：ブリュッセル首都圏からの原文、それは二つの言語、すなわちフラマン語とフランス語で起草される。

（17）司法部の審査のこの側面はなぜ原則的にその助言意見を与える最後のもの、すなわち他の諮問機関のそれの後になるかを説明する。この点ではわれわれは再び法制部の助言意見が厳密に法律を重んじるが、一方他の助言意見は通常もっと政策に関わることを強調する。

可能性はもっと頻繁に行使されてきたように見える。それゆえ立法者は助言の緊急要請を抑制する二つの措置を講じた。第1に、1996年以降このような助言の緊急要請をする官署は緊急性の根拠を述べなければならなくなった。[18]第2に、1996年にはまたこのような助言が遅くとも1か月以内に与えられることを要求する可能性が規定された。[19]

（2）行政訴訟部

国務院の行政訴訟部は国内の最高行政裁判所である。利害関係のある市民もしくは法人（会社、非営利法人等々）の誰もが行政機関によって行われた行政行為または法令の執行停止もしくは無効（遡及効も将来効も）を要求でき、これを受けて国務院は諸々の通常裁判所が保有していない政府の諸行為を無効にする権限を行使する。勅令、共同体および地域圏政府の命令、県議会、基礎自治体議会、市長・副市長理事会、市長たち、試験委員会は全て対象とされる。

ア．行政行為の取消

取消権は国務院の権限中最重要で最も多く行使され、そして1973年1月12日に国王により調整されたとおりの国務院法の目録に記載されている権限である。[20]行政訴訟部は目的により異なる取消権の諸形式を有する（国務院調整

---

(18) 裁判官がこれらの根拠を検証できる。特に正規の性質の法令原文にとっては厳しい結果（例えば国務院行政部による取消）となりうる。

(19) この可能性が最も頻繁に適用される可能性となった。例えば、1997年9月16日から1998年6月30日の間に1,068の要請中522もの多くが遅くとも1か月以内の助言を求めた。これに対する説明は二つある：このような要請が動機付けられる必要がなく、遅くとも3日以内の助言要請とは異なり特別な側面にのみ限られる審理とはならないこと。

(20) 時折、上訴の制度として、行政訴訟部は問題について全く新たな取調べを行って係争中の判断の問題に対するその判断と取り替える。これは「完全な裁判権」（"in volle rechtsmacht"における）「無限の裁判権」（"unlimited jurissdiction"）と呼ばれる権限である。例えばそれが地方選挙に関する論争に適用される。時には行政訴訟部は行政行為のせいで被った損害に対する金銭的補償を裁定することもある。行政訴訟部のいま一つの責任は助言責任である。首相もしくは地域圏または共同体政府の議長は係争中ではない行政上の係争問

第Ⅵ章　国務院（最高行政裁判所）

法第14条）。上告が行政行為、すなわち現存行政部機関により行われた行為の取消を求めるか、それとも上告が下級行政裁判所により与えられた判断ま⁽²¹⁾たは—ときには—その行政任務以外特定事項に関して裁判的任務を行う行政機関による判断の取消を求めるかのいずれかである。後者の場合には、行政訴訟部は行政問題について最高裁判官として行動する。

　その取消権は同院に、行為と上級規範（例えば、国法についての、または憲法とか国際条約についての、あるいはさらに良き行政の一般原則についての）との間の紛争から、一定の行政手続についての不遵守、加害者による適正な権限の欠如を超えて、政府が公共の福祉を擁護するその責任を怠った場合までにわたる極めて広範な種類の不法行為に制裁を課すことを認める。⁽²³⁾

　他の裁判官たち、すなわち伝統的な司法部の裁判官たちが管轄権がない場合にその取消権を行使する。司法と行政の裁判官の間の権限配分は一般的な憲法原理に基づく。

　ただし、1946年の国務院の創設以来、両裁判権の間の管轄権争い（"attribution conflicts"）（"attributie-conflicten"）は比較的僅かだった。この理由はベルギーの行政権は割り当てられる、すなわち行政府は立法者によりそれに割り当てられたもの以外に何らの権力も持っていないことにある。このような権限争いが起こった場合は、憲法第158条により、このような裁判制度の最終権限について決定するのは最高司法裁判所の破棄院の任務であ

　　題についてその助言を求めることができる。行政訴訟部は例えば会社の定款の裁可のような一連の純粋に行政的な任務も持っている。
(21)　この場合には国務院は勅令その他の国の命令に関係する：法律、共同体・地域圏法、条例に対する権限はただ仲裁院（憲法裁判所）だけが有する。
(22)　この行政機関の典例は県議会代表団であり、これは県の「日常の管理」（"daily mnagement"）に責任を負うばかりでなく、時には裁判的役割も持っている（例えば地方選挙の合法性についての争論に関して）。
(23)　慣習的に、外在的不法行為（無権限、特殊の手続の不遵守）と内在的不法行為（上級規範の侵害、責任遂行の怠り）が区別される。1999年5月25日の法律によりその区別は国務院調整法の第14条で行われ、行政訴訟部の取消権を規定した。それは目録に記載された違法性の形式に関して政府の行為に対する取消の上告と破棄の上告とを区別する。

169

る。

　執行停止もしくは無効以外にも、前述のように行政訴訟部は違法行為によって引き起こされた損害賠償としての補償金も裁定する。行政訴訟部はまた下級行政裁判所（例えば外国人訴訟協議会）による決定に対する上訴の破棄裁判所でもある。

　　イ．行政即決裁判権

　行政訴訟部への取消請求上告は中断効果を持たない。これは上告が提出されても行政行為は遂行できることを意味する。結果として、行政訴訟部が取消を開始するときには国民が事柄の性格上救済を勝ち取ることが不可能となろうし、通常裁判所に起こせる損害賠償請求で満足させられ、一方当該裁判所は行政訴訟部による取消から政府が違法としたがって過ちを犯したことを推断できる。しかも、行政訴訟部による取消の諸決定が国民に実際の救済を与えなかったことがよくあったところから、法律学の学説が、それらはしばしば単に「非実行的」（"platonic"）だったと指摘したことは驚きではない。

　この批判に応えて、1991年に立法者は国務院行政訴訟部による即決裁判権のための十全な手続を創設、それ以後ただ単に行政訴訟部の行為の取消を請求できるようになったばかりでなく、その執行を中断させられるようにもなった。加えて、行政訴訟部に、裁断が取消上告に到達するときまでに国民が回復不能な損害を被るのを防ぐために、同部が官署に対する種々の暫定措置を命ずることを要求できるようになった。訴人は同時に当該行為の取消請求をしなければ中断もしくは暫定措置を請求できないけれども、行政訴訟部にとっての中断手続はそれ自体は取消手続とは区別されなければならない即決手続である(24)。

　明らかに、即決手続の採用は行政訴訟部をより適切かつ効果的なものにした。中断決定はそれだけで行政行為の実行により直接的な影響を及ぼすこと

---

(24) 行政上の即決手続は行政行為、すなわち現存行政府による行為に対してのみ提起できる、したがって下級の行政その他の裁判所による行為に対してではない。

第Ⅵ章　国務院（最高行政裁判所）

ができ、したがって中断権は急速に公務員を含む論争の最も広範囲な舞台へと進み、このことは行政に対する法的保護を大衆にとっていっそう魅力的にした。

　ウ．予審問題の仮定

　国務院行政訴訟部は唯一行政行為もしくは下級行政裁判所による決定を取り消すかまたはそれらの執行を中断する権限を付与されている。だが、同部は連邦法、共同体法もしくは条例といったたような行動規範そのものを取り消したり中断したりする権限は付与されていない。後者の権限は仲裁院（憲法裁判所）に専属する。

　それにもかかわらず、時には、行政訴訟部が判断を下すためには同部は法律、共同体法もしくは条例が憲法に完全に従っているかどうかを決定する必要がある。これは法律、共同体法もしくは条例を遂行することを目的とする統治体の行為を行政部が取り消すよう求められる場合、および上告人が当該行政行為の取消をもっと容易に勝ち取るために後者の違憲性を主張する場合である。

　行政訴訟部が法律、共同体法もしくは条例の合憲性を審理する権限を付与されていないために、こういった問題が生じその解決が重要となれば同部はこのような手続を中断することになろう。その時は同部は予審問題、すなわちその回答が論争を決定するのに決定的である問題を仲裁院（憲法裁判所）に持ち出すことができ[25]、仲裁院（憲法裁判所）が問題に回答するやいなや手続は続けることができ、受領された回答を考慮に入れる[26]。

---

[25] 最高行政裁判所であるため、行政訴訟部は関係当事者の一方の請求でこのような予審問題を審理することさえ要求される。これらの予審問題は必ずしも仲裁院（憲法裁判所）に提出される必要はなく、それらはまたもしも問題が条約の解釈に関係する場合にはヨーロッパ司法裁判所にも向けることができる。

[26] 予審問題が当然のことながら迅速な取扱いを要求する中断手続の過程で審理されなければならないかどうかは様々に意見が分かれる不統一の法律学の主題である。

エ．手続の特徴

行政訴訟部を相手どる手続は申し立てるのに比較的容易な即決裁判手続により、国民または弁護士から送られる書面請求で十分である。

行政訴訟部での争論は常に行政行為としたがって一般公衆の利益に焦点が当てられるために、そして原則として争論は当然のことながら不平等である当事者間(27)で交わされ、行政訴訟部自体は手続の適正な指揮を保障し、司法裁判所での手続においては通常享受される自由には任せない。こういう理由から、行政訴訟部に関する手続は審問者手続(28)と呼ばれる。

さらに、行政訴訟部に関する手続は主として書面によっていて、原則として法廷は滅多に本人に話しかけることはないことを意味する。これは明らかにこれらの手続が取消手続よりずっと短期であり当事者間の書面による詳細な文書の交換のための余裕がないので、即決裁判手続とは異なる。それゆえ、通常手続から出発して、上告はしばしば行政即決裁判手続にされる。

オ．国務院の審理打切り制度（"guillotine system"）

行政訴訟部の多様な任務が、行政即決手続の採用と結び付いて、事件の数の増加と一定量の滞留に至った。立法者は、人員配置の漸増、滞留を一掃する４年計画の採用および独任裁判官裁判所の採用(29)といった、この滞留と闘い、あるいは少なくともそれを合理的な水準まで減らす様々な措置を講じてきた。さらに、立法者は文書を付託する一定期間を守らなかったことを厳しく罰することから始めて静止を上告者がもはや合法的に要求される利益を持っていないことを意味すると見なした。

両方の場合に、立法者は上告者が法制部に不十分にしか協力せず、したがって取消上告を却下することにより制裁を受けねばならないと想定する。結

---

(27) 一般住民の利益を保障するその任務のために行政府は国民には手に入らない一定の特権を享受する。

(28) 加えて、行政部に関する手続は自立的、すなわちその手続は司法裁判所に適用する民法典によって定義される手続規則とは異なる独自の規則の対象となる。

(29) これにより３人の裁判官からなる法廷による事件の慣習的な処理は原則というよりはむしろ例外となった。

第Ⅵ章　国務院（最高行政裁判所）

果として、上告者にとっては行政訴訟部に取消上告を付託するのが不適となり、そこでその事件は簡単に流されてしまう。そうならないためには、訴訟事件の中で彼はその上告が同院により片付けられてしまうことのないよう適時な方法で行政訴訟部に様々な資料を提出する必要があるだろう。

　行政訴訟部は書類提出時期については極めて厳格である。法律学の学説はこれをそれゆえ国務院の「審理打切り制度」（"guillotine system"）と呼ぶ。この制度はその目的、すなわちただ手続だけを根拠に詳細な取調べの必要なしに大量の争論の迅速な解決を達成することを十分果たしてきた。

　審理打切り制度は行政訴訟部により処理されなければならない事件の洪水をより迅速に処理するための急場しのぎの解決法と考えることができる。それ自体この制度は滞留との闘いでその価値を証明してきた。だが、国民にとっては行政府に関する手続はより複雑化し近づきにくくなったといえる。

3　将来展望

　Marnix Nan Dammeはその論文"The Council of State"の末尾で国務院の将来展望を以下のように述べていた。

　1946年のその創設以来、国務院は行政に対して国民の法的権利を保護する点で重要かつ独自の役割を演じてきた。その役割は予防的なもの（法制部）と抑制的なもの（行政訴訟部）の両方であり、これらは国家がわれわれの現代社会にさらにいっそう強く介入することを考慮すると将来増大するであろう。何年にもわたり国務院が若干の新たな追加的権限を割り当てられてきたという事実だけを採ってみても、ベルギーの国務院により演じられる法的保護の重要な役割を確認できる。

　だが、国務院の「人気」（"popularity"）がその過重負担を引き起こすことになるだろうかどうか、またそれゆえに長期にわたり争論のその取扱いにおいてより大きな専門的相互連携が必要とされるようになるかどうかという問題が生じる。そういう場合にはそのような組織は例えば行政争論の県単位に組織された第1審行政裁判所を構成するかも知れないし、一方そうな

173

れば国務院は最高行政上告裁判所としてかもしくは前審に対する「破棄」（"cassation"）裁判所としてしか機能しないだろう。これは少なくとも行政争論の大半がその内容や重要性とは関係なく現状のように国務院に直接持ち込まれるのを防ぐことになるだろう。

　こういった線に沿った法的保護制度の何らかの再編成は徹底的な十分に配慮された準備なしには履行できないほどに組織的予算的な重大な結果を与えることになろう。これが達成されるまでは国務院は疑いなく市民に法的保護を提供するそのもう既に大量になった任務を続け、拡張することになろう。

第3節　司法制度

まえおき

　最高行政裁判所としての国務院や21世紀に仲裁院から改称して発足した憲法裁判所と比較するため司法裁判所について、現地調査で提供された資料（原文はオランダ語）を掲載しておく。

ベルギー王国司法制度

裁判所

破棄院

控訴院	高等労働裁判所	重罪裁判所
一審裁判所	労働裁判所	取引裁判所
治安裁判所		警察裁判所

2005年の裁判所の活動統計[(30)]

1．概　要

1．1

2005年に裁判所は201件の判決を確定している。これでもって758件を結審した。審理し結審した多い件数と判決の確定した件数との差は事件の連結に

---

(30)　裁判所の裁量によって提供された資料を基に両人とも仲裁院の判事補のN・デュポンの協力によりF・モリネによって作成された。

第VI章　国務院（最高行政裁判所）

よって明らかにでき、それは訴訟となった「交通安全に関する異なった決定に関する」2003年2月27日の法律の手続段階でかなり生じている（審理された309件）。

1．2

同じ年間に裁判所によって残りの557件の新たな事件が審理さている。

2005年12月31日の訴訟事件表の確定判決、結審した件数、新たな提訴件数

審理結審件数	758
新たに訴訟事件表に登録された件数	557
確定判決件数	201

1．3

2005年に宣告された判決のうち権利行使中止による宣告3件、先決請求による129件、上訴棄却判決69件、うち2件は訴訟放棄（先決請求による判決数31件／2005年、上訴棄却による判決数105件／2005年）、2件は権利行使中止、先決請求はヨーロッパ共同体司法裁判所に提訴された。

確定判決の類型による分類

権利行使の前に訴訟放棄された判決	3
先決請求による判決	129
上訴棄却判決	69
権利行使中止	3

1．4

訴えられた苦情に基づく判決の分類（2005年）：

訴訟の種類

職権分類　25

憲法第8条　1、第10・11条　175、第11条の2　1、第12条　10、第13条　4、第14条　11、第15条　1、第16条　6、第17条　2、第19条　3、第20条　1、第21条　2、第22条　7、第23条　16、第24条　11、第27条　3、第170条　9、第172条　14、第191条　3

所見：若干の判決は裁判所の異なった職権範囲が結合される混成の訴

175

訟に関係している。

1．5

同年中に裁判所は予審後に20件の判決を宣告していた：その宣告のうち2件は明らかに無権限、2件は容認不能、宣告された16件は即決だった。16件のうち2件は上訴段階で無効が宣告され、その2件のうち1件は無効に至り、14件は先決請求について宣告され、うち5件は違法が確定された。

1．6

関係した判事の構成は以下のとおり。

2005年の構成判事数の類型による分類

全員（大法廷）	137人（68％）
7人	60人（30％）
限られた数	4人（2％）

所見：予審と裁判所の限られた人数による判決宣告の可能性は1989年1月6日の特別法によって規定された。

2．上訴無効の判決

2．1

2005年1年間の原告の種類による分類は以下のとおり：

機関の原告

大臣会議	2	
フラーンデレン政府	1	
計	3	3.5％

個人の原告

自然人	42	
法　人	38	
その他（事実上の協会、……）	2	
計	82	96.5％
合計	85	100.0％

所見：本表では原告は種類ごとに表示されていて、判決によって幾つか

は無効と宣告された；さらに異なった種類の原告が同一の手続の場合に存在している。

2．2

同年の間に裁判所は69件の上訴棄却判決を宣告している。うち26件は無効で結審した。うち9件は裁判所が無効の決定の結果を維持した。うち39件の判決は根拠の否認を維持している。そのうち34件は完全な否認であり、5件は明確な条文による無効である。うち2件の判決は裁判所がヨーロッパ共同体司法裁判所への先決請求を提示した。うち2件の判決は最後に移送が認められた。

2005年の上訴棄却判決の所見による分類

無効の結審	26件	38％
その他	4件	6％
全ての上訴無効	39件	56％
→完全な否認	34件	87％
→明確な条文による	5件	13％

3．中止請求についての判決

3．1

2005年に裁判所は3件の中止請求についての判決を宣告しているが、うち1件は中止の条件を満たしていないので中止の請求は誤っているとした：うち2件は重大な欠点の是正が困難という欠如のために、また1件は重要な手段の欠如のために。

4．先決請求についての判決

2005年に裁判所への先決請求裁判所の判決に至った各種の法廷は以下のように分類できる。

判決を下した法廷（2005年）

破棄院	8件
国会	11
控訴院	38

第1部　ベルギーの政治と行政

労働裁判所	4
一審裁判所	84
取引裁判所	5
労働裁判所（？）	13　　{民事？}
公安裁判所	9
警察裁判所	58
その他	2
合計	**232**

（その他は獣医協会の郡裁判所とオランダ語話者地域圏上訴審判所）

［図表略］

4．2

裁判所は先決請求についての判決を129件宣告していた。うち45件の判決では違法が確定されている。そのうち12件は裁判は確定的解釈において違法を確定した所見かその他は違法でないとする解釈のいずれかを選択していた。68件の判決は違法性がないことを確定したが、うち2件は解釈上条件付で違法でないとしていた。うち2件は裁判所は請求への回答に対して明らかに権限がなかった。うち3件の判決は却下で結審した。うち10件は提訴への回答は不必要が明らかにされたうち1件は裁判所はその判決を下した裁判所に差し戻した。

2005年に先決請求について宣告された判決の所見による分類

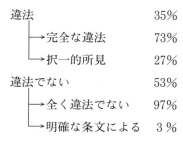

違法	35％
→完全な違法	73％
→択一的所見	27％
違法でない	53％
→全く違法でない	97％
→明確な条文による	3％

第Ⅶ章　地方自治関係法令・資料

第1節　ワロン地方民主制・分権法典

1　まえおき

　この法律（地域圏法）、ワロン地方民主制・分権法典（Code de la démocratie locale et de la décentralisation）—基礎自治体相互間、県法、基礎自治体新法—はベルギーの2大地域圏の一つのワロン地域圏が2004年に初めて制定し、同地域にのみ施行された地方自治に関する基本法である。本来ならば国により制定されるべきこのような法律が、その一部である地域圏により制定されたのは、連邦化に伴い国がワロンとフラーンデレンの南北二つの共同体・地域圏に連邦と対等同格に近い強力な自治権を付与し、1993年に憲法が改正されてそれまでの単一国家から「共同体と地域圏からなる」連邦国家に移行した後、2001年の憲法改正でそれまで連邦政府が保有していた自治体に関する権限がほとんど全て地域圏に移譲されたことによる。したがって、当然フラーンデレンにも同様な法律が別途制定されたが、現地調査の際に今のところそれほど大きな相違はないだろうとことだった。ただし、両地域の歴史的事情から、ワロンでは共同体は地域圏に吸収併合されているところから、地域圏法となっているが、逆にフラーンデレンでは共同体が地域圏より優位で、その両者を併せた名称がフラーンデレンであり、いわば共同体法の形を採ることになった。本来ならばこのフラーンデレンの共同体法も取り上げなければならないが、先述の現地調査の際にはワロン法の県の部分だけ入手でき、その翻訳をした後で全文がインターネット・サイトで取れたので続いて翻訳できたが、フラーンデレンの方はようやく入手はできたものの、オランダ語でやはり分量が膨大なため、遂に手が着けられなかった。

　ところで、ワロン地域圏のこの法律は、フランス語でつぎの6部からなり、

第 1 部　ベルギーの政治と行政

著者の全訳は終えていて、条文数も内容も膨大な量に上り、各部（partie）は、順に巻（livre）、編（titre）、章（chapitre）に分けられ、必要に応じてさらに章の中が順に節（section）、小節（sub-section）へと細分化されている。そして、各条は例えばL1111-1条と表記され、1111は最初の1が部、2番目が巻、3番目が編、4番目が章で、-1は章ごとに順番に数字が振られている。条数は一つ一つ数えないと分からなかったが、数えてみると999か条、飜訳した字数は実に26万字弱に上るので、全訳文は補巻（Ⅱ-1～4）に載せてここでは要約して記述することにする。なお、飜訳した原文は2008年7月15日までの修正を加えた版を用いたが、第Ⅱ部の第Ⅱ巻の県の部分は現地調査の際に入手していた2004年の制定時のものを先に飜訳していたため、ところどころ食い違いがあるが容赦頂きたい。

　第Ⅰ部：基礎自治体（384か条、全訳字数11万6500字）
　第Ⅱ部：超基礎自治体（202か条4万1000字）
　第Ⅲ部：基礎自治体と超基礎自治体に対する共通規定（98か条1万9400字）
　第Ⅳ部：選挙（300か条8万2700字）
　第Ⅴ部：受任と報酬の申告事項の受任者の義務について（10か条、第6部と補遺加えて8,400字）
　第Ⅵ部：雑則（5か条）
　補遺

つぎに、この法典を理解するに当たってあらかじめ知っておいた方がよいことを2～3挙げておく。

まず、法典に出てくるワロン地域圏の地方自治構造は日本と同様基礎自治体（commune）と広域の県（province）の2層であるが、前者は日本と違って市町村といった区別がないので、ここではやや煩雑の感が否めないものの「基礎自治体」の訳を当てる。この基礎自治体は、議会と公選首長の並立する日本のアメリカ型首長制とは異なり、議会に全権があって議院内閣型を採るが、議員選挙は政党の候補者名簿に投票するために小党分立とならざる

をえない。このために、政党間で多数派協定が締結されて｛県も同様｝、その中から執行部の長（bourgmestre）｛但し議員以外でもよい｝と、その長と一緒に基礎自治体理事会（collège communal）を構成する複数の助役｛但し議員以外でもよい｝などの理事たちが選出される。

　つぎに、基礎自治体の広域組織として、基礎自治体一部事務組合（intercommune）、都市圏（agglomération）、基礎自治体連合（fédération de communes）があり、またこの法典には特殊法人の基礎自治体普通公社（régie communale ordinaire）と独立基礎自治体公社（Régie communale autonome）が規定されており、この両公社は県にも同様な規定が置かれている。

　一方、広域の中間団体である県は、フランスのナポレオン法典に範を採った自治体と国の出先機関の二重性格を有し、県議会とは別個に地域圏の官吏である県知事が任命されるが、ここにも県理事会が置かれる。

　また、制定当初の日本の地方自治法と同様全体の3分の1近くを占める選挙に関する規定が設けられているが、これは巻・編・章・節の目次を挙げて簡単に説明するにとどめる。

　そのほか、ベルギーが両大戦でドイツ軍に席巻され、特に第2次世界大戦ではナチスへの協力者を多数出したところから、法文中に再三にわたり全体主義的思想の信奉者を役職から徹底的に排除する規定が置かれるなどの特色がうかがわれる。

　なお、この法典で使われる「政府」（Gouvernement）の語はワロン地域圏政府を指す。

　最後に、ベルギーの地方自治法典の紹介は本邦で初めての試みであり、合併後の10万以上の基礎自治体に完全な分権地区組織を設けるなど、いろいろわが国の地方自治改革に参考になる事項が含まれているように思われることを指摘しておきたい。

　法典の原文は補巻（Ⅱ）を参照願うとして、以下各部ごとに要点だけ記すが、第4部の選挙は大部なこと、選挙の流れが巻・編・章・節・小節の目次

第1部　ベルギーの政治と行政

だけ追えばほぼ把握でき、本書の目的からすればそれだけで十分なことから、詳細は補巻に収録した本法の全訳（補巻Ⅱ-1）を参照願い、日本の制度と著しく違いのある面だけ部の冒頭に略説するにとどめることにする。

2　第1部：基礎自治体

第1部は、基礎自治体の組織、行政、財政、自治体内の地域機関、自治体間協力の5巻からなる。

（1）第Ⅰ巻：基礎自治体の組織

第Ⅰ巻は、第Ⅰ編：総則（名称、区域、基礎自治体の権限一般の3章）、第Ⅱ編：基礎自治体の中枢機関（総則、議会、長と理事会、書記と収入役、兼職禁止と利害の抵触、宣誓の6章）、第Ⅲ編：基礎自治体当局の法令（総則、起案、公布の3章）、第Ⅳ編：住民投票（章唯一）からなる。

第1編は、基礎自治体（以下第1部では「自治体」と略す）とその集落の名称の政府による決定、自治体の分離独立の際の最初の選挙、両地域の自治体財産、負債や記録文書の分割、自治体の議会間の不一致の紛争、名称・所有の権利に関する紛争の提訴、自治体合併の手続、議員数の増減などを規定、また自治体の権限として財産と収入の管理、地方的支出の決定と支払、その負担での公共事業運営・実施、その負担で維持されるその住民の利用に供される自治体に帰属する施設の管理を挙げる。

第2編は、まず議員、長、助役で構成される中枢機関が置かれるとし、議会の構成員の人数を決める人口数の決定方法、書記と収入役の配置を規定する。議会については、議会は6年ごとに改選され、議員は有権者たちの集りにより直接選挙されること、議員数を決める人口数の分類表の掲示、当選辞退、失格、育児休暇、無報酬、出席手当、その他の役職による報酬とその限度額、障害者議員の介添えとその資格要件、議会の審理対象、必要資料入手権、施設・業務の検査権、質問権、議会招集回数、理事会の議会招集権と議会構成員の招集請求権（議員の3分の1）、議事録の作成と朗読、議事録に所見を述べる権利、定足数、内規の採択、内規による職業倫理規定と倫理規

定の制定、招集状と議事日程送付などを規定する。開催される議会については、会議の議長は長かその代理が務め、多数派協定可決以前は前議会の最後に長の職務、不在なら助役の職務を、また順位が最上級か不在なら議会の最年長の議員としての職務を行っていた議員により主宰されるが、前述の全体主義的思想の信奉者を役職から徹底的に排除する規定が置かれ、議長が議会を開閉し、除斥条項が規定され、議事は公開、非公開・緊急事態の条件、予算・会計の審議資料の事前送付、議長の議場取締権と違犯者の処罰、議決の投票方法などを規定する。審議内容の住民個々人、県知事・県理事会への忠実な伝達、議会の権限としては、審議対象、審議に対する監督庁の承認制限、事前審査、内部管理規則作成、その送付先と県公報登載、罰則とその手続の詳細、特に徴収のための「執行官」の政府による任命、理事会による許可の一時停止・取消等の処分、討議準備のための委員会の設置、委員の各会派間への比例配分、行政関係委員会の設置、自治体事務組合・自治体が構成員の外部法人への自治体代表選任、審議会の設置、その協議の義務付け事例の決定と委員の同性3分の2以下の制約、全面改選時の理事会の評価報告提出を規定する。つぎに、長と理事会については、その選出のための政治会派の構成と多数派協定採択の手続について詳細な規定を設け、長は多数派協定の政党である政治諸会派の中で多数を獲得した名簿上で特に多数票を獲得したベルギー国籍の議員が当然選挙されるが、議員以外の選出も可能で議会内に議席を占め発言権を有するのが目につく。理事会の構成員は長、助役、社会福祉協議会会長で、異性からなり、議会に責任を負う。長は欠勤・支障（大臣・副大臣・地域圏構成員に就任も）の場合は助役が代理、不行跡等による停職・解任、議会に席がなくなれば資格喪失となる。助役は議会構成員中から選出、理事会での投票権・発言権を有し、人数は自治体の人口規模により2人～10人、長と同様の場合の代理は同一会派の議員、議員同様の育児休暇、停職等は長に同じ。理事会は対議会責任を負い、議会による不信任動議提出とその後の手続が規定されている。また、長・助役の俸給が人口規模に応じて決められ、支払方法は休暇給与や年間賞与ともに政府が決定する。理事会

183

は長が議長で、過半数出席が定足数、会議は公開、11項目の責務が列挙され、ほかに戸籍事務の部下への委任、公益質屋の監督も担い、助役の選挙後3か月以内に議会に主要政策草案を含む一般政策綱領を提出する。長は各種法律・規則の執行に責任を負い（機関委任事務）、ユニークな施策だが社会福祉協議会会長の要請に基づき無宿人が自由に使えるよう6か月以上放棄された全ての大きい建物の徴発権を所有者の建物に設定することから出てくる処分をする。なお、2007年の地域圏法改正で各理事会構成員に1人秘書が配置された。

さらに、理事会の権限下で自治体の業務を指揮し、職員の長となる書記と、別に収入役についてのそれぞれ詳細な規定が設けられているが、内容は補巻（Ⅱ-1）の原文に譲って要点だけの概説にとどめる。書記は議会の任命、議会か長の指揮に従い、議会か理事会の提出事案を準備し、俸給は法定の人口規模別俸給表で支払われ、住民6万人以上の自治体では書記補が置かれる。収入役（日本では無用と判断されて廃止）は、人口1万人以上は議会任命の地方収入役、以下は政府任命の地域圏収入役に分かれ、前者は自治体議会、後者は県知事が決める保証金の性質と額、供託、額の追加、金庫に欠損が生じた場合の先取特権、給与、配偶者を含む営業従事禁止、職務としての徴収事務、支払命令書発行、自治体議会や県知事による手持ち現金の定期検査、欠損の場合の金額確定以下賠償・不服上訴の手続、収入役に準ずる特殊公務員に関する同様な規定、管理終了の会計報告作成などの規定が設けられている。

その後、兼職禁止及び利害の抵触の章が置かれ、自治体の議員については県知事以下11項目、理事については聖職者以下3項目の追加、議員は2親等までの親族か姻族、結婚か法定同棲による除斥、抵触した場合の解決法、長や助役と書記・収入役の兼職禁止、議会全員の自治体業務等への参加など禁止行為4項目の規定も置かれている。最後に、ヨーロッパ特有の宣誓についての章が5か条で構成さている。

第3編は、自治体の法令にはその執行を担う地域圏や共同体の法・規則・

第Ⅶ章　地方自治関係法令・資料

命令を含められないとしたほか、書記が議会と理事会の議事録を閉会後 1 か月以内に作成し、長と書記が署名、また法令の公布と施行、閲覧場所について規定している。

（2）第Ⅱ巻：自治体の行政

第Ⅱ巻は、第Ⅰ編：人事（総則、行財政法規、任命、禁止、懲戒制度、特別法による人事の 6 章）、第Ⅱ編：自治体の財産管理（自治体への贈与と遺贈及び自治体内の公共施設、契約、自治体の道路の 3 章）、第Ⅲ編：自治体の一定の事務事業の管理（自治体の公社、死亡と埋葬、公共施設の 3 章）、第Ⅳ編：責任と司法行為（自治体の民事責任、司法行為の 2 章）からなる。

第Ⅰ編は、人事への適用法規、議会の決定事項として公務員の募集と昇進の範囲と諸条件、財政法規、俸給表、格付け、手当（家庭住宅手当、家族手当、休暇賞与、家族休暇賞与）、特殊公務員（医師、獣医、教育職員）の任命、営業禁止、懲戒制度、戸籍関係職員の任免について規定する。特に懲戒制度は27か条に及び、適用範囲、懲罰理由、懲戒の種類、懲罰対象、地域圏収入役の懲罰、弁明の機会、一件書類の作成、召喚状、弁明理由通告、聴聞調書、証人聴聞、懲罰宣告、聴聞公開、決定の通知、懲罰記載抹消、予防的休職とその宣告権限・俸給留置きと昇進の資格剥奪・通知・発効日、追及の期限（6 か月）を規定する。

第Ⅱ編は、自治体への贈与と遺贈および自治体内の公共施設では一定額以上の場合の議会の認可等、契約は収益の条件決定、賃借料減免、議会の権限の理事会への委任を定め、そのほか幹線道路の決定や移管について規定している。

第Ⅲ編は、まず自治体の公社が施設や業務の管理を任され、普通公社と独立公社の 2 種があり、商工業の管理方法に従い、暦年制の会計年度を採用、純利益は毎年自治体の金庫に繰入れ、財務管理等の規則は政府の決定、特別会計を採り、任命、懲罰、担保に関しては自治体収入役と同じ規則に委ね、独立公社の活動は政府が決定し、理事会と経営委員会が運営、前者は全活動の達成、後者は運営の監督、理事は議会の任命で議員数の半分以下18人限度

で構成、理事会の過半数は議会構成員、議会の構成比率で任命、非該当の政治集団の場合はオブザーバーとなり、例の全体主義的思想の信奉者を役職から徹底的に排除する規定が適用され、自治体代表の理事たちは異なる性からなり、理事長は県議会任命者中から選出される経営委員会は代表委員１名と取締役理事４名で構成、代表が運営を主宰する。その財政監督は１人は企業診断協会会員の有資格者で残りは議会議員の３人からなる役員会に託される。公社の様々な機関の任務は全て新議会の就任後の理事会の最初の会議のときに終了、議員は退職する。また、財産の取得、使用、譲渡、物権の形成・抹消、決定の実施と資金調達方法を決定し、独立公社はその子会社と協力し、投票権の過半数を握ってその会長職を引き受けるが、議会の議員たちの理事は無報酬、毎年度理事会は活動報告と事業計画を作成する。

　つぎに、日本では見られない死亡と埋葬の章が置かれ、自治体か基礎自治体事務組合が最低１個所設置を義務付けられている墓地の埋葬場所と火葬場施設、葬式と墓の形態等具体的な規定が設けられているが、詳細は補巻（Ⅱ－１）に譲るとして、日本のように火葬が原則ではなく、ヨーロッパ特有の土葬が圧倒的に多くて、自治体が墓地を用意することに留意。

　（３）第Ⅲ巻は、第Ⅰ編：予算と会計（総則、予算の可決と会計の決算、予算と会計の公表、予算の均衡、基礎自治体会計の総決算の５章）、第Ⅱ編：負担と支出（章唯一）、第Ⅲ編：収入（総則、自治体の資金調達全般の２章）からなる。

　第Ⅰ編は、自治体の財政年度は暦年制、監督庁による減額予想の任意支出配分の制限、支出への予算に計上された配分額と県債の使用禁止、計上額厳守、緊急時対応、決算議会は毎年度第１四半期の間に前財政年度の年次会計決算を行い、予算議会は10月の第１月曜日に開催、予算と諸会計の公表は自治体庁舎で閲覧、予算の均衡保持厳守、不保持の場合の措置、政府による会計係の職務の行使方法に関する規則と自治体の予算、財政、会計の諸規則の決定を規定する。

　第Ⅱ編は、自治体議会は諸法律による自治体の負担の支出予算を毎年度計

第Ⅶ章　地方自治関係法令・資料

上する義務として、戸籍登録所の購入費と維持費、県公報の定期購入など18項目を列挙（詳細は補巻Ⅱ-1参照）しているが、日本では対象とならないベルギー特有のものとして「カトリック教会堂の建物の資力が不十分と確認された場合に事実についての現行諸規定に従ったこれらの施設の応急措置」があり、また自治体警察のための諸費用が目につく。

第Ⅲ編は、予算不足額の補充方法の提示、地域圏全体に適用される資金調達の方式と計算式、それに必要な公営住宅の分類、計画策定、基金創設、予算配分割当、配分率、予算総額等を規定している（詳細は補巻Ⅱ-1参照）。

（4）第Ⅳ巻：基礎自治体内の地域機関

第Ⅳ巻は、第Ⅰ編：基礎自治体内の地域機関の組織（総則、（地区）議会、執行部と議長、書記の4章、第Ⅱ編：管区当局の諸規則（総則、諸規則の起案と公布の2章）、第Ⅲ編：住民投票（章唯一）、第Ⅳ編：地区の行政（章唯一）、第Ⅴ編：地区の財政（章唯一）からなる。

第Ⅰ編は、行政機関として地区議会、執行部、議長があり、まず、地区議会は人口10万人以上の自治体ではその議会の発議で創設され、議員の任期は6年、関係地域単位の住民として登録された有権者の会議により選出され、選挙は自治体の選挙と同日に執行、人数は基礎自治体の規模の3分の2、関連条文が列記され、自治体議会・議員→地区議会・議員、理事会→執行部、長→議長の読替え、その意見尊重、自治体議会・理事会・長の各種権限をそれぞれ地区議会執行部・議長に委任可能、その除外事項として職員、予算、会計、課税、警察を挙げ、各地区平等に職員と財源を充当、自治体議会への協力、執行条例の使用、地区議会の拒否への対応措置、自治体議会の事前審査、内部管理規則制定、罰則、委員会、審議会を地区議会に準用、協議権、議事日程登載権が規定されている。つぎに、議長と執行部の構成員は推薦証書の承認による地区議会の選出で両性を含むほか詳細な選出方法が規定され、長と助役に関する条文の適用対象、執行部の責任として地区の建設した施設と地区の工事の指揮を規定、ほかに自治体の助役集団から委任される自治体の地区内施設、不動産の管理、里道と下水の維持を列挙、自治体理事

会による地区議会議長会議の招集、地区書記1人の配置が規定されている。

第Ⅱ編は、地区の規則・公布の諸法令・決定の遵守、自治体規則への準拠を規定する。

第Ⅲ編は、住民投票について自治体の住民投票規定を適用、必要な読替えを規定する。

第Ⅳ編は、自治体議会による職員の枠の承認、その理事会の命令への服従、職員の身分は自治体に帰属、他への転職可能、地区議会による監督、懲戒を規定する。

第Ⅴ編は、自治体議会が自治体の予算に計上される一般割当額、特別割当額、毎年地区に与えられる職務の基準を決め、地区議会は常に地区の財政形式について前もって意見を出す義務があり、自治体の予算と会計に関する諸規定の特に以下のものを含む地区の予算と会計への適用、地区執行部の契約締結と支払命令、地区議会の執行部の権限下に置かれる地方収入役、自治体議会の年次予算と会計の採択に関する地区議会への一律適用、収入役も地区行政機関に財政上か予算上の影響を持つ事項の全てに関して地区議会執行部により聴聞され、自治体の予算と会計報告、公表、予算の均衡の規定は地区の会計と予算に一律に適用される。

（5）第Ⅴ巻：基礎自治体間の協力

第Ⅰ編：総則（適用範囲、協力形態の2章）、第Ⅱ編：運営方式（基礎自治体間の協定、計画協会、自治体事務組合、国際関係の4章）、第Ⅲ編：良き統治の原則（兼職禁止と兼任不能、権利と義務、仲裁と利用者憲章の3章）、第Ⅳ編：暫定措置と最終処分（章唯一）、第Ⅴ編：雑則（章唯一）、第Ⅵ編：行政の公開（章唯一）からなる。

第Ⅰ編は、ワロン地域圏の境界内を適用範囲とし、協力形態は自治体間の協定、計画協力、自治体事務組合、自治体の措置の4種、自治体には協定締結権、自治体の利益の計画化、利用と管理の確保のために法人格を持つ協力組織の計画協会を創設でき、公法人や私法人は参加できるし、自治体事務組合にも所属でき、ワロン地域圏の参加は全て認められ、法人の出資分担の取

第Ⅶ章　地方自治関係法令・資料

得は理事会の決定、資本は10％以上、基金の5分の1以上の場合は自治体の出資者代表によりその単純多数を含む投票の単純多数で決定される。計画協会と事務組合は公法上の法人であり、営利的性格を持たず、公用収用、負債、無償譲与の受入れ、官公署の補助金を受領できる。協定には有効期間、更新、解約、参加自治体の出資分担額とその出資分担額の管理方式、内部組織、権利・相互義務、財政上の影響、各自治体議会による年次評価、財政変動の確定、果実の割振り、財政統制と協定終了時の資産の配分に関する諸規定を含む。

　参加自治体の一つが管理者となり、その職員を使用、各自治体代表からなる管理委員会と、別に自治体の議会か理事会の構成員の中から任命される協定管理委員会（無報酬）が設置される。ユニークな組織である計画協会は関係各自治体の決定により最大限6年の期間設立され、脱退は規約に決められた期限以前には不可能、規約は6年以内なら更新可能、協会の終了時には解散、収用財産は公共用のために維持される。規約には名称、目的、期間、出資者の表示、その予想出資分担額、その他の出資、協会管理委員会の構成と権限、意思決定方式、それらについて協会管理委員会の他の構成員に委任する可能性とその構成員の任免方法、利益の割振りと出資者による損失の毎年の負担方式、清算方法、清算人の任命方法とその権限の決定、解散の場合の財産の用途と職員の帰趨が規定される。管理委員会は出資する諸県の県議会の全員が指名され、この比例代表の算定には、政党間協定か再編成について個人の選択した申告が考慮され、例の全体主義的思想の信奉者を役職から徹底的に排除する規定が置かれ、自治体や県の議会や理事会の構成員は兼職できず、同一性のみは不可、出資自治体の管理委員は最小で4人、委員会全体は15人以下、委員長は自治体が占め、委員会は人事権を有し、財務状況の検査は管理委員会により企業診断協会員たちから指名される診断員に任され、会議は非公開、議事録、内規の作成、決定は単純多数決、出資分担金総額は協会の資本合計の49％以下、会計方式は法定される。

　事務組合は非営利目的団体であり、営利法人と非営利団体に関する諸法律

189

第1部　ベルギーの政治と行政

を適用、定款には名称、目的、活動分野、法律形態、本部所在地、有効期間、出資者の表示、その出資額、分担金とその他の投資、自治体事務組合の管理機関の構成と権限、構成員の任免方法と手段、年次会計報告、検査員団の報告、出資分担金の取得に関する特別報告、自治体事務組合の運営報告、総会用のその他の全資料と戦略計画の出資者への伝達方法、利益配分、正味の資産が事務組合の資本の4分の3以下の金額に縮減される出資者による損失の負担、資金の管理方式、出資者の引出し方式、清算方法、清算人の指名とその権限の決定、解散の場合の資産の用途と職員の処遇の方法、理事会の特別の委任なしに自治体事務組合の契約のための二重署名の原則が盛られ、設立の際は組合の資本総額が正当化される財政計画が創設者たちの出資者の各自に送付され、自治体事務組合の本部に保持され、本部は出資者自治体の一つか自治体事務組合に帰属する建物の中か出資公法人の一つに設置される。

　存続期限は30年以下だが、30年以下で1期か複数期延長でき、期限の最終日の1年前に総会で決定の必要、出資者は連帯責任は負わないが、出資額の限度で事業に責任を負う。定款は事務組合の期限切れ前の脱退を準備し、出資者は定款の開始か加盟から15年以降にその他の出資者の3分の2の賛成で肯定票が出資自治体の代表の投票の過半数を含んで表明され、脱退者が専門家の決める評価の損害を償う条件付きでその脱退原因が事務組合やその他の出資者たちにある限りなど列記された4条件の一つを満たせば脱退できる。出資には限度額があり、また追加の負担か権利の縮小をもたらす定款の修正については全て自治体議会と県議会が審議できなければならない。

　中枢機関として各自治体事務組合は総会、理事会、報酬委員会の最低3機関を有し、理事長か階層制の最高位を占める者は全ての機関に発言権を持って出席するが、比例代表の計算にも理事の人数の計算にも考慮されない。資本構成か事務組合の基金において当事者たちの出資の比率とは無関係に自治体が常に組合の様々な管理機関の委員長職と投票の過半数を保有する。全ての機関の決定は、投票の過半数と、出席するか代表する自治体の出資者たちの票の過半数を要する。各管理機関は内規を採用、各機関の構成員たちの署

名を受け、自治体・県議会議員たちの協議方式と査察権を要約し、特にその機関に代表がいない出資自治体に関係する審議案の事前の説明方法を含む。総会に参加する代表たちは各自治体の議会により議会や理事会の中で当該議会の構成に比例して指名され、代表者数は議会の過半数を代表する3人を含む5人と決められ、県の参加の場合は県出資者か出資者たちの総会代表も同じである。各自治体は総会で定款か保有持ち分数により定められた投票権を行使する。総会は最低年2回開催、理事会構成員の3分の1、資本金の少なくとも5分の1の出資者か会計検査委員会の要求で特別会議を招集される。関係自治体や県議会の構成員たちは個人の問題のとき以外はオブザーバーとして出席できるが、個人の問題の場合には議長は直ちに秘密会を宣言してこの問題の審議が終了するまで非公開となる。出資者の自治体と県、それらの議会の議員たちは組合の予算、会計、管理、監督機関の審議を協議でき、組合の建物や事業を検閲できるがこれらの議員たちが例の全体主義的思想の信奉者を役職から徹底的に排除する規定に該当する場合は協議権と検閲権の享受から排除される。事業年度の最初の総会は6月末までに開催され、必ずその議事日程に終了した事業年度の年次会計を入れ、それには活動領域ごとに要約した会計と、一般的な仕様書の義務規定全てが適用される労働、物品調達かサービス契約の落札者名簿を加えるが、この名簿はそれにより落札者が指名された契約の締結方法を明らかにする。指名された管理者は全ての場合に理事会において投票権を有する。事業年度の2回目の総会は第2四半期中の12月末までに開催され、基礎自治体の選挙の年の12月の最初の月曜日より前に開催される。自治体の選挙の年の翌年の最後の総会と自治体立法部の任期半ばの翌年の最後の総会は必ず3年間の戦略計画の承認をその議事日程に加える。計画草案は理事会により作成され、出資者の自治体と県の議会に提案されて論議され総会で決定される。総会の権限として、年次会計と戦略計画の承認、役職者の任免、給与、職務手当、出席手当、出資者たちの辞任と除籍、清算人たちの任命、権限・給与の決定、出資者たちの辞任と除籍、各管理機関の内規の最小限の内容の決定、職業倫理規程と各管理機関の内規に

付加される倫理規定の採択、協議と査察の方式の規定など9項目を規定する。

　理事会の構成員は総会により任命され、異なる性であり、出資自治体代表の管理者たちはその議会全体に比例して指名され、例の全体主義的思想の信奉者を役職から徹底的に排除する規定に該当する団体の管理者になっていた政党か既述の諸政党はこの比例の計算のためには考慮に入れられず、人数は10人〜30人、議席数は組合の出資自治体全体の住民数に応じて決められ、住民1万5000人一区切りごとに最大限5人までとされる。毎年管理者たちは一覧表を作成し活動領域ごとの年次会計報告と連結会計報告、管理報告、戦略計画の評価と出資分担の取得についての特別報告とを決定する。

　報酬委員会は理事会の中に構成され、総会に出席手当、職務手当その他の手当に関するそれぞれの決定についての勧告を出し、管理職の報酬や特典を決め、内規を作成するが、各出資者の自治体、県の議会全体の比例代表で指名された5人の管理者で構成され、委員会を主宰する理事会議長を含み、任務は無報酬である。

　理事会はその責任の下でその権限の一部を、特に基礎自治体事務組合の特殊な活動領域を管理するために一つか複数の管理に限定された機関に委任できるが、財政戦略についてと人事に関する一般規定についての決定は理事会による委任の対象とすることはできない。これらは理事会により出資者の自治体、県の議会の比例代表で指名される最低4人の管理者からなる。

　県の出資が特権的な持ち分以外に自治体事務組合の出資金の半分以上の分担額になったときは県に帰属する管理諸機関の投票の過半数を握り、理事会の議長職は県議会の一人に託され、県の出資者が組合の負債の半分以上の終期付き債券の保証を請け負い、その負債の総額がその出資金の半額以上に達するときは理事会の議長職は県議会の一人に託されることを計画できる。

　ワロン地域圏の出資が特権的な持ち分以外に自治体事務組合の出資金の半分以上の分担額になったときは、ワロン地域圏に帰属する管理諸機関の投票の過半数を握り、理事会の議長職はワロン地域圏の代表の一人に託され、いつでも組合にその様々な機関内のその代表の交代を通告できる。諸管理機関

の諸決定がワロン政府により任免される2人のその政府委員の監督に服する3条件として、①政府委員たちは管理諸機関の会議に発言権を持って出席し、組合の台帳、書簡、議事録、全ての書類や全ての文書を精読・調査でき、全管理者、公務員や係員に説明か情報を要請し、全てのことに点検を実施でき、組合の規則、定款か義務の尊重に関する疑問を全て理事会の議事日程に記載できる、②政府委員は誰でも法律、命令、定款か全体の利益に反すると思われる全ての決定の執行に対する上訴手段を取るために丸4日の期限を有するが、上訴は停止効果を持つ、③委員たちは上訴を政府に行うを規定する。

　総会は出資自治体の代表たちの3分の2の多数決で組合の解散を宣告できる。期限前の解散、非延長か撤退の場合には、以前に自治体事務組合に託された活動の全部か一部を要請してきた自治体か団体は、その域内に所在する設備か施設を専門家の言を満たす評価に従って正当な価格で引き取る責任があり、政党間で決定した方式に従って専ら引き取った活動に影響のある組合の職員を同様に関係のある団体の目的の実現に振り向ける。ただし財産は自治体により完全に財政措置されてきた限り自治体の域内に存在し自治体事務組合によりその利用に影響され、完全に原価償却されている以上自治体に無償で戻される。その代わり、自治体が使用している設備や施設の配置は、自治体事務組合により、または原価償却されていないその他の行政機関の補助金を使って財政措置されていた財産とそれに帰属する負担も政党間の協定の対象となる。脱退した自治体は脱退発効以前に団体の会計年度の総決算から生ずる配分利益を受け取る権利がある。

　自治体事務組合の会計は企業会計に関する立法に従って管理され、定款の準備した活動領域から生じた欠損と利益の割振りを認めるために組合の活動領域固有の特別法規に従う義務があり、管理報告、年次会計報告、会計検査委員会報告、出資分担に関する特別報告、前年の戦略計画かその年次評価報告は毎年出資自治体と県の議会議員に同時に同じ方法で送達される。各組合は固有の資金を持つ責任があり、内部統制方式は理事会が決め、理事会は支払と領収の管理の責任者に指名されるが、活動領域の場合は活動領域の管理

に限定された機関が関係領域の支払と領収の管理の責任者に指名される。各組合は会計検査委員会を設置し、一人か複数の有資格検査員と地域圏検査機関の代表一人からなり、財政状況の監督、年次会計、とりわけ会社法と組合の定款に関係する経営の適法性に責任があり、検査員か検査員たちは総会により企業検査協会の自然人か法人の会員から任命され、地域圏検査機関の代表はこの機関の提案を受けて総会により指名される。ワロン地域圏は地域圏の事項のための税制を自治体事務組合に委ねることができる。

　一定の分野に適用できる国際協定や条約に従って自治体、計画協会、自治体事務組合は国境を越えた公法上の法人に、この法人がそれへの参加を義務付けられている司法制度があったとしても参加できる。外国の司法制度への参加が義務付けられている法人はそれらの国の法律が認めさえすれば自治体事務組合に参加できる。

　第Ⅲ編は、まず兼職禁止として自治体事務組合・計画協会では出資者の行政庁や機関の一構成員はそのために創設される活動の管理者か特約譲受人代表とはなれないこと、つぎに兼任禁止として自治体事務組合の全管理者・計画協会の管理委員会の全員には利害関係を有するか4等親以内の親族か姻戚が個人的な直接の利害を有する対象についての審議への出席、組合か計画協会と締結される取引契約への直接か間接の参加、組合か計画協会を相手取った訴訟への弁護士、公証人、実業家としての参加、同じ資格で組合か計画協会の利害について何らかの係争事件で訴訟を起こし、助言するか従事することが規定される。自治体か県の議会の全員にその自治体か県がそれらに3人以上の執行権者を関与させている自治体事務組合か計画協会に従事することが禁止される。その任命に当たりその職務の執行ができない罰を受ける条件で管理者か団体の管理委員会の構成員は名誉にかけてこの禁止の場合には当たらないという申告を果たす。その項目の中に直接永続的な利害の抵触を引き起こす可能性のある同種の活動を目的にしている私法上の団体の管理と検査の諸機関における任務を遂行している場合には、出資者の行政庁に留保された管理者か団体の管理委員会の構成員の職に任命されることはできず、上

第Ⅶ章　地方自治関係法令・資料

述の申告を要する。前述の組合の会計検査委員会委員の任務は出資者の自治体と県の議会の構成員に割り当てることはできないし、出資自治体の議員、助役・長、出資県の県議会議員、県副知事、出資者の社会福祉公共センターの職員は自治体事務組合の管理者か出資計画協会の管理委員会の構成員にはなれない。自治体事務組合の職員の最高位を占める者はその出資者である県か自治体の県理事会か自治体理事会の構成員となることはできない。自治体事務組合の構成員は全て政府の構成員の職務を遂行する執行任務の保持者になることは禁じられていると見なされる。

　つぎに、権利と義務として、その就任に当たり計画協会の管理者か管理委員会の構成員は書面で、管理機関に有効な職務に留意、職業倫理規則、特に利害の抵触に関して、特権的情報の利用、忠誠、秘密厳守、良好な公金管理を遵守、自治体事務組合か計画協会の活動領域で就任時に活動分野と結び付いたニュースが必要とされるつど組合か計画協会から提供される研修や情報の会議でその専門的な能力を開発して発揮し、管理機関が組合や計画協会の定款、法律、命令その他の規則の規定遵守の約束をする。自治体、県か社会福祉の議会の要請で、出資者の自治体、県の理事会任命の組合の代表は会計、戦略計画かその評価、特に関係議会の論議に有益と判断する事項全てを議員たちに提案する。管理者たちは組合の契約に個人的責任は負わないが、自治体の法規に従いその任務の遂行と管理中に犯した過ちには責任を負い、また組合と第三者に対して組合の定款や有限責任共同組合か株式会社に適用できる会社法の諸規定に違反した結果生じた損害賠償の全てには連帯責任を負う。管理者たちは違反に責任がなく、その知った後の次の総会でこれらの違反を告発していれば責任を免れる。協会の管理委員会の委員たちは計画協会の契約には個人的責任を負わず、自治体の法規に従ったその任務の遂行と管理中に犯した過ちには責任を負い、計画協会や第三者に対して計画協会の定款の諸規定に違反した結果生じた損害賠償の全てには連帯責任を負うが、違反に責任がなく、知ったならば直ちに計画協会の加入者たちにこれらの違反を告発していれば責任を免れる。総会は理事会の要求で全ての管理者にその一員

第1部　ベルギーの政治と行政

である機関の内規違反か前述の約束をした管理者に予審をし、召喚できるが、出資者たちはその委任者たちに強制委任を与えることはできない。計画協会への一般の出資者はその任命した協会の管理委員会の構成員の誰でも召喚でき、管理者に予審を行う。その資格で自治体事務組合か計画協会での任務を遂行中の自治体や県の議会か社会福祉の構成員は当然自治体や県の議会か社会福祉の一員であることを辞めたとき、もはやその意思によるか除籍に続いてそこに選挙されている政党名簿の一員でなくなったときは辞職したと見なされる。組合の各種機関の任務は全て自治体と県の議会の全面改選に続く初議会の直後に終了、その同じ総会で新諸機関の創設が行われる。計画協会の管理委員会内の各種機関の任務は、当該管理委員会の会議が自治体と県の選挙の年の翌年の3月1日以後に開催され、出資者の自治体と県の全てがそれらの構成員たちの取決めの個別の任意の申告か再編を通告していない限り全て自治体と県の議会の全面改選に続く上述の管理委員会の直後に終了、その他の出資者による管理委員会の構成員たちの指名は当該議会の新設の後に行われる。計画協会の管理委員会の構成員たちには実働の会議について出席手当が与えられ、その額はワロン政府により設定される限度を超えることはできない。

　総会は組合の理事会の構成員たちに実働の会議について出席手当を支給できる。総会はまた管理に限定された機関の構成員たちにも実働の会議についてその額が理事会の構成員たちよりも低いか等しい出席手当を支給できるが、同日に開催の同じ組合の同じ機関の複数の会議に出席してもただ一つの出席手当しか与えられず、出席手当の額はワロン政府により設定される限度を超えることはできない。総会は出席手当の代わりに執行を行使する管理者たちにワロン政府設定の支給条件の限度内で職務手当を支給できる。

　各自治体事務組合は仲裁サービスに加盟し、政府がワロン地域圏の自治体事務組合の仲裁サービスへの加盟の方式、業務、財務規定を決め、組合は利用者へのサービスに関する組合の義務、自由に使える確認か請求手続、市民のための情報提供に関する現行諸規定を含む利用者憲章を作成して採択する。

第VII章　地方自治関係法令・資料

各組合は情報提供に適したインターネット・サイトのサービスを提供する。
　第IV編は本巻が官報の発刊の日に発効し、発効時と1996年の地域圏法に従った時期との間に存在した自治体事務組合の定款を本巻の諸規定に一致させ、本法で予定される組合内の新諸機関の設置は2006年の自治体と県の選挙の後の新理事会の設置と同時に行われ、前述の地域圏法に従った組合の現存管理諸機関は前述の定款の修正と2006年の自治体と県の選挙の後の諸機関の一新の範囲内では本巻の発効日に含まれていた構成員数以上にはできないこと、地域圏の監督機関に権限を付与する地域圏法の発効以前は自治体事務組合の監督は一人か複数の検閲官により確保されるとした。
　第V編の雑則は3か条だが条文の記載がない。
　第VI編は行政の公開に関連する用語解釈として、行政資料（自治体事務組合が活用できる全情報）、人事資料（名指しで指示されるか容易に識別できる自然人に関する評価か能力の判定、その漏洩がその個人に被害を及ぼしかねない行動の記述を含む行政資料）、情報提供（組合の活動情報を一般に提供するための理事会による刊行物の調整と組合の全部課の情報の設計と実行に責任を負う組合の職員一人を指名、全部課の運営の権限と組織を叙述した資料の発行し入手できるようにし、これらの部課から発せられる書簡や資料についてさらに詳しい情報を入手できる者の氏名、資格、住所とEメール・アドレス、電話番号を指示、これらの部課の全ての資料は時効の期限が過ぎていなければ守られるべき形式や期限、取り得る上訴手段、精通している所管機関の指示）、理事会決定の原価以下の資料発送料金、組合の行政資料入手権、ただし個人に関する資料は請求者がその利害関係を立証の必要、組合は請求の範囲内の行政資料の写しの形式での調査、説明か情報の請求を拒絶できる場合の列挙（公表が侮辱の原因となる行政資料、未完成か不完全な資料、余りにも漠然とした形で表明、露骨に秘密として伝えられる見解か意見、明らかに度を越したか繰返し、人々の安全を損ないかねない）（事前に関係者が書面で調査か写しの形での情報に同意していない個人の生活、国法か地域圏法により確立される守秘義務、組合に伝えられた企業や生産の情報の秘

密)、ほかに組合の理事会は公表が組合の財政的・商業的利益の保護に有利でないと認める場合、行政資料の調査、説明か写しの形での情報の請求を以下のものを損なう場合には拒絶できる。延期か拒絶の理由は請求受理後30日の期限内に通知し、延期の場合の期限は15日厳守、ほかに個人資料の訂正や再検討の請求への対応（後者の担当は行政資料アクセス委員会、上訴は国務院)、著作権保護の明示、営利目的利用禁止と罰則、保存資料への適用の規定がある。

3 第2部：超基礎自治体

第2部は、都市圏・基礎自治体連合、県の2巻からなる。

（1）第Ⅰ巻：都市圏・基礎自治体連合

第Ⅰ巻は、第Ⅰ編：都市圏・基礎自治体連合の組織（総則、都市圏と連合の主要機関、都市圏と基礎自治体連合当局の行為の3章)、第Ⅱ編：都市圏と基礎自治体連合の行政（人事、財産管理の2章)、第Ⅲ編：都市圏と基礎自治体連合の財政（章なし)、第Ⅳ編：協議（章なし）からなる。

第1編は、都市圏（Les agglomérations）と基礎自治体連合（les fédérations de communes）の組織として、まず前者がキャロロレジー都市圏とリエージュ都市圏の二つで、その管轄区域は地域圏法によって決められ、政府がその決定の前に関係全基礎自治体の意見を求め、それらの議会が提案から3か月以内にその意見を表明、意見がなければ賛成と見なすとしている。つぎに、政府は関係都市圏と自治体連合議会の一致した意見に基づき都市圏と基礎自治体連合の境界を変更か修正でき、区域が全体か一部に関係する自治体と協議するが、決定は地域圏法により正式に承認されて初めてその効果を生ずる。都市圏の一部に含まれない自治体は《連合》{fédération}という下記の自治体の連合の一部になれる。都市圏に最も接近した基礎自治体の結合した連合は全て《周辺連合》{périphérique fédération}と名付けられ、その管轄区域は地域圏法により定められるが、その手続は前記の都市圏と全く同じである。さらに、その他の連合は全て政府により創設され、政府の発議で県

第Ⅶ章　地方自治関係法令・資料

議会が将来の連合の中核となるのに適した基礎自治体の名簿を作成、政府はこれらの名簿の写しを当該県の基礎自治体の全てに届けて各基礎自治体議会に理由を付した意見を提供するよう依頼し、この意見により、議会は自らが指定する隣接の一つか複数の基礎自治体との基礎自治体合併か自らが基礎自治体中核を指定する連合への基礎自治体の加盟のいずれかの意見を表明する。後の手続はやはり前記の都市圏と全く同じである。

　都市圏と連合は本巻により組織される制度に従い、法人格を付与され、諸基礎自治体の諸活動の調整を助成し、基礎自治体の汚物の搬出と処理、人間の有料搬送の権限が移管され、構成基礎自治体の半数の同意と要求で、これらの基礎自治体が人口の3分の2を代表する限り、空港、都市圏、公設市場の用地の決定、屠殺場、公営駐車場、観光に関する奨励・応対・情報提供、キャラバンカー旅行を含むキャンプ場、火葬炉と納骨堂、構成諸基礎自治体への技術的援助業務の組織化を決められ、現在は地域圏から地方分権と地方分散の一環として県に任されている諸権限、都市圏と連合の議会がその区域内の一つか複数の基礎自治体の要求で行うことを承認する諸権限を行使できる。

　都市圏と連合の主要機関は理事会（collège）と議会で、特に本巻の諸規定はそれらの職務に適用できる。議長が議会と理事会の仕事を指揮し、議会と理事会に属する公務の事前の指示に留意し、委任される議会と理事会の諸決定の実施に責任を有するが、議長はその責任の下でそれらの権限の全部もしくは一部を理事会のメンバーの一人に委任できる。

　政府は人口数を考慮して議会の構成員の人数を15人以下、83人以上でない定数を決め、議会は5年ごとに全面改選され、再選可能である。県理事会が都市圏と連合の選挙の有効性、有資格者と補欠の権限について決定を下す。この後、適当な変更を施して都市圏と連合に適用できる条文が列記され、一方議員との兼職ができない官職として県知事、県議会の県代表と県事務総長、郡長、各種裁判官、検事現職と予備の社会福祉審議会委員、国務院、会計検査院、調整部局と記録保存室の構成員、人事管理者、予備役と国民兵を除く

現役軍人、職員、都市圏か連合の俸給を受けるかその監督を受ける公共施設の支配下にある者、農村警察隊、憲兵隊、特殊衛兵隊の隊員、都市圏か連合の一員となった基礎自治体の職員が列記さている。

　議会は本巻により都市圏か連合の管轄となるものの全てを決め、上級庁から付託された対象の全てについて審議し、都市圏か連合の内規を制定し、規則や命令違反を罰する違警罪の罰を設定、俸給を決め、他の給与・報酬は受け取れないが、託された任務の遂行のために当てられた費用は償還される。

　理事会は議会の中から5年任期で選出された議長と理事たちで構成され、それに議長を含む人数は議員数に応じて条例で決められるが、この人数は3人以下、9人以上であってはならず、理事会の構成員はその間に議員を辞めたときにその資格を失う。

　議会の構成員たちの就任式の後で議員たちは最長老議員の主宰下で秘密投票により当票の絶対多数で理事会の議長を選出するが、再度の投票で絶対多数の獲得者がいなければ二度目の投票で投票の多数を獲得した2人の候補者の間で決選投票が行われ、同数の場合年長者が勝利する。議長選挙は政府により承認される。その他の理事会構成員たちは本条の諸規定に従って指名される。

　都市圏か連合の事務局は議会選挙ごとの投票結果の発表直後に議長を除いてそれぞれ各名簿を見直した理事会の構成員数を定め、候補者数を選挙人の数と見なして事務局は議会内の各名簿を基に選ばれる。理事会の構成員たちの序列は対応する基数の順を追って定められ、議長不在時、職務の遂行が不可能な状態、停職（公知の不行跡か重大な懈怠理由）、解任の場合の措置、助役の兼職禁止の理事会構成員への適用、都市圏か連合を結成する自治体の長や助役たちの理事会入りは不可能などを規定、都市圏か連合を結成する自治体の長や助役の俸給は議長か理事会の構成員たちの退職年金か老齢年金の決定や算定に算入される。理事会は都市圏か連合に託される権限のうち、議会の決定の執行、国法、地域圏法、一般規則か県条例の執行、歳入歳出予算計画の編成、歳入管理・支払命令・会計監督、都市圏か連合の諸権利の保全

第Ⅶ章　地方自治関係法令・資料

や財産と施設の管理、都市圏か連合の公社とその部課全体の指揮、業務の指揮、職員の指揮と監督、運転免許証と許可証の交付、原告か被告としての法廷での訴訟（地位保全、時効の中断、資格剥奪の訴訟、緊急審理や占有権についての訴訟などそれ以外の原告としての訴訟は議会の同意が必要）に責任を負う。

　都市圏と連合は本巻の諸規定に従って管轄権を有する事項に決定権を持ち、その機関は与えられる職権を条例や規則によって行使し、その他の問題について諸自治体当局に勧告をする資格があり、勧告により決められた期限内にその結果を報告する。自治体の規則や条例は都市圏や連合の規則や条例に違反できず、議会と理事会の規則と条例は政府により決められた形式で公布され、公布後5日目に強制力を持つ。規則や全てのその他の議会か理事会の法律行為、公布、公的な証書・書簡は議長かその代理により署名され書記により連署され、書簡の署名は理事会の承認を得てその一人か複数人に委任される。都市圏と連合の管轄権に帰する事項内の基礎自治体の規則と条例は都市圏か連合がその事項の行政権を行使するようになる日までその限りで関係基礎自治体においてそのまま適用できる。

　第Ⅱ編は都市圏と連合の行政で、まず人事として議会任命の書記兼収入役が置かれ、住民8万人かそれ以上の都市圏と連合は書記補を一人持てるが、職員の枠で予定される職への任命については、都市圏か連合に移管される公務員には、列記された各種の国法・勅令により認められる抗弁権はないとする。自治体の書記、書記補、収入役の官位への初任命については、都市圏か連合を構成する諸自治体内での最後の任用を受けていた自治体の書記たち、基礎自治体の書記補たち、収入役たちは議会により決められた諸条件に合えば同等の職への任命に対して優先権を有する。都市圏か連合の管轄への移管に関係する基礎自治体の職員たちは職権により都市圏か連合に再雇用され、元の官位か同等の官位と身分で異動し、元の部署でその異動時に保持していた職務を遂行し続けたければ少なくとも得ていたか得ている給与と金銭上の年功を持ち続け、政府はこれらの公務員たちの行政上の年功序列を設け

201

るために用意される一般規則を決め、またその元の自治体に復職できる諸条件を定め、自治体議会または都市圏か連合の議会の要請で政府は職員の復職の結果に関する全ての異議申立について裁定を下す。都市圏か連合の設立から遅くとも12か月以内に関係諸基礎自治体は実際に生じた管轄権の変化を考慮してその職員の枠を決め、管轄権の移管後1年以内に再検討される。

つぎに財産管理では、政府の同意を条件に都市圏か連合は土地の公用収用を続け、不動産の譲渡に関する調停譲渡証書、受領証その他の証書は都市圏か連合の名で行動する議長への出費なしに手渡せる。都市圏か連合は各自治体に代わり移管される権限の行使に必要不可欠な動産や不動産の公有化を実施し、これらの財産が自治体所有ならば強制的に都市圏か連合に移管される。自治体と都市圏か連合は投資とそのための負債の負担を考慮して移管の必要性と移管の方法について理解し合うが、自治体と都市圏か連合との意見が不一致の場合は係争は政府が構成を決める委員会の意見を求めた後に裁断し、全ての裁判手続に適用できる手続を定める。

第Ⅲ編は都市圏と連合の財政で、まず政府が税についてその設定、修正か廃止、関連する課税か規則の議決を承認し、連合の税についての承認権を県知事たちに委ねるが、都市圏と連合の課税は都市圏については知事の、連合については県理事会の支払命令書を受け取った後でしか徴収できず、政府が課税についての徴収、更正、告訴の形式を決める。また都市圏と連合は使用料を設定できる。国益に直接貢献する事項の特典に関する諸法規は都市圏と連合の直接税に適用でき、都市圏か連合の権限行使時には政府は翌財政年度から軽減を考慮に入れて収益諸税に関するこの自治体の財政諸規則、この都市圏か連合に属する自治体の負担を撤廃する。都市圏と連合は補助金、寄付金、遺贈が受けられ、寄付金と遺贈の受領に関する議会の議決は24,789.35ユーロを超えるときは政府の承認を受ける。都市圏と連合は負債や公債の発行ができ、この分野の議会の議決は政府の承認を受けるが、議会は負債の諸条件を政府の留保がなければ新たな承認なしに決めたり理事会に決める責任を負わせたりできる。地方当局の基金が創設されるまでは諸都市圏、諸連合

第Ⅶ章　地方自治関係法令・資料

のために地域圏の予算に特別予算が開設され、その額は年々国庫の一般財源から先取りされ、政府により毎年決められる基準に従って配分される。都市圏か連合の議会は関係諸自治体による協議の後で都市圏か連合のために行使される職権から生ずる支出への分担を要求でき、都市圏か連合の議決は政府の承認を受け、自治体の議会がその負担が条件の分担金の自治体予算への計上を拒否した場合は政府が職権でそれに計上する。毎年度議会が理事会の提案に基づき翌会計年度の歳入歳出予算を決定し前年度の決算をするが、都市圏か連合の歳入と歳出は全て予算に計上され決算に記載される。命令により政府は自治体と県に適用できる諸規定を類推して、都市圏か連合と複数の自治体の両方に関連する歳出に関する手続、都市圏と連合の予算手続、義務的支出を決める。政府は同一諸条件の下、都市圏と連合の決算制度を決め、決算は政府と県の承認をそれぞれ受け、都市圏と連合のそれぞれの決算に記載されるために、株式会社デキシア（Dexia）銀行に、その収益を確立する配当金の配分額、国の事務ごとにその代理として徴収される税収、歳入中の補助金、寄付金、参加金と一般に国、地域圏、県、基礎自治体による無料で与えられる金額の全てを直接払い込める。同行は都市圏、連合および委員会に開いている口座を持つことにより、同行に対して負っている負債金額を職責により先取りすることが認められる。

　第Ⅳ編は協議で、各都市圏とそれらの各周辺連合のために《協議委員会》という協議機関を置き、都市圏の4人の代表と連合のそれぞれの2人の代表からなり、都市圏の理事会と関係連合のそれぞれの理事会はその構成員たちの中からその代表を指名し、協議委員会は関係諸機関の代表により順番に主宰され、都市圏が帰属する県の発議で第1回目が招集されて開設されるが、関係都市圏と連合に、関係都市圏と連合の管轄権に属し、これらの機関の一つ以上に関係のある専門的性格の意見が一致した意見、勧告、提案を提出できる。

　（2）第Ⅱ巻：県
　第Ⅱ巻は、第Ⅰ編：県の組織（総則、県の主要機関、県当局の議事録、住

民投票の4章)、第Ⅱ編:県の行政(県の人事、県の財産管理、県の一定の事務事業の管理、責任と司法訴訟の4章)、第Ⅲ編:県の財政(予算と会計、負担と支出、収入の3章)からなる。

第Ⅰ編は、まず政府は将来暗黙のうちに修正される法令の規定に一致させるために現行法典の第2部第Ⅱ巻を修正できるとして県の廃止を見越した条文を挿入したものと思われる。

つぎに、県の主要機関として各県に県議会、県理事会、知事、そのほかに事務総長と収入役、郡長(地域圏政府委員)を置き、兼職禁止と利害紛争、宣誓を規定する。

　ア．県議会

県議会では、議員の任命方法と規則としてまず議員定数を4段階の住民数別に住民25万人以下47人、25万人～50万人56人、50万人～75万人65人、住民75万人～100万人75人、100万人以上84人と決め、確定人口数の決め方を規定する。県議会は選挙区の全有権者により直接選挙され、1選挙区は2ないし複数の選挙小郡を含むことができる。県議会議員は無報酬、県議会と委員会の会議の出席手当を受け取り、ほかに議事堂から5キロメートル以上に住む議員は議事堂までの行程の公共交通機関の路線上の価格に相当する交通費手当を受け取り、自家用車の場合にはワロン地域圏の諸機関に準じて算出されるが、関係会議の半分しか出席しなかった場合は出席手当の額を没収できる。県議会議員の出席手当やその任務以外に行われる活動費、受領される類の手当、給与、出席手当その他の特典の額は下院と上院議員の議員歳費の1倍半相当かそれ以下で、この額の算出を考慮に入れて、政府により規定される類のそれらの手当、給与、出席手当その他の特典は任務、職務、政治的種類に由来する任務か公職の遂行から生ずる。限度額超過の場合には競合分は減額され、県議会議員は宣誓に続く6か月以内に、本来の任務以外で行われる任務、職務、政治的種類に由来する任務か公職について県事務総長に対して申告を要し、総長はこの申告を削減案を添えて政府かその代表に伝える。報酬を受ける任務の申告を怠るか虚偽の申告を提出した県議会議員は失格する。

この決定は国務院への上訴ができる。これらは公共部門においてと同様に全ての自然人か法人、ベルギー人か外国人により設立された全ての機関か事実上の団体のために従事した委任された任務、支配する職務か職業の全てについても同様である。育児休暇、障害者議員の介添えとその資格要件は自治体と同様である。

県議会は県庁所在地で必要のつどまたは県庁所在地で開催され、議長か一定数の議員により招集され、議事日程には審議計画が付加される。定足数や最初の会議は自治体と同じ、後者で議員資格確認と宣誓の後県議会は議長一人、一人か複数の副議長を選任し、その事務局を構成する。議会は自治体同様その内規により職権行使方法、職業倫理規定と倫理規定を決め、議員たちは会派を結成のために提携し、内規でその構成と職務を規定した委員会を設置して管理計画と契約の執行状況を検査し、議会に報告を行う責任を負い、委員会の構成は比例代表原則に従い、随時専門家と利害関係人の意見が聞ける。予算と会計を担当する少なくとも1委員会は必置である。

県議会の会議は公開だが、非公開にする条件を規定する。

コンピュータ投票以外は発声または着席か起立で投票、それぞれの決議の全体については常に発声と点呼で行われ、コンピュータ投票は発声での点呼による投票に相当すると見なされる。候補者の推薦、役職への任命、休職措置、勤務関係の予防的中断と懲罰だけは絶対過半数の投票で秘密投票の対象となる。発声での投票で議員は発案権を有するが、県議会議員はこの権能を個人で行使することはできない。内規は一人か複数の議員により提出された提案を委員会中か予備知識を得るために県理事会で考察する様式を決める。

議決は全て絶対過半数の投票で決められ、可否同数の場合には提案は否決される。

会議は議長により開閉される。

前回の会議の議事録の朗読が各会議の冒頭に行われ、議員はその本文に対して要求する権利を有し、要求が採択されれば事務総長が新たな本文を提出する責任を負う。議事録は会議の開閉時間、議事日程、朗読の本文、会議開

会時に出席した県議会議員たちの名簿と会議中に実施したその他の点呼の全ての名簿、可決された議決の本文、会議に提出された提案、投票結果と点呼または秘密投票の場合には指名投票名簿か投票者名簿、各議員の指名による発言の記載、議員たちによる議長への意見表明を記載する。議事録に記載される各員にはその投票が可決された議決への反対がその投票の理由への言及を要求されずに認められる。

議会の会議中に投票結果が含まれる審議の簡潔な報告が作成されて議員たちに伝達され、指名投票の場合には各議員により述べられた投票への言及の数が表現され、内規がこの報告の作成方式を決める。

事務総長かその指名した職員たちが一件書類に出てくる資料についての専門的知識を求める議員たちに提供する準備をし、専門的知識が提供される方式を決める。

議事日程に出てこない項目は緊急事態以外重大な損害を引き起こす虞がなければ会議で討議に掛けられず、緊急事態の決定は出席者の3分の2以上しか決定できないし、その氏名は議事録に記載される。

県議会の会議の場所、日、時間、日程は県庁所在地の公示処置と市庁舎内の情報伝達様式と県のインターネット・サイト上に掲示される。報道陣や県の利害関係住民たちは、その要求により県議会の議事日程を原価を超えない料金で知らされる。

議場の警備は議長により行われ、部外者は議会の様々な業務の確保に必要か議長の特別の許可を得た者以外は県議会議員たちの室内とか議席の中へ招き入れることができず、会議中は傍聴を許可された者たちは座席に座り静粛を保つ。傍聴者の中で秩序を乱すか賛否を表明するかする者は全て直ちに退去させられ、議長は違反者を訴追する調書を作成して、0.02ユーロから0.50ユーロの罰金刑を宣告できる違警罪裁判所に送付できる。

議員の発言は議長の要求と許可を要し、発言者は議長か議会にしか話しかけられないが、規則についての警告以外中断されてはならず、発言者が問題をそらす場合だけ議長は警告する。再度警告された後発言者がなお発言した

第Ⅶ章　地方自治関係法令・資料

場合議長は討議終了まで発言をやめさせる。個人攻撃、中傷、悪意を持った非難は規則遵守命令の罰を受ける。議長は議場を乱す議員に秩序遵守命令を出し、再犯の場合には、議長は職権により議事録に記載し、秩序遵守の新たな命令を出すが、この制裁は発言の撤回と討議終了までの発言権の剥奪をもたらす。

　この後投開票の手順と結果が詳記されているが、秘密投票を保証するコンピュータ・システムにより行えるのが注目される。なお、議員は県を代表するのであって選挙区だけを代表するわけではないとの条文が置かれている、

　つぎに、情報への権利として、議員の書面での審議説明要求権とつぎの公開の会議でのて口頭報告要求権の条文があり、住民（法人も含む）も公開の会議で文書により直接理事会に審議説明を要求することができるとの条文もあるが、条件としてただ一人の人間により申し立てられ、質問の形で述べられるが10分以内の発言、専ら県益に関する事項が対象、全般が対象とされる、自由や基本的権利を損なわない、個人の問題を対象としない、専ら統計の分野の資料の取得を目指さない、文献調査の要求ではない、目的が司法の分野の意見を得るだけのものではないが挙げられ、議場での応答の手順が規定されていて、この説明要求、質問と答弁は県公報に発表され、県のインターネット・サイト上に掲示される。

　県議会は強制されない意見を表明する審議会を一つか複数設置でき、その構成、任務、運用規則を決めるが、3年ごとに1度は全員入れ替え、候補者推薦機関に男性一人か女性一人の候補者の推薦手続をした後で、そのつど一つか複数の有効かつ補充的な任務が割り当てられるが、課せられた義務が果たされないときは任命した官公署は候補者を推薦機関にを送り返す。審議会の委員の同一の性は最大3分の2までである。

　県益関係事項か地域圏により委任され地域圏の権限に関する事項のために、県議会はその決定による1分野に関連した下位地区ごとの、県域全体を網羅する参加会議を設けることができ、年次予算の選択の中で考慮されるものを取り上げるために、県の権限に関する分野かその他の分野の中の住民から表

明される優先的な欲求の取りまとめの責任を負う。参加会議はあらかじめ県議会による予算の討議と投票について諮問を受ける。県議会はその創設する参加会議の使命、招集、組織、職務の規則を決めるが、参加会議はその管轄区域内の16歳以上の住民全体に開かれている。

県議会は各種地域圏法その他の法令の適用の留保付で県益であるもの全てを補完原則の尊重に従って規整し、地域圏や基礎自治体の行為と競合しない方法でその権限を行使し、連邦、共同体か地域圏当局に所属するその他の対象全てについて審議する。県議会は県行政部の全ての職員を任命し、停職させ、罷免し、県理事会に部長級まで含めて職員の任命、停職、罷免を委任する。県議会は県行政部職員の範囲を決め、これらの人々の行政上財政上の地位を決める。

県議会は県当局の行為や書類が例え知事か県理事会の任務に関する行為や書類であっても議員たちに調査権があり、県の事務や制度に関する書類を記録する義務があり、それらの写しが事務総長から要求する県議会議員たちに交付される。議会の内規は調査権行使方法と取得される行為や書類の写しの諸条件だけを用意する。手数料が行為や書類の写しの取得に要求され、手数料の額は実費により算定されるが、人件費は算入できない。

県議会議員たちは基礎自治体連合、非営利法人（A.S.B.L.）、県と共同で経営の計画か契約を有する諸団体の予算、会計、表決を協議でき、その方法は経営の計画か契約で決められる。

県議会議員たちは県により創設され管理される施設や公共機関の全てを臨検できる。議会の内規は協議と臨検の権利が行使される方法と日程だけを用意する。県議会議員たちは基礎自治体連合、非営利法人および県と共同で経営計画か契約を有する諸団体を臨検できるが、その方法は経営計画か契約で決められる。

県議会議員たちは県行政の関係事項について県理事会への質問権を有し、法令で決められた例外を除き県理事会の権限を侵害しなければ、その権限を行使する方法について県理事会から報告を受ける権利を有し、口頭で現況質

問できるように議会の会議冒頭に1時間用意されており、平日20日間以内の回答を要する書面での質問権を有する。これらの質問と回答は県公報に発表され、また県のインターネット・サイト上に掲示され、遅くとも3か月以内に質問作成者に回答が送られる。内規が本条の適用方法を決める。その質問権は基礎自治体、宗教の世上権施設、公共社会福祉センターに関する行政監督の資料については提起できない。

県議会はその一人か複数人に必要な情報を現場で収集する任務を負わせられ、その同じ情報の入手のために設置された諸官庁や公務員と連絡でき、連絡で確認された再度の警告にもかかわらず従属する行政官庁が要求された情報の入手が遅れている場合には、議会は現場での情報入手のために当該官庁の人件費でその構成員の一人か複数人に委任できる。

前述の権限にに関して議会は県の行政内規を作成できるが、すでに法律、命令により、または一般行政規則により規整されているものは対象にすることはできない。後に同じ対象について法律、命令か一般行政規則で規整されればそれらは当然廃止される。内規は公布される。

　イ．県理事会

県理事会に関する16か条はまず選挙時に同一名簿上で選出された議員は名称が当該名簿の政治集団を構成し、任期中にその政治集団を離脱する議員は当然その県会議員の資格から生ずる肩書で従事する任務の全てを辞任するが、常に離脱した政治集団に所属していると見なされることを規定する。選挙後単一か複数の協定草案が事務総長の手元に提出されてそこでは政治集団を指定し、そこでは異なる性の人物が推薦される。協定草案はそこに指名された者全員により、またその中の少なくとも一人が理事会に参加するために推薦される各政治集団の構成員の過半数により署名されるが、集団が二人いないときは協定草案は一人により署名される。これらの条件に沿わない協定草案やその政治集団の過半数により署名されていない協定草案の下で議員によりされた署名は無効である。与党の協定が選挙の法的有効性の認証の日から3か月以内に議会の出席議員の過半数で可決され、与党の協定は公開の会

議で発声で投票される。与党の協定が期限内に提出されたが投票に付されない場合は政府委員が指名でき、理事会に代わって当面の問題を迅速に処理する。与党の協定に関する項目はその可決までに各議会の議事日程に記載される。

議会開会中、辞職と不信任の対象となる場合に与党の協定への補則が理事会が決定した理事の入替えを用意するために可決されるが、補則は議会に出席した構成員の過半数で可決される。

県理事会は議会の中から6年任期で選出された6人の県代表で構成され、異なる性で構成され、議会に責任を負う。与党の協定により拘束される政治集団の議員全員が同一の性の場合には前述の規定に違反し、その代わりに指名された県代表が全ての場合に理事会での投票権を持ち、議会に発言権だけを持って議席を持つが、県代表が議会の構成員でないときは被選挙資格の諸条件を満たし維持していなければならない。与党の協定は議会以外で選出される県代表が関係する政治集団を指定し、当然県代表がその身分が名簿上に記載される議員に選出されれば可決された与党の協定の中に含まれる。県代表の席次は与党の協定に表示された名簿の中のその位置により決められる。

出席不能の県代表は不都合を通告した期間中、理事会の提案でその属する政治集団の議員中から議会の指名する議員と交代するが、後掲の兼職禁止の規定の適用を考慮する義務がある。与党の協定により拘束される政治集団に所属する議会の全理事と全議員が同一の性の場合には出席不能の県代表は議会以外の代表により交代できる。育児休暇を取りたい県代表は交代し、引き続き1か月間、県理事会の同意なしに欠席した県代表は辞職と見なされ、書面で議会に通告され、議会はこの通告後の最初の会議のときに正式の決定で承諾、その日に発効する。

その選挙の時点で議会の一員となった県代表はそれを辞めた場合にその資格を失うが、辞職した県代表と統一改選時の県代表たちはその後任が職に就くまで県の当面の問題の処理に当たる。理事会はその構成員各自と同様に議会に責任を負い、議会は理事会かその構成員の一人か複数人に関して不信任

動議を可決できるが、この動議は一人か複数人の後任を推薦する場合には認められず、動議が理事会全員に関係するときは交代で与党を構成する各政治集団の議員の少なくとも半数により提出されなければ認められず、この場合には理事会への後任の推薦は新たな与党協定の構成となる。動議が認められるには理事会構成員の一人か複数人に関係するときは与党協定に参加する各政治集団の議員の少なくとも半数が提出する必要があり、不信任動議についての討論と表決は県議会のすぐ後の議事日程に記載され、不信任動議の原本は事務総長により理事会と議会の各構成員たちに送られ、不信任動議の付託は一般に知らせるよう遅滞なく県議会所在地での掲示に記入される。不信任動議の対象が理事会の構成員の一人か複数人ならば可決は過半数を要する。不信任動議は県議会により公開の席上で審理され、投票は発声で行われ、動議の可決は理事会か異議申立て対象の構成員の一人か複数人の辞職となり、新理事会か新構成員の一人か複数人の選挙を伴う。理事会全員に関する不信任動議は県理事会の就任後の1年半以内、その可決後連帯不信任動議は1年以内、選挙の前の年の6月30日以前には提出できない。

　つぎに議員の給与については、県代表たちは額が上院の任務と密接に関連する議員手当の額に相当する俸給と、その職務の遂行に固有の全責任に見合う一括補償の手当を受け取るが、この額は上院の額に等しく、県庁所在地に住まない県代表たちは県議会により決められる規程に従ってその旅費が弁償される。その派生した任務や政治分野の任務、職務、公務についての報酬や現物給与は前述の俸給の額の半分を超えてはならず、制限超過の場合は妥当な金額に減らされる。県議会が給与、一括補償手当、その他の額を決める。

　各県代表は秘書一人により補佐を受けられ、県議会が秘書たちの構成や資金手当、募集方法、行政上の地位、報酬、秘書協力者たちの不確定な手当を決める。

　県理事会は県議会によりその選挙時に指名される県代表の一人により主宰され、支障がある場合にその職は第1序列の県代表が代理する。知事は政府委員として発言権も議決権もなしに議会に出席する。県理事会はその内規に

ついて議会の承認を受け、審議の準備のために県理事会はその権限内の事項を県代表の間に振り分け、議会に伝えられる。

　県理事会は県代表の過半数の出席で審議できる。いずれかの事項について県理事会の人数が審議するのに十分でなければ一人か二人の県議会議員が加えられ、優先表に記載された順序に従って呼び寄せられるが、この表は議員たちの最初の就任の年からの年功序列、同じ場合には直近の選挙で獲得された投票数を考慮して作成される。県代表たちに適用の兼任禁止は県理事会の補充に当たり呼び寄せられる県議会議員たちにも適用され、そのような兼職禁止が存在する場合には理事会議長宛の書簡により県理事会の補充を諦めざるをえない。

　決議は全て出席県代表の絶対過半数を必要とし、提案は可否同数の場合は否決される。県理事会は書類を提出し提案を作成する報告者を指名でき、審議の議事録に責任を負わせる。県議会の決定は全て報告者の氏名と出席者の氏名を記載しなければならない。

　県理事会はその選挙後の3か月間に県議会にその任期中の主要な政策案と予算面とを含む政策全般の申告書を提出し、この申告書にはまた前述の協力者協定のために県理事会により提案される方向も含み、県議会の承認後に県公報に掲載され、県のインターネット・サイト上に掲示される。

　県理事会は法律、命令、政府により提起される全ての問題についてその意見を寄せ、県益の日常行政に関するもの全てやその関与が必要かそのために政府により提示されるもののために法律や命令の執行について審議し、また知事によりその政府委員の職務の範囲内で行われる要請についても審議する。県理事会は議会か県理事会自体に提出される県益問題の事前審理や自らの固有の審議も行い、その一員に担当させることができ、問題の審理のために県職員の協力を要求できる。

　県理事会は県行政の文書保管組織にも責任を負い、収益業務を構成員の一人か複数人に担当させることができる。

第Ⅶ章　地方自治関係法令・資料

　ウ．知　事

　知事は県の政府委員であり、連邦内閣の一致した見解に基づき政府により任免される。政府委員の職務の範囲内で、知事かその職務内で代理を務める者は県議会の審議に出席し、聴聞され、議員たちはこの発言に反論できる。知事は審議中の議会に適切と認める論告を送る。議会はその出席を要請できる。政府は知事に県内での命令や条例の執行とそれらの執行の範囲に責任を負わせる。知事は県内に居住する。政府は知事たちがその地域圏の任務の遂行に必要な手段と職員を整えるよう監督し、県職員の枠内で知事部局の職員を異動させる。知事は秘書一人に補佐されるが、政府はその構成、実行できる体制、手当を決める。政府委員として知事は年に1度は県の金庫の検査を行い、必要性の判断か政府の要求があるつど公金を検査させることができる。

　エ．事務総長

　事務総長は県議会により任命され、県により企画された選抜試験に基づき任命される。候補者たちは後掲の諸条件を満たさなければならず、県内に居住する義務がある。その任命のためには候補者たちは、ベルギー人、公法上の私権と参政権を享受、行動に非の打ち所なし、兵役上の定めと良心的兵役義務拒否者法に記されている定めを満たしている、法学博士か修士、行政学修士、政治学修士、経済学修士、商学修士のいずれかの卒業証書の保持が必要である。この任命は職が空席になってから6か月以内に行われる。

　県議会は前掲の上位の種類の等級の基礎自治体の秘書の職務にふさわしい給与体系の上下限内に県事務総長の給与とその他の県公務員に倣って享受する補償や手当を決める。

　県議会は県公務員法の予定する懲罰を県事務総長に科することができるが、知事の業務に影響のある国家公務員か地域圏の仕事のその指揮内で犯した違反のために県知事の提案による制裁手続の対象となることはない。欠勤が正当化された場合には、県事務総長はその責任の下で3日以内に、多くて3日間県理事会の同意を得て代理者を指名できるが、この措置は同じ欠勤のために2度だけ繰り返し更新できる。その他の全ての場合に県議会は代わりを務

213

める事務総長を任命でき、緊急の場合には任命が県理事会により行われ、県議会により直後の会議の最中に追認される。職に就く県事務総長はその職務の行使に必要な諸条件を併せ持っていなければならず、県事務総長に帰属する権限の全てを行使する。

　事務総長は県議会や理事会の会議に出席し、議事録の作成や審議の転記に責任を負い、県議会と理事会の白紙も行間の書込みもない別々の記録簿を保管するが、これらの記録簿は議長により番号が振られ花押が記される。内規が転記を要する審議となるものを決め、そのように転写される議事録は審議の全ての正本と同様に県議会・県理事会の会議での行動次第で、県議会・県理事会の議長か規則の規定で出席した理事会の全員と一緒に1か月以内に事務総長により署名される。写しが事務総長の署名とその保管する県印を得て発送される。

　事務総長は記録保管所の管理をし、手を加えずに県議会か県理事会の構成員たちに請求された写しの全てを手渡し、写しを交付する義務があり、各県議会議員に県議会か県理事会の名前で印刷される物全てを1部交付し、手を加えずに関係者全員に議会か理事会の正本や記録保管所で管理されている写しを交付する義務がある。

　事務総長は県行政に影響する職員全体を統率する地位にあり、知事の業務に影響する配下に対する知事の、また県職員に対する県理事会の指示に従って部局の仕事を管理する。

　　オ．県収入役

　県収入役は県議会により任命され、県により企画された選抜試験に基づき任命され、候補者たちは後掲の諸条件を満たさなければならず、県内に居住する義務がある。その任命のためには候補者は、ベルギー人、公法上の私権と参政権を享受、行動に非の打ち所なし、兵役上の定めと良心的兵役義務拒否者法に記されている定めを満たしている、地域圏行政府のレベルAの職に就くこと、また同様に応募によるか等級の昇進により県職員の一員になることが認められる卒業証書の保持が必要である。代役の県収入役は県収入役の

職務に従事するのに必要な諸条件を併せ持っていなければならず、県収入役に帰属する権限を全て行使する。その任命やその職務の中止のときには県理事会の監督下で管理のための口座の開設や現金、受取証書の引渡しが行われる。県収入役はその管理を保証するために一つか複数の抵当の名義か形式で法定価格の保証金を拠出する義務を負い、政府は保証金の最低額と最高額を決める。県収入役が宣誓をする会議までに県議会は上記の限度内でその実行のために与えられる期限と設定しなければならない保証金の額を決め、保証金は供託局に預託され、その利子は収入役のものとなる。収入役は政府により認可された非営利の団体の連帯保証による保証金に代えることができ、団体の認可と定款は官報で公表され、その団体は保証される収入役の現金と帳簿を管理でき、この管理は団体、収入役、県議会の間で取り決められた方式と諸条件に従って行われ、その団体は毎年活動報告が加えられるその帳簿をそれが保証を求められる県議会に転送する。収入役は同様に保証金を政府により決められた諸条件を満たしている銀行か保険会社の保証に代えることができる。

　毎年度の集金額の増加のためかその他の原因のために県議会により決められた保証金が不十分と判断されたときは限界に達した時点で最初の保証金に対するのと同じ規定に従って追加の保証金を提供しなければならない。県理事会は保証金が実際に拠出されて必要なときに更新されるのを監視する。

　決められた期限内にその保証金を拠出しないか保証金の追加をせず、この遅延を十分な理由により弁明できない県収入役は辞職したものと見なされ、代りを用意されることになる。保証金の設定に関する費用は全て県収入役の負担となる。

　県の金庫に欠損が生じた場合には県はこの保証が現金で拠出されたとき収入役の保証金についての先取特権を有する。この任命は職が空席になってから6か月以内に行われる。

　県収入役は県理事会の権限下に置かれ、県公務員法の予定する懲罰を県収入役に科することができ、正当な欠勤の場合には県収入役は3日以内にその

責任の下で多くても30日間県理事会の承認を得て代理者を指名でき、この措置は同一の欠勤について2度まで繰り返し更新できるが、そのほかの場合は全て県議会は代役の収入役を任命でき、県議会は欠勤が3か月を超えるときにはそうする責任を負う。県の金庫に欠損が生じた場合には県はこの保証が現金で拠出されたとき収入役の保証金についての先取特権を有する。

収入役は県の会計管理と年次会計報告、正規の支払命令書による費用の支払を単独でその責任の下で実施、県の名義で開設される会計と県財務部の業務の管理、財務部資金の運用、議会、理事会かそれらの指定機関により指示される投資の管理と集中化、特別会計係の管理、県税の徴収と強制徴収、予算と複数年の財政計画編成時の財政上の意見の提供に責任を負う。収入役の命令により正規の支払命令書の額の支払を拒否するか遅らせることがあれば支払は県議会の執行の下で続けられ、議会は収入役を召喚し、出席したならば前もって聴聞を行う。

県収入役の給与は県議会により住民8万人から15万人の基礎自治体の基礎自治体秘書に適用される給与体系に従って決められ、連邦、地域圏、県か基礎自治体内での県収入役の業務はこの職へのその指名の前に県の負担となるその給与の計算のために考慮に入れられる。

県収入役は人を介してであっても営業に従事するのは禁じられ、県議会はこの禁止令に違反した県収入役に懲罰を科する。

管理終了の会計報告は県収入役がその職務の遂行を最終的にやめるときに作成される。

  カ．会計係

議会が一定の徴収の任に当たる一人か複数人の特別会計係を指名したとき議会は収入が定期的に県の一般会計に払い込まれるこの会計係に要求される担保を決める。

県に帰属する設備とか材料の管理、保管か使用に当たる事務職員はこの設備とか材料に責任を負い、税金や提供される供託金に関して特別会計係とか会計係と同一視される。県の動産は目録に記載され、動産に含められれば機

第Ⅶ章　地方自治関係法令・資料

械、器具、材料は前記会計職員には託されない。それぞれの制度か動産のために作成される動産目録は、毎年か責任を負う職員の配置転換のたびに作り直される。

　　キ．郡　　長

　郡長は1郡か数郡を盛り立て、県知事を補佐する。県内で郡長がいない場合はその任務は県知事により果たされる。

　　ク．兼職禁止

　下院、上院か欧州議会の議員、地域圏と共同体の議会の議員、連邦政府の大臣と副大臣、地域圏と共同体の政府の構成員、欧州委員会の委員、知事、副知事、知事補佐、郡長、基礎自治体と公共福祉センターの書記と収入役、県事務総長、上級裁判所、下級裁判所、検事局の構成員と事務総長、国務院の判事、招集されている予備役を除く現役軍人、国、地域圏、共同体の収入役か会計係員、教員を含む県の公務員と雇傭人、郡長、その権限がそこでのその職務に従事したい県に所属する森林制度に従属する林地に展開されるときの森林管理作業員は県議会議員と県理事会の構成員にはなれない。

　夫婦か法定同棲者たちが同じ理事会の選挙で理事に選ばれる場合には投票の多くを獲得した者、また同数の場合には年長者だけが議席を認められる。この規定の適用によりお互いに推薦順位に従う候補者たちの帰属により割り振られてきた名簿の全投票が選挙で同様に割り振られるよう考慮される。2人の夫婦か法定同棲者が議員の1人が現役に別の議員が補欠に選挙された場合には議席の停止はこの最後の者には申し立てされない。欠員が埋められるために呼ばれる補欠の間では欠員が先行することにより優先順位が主要な順位を決める。議員間の結婚か法定同棲者はその任務を終わらせる。

　県議会の議長、副議長、事務局員、委員会の委員長たちも県理事会の構成員にはなれない。

　県知事、県事務総長か郡長は下院、上院、地域圏と共同体議会の議員、連邦国家の大臣と副大臣、地域圏と共同体の政府の構成員、宗教の神職者と一般信者代表、知事とか事務総長のそれとは別の職務のために公法上の法人か

ら給与を受ける者、大学の専任、特任、非常勤の教授を除く国、共同体か基礎自治体から給与を受けるか補助金を受ける教育職の担当者、基礎自治体の長、助役、議員、公共社会福祉センターの長と議員、基礎自治体と公共社会福祉センターの書記と収入役、弁護士、裁判所の執達吏と公証人にはなれない。

県知事、県事務総長、郡長の職は県知事、県議会議員、県理事会理事等直属関係にあるその他の職とは兼職できない。

配偶者、両親か4等親まで含む姻戚、法定同棲者は、県知事、県事務総長、郡長にも、それらの前2者の一つや県理事会の構成員にもなれない。

県理事会の構成員には宗教の神職者と一般信者代表、基礎自治体の行政職員、県事務総長の配偶者か法定同棲者はなれない。

県代表職は報酬を受ける現職はこの任務が単なる総会の一員の資格かまたはこの機関の運営顧問以上の権限を付与し、それに収入が帰属する限り公私の機関の中で国、共同体、地域圏、県か基礎自治体の代表として遂行される全ての任務と、総額500ユーロに達するそれに帰属する課税対象となる月収がある限り公私の機関の中で国、共同体、地域圏、県か基礎自治体の代表として遂行される全ての任務の一つしか兼職できない。政府により受け取る賃金を支払われる職業に任命された県代表はこの資格での議席を直ちに辞し、新たな選挙によるしかその職を取り戻せない。

理事会の構成員は既婚者、法定同棲者、3親等までの親族たちと姻族たちであってはならない。

その選挙の前か後で個人としてでもその問題の責任者としてでもその直接の当事者となるか、その両親か4親等内の姻戚、または法定同棲者が個人的な直接の利害を持っている対象についての審議に出席すること、県のためにいずれかの業務、税の徴収、公共事業の提供か入札に直接か間接に参加すること、県に対して提起される訴訟の弁護士、公証人または問題の責任者として参加し、同じ資格で県益の何らかのいずれかの訴訟事件において起訴し、意見を述べるか従事すること、懲戒か懲戒処分による停職事件において職員

の一員の助言者として参加すること、県の交渉委員会か協議委員会に組合組織の代表か専門家として参加することは全ての議員たちに禁じられる。

　前述の措置は県の事務総長、収入役、理事会の構成員に、また障害者議員の介添えとなる信頼できる人間にも適用できる。

　県を代表する弁護士は性質が理事会に属するかまたは告訴する権限を有する事件において相談を受けることができないし、県理事会からその選挙の前に相談を受けていた事件に関係する審理には参加できない。

　県代表は県、国、共同体、地域圏、県内の基礎自治体のためのいずれかの業務、税の徴収、公共事業の提供か入札に直接にも間接にも参加できない。

　県代表は知事から1官公署か1行政庁のために県内で行われるか行われてきたいずれかの調達、入札か事業に直接的間接的に参加することを禁じられる。

　以上の兼職禁止を犯した種類の事実を確認した政府は議会に知らせ、また受領証と引替えに当事者に兼職禁止を引き起こす性質の事実の通告を手渡し、その通告の、また要求があった場合には当事者に知られる8日前にその自由意思での議会と一緒に政府かその代表は兼職禁止を確認し、理由を付した決定により当事者に辞職の法的措置を執る。この決定は政府かその代表の処置により当事者の議会議員と議会に報告する理事会に通告される。

　上記の無理解を引き起こした種類の事実を確認した政府はそこで議会に報告し、当事者に受領証と引替えに当事者に辞職を引き起こした種類の事実を通告し、その通告の、また要求があった場合には当事者に知られる8日前に、その自由意思での議会と一緒に、政府かその代表は兼職禁止を確認し、理由を付した決定により当事者に辞職の法的措置を執る。この決定は政府かその代表の処置により当事者と議会に報告する理事会に通告される。

　各役職者の宣誓（省略）

　　ケ．議事録

　県の書簡と議事録は県理事会議長により署名され、事務総長により連署される。理事会議長は書面により一定の文書の署名を県理事会の構成員の一人

か複数人に委任でき、その記載事項は委任の権限を有する県代表の署名、氏名および資格の前に置かれなければならない。県理事会は県公務員の一人か複数人に一定の文書の連署を委任することを事務総長に許可でき、この委任は書面で行われ、県理事会はそのすぐ後の会議の最中に報告を受ける。

委任の記載事項はその署名する全ての文書について委任される公務員の署名、氏名、資格の前に置かれなければならない。

議会か県理事会の規則や条例はそれらの名称、関係議長の署名や事務総長の連署を付して公布される。これらの規則や条例は県公報で公布され、また県のインターネット・サイト上に掲示される。議長により署名され事務総長により連署された規則や条例は、政府の承認を得てその問題に関係のある官公署に移送される。規則や条例は県公報で公布され、また県のインターネット・サイト上に掲示された8日後にこの期限が規則か条例により短縮された場合を除き強制力を持つようになる。県議会か理事会は県公報の掲載と県のインターネット・サイト上の掲示に加えて、特別な公表方法を規定できる。

　　コ．住民投票

県議会は県住民の発議権かその請求により県益事項について住民の意向を求める決定をすることができ、県住民からの発議は少なくともその10％に支持される必要がある。県住民の発議への意向を聞く仕組みの請求は全て書留郵便で理事会に送られる必要があり、県から交付される書式により申し立てられて件名などのほか、提案される投票の対象となる問題か諸問題、請求署名人各自の姓、名、誕生日、住所、住民投票を請求する発議に参加する者の姓、名、誕生日、住所の記載を含む限り受理できる。

請求を受理したら直ちに県理事会は請求が十分な有効署名数により支持されているかどうかを審査するが、この審査のときに二重署名、後述の参加者の必要諸条件を満たしていない者たちの署名、身元確認できるだけの十分なものを示せなかった者たちの署名を抹消する。有効署名数に達したときに審査は終了し、県議会は住民投票を準備する。

住民投票を請求するかその参加者になるためには、県の基礎自治体の住民

登録簿に登録されるか記載されている、16歳の年齢に達している、有罪判決かまたは県の各選挙で投票するのに必要とされるものの点について選挙権の剥奪か停止を伴う決定の対象となっていないことが必要であり、住民投票を請求できるためには上述の諸条件が請求開始時までに併せ持たれていなければならない。前述の名簿が確定された日以後に、有罪判決か選挙権の剥奪か停止で基礎自治体の各選挙で投票するよう呼び出されている者の側において剥奪される決定の対象となっている参加者たちは投票の日までにこれと同様当然に前述の名簿から削除される。

　18歳以下のベルギー人については、もはや上告ができない有罪か強制収容の場合には上級裁判所と下級裁判所の検察官たちの発案で通告書が発せられ、県の各選挙で投票するよう呼び出されている者を訴追する宣告がなされている場合には選挙権の剥奪か停止を伴う。通告書が住民投票参加者の名簿が確定の後に発せられたならば当事者はこの名簿から削除される。

　投票の30日前に基礎自治体理事会は住民投票参加者の名簿を作成するが、その日までに基礎自治体の住民登録簿に登録されるか記載されてい参加のその他の諸条件を満たしている者たち、この日と投票日との間に16歳に達するはずの参加者、選挙権の停止が投票の確定される日までに終了するか終了すると思われる者を繰り入れる。参加の諸条件を満たす各人については、参加者名簿は姓、名、誕生日、性別、主たる住所を記載し、その名簿は基礎自治体の地区が必要な場合には参加者のアルファベット順でも街路の地理上の順序でも連続した番号付けに従って作成される。

　住民投票への参加は義務ではなく、各参加者は投票権を有し、投票は秘密である。

　住民投票ができるのは日曜日だけで、参加者たちは8時から13時まで投票が認められ、13時前に投票所にいた者はその後投票が認められる。

　県住民の10%が投票に参加していなければ開票には進めない。

　なお、県の住民投票に適用できる選挙法の規定は、「選挙人」を「参加者」に、「のための選挙」の語は「のための住民投票」の語によりそれぞれ

置き換えられるものと解される。個人の問題、県の会計、予算、租税並びに給与に関する問題は投票の対象にできない。

住民投票は県議会の改選のための県住民の通常の会合の前16か月の間は実施できず、下院、上院、諸議会、欧州議会の議員たちの直接選挙の前40日間は実施できない。

県住民は6か月に1度、1立法期に多くても6度しか住民投票が行えず、県議会の改選が延期されている間は同一対象についてはたった1度の投票しか実施できない。

住民投票の実施請求は直後の県理事会と県議会の会議の議事録に記載される。県理事会は県議会議事録への記載を行う義務があり、この問題に疑義があれば決定するのは県議会である。

住民投票の実施についての決定は全て明白な動機付けの対象となり、それは投票の対象となった問題に直接関係のある全ての決定にも同様に適用される。

投票日の少なくとも1か月前に、県庁は対象となる事項の住民投票の題目を紹介した小冊子を住民が自由に使えるようにし、この小冊子は理由を付した文書と住民たちがそれについて投票を求められる問題か諸問題を含む。

問題はこれに対してイエスかノーで答えられるような方法で言い表し、政府は県議会議員選挙のための手続に類似した県の住民投票の実施手続に関する特別諸諸規定を決め、それに従って投票の結果が周知させられる様式を決める。

第Ⅱ編は、県の行政で、まず県議会が県職員の給与表を決定するの規定が置かれ、ついで県の財産管理以下が続く。

　ア．県の財産管理

県議会が公債、県財産の取得、放棄、交換、売買を許可するが、県理事会に公債の条件の規定を任せられ、工事、調達、業務の公的な取引契約締結方法を条件条例として決め、そのために経常予算に計上予算額の限度内で取引契約の総額が工事、調達、業務の公的な取引契約と公共事業に関する勅令で

決められた総額の臨時予算以内なら日常の管理に関わる取引契約は県理事会に権限を委任できる。不測の事態を引き起こす差し迫った緊急の場合には県理事会は議会の権限の発動を行えるがその決定は県議会に報告され、県議会は直後の会議で行為を確認する。県理事会は手続を開始して取引契約を取得し、その結果が10%以下の追加支出である限りその実施の途中で修正を加えることができる。複数県に関する保守か修理工事の施工のときは、各県の議会は討議に招集され、異論が出た場合には政府が決定する。

　イ．県公社

　県は県公社、独立県公社、基礎自治体事務組合、非営利法人（A.S.B.L.）その他の団体に参加する。県の一般的な業務か施設では効率的でなく、県益の特殊な欲求の実現に関わる県の施設や業務は県公社として組織され、県の一般業務の外で管理できる。県議会は県公社の仕事の性質と範囲を明確にする3年間の管理計画、その任務の実現を評価できる指標とを与え、毎年度経営委員会は管理計画の実施の評価報告を作成し、それに基づいて県議会は管理計画から生ずる責務の実現を検証する。前述の基礎自治体の公社と同様公社の管理自体は商工業の方法で行われ、会計年度は暦年と一致し、純利益は毎年県の金庫に繰り入れられ、収支は特別会計係により行われ、会計係は担保を提出する特別収入役と同等に扱われる。

　ウ．独立県公社

　県の権限に関係する事項の内県議会は前述の県公社と同じ条件を持つ場合には商工業の性質の施設や事業を法人格を付与される独立県公社として開設でき、政府がその活動を決定するが、関係条文の多くは自治体の独立公社と同じである。

　独立県公社は理事会と経営委員会が運営、理事会は独立県公社の目的の実現に有用か必要な活動の全てを達成する権限を有し、経営委員会の運営を監督し、定期的に報告させる。県議会が独立県公社の理事会の構成員を任命し、その人数は県議会議員数の5分の1以下、県を代表する理事は、例の全体主義的思想の信奉者を役職から徹底的に排除する規定が適用され、県議会の比

率で任命されるが、そこから漏れる各政治集団は任期が空いている限り選ばれる。理事会は県議会任命の構成員の中から理事長を選出、理事会での票数が可否同数の場合は理事長の投票で決める。

　経営委員会も自治体公社と同様日常の運営と理事会の決定の執行に責任を持ち、理事会によりその中から選出された代表委員1名と取締役理事4名で構成され、代表委員により主宰され、運営委員会での票数が可否同数の場合はその投票で決める。

　独立県公社の財政状況と年次会計の監督も自治体同様県議会により公社の理事会以外で任命されて1名は企業診断協会会員の有資格者全て県議会議員の3名の役員会に託される。独立県公社の様々な機関の任務は全て県議会の就任後の理事会の最初の会議のときに終了、議員は退職する。

　独立県公社は財産の取得、使用、譲渡、物権の形成・抹消、決定の実施と資金調達方法を決定し、その子会社と協力し、社会資本の形成への様々な分野の出資金の大きさいかんにかかわらず投票権の過半数を握って子会社の機関の会長職を引き受ける。

　公社に帰属した任務は議会の比例により割り当てられ、様々な機関の会議の議事録や年次予算や決算も作成するが、管理者か役員として在席する県議会議員は無報酬、公社がしている公法上か私法上の協会、団体、機関の報酬を受ける活動も行えない。

　県議会は独立県公社の仕事の性質と範囲を明確にする3年間の有効期間の管理契約をその任務の実現を評価できる指標と併せて締結し、毎年度管理契約を実施する事業計画を作成、管理契約の作成時に経営委員会は管理契約の実施状況と前会計年度の事業計画の実施の評価報告を作成、事業計画と活動報告は県議会の承認を受ける。独立県公社は会社法が適用され、会計法も適用される。

　　エ．基礎自治体事務組合、非営利法人その他の団体

　公社と全く同じ条件で、県の権限事項について基礎自治体事務組合、非営利法人その他の団体を創設するか協力できる。県は非営利法人かその他の団

体と、負担する仕事の性質と範囲を明確にする管理契約とその任務の実現を評価できる指標を締結する。この計画｛誤植・契約？｝は3年間の有効期間を維持し、改定できる。毎年度県理事会は管理計画｛契約？｝の実施の評価報告を作成し、報告に基づいて県議会は管理計画｛契約？｝から生ずる責務の実現を検証する。

　県議会は非営利法人の経営委員会の中からそれらの代表を任命し、その人数は県議会議員数の5分の1以下に抑え、県を代表する理事は、例の全体主義的思想の信奉者を役職から徹底的に排除する規定が適用されて県議会の比率で任命される。その年次評価報告のような管理契約に関する責務は、県が基礎自治体事務組合、非営利法人か団体に、少なくとも年間5万ユーロに相当する援助のため以外に補助金を出すいずれの場合にも適用できる。

　県議会は県益の施設の新設か改修を決定できる。

　オ．責任と司法訴訟

　県はその通常の職務執行を対象に住民からの損害賠償請求などの訴訟を起こされたり、逆に住民を相手の訴訟を起こしたりすることがあるが、この章はそういった事例への対応を規定している。まず、民事法廷か抑止法廷で損害訴訟か利害訴訟の対象となる県代表は地域圏か県に訴訟を要請でき、地域圏か県は自発的に参加できる。つぎに、県は累犯の場合以外は民法上その通常の職務執行の最中に犯された違反の結果としての県理事会の構成員の罰金について支払の責任がある。県代表の罰金に対する県の無効訴訟は詐欺、重大な失敗か習慣的な性格を呈する軽度の失敗に限られる。県は県理事会の構成員がその職務の通常の執行において個人的に負わされる、これに法廷での援護を含む民事上の責任を負う対象とされる保証をする責任があるが、政府は現行規定の執行方法を決める。

　県議会は請求側・弁護側のいずれでも県有財産に関する司法訴訟を許可する。県理事会は法廷において県に対して提起される全ての訴訟行為に対して抗弁できる。理事会は物権を対象とする訴訟、例えば占有訴権を提起できるし、また全ての保存訴訟を行うことができ、法廷に出頭する責任を負う県の

顧問や代理人を選任する。請求側としてか弁護側としての県の司法上の訴訟は県理事会により決定され、その名前でその議長により実施される。

　第Ⅲ編は県の財政で、予算と会計（総則、予算の可決と決算、予算と決算の公表の3節）、負担と支出（節なし）、収入（県税の創設と徴収、県資金など）の3章からなる。

　第1章の第1節：総則は政府が予算、財政、複式簿記会計などの会計の規則、県収入役、会計係や収入役の職務行使方法を県収入役の同意を得て定め、議会の許可なしに支出移転禁止、県理事会はその一人か複数人に年に1度の県の収支状況検査、県金庫・公金検査を行わせ、県の収入支出は県の財務機関を介して運用され、国、共同体・地域圏の補助金等はその配分権を有する行政庁により規整され、県の資金の投資の規則は政府により作成される。

　第2節：予算の可決と決算は予算案の作成過程と内容、公表を規定するが詳細は補巻（Ⅱ-2）参照。県議会が予算と決算、管理計画か契約を有する公社、基礎自治体事務組合、非営利法人その他の団体の一般方針、前年度の執行の管理計画と契約の評価報告を審議し、前年度執行の決算を確定する。さらに県議会は次年度執行の支出予算と財源について投票する。

　第3節：決算はその間にそれが確定した翌月の間に県広報に掲載され、ワロン地域圏の文書保管所に預託され、県事務総長に付託され、決算の確定から1か月間公衆の閲覧に供され、公衆は県内に配付される日刊紙や県公報県のインターネット・サイト上で入手できる。

　第2章負担と支出では、まず議会が毎年度法令による県負担と特に県事務総長と県理事会構成員の給与、旅費、カトリック教会、司教館、司教区の神学校、イスラム教会と東方正教会に関する支出、県有か県が使用する大小建築物の家賃、分担金、維持費、清算されるか返済期限のきた負債とその負担する裁判所の有罪判決から生ずるもの、県の収支の予算と要約した決算の印刷費、議員たちに支払われる議会の会議関係費用と出席手当、交通費、障害者議員の介添えとなる信頼できる人間への支払費用、基礎自治体の大建築物の大修理のための援助、県の災害か突発事の支出準備基金、知事部局を収容

第Ⅶ章　地方自治関係法令・資料

する建物の家賃と維持費その動産の保守と更新の分担、県益の権限行使に帰属する活動費の歳出予算の計上に責任があると規定する。

つぎに、地域圏の分担として、知事の給与と旅費（ただし職務の範囲内で知事により行われる移動から生ずる旅費は県の負担）、知事部局に配置されている地域圏の係官の給与と事務室費、知事公室とその部局の建物の家賃と維持費の部分、その動産の保守と更新の分担、地域圏の利益の権限行使に帰属する活動費、郡長たちの給与を列記する。

県の資金は県理事会交付の令状以外で使用されてはならず、県議会の会議の最中に発せられる令状は当該会議の主宰者や書記を引き受ける者により署名されるが、総額が活動費や臨時の事業の投資支出と併せて5万ユーロ以下の人件費は全て予算により支払えるし、総額が労務費、調達費、交通費と併せて2,500ユーロ以下の直接支払われるべき報酬は前渡金により支払えるが、37,485ユーロ以下に制限される。県の支払協定を監督する総則は政府により作成される。

第Ⅲ章：収入は総則、県財政とパートナーシップの2節からなる。

第1節は県税の創設と徴収に関しては第3部第Ⅲ巻第Ⅱ編（基礎自治体と県の税の創設と徴収）に従って行われるの1か条のみ。

第2節は4小節14か条からなる。ワロン地域圏の予算での負担を条件に毎年度《県資金》という名の資金調達を設定、県域内5県の支払に充てられ、県資金の80％は各県の一般財源に使用されてり、その配分はワロン・ブラバン8.37％、エノー43.87％、リエージュ24.18％、ルクサンブール8.6％、ナミュール14.98％だが、2006年度以降毎年若干の変動が規定される。別に、2006年度は割当額の16.41％は地域圏とのパートナーシップの財源に割り当てられ、2007年度からは政府はパートナーシップに割り当てられる額を固定化する。パートナーシップは地域圏の諸活動の範囲内で地域圏と県との間の協定の対象となり、県はこの割当額の使用を調整された方法で開始するので地域圏の活動との競合はなく、協定は期限が3年、県議会選挙後の初年度か4年目の1月1日から開始される。協定は当事者たちに割り振られる目標、

この目標の達成期限、到達するために利用する手段、協定実施の評価基準を明確にする。

各3年間の初めに地域圏の各県は政府にこの期間内にワロン地域圏とのパートナーシップで処理することを提案する活動の一覧表を提出し、協定は地域圏と関係県により3年間の初年度の3月末日までに締結され、この期限までに協定の締結がなければ政府は遅れた月ごとに関連の補助金を9分の1ずつ減額する権限を有する。協定は3年間の最初の2年の各年の結果の中間評価と上述の3年間の最終評価の対象となり、最終評価は3年間をまとめ、協力県による協定の完全な遂行を検証する対象となる。協定の実施の年次評価は県と政府の間での対審手続により行われ、政府か協力県の請求により中間評価時点で協定の締結手続に規定された修正ができる。対審評価の後で政府は各県が正しいやり方で協定を実施していたかどうかを判定し、県により異議申し立てされたならば政府と関係県との最終的協議の対象となり、この後で政府はその判定を確認するか修正する。各県の資金の20％の部分は各県で実施の年末までにそれ以前の実施年次評価の終結の範囲内で清算される。

資金の総額は各県により80％の高さまで3か月ずつの3部分に分けて清算され、この前払は2月、5月、8月の月の期間に支払われ、県への配分額のそれぞれ30％、30％、20％に相当する。20％の未払金は前年の実施の最中に実施年の年末までに地域圏予算の負担で前払金の遅延利子と未清算の未払金が各県に支払われ、利子は法定利息の年利率で計算される。

本章で組織されるパートナーシップは地域圏の実施事項を対象とすることができ、政府は協定に関する実施方法を規定できる。

4　第3部：基礎自治体と超基礎自治体に対する共通規定

（1）第Ⅰ巻：監督

第Ⅰ巻は、第Ⅰ編：総則（適用範囲と定義、監督官庁に提出された議事録の証拠調べ、期間の計算、理由付記、監督の決定の通告と公表、特別委員の派遣、年次報告の7章）、第Ⅱ編：取消の一般的監督（適用範囲、手続の3

章)、第Ⅲ編：認可による監督（適用範囲、手続、基礎自治体当局の行為に関する特別規定の3章）、第Ⅳ編：単独基礎自治体と複数基礎自治体警察管区についての認可による特別監督（適用範囲、手続、管区当局の行為に関する特別規定の3章）、第Ⅴ編：基礎自治体の都市圏と連合についての行政監督（章なし）からなる。

　第Ⅰ編の第Ⅰ章：適用範囲と定義は都市圏と連合を除きドイツ語話者地域圏とコミネ・ワルネトン（Comines-Warneton）市を除くワロン地域圏の基礎自治体、管轄区域がワロン地域圏の境界内の基礎自治体事務組合と計画協会、コミネ・ワルネトン市の警察管区を除くワロン地域圏の単一基礎自治体と複数基礎自治体警察管区、独立基礎自治体公社、独立県公社、コミネ・ワルネトン基礎自治体の都市圏と基礎自治体連合を除くワロン地域圏の都市圏と基礎自治体連合に対する行政監督を規定する。

　つぎに、本巻の意味での用語解釈として行政庁＝ワロン地域圏政府の地方機関の全部局；調書＝監督に服し漏れなく公表される行政決定；証拠書類＝行政行為を補強する性質の全ての証拠書類と付属書類、とりわけ証拠書類となるのは決定を採択している機関の構成員たちか機関自体に帰属している一件書類；監督官庁＝政府、県理事会、県知事；管区官署＝単一基礎自治体管区に関しては基礎自治体議会と複数基礎自治体管区に関しては警察協議会と警察理事会と解する。

　第Ⅱ章：監督官庁に提出された調書の証拠調べは受理から3日以内に監督官庁は行政庁にそれらの証拠書類を添えて伝達し、行政庁は監督官庁のために証拠調べをする責任がある。行政庁は自発的か監督官庁の要請で書簡によるよりはむしろ現場で調書の証拠調べに役立つ全ての資料や材料を集めさせることができ、証拠調べの後で行政庁は総括報告を作成し、この報告は証拠調べの途中で集められた資料や材料を含み、行政庁の意見も含む。

　第Ⅲ章：期間の計算は期限の出発点は監督官庁による証拠書類を添えた調書の受理の日であり、政府はコンピュータによる証拠書類を添えた調書の監督官庁への伝達を許可できる。

つぎに、最終期限日とそこから繰り延べされる祝祭日を列記し、また期限の算出が停止される7月15日から8月15日を挙げている。

第Ⅳ章：理由付記では上訴と監督官庁の決定は全て理由が付記されるとする。

第Ⅴ章：監督の決定の通告と公表はまず監督官庁の決定は全て関係官署と当事者に通告され、全ての通告の発送は期限の最終到達日までは無効とならず、コンピュータによる通告でもよい。監督官庁が期限を延長するときは、その決定は抄本が官報か県公報に公告される。

第Ⅵ章：特別委員の派遣では、監督官庁は命令により、公法上の法人が資料や材料の提供、国法、地域圏法、命令、規則か定款、または判決の実施を命ずる裁判所の判決により規定された措置を実行しないときは、特別委員を任命し、命令により与えられた任務の限度内で履行しない官署に代わって必要なあらゆる措置を講ずる権限が与えられる。特別委員の派遣に先立って監督官庁は対象官署に書留郵便で要求か不履行の措置について説明した理由を付した警告を送り、当該官署にその警告の中で送付した要求に答え、その態度を釈明し、その立場を確認し、前述の措置を講ずるのに妥当な一定の期限を与える。その任務の遂行に固有の経費、報酬か給与はその職務か任務を不履行者の負担となり、この経費の取立ては監督官庁の支払命令書の下で直接課金の収入役により収入への課税と同様に追及される。

第Ⅶ章：年次報告は、政府はワロン議会にその関係会計年度の翌年の3月末日までに監督の実施に関する年次報告を提出し、その会計年度中に生じた判例の提示、様々な官署による監督の実施に関する統計的概要を提出する。

第Ⅱ編：取消の一般的監督の第Ⅰ章：適用範囲は後掲の本巻第Ⅲ編第Ⅰ章第1条と第Ⅳ編第Ⅰ章第1条の対象となるもの以外の行為は全て取消の一般的監督に服すると規定する。

第Ⅱ章：手続の第1条は、政府は本巻第Ⅰ編第Ⅰ章第1条の対象となる官署による違法か全体の利益を侵害する行為の全部か一部を取り消すことができるとし、第2条は証拠書類を添えて採択から15日以内に政府に伝達され、

それ以前には実施に移せない対象となる基礎自治体当局か県当局の行為として、基礎自治体議会か県議会の内規、基礎自治体と県の議会と理事会の構成員たちへの全報酬、出席手当か特典の授与、基礎自治体と県の理事会の構成員たちの秘書たちの報酬か特典の授与、表19に記載された額を超える額の労役、物品供給、サービスの公開契約の締結と付与の方法の選定、これらの労役、物品供給、サービスの契約の当初額の最小限10％までの補足、これらの労役、物品供給、サービスの契約の継続的な補足額への累積額が契約の当初の額の最小限10％に達する補足、同一の会計年度中に、国法か地域圏法の規定により与えられ以外の2,500ユーロ以上の金額を同一受益者に与える助成金、借金の保証、個人所得税付加税と天引固定資産税への付加税を列挙している。第3条は基礎自治体事務組合の決定について第2条の基礎自治体と同一の規定を置き、また労役等の限度額の表20は数値は別だが対象となる公開契約の締結、金額補足、契約額の補足、助成金、借金の保証も同一、ただし対象行為としてそれとは別個の戦略計画、公法上か私法上の法人への出資分担の取得、報酬委員会の決定と同委員会の監督に基づいて取られる総会の決定、会計検査官会議の構成員たちの任命、管理諸機関の人的構成、管理諸機関の内規が列挙されている。

　第4条から第6条も計画協会・独立公社の管理諸機関の人的構成、役員会議の構成員たち、企業監査協会の監査役の任命、管理諸機関の報酬、出席手

表19　取消の対象となる基礎自治体と県の契約限度額

	付加価値税を除く一般公開／指名入札	公開制限／手続提案の制限／指名入札	非公開協議手続
労　　役	250,000ユーロ	125,000ユーロ	62,000ユーロ
物品供給とサービス	200,000ユーロ	62,000ユーロ	31,000ユーロ

表20　取消の対象となる基礎自治体事務組合の契約限度額

	付加価値税を除く一般公開／指名入札	公開制限／手続提案の制限／指名入札	非公開協議手続
労　　役	250,000ユーロ	125,000ユーロ	62,000ユーロ
物品供給とサービス	200,000ユーロ	62,000ユーロ	31,000ユーロ

当か特典の授与の決定の取消について第2条の基礎自治体と同一の規定を置いている。

　第Ⅲ章：県庁の行為に関する知事の上訴は知事の資格で行動する県庁の法律違反行為に対して10日以内に政府に上訴する責任があり、県庁と当事者に通告され、政府は上訴の受理後30日以内に上訴された県の行為の全体か一部を無効にでき、期限内に決定がなければ上訴は却下されたと見なされる。

　第Ⅲ編の第Ⅰ章：適用範囲は県理事会の認可を受ける基礎自治体当局の行為として基礎自治体の予算、基礎自治体公社の予算、予算の修正と支出予算の移転、補助対象の教育職員と基礎自治体の公務員の年金制度に関する一般規定を除く行政機関の中で働く職員に関する一般規定、個人所得税付加税と天引固定資産税を除く基礎自治体の使用料と税に関する諸規則、申し込まれた負債の償還期間の繰延べ、基礎自治体と基礎自治体公社の年次会計を列記し、政府の認可を受ける県庁の行為としていま挙げた基礎自治体を県に代えた5項目を並べ、政府の認可を受ける基礎自治体組合の諸機関の行為として年次会計、人事に関する一般的規定を、また基礎自治体事務組合、基礎自治体と県の独立公社と計画協会の創設、それらへの出資分担の取得を対象とする基礎自治体当局か県当局の行為、基礎自治体か県の公社の設置、基礎自治体事務組合、計画協会、基礎自治体か県の独立公社その他の公法上か私法上の団体か会社か個人への管理委任を対象とする基礎自治体当局か県当局の行為、基礎自治体か県の資金を投入できる基礎自治体事務組合、計画協会のほか公法上か私法上の団体か会社の創設とそれらへの出資分担の取得を対象とする基礎自治体当局か県当局の行為、基礎自治体と県の独立公社と計画協会の定款の採択とその修正を対象とする基礎自治体当局か県当局の行為、基礎自治体事務組合の諸機関の定款の採択とその修正を対象として有する行為を列挙し、これらの認可は年次会計をを除いて法律違反や全体の利益の損害を理由に拒否できるとした。

　第Ⅱ章：手続は、まず県理事会の認可を受けた前述の基礎自治体の行為は証拠書類を添えて採択から15日以内に県理事会に、内予算、職員、使用料と

税は県理事会と政府に、政府の認可を受けた県庁の行為は政府にそれぞれ伝達されるが、県理事会か政府は場合に応じてそれらの行為の全体か一部を承認か否認できるし、予算については監督官庁は収入予測と支出項目を書き込んだり、減額、増額か削除や具体的な間違いの訂正ができ、県理事会か政府はその行為と証拠書類の受理から30日以内にその決定を行う。期限内に決定がなければその行為は第Ⅲ章の適用を条件として効力を発する。基礎自治体、県か基礎自治体事務組合により与えられた補助金についても同様である。

　第Ⅲ章：基礎自治体当局の行為に関する特別規定は知事の上訴、基礎自治体当局の上訴、基礎自治体職員の上訴、政府の破棄自判権の4節に分かれ、5か条からなる。

　第1節第1条は知事の上訴の規定で、知事は県理事会の決定の承認か否認が法律に違反したらこの決定から10日以内に、県理事会が法律に違反した諸決定の一つについて最終期限日までに決断しなかったらその日から10日以内に政府に上訴する責任があり、上訴は法定の期限内に県理事会と基礎自治体に通告され、知事の上訴は認可に付された決定を停止する。

　政府は上訴の受理から30日以内に行為の全体か一部を認可か否認でき、期限内に決定がなければ上訴は却下されたと見なされる。

　第2節第2条は基礎自治体当局の上訴の規定で、その行為が認可の却下か一部の認可の却下の決定の対象となった基礎自治体の議会か理事会は県理事会の決定の受理から10日以内に上訴を政府に申し立てでき、政府はその上訴を県理事会と必要があれば当事者に上訴期限の最終日までに通告し、政府は上訴の受理から3日以内に行為の全体か一部を認可か否認でき、期限内に決定がなければ上訴は却下されたと見なされる。

　第3節第3条は基礎自治体職員の上訴で、監督官庁により解職か辞職を決定された職員は政府にこの決定に対して上訴を申し立てできる。その決定の対象とされた職員は基礎自治体当局の解職か辞職の決定が監督官庁に報告された日に、監督官庁によるこの解職か辞職処分の取消がない場合と同様に直ちに通告され、上訴は取消の期限到来の30日以内に行われなければならず、

職員はその上訴を上訴期限の最終到達日までに監督官庁と基礎自治体当局に通告する。

第4節第4条は最終決定権の保留の規定で、本章第1条の対象となる行為については政府は最終決定権を保留し、それらの行為の受理から20日以内に県理事会と基礎自治体当局に通知するが、第5条でその通知について政府が最終決定権を保留したときは、政府はその決定を上訴のために基礎自治体当局に与えられた期限満了後に20日以内に通知する。

第Ⅳ編の第Ⅰ章：適用範囲は管区当局の行為の規定で、知事の認可を受けた管区当局の行為は管区の予算とその修正、警察管区の事務職員の範囲と管理職員・兵站職員の範囲、管区の年次会計に関わり、予算と職員に関する行為については認可は法律違反、全体と地域圏の利益の侵害を理由に拒否でき、良き行政の原則に違反するかいずれかの上級庁の利益に反する行為も同様であるが、年次会計については法律違反を理由に拒否できないとした。

第Ⅱ章：手続は前述の第1章の予算は知事にその採択の15日以内に、予算と職員の範囲は同時に知事と政府に伝達され、知事はその行為の全体か一部を承認か否認できるが、調書とその証拠書類の受理後30日以内にその決定を行うと規定する。

第Ⅲ章：管区当局の行為に関する特別規定は管区当局の上訴、政府の破棄自判権の2節に分かれ、3か条からなり、管区当局の上訴で、認可か認可の一部の却下の決定の対象となった単一基礎自治体管区の基礎自治体議会か理事会または複数基礎自治体管区の警察理事会は知事の決定の受理から30日以内に政府に上訴を申し立てでき、政府は上訴の受理から30日以内に行為の全体か一部を認可か否認でき、第1条の対象となる行為については政府は最終決定権を保留し、それらの行為の受理から20日以内に知事と管区当局に通知し、上訴のために基礎自治体当局に与えられた期限満了後20日以内に通知するとする。

第Ⅴ編の第1条は、政府だけが基礎自治体に関して予定される事項の全てについて都市圏を構成する基礎自治体と都市圏に対し、県理事会はそれを構

成する基礎自治体と連合に対して行政監督を行使すると規定する。議会の決定の全ての写しは15日以内に政府か県理事会に伝達される。認可に付される決定は政府か県理事会による受理から40日以内に非とされなかったならば正当に発効するが、この期限は監督官庁の正当な理由のある決定により延長ができ、監督官庁がその間に決定する新たな期限を決め、不認可は全て理由が付記される。行政監督を行使する方式は政府が定める。

（2）第Ⅱ巻：行政の公開

第Ⅱ巻は、第Ⅰ編：総則（章なし）、第Ⅱ編：積極的公開（章なし）、第Ⅲ編：消極的公開（章なし）からなる。

第Ⅰ編は、まず本巻は憲法第78条（補巻収録のⅠ－1参照）の対象事項を決定するが、本巻の諸規定は行政の一層広範な公開を用意する立法の諸規定を侵害しないと規定する。つぎに、本巻の用語解釈として、行政監督＝国務院調整法第14条の対象となる行政監督、行政資料＝行政当局が提供する情報の全て、個人の性格についての資料＝特定か識別できる個人に関する価値の評価か判断となる行政資料、公表がこの人物への偏見を明らかに引き起こす行動の記述とした。

第Ⅱ編は、積極的公開として、まず第1条で、県と基礎自治体の行政当局の行動についての明瞭かつ客観的な情報を提供するために、県か基礎自治体の議会はつぎの資料の調整、県か基礎自治体に帰属する行政官署の全てのための情報の構想と実現に責任を持つ公務員を一人任命し、県か基礎自治体はそれに帰属する全ての行政官署の活動の管轄権と組織を記述する資料を発行し、この資料は要求した者は誰でも自由に使えるようにし、県か基礎自治体の行政当局から出される書簡は全てより詳しい情報を提供できる人物の氏名、身分、住所、電話番号を教示し、それにより個人により理解できる決定か行政行為が県か基礎自治体の行政当局から出される行政資料が守られるべき形式や期限、上訴を申し立てるための事項の期限が経過していないとする誤りと、域内住民に知らされ、利用可能な上訴手段、所管決定機関が教示されるとする。対象となる資料の交付は県か基礎自治体の議会により決められる手

第1部　ベルギーの政治と行政

数料の支払を求めることができ、手数料は原価を超えてはならないとした。

　つぎに、消極的公開として、第1条で行政資料の公開を規定し、県か基礎自治体の行政当局の行政資料を閲覧し、その写しを入手でき、全ての行政資料の所在地を知り、その主題についての説明を得、写しの形で通知を受けることを可能にするが、個人の性格に関する資料については請求者はその利益の根拠を明らかにしなければならないとした。第2条では、その行政資料の閲覧、関連する説明か写しの形での通知は請求に基づき行われ、請求は関連事項、できれば関連行政資料をはっきりと指定し、行政資料館に保管されているものも県か基礎自治体の行政当局に書面で送達される、その請求が行政資料を持っていない県か基礎自治体の行政当局に送られたら当局は直ちに請求者に通知して資料を保有している行政当局の名称と住所を教示するとする。県か基礎自治体の行政当局はそれらの請求を記録簿に書き入れ、受理の日付ごとに分類して記録する。だが、第3条では、連邦、共同体か地域圏の管轄権の行使に関する理由のために法律か共同体・地域圏法により設けられたその他の例外があれば格別、県か基礎自治体の行政当局は請求の範囲の行政資料の閲覧、説明か写しの形での通知の請求を、公表が侮辱の原因となりうる行政資料、未完成か不完全なままの資料、きままに伝えられた助言か意見に関するもので当局にとっては機密で、明らかに不当な場合に拒否できるとした。第4条は行政資料の訂正で、個人が県か基礎自治体の行政当局の行政資料が自分の関係するものについて不正確か不完全な情報を含んでいることを立証したときは、この当局は当事者のために無料で必要な訂正を行う責任があり、訂正は地域圏法によるかその名においての上述の手続の適用とは別に書面による当事者の請求で行われ、訂正請求の即刻の実現を決められないかまたは却下する県か基礎自治体の行政当局は請求の受理から60日以内に延期か却下の理由を伝達し、延期の場合は期限は30日以上引き延ばせず、期限内に通知がない場合は請求は却下されたと見なされる。請求が訂正を行う権限を持たない県か基礎自治体の行政当局に送られると当局は直ちに請求者に通知して実現できる権限を持っている行政当局の名称と住所を教示する。

第Ⅶ章　地方自治関係法令・資料

　第5条は行政資料アクセス委員会（1994年4月11日の国法により設置）に関する条文で、請求者が本巻による閲覧か訂正を確保しにくかったときは、関係県か基礎自治体の行政当局に再考慮の請求を送達でき、同時に行政公開に関する行政資料アクセス委員会に意見を述べるよう請求でき、委員会は請求者と県か基礎自治体の行政当局に請求の受理から30日以内にその意見を伝えるが、期限内に通知がない場合には意見は無視されたことになる。県か基礎自治体の行政当局はその再考慮の請求の承認か却下の決定を請求者と委員会に意見を受け取ってからか意見が通知の期限の経過後15日以内に通知する。請求者は、1973年1月12日の勅令により調整された国務院についての国法によりこの決定に対して上訴を申し立てでき、国務院への上訴は必要な場合には委員会の意見を添える。委員会はまた県か基礎自治体の行政当局からも意見を求められ、自発的に本巻の一般的な適用について意見を述べ、立法権にその適用とその修正に関する提案を委ねることができる。

　第6条は著作権保護の条文で、公開請求が著者の権利により保護される作品を含む県か基礎自治体の行政当局の行政資料に関わるときは、著者かその権利が譲渡されている者の同意は単に資料の所在調査の承認とかその点に関する説明の提供については必要がないが、著者の権利により保護される作品の写しの形での通知は著者かその権利が譲渡されている者の事前の同意を要する。全ての場合に当局は作品が著者の権利により保護されることを明示する。

　本巻の適用により入手される行政資料は営業目的での配布も利用もできないし（第7条）、保管される行政資料にも適用でき（第8条）、行政資料の写しの発送手数料の規定はこれまで述べた事例と同様である。

　（3）第Ⅲ巻は、第Ⅰ編：管理計画（適用範囲、総則、第3部第Ⅲ巻第Ⅰ編第Ⅰ章第1条の適用される基礎自治体のための特別規定の3章）、第Ⅱ編：基礎自治体と県の税の創設と徴収（章なし）、第Ⅲ編：基礎自治体と県により交付される補助金の交付と監督（章なし）、第Ⅳ編：公益の一定の投資への補助金（章なし）からなる。

第1部　ベルギーの政治と行政

　第Ⅰ編第Ⅰ章適用範囲は2か条で、第1条は浄化装置の借入、特別援助か資金の援助の恩恵に浴していて、ワロン地域圏政府の決めた期限に従った償還を行っていない基礎自治体と資金の借入の授与を願い出ている基礎自治体か県は管理計画を建てなければならないが、政府は特に浄化計画を課せられていて自己の会計年度に釣り合った予算を提示しているときは一定の基礎自治体と県に管理計画を建てる義務を免除するとし、第2条では政府は基礎自治体と県の管理計画の監視と監督、ワロン地域圏の基礎自治体と県の財政的均衡の維持へのその貢献をする責任を負う基礎自治体支援地域圏センター創設を進める1995年3月23日の地域圏法を適用して自己の会計年度の欠損が前年末現在で推定される全体の収益の3分の1を超えたときに管理計画を中止する地域圏の介入と長期の特別支援貸付を獲得している全ての基礎自治体か県に特別の充当ではなく以前に設定された通常の留保基金の増額を命ずることができるとした。

　第Ⅱ章：総則は8か条で、管理計画は機能ごとの予算総額を明示し、経済的な機能集団のレベルでの支出の進展の概略を提示し、関係以前の会計年度の結果を考慮に入れて基礎自治体か県の予算全体の財政的均衡を保ち（第1条）、最低5年の会計年度を持ち、支出と収入も通常や臨時のサービスも関係基礎自治体の財政政策の基本路線を規定し（第2条）、必要ならば政府の認可を得て基礎自治体議会か県議会が中止し（第3条）、政府はその策定を規整する規則を制定してその適用を監督し調査を確保し（第4条）、基礎自治体か県の予算編成時に現状に合わされ（第5条）、政府の認可を得て基礎自治体議会と県議会の決定で策定か修正し（第6条）、中止は全て認可を求められた行為を政府が受理してから50日以内に行われなければならないがこの期間は最大限20日延長でき、受理当日は期限には含まれず、最終期限日は期限に算入されるが、この日が土曜、日曜か祝祭日のときは、翌平日に延期される（第7条）。本法の意味での祝祭日は前掲のとおりなので省略する。第8条は第6条と第7条に基づき政府によりなされる監督官庁の行為は基礎自治体か県に書面で通告され、発送は通告される行為が無効となる条件で期

限の最終到達日までになされる。
　第Ⅲ章：第3部第Ⅲ巻第Ⅰ編第Ⅰ章第1条の適用される基礎自治体のための特別規定は3か条で、管理計画は税制に関する努力を明確にして最低の率を決め（第1条）、人事に関してとりわけ枠の水準と同様に行財政法規の方向を明示し（第2条）、特定の移転支出がそれに従う諸条件を決められ、全ての移転支出の説明は管理計画を添えなければならない（第3条）。
　第Ⅱ編は、まず憲法第77条の対象事項を規定し（第1条）、県と基礎自治体の設ける諸税に適用されるが、連邦当局税への付加税には適用されず（第2条）、税金は納税者名簿の方法か納税証明の引渡しと交換に現金で徴収されるかであり、前者は納税者名簿からの納税通知の写しの発送から2か月以内に、徴収が現金のときは直ちに支払われなければならず（第3条）、納税者名簿は会計年度の翌年の6月末日までに基礎自治体税のためには基礎自治体理事会、県税のためには知事かその職務代行者により決定されて発効し、納税者名簿は受領証と引替えに納税者名簿からの納税通知の発送を直ちに保証する徴収責任のある収入役に伝えられ、この発送は納税義務者については無料で行われ、納税者名簿に設定される諸税は納税者名簿が発効するようになる進行中の会計年度の収入に計上され、納税者名簿は税を設定した基礎自治体か県の名前、納税義務者の姓名か会社名、住所、それにより税が支払われる命令の日付、関係会計年度と税の名称、根拠、率、計算、金額、条文番号、発効する署名の日付、発送の日付、支払の最終期限、納税義務者がその間に異議申立ができる期限、受理についての管轄機関の名称と住所を記載し（第4条）、納税者名簿からの納税通知は発送の日付を記載し上述の記載事項を書き込み、課税規則の概要を付加する（第5条）。ついで、納税義務者の側の期限内の無申告または不正確、不完全か曖昧な申告に税務署が介入し、職権による課税の実施に先立って納税義務者に書留郵便でこの実施に訴える理由、課税根拠とその決定の方式、税額を併せて通知し、納税義務者は書面で通知の発送日から30日の期間に対処するが、職権による課税は課税した会計年度の1月1日から時効は3年間、不正な意図か悪意で犯した税務規則違

反の場合には2年延長され、税務規則により職権で徴収される税を2倍まで増額できる（第6条）、第6条の対象となる違反は第4条に従って納税者名簿を決める権限を有する官署によりそのために任命された特別公務員により確認され、その作成した調書は反証が上がるまで証拠となり（第7条）、納税義務者は役所の要求でその場で税の確定に必要な帳簿や資料を全て提出する義務がある（第8条）。

　第9条以下は異議申立と上訴の規定で、納税義務者は県税か基礎自治体税に対する異議申立を知事か基礎自治体理事会に行うことができ、政府がこの異議申立に適用できる手続を定め（第9条）、第9条の対象となる官署による決定はその税が設定された管轄区域内の1審裁判所への上訴の対象となり、決定がなければ上訴は正当と見なされ、1審裁判所の判決は異議申立か控訴ができ、控訴院の判決は破棄院への上告の対象となりうる（第10条）。第10条の対象となる上訴に適用できる書式、期限、手続も国税所得税と同様に規定され、係争中の当事者全てに対して効力を有し（第11条）、本編の諸規定に抵触することなく、所得税法と同法施行令の関係条文は県税と基礎自治体税に特に所得税に関連がない限り適用できるが、その徴収が関税・間接税庁に課せられた県税の徴収のための法的な告訴、先取特権と抵当権は間接税法に関してと同様に行使される（第12条）。

　第Ⅲ編は県、基礎自治体、法人格を付与された県か基礎自治体の公益施設、都市圏、基礎自治体連合、文化委員会、県の各種団体と基礎自治体の各種団体と、それらの提供者の一つにより直接・間接に補助金を支給される法人か個人全ての補助金に適用され（第1条）、補助金の語について、本編の意味では形式か名称を問わず全ての寄付、特典か援助、これには無利子で与えられる回収可能な資金の前貸を含み、全体の利益に役立つ諸活動を奨励するために付与されるが、ただし学者たちや芸術家たちにその作品について与えられる代価は除くと解する必要があるとし（第1条）、第1条の対象となる提供者の一つにより与えられる補助金の享受者は目的外の使用は許されず、法令によるか法令の力で免除されない限りその使い道を説明しなければならず

（第2条）、法律か規則の規定が用意されている場合を除いて補助金交付の決定は使用の性質、範囲、諸条件を明確にし（第3条）、その享受者に要求される弁明とその間に理由を提示する期限も必要とされ（第4条）、第1条の対象となる提供者の一つの補助金を間接的であっても享受している法人は毎年提供者に運営報告と財務状況、貸借対照表と会計報告を伝え、その補助金を請求する法人はその申請書に運営報告と財務状況、貸借対照表と会計報告を加えるが、本条は法定の義務的補助金には適用できない（第5条）。

提供者は補助金の点検を現場で行わせる権利を有し、補助金の享受者自身が提供者の一つを運営している個人か法人から受けているときはその個人か法人が点検を行い（第6条）、享受者が補助金の交付目的に使用しないとき、第4条と第5条の対象となる弁明を提示しないとき、第6条の点検実施に反対するとき、ただし目的違反と弁明不提示の場合には享受者は補助金の一部だけ返還すればよく、直接税の創設権を有する公法上の法人は返還の必要な補助金を執行令状により取り立てる権限を与えられ、執行令状は取立てに責任のある会計係により発せられ、上述の公法上の法人の指示する処分の役割に資格を持つ行政官庁により執行力を与えられる場合にはそれを返還する義務があり（第7条）、受け取った補助金について第4条と第5条の対象となる弁明を提示しないか第6条予定の点検に反対している間中補助金の交付が執行停止され、補助金の分割交付のときはその各部分が本条の適用に関しては一つの補助金と見なされる（第8条）。本編は第1条対象の提供者たちにより与えられる1,239.47ユーロ以下の価値しかない補助金には本編予定の義務の全体か一部を享受者たちに課する権利がある場合を除いて必要な第3条と第7条°の諸規定から生ずる義務は別として適用できない。1,239.47ユーロと24,789.35ユーロの間にある価値の補助金については、第1条対象の提供者たちは享受者に本編予定の義務の全体か一部をを免除できる（第9条）。

第Ⅳ編は本法がワロン地域圏による公益の一定の投資を奨励するための補助金の交付に適用できるとし（第1条）、本法の意味では《草案段階の総会》は万人の目前で計画の構想を支援し、計画の質を保証するために作業を

し、不可抗力の場合には2年間予想される投資の範囲内の新たな作業を回避させられる《鉛筆》のデッサンの段階の総会と解される（第2条）。

県、基礎自治体、基礎自治体の団体、公認の宗教の領地の管理に責任を負う公認の施設、非宗教的な道徳の実践に必要な財産を管理する法人、政府指定のその他の全法人の公法上の法人は《申請者》と呼ばれ、公益の投資のために地域圏の補助金を受け入れられる（第3条）、第1条の投資は政府提示の地域圏の優先順位に従って依頼者策定の3年計画において繰り返され、3年計画で繰り返されず、その推敲のときには予測不能な投資は偶発的か不可抗力の場合に必要ならば補助金を受けることができる（第4条）。

前条の対象となる投資は、研究論文、予備作品を含む研究業績、それらの管理に必要なものと以下の取得物からなる。当局に帰属する道路敷・街路設備・標識・植樹・そのために創作された芸術作品のような付属物を含む公共道路の建設・改修・臨時の維持管理と存在し認可されている基礎自治体の流動計画に則った公有地上の駐車場の創設と改修、上下水道の建設・改修・更新、公共照明の設置・延長・異動・取替、その周辺の整備と併せて基礎自治体と県の公共企業体に予定される建物・公共社会福祉センターの管理事務所に予定される建物・公認の宗教の実践か非宗教的な道徳の実践に必要な建物・ただ公法人であるだけの基礎自治体の諸団体の地方事務所に予定される建物・誰でも無条件に出入りできて営業目的に利用されない限りの地区の小規模社会福祉施設・特に社会生活に再生活力を与える目的のためにか世代間の交流を促進する働きのためにある建物・第3条の対象となる依頼者の管理・技術事務所に予定される建物・所管庁により認可された児童受入れの基礎自治体の保育園と施設の建築・改築・改造、第5条で指定の法人の利用が予定される土地を除く不動産の取得（第5条）。

政府は、補助金交付が受けられる第5条の対象となる投資の活用、補助金交付の個別の諸条件、請求者を受け入れる手続と提供される資料の一覧表、3年の期間の間適用できる補助金の率と計算方式を決める（第6条）。

3年計画は政府により認可され、その全体か一部の認可は申請者と政府の

第Ⅶ章　地方自治関係法令・資料

財政能力、特に投資の技術的経済的価値を考慮に入れ、政府は完成した３年計画を受理後90日以内に決定するが、その期限満了前に正当化されて通知される決定によりその期限を一度だけ最大有効期限45日延長でき、期限満了に続く45日以内に政府からの通知がなければ計画は認可されたと見なされる。政府が３年計画を認可したときは予約されたそれぞれの投資について補助金の暫定的な金額を決める。３年計画は修正が政府により正式に正当化され認可されることを条件に申請者により修正できる。３年計画の修正が認可されている３年計画の中に予約されている投資の見積の適合性を含んでいれば投資の監査関係の計画の承認のときまでに申請者により願い出られ、３年計画の推敲に関係する諸規定はその修正にも適用できる（第７条）。

　第１条対象の投資は申請者により企画され主宰される草案の総会の対象となり、政府はこの会議の方式、投資の推敲と実現過程に参加できる人間と組織の一覧表を決め（第８条）、草案総会のために投資の実現過程に参加できる組織を代表する資格のある者たちは申請者に完全、明解、簡潔な形であらゆる法規と技術の情報を渡し、投資の調査と工事の入札に掛ける手続をまとめるか行政当局の意見に従うことが認められ、申請者は会議の議事録を作成し、前述の参加者に草案総会の日から15日以内に通告し、申請者にその批評を知らせるようにとの通告から15日間にこれらの人々は補完した証拠資料を提出する。修正された議事録は批評の受理の期限の満期の日から15日以内に届き、それにはもはや異論を唱える余地はない。最初の15日の期限内に批評の対象とならなかった議事録は承認されたと見なされる。上述の期限は７月と８月の月の間に開始か満期の到来したときは２倍にされ、クリスマスと年頭の間は中断され、土曜日、日曜日、祝祭日の間に到来したときは次の平日に延期される。草案総会の企画の申請者の不遵守は関連する投資についての補助金の恩典を当然拒絶したことになる（第９条）。申請者は最終案について行政当局の見解を求めるが、行政当局の見解は現行の法律と規範の遵守に重点が置かれ、見解の要請の受理から45日の期限内に届けられる（第10条）。

　草案総会の日から６か月以内に申請者は契約締結に関する完全な一件書類

第1部　ベルギーの政治と行政

を政府に伝達するが、この期限は申請者の正当な理由のある申請に基づきさらに6か月延長できる。財務検査官が政府の受理から30日以内にその見解を出す（第11条）。最終案についての行政当局の見解の中や草案総会の議事録の中で述べられた批評が一致する限り政府は取消となる猶予期間の30日以内に国法か予算により予定された予算額か投資の認可が利用可能なときに認可された申し出に基づき確定された補助金の金額を申請者に通告するが、最終補助金は第7条に予定された補助金の交付額の10%を超えられないが、補助金を認められた工事の一定の設定場所について特別の仕様書が政府の決定事項内での工事申請者の形成か挿入に関する会社の約款を含むとき、工事が1993年12月24日の国法の意味で経済的社会的企業に任せられるときには、本法の執行命令により決められた補助金の率の15%増しを受けることができる。上述の手直しされた諸条件でのこのような場所がなければ補助金は上述の命令により決められた率に引き戻される。それらの適用に関する年次報告は翌年度の予算で採択される計画に引き継がれる（第12条）。

　補助金の金額に関する前払は政府により決められた諸条件で認められ、政府は最終の明細計算において第3条に従って交付される補助金の金額を超えなければ予定された当初の工事の施行に関連のある工事の増減と必要適合を考慮に入れる（第13条）。

　毎年度政府は本法の適用に関する一般報告を作成し、この報告は基礎自治体について第3条の対象者により提出された申請書、3年計画の中に取り入れられた企画、割り当てられた補助金の率と金額、実現率、量的な見積を含み、翌年の3月末までに伝達される（第14条）。

5　第4部：選挙

《まえおき》

　本章（第Ⅶ章）のまえおきで断ったとおり、ここでは目次を列挙するにとどめるが、日本の制度と著しく異なる面だけ冒頭に指摘しておく。

⑴前にも述べたが選挙の法制は日本では国も地方も1952年以降単一の公職選

挙法に統一されたがベルギーは分離されている。
(2)投票は権利ではなく戦前の日本と同様義務であり、欠席には初犯が5ユーロ乃至10ユーロ、再犯が10ユーロ乃至25ユーロの罰金、理由なき棄権が15年間に4回生じた場合には、選挙人は10年間選挙人名簿から抹消、この期間中官公署の任命、昇進、栄誉を受けられないが、棄権しても投票所に赴けばよい。この義務化は、後掲のゲント大学スタッフによれば、社会党が支持層の投票を確保するために導入を主導したが、結果は極右に支持層を奪われることになったという。
(3)選挙人にはベルギー国籍を有するものだけでなく、他の欧州連合の構成国や国籍以外の年齢等の諸条件を満たした第3国の国民も含まれる（日本は排除）。
(4)候補者は政党か独立派の名簿に登録され、それ以外の立候補は許されず、選挙人はこの名簿かそこに記載の候補者に投票するので投票用紙も政党別のものを選び、印を付ける。
(5)選挙費用の制限及び選挙の規制は一括して地域圏の選挙を規制するために設置された地域圏規制委員会が担当する（日本は各級の選挙管理委員会）。
(6)開票の上比例代表制の原則に従い各政党への議席配分が行われるが、協定を結んだ二つ以上の名簿は合体して配分を受ける。
(7)この制度の対象となるのは議会の3選挙（基礎自治体、県、地区の各議会選挙）だけで、長の選挙はない。基礎自治体は議会の選任、県知事は地域圏政府の任命、地区議長は地区議会による選任である。
(8)上述の3選挙は6年に一度10月の第2日曜日に開催され（補欠選挙は随時）、8時から13時までの間に投票所に集合して投票する（日本は午前7時から午後8時と長い）。
(9)選挙事務局（各選挙区の中心地は地区事務局）のほか小郡事務局（選挙分区）、投票事務所、開票事務所（基礎自治体に設置）、基礎自治体事務局が個別に置かれて詳細な規定があり（日本ではこうした区別はない）、各裁判所の裁判官や検事が構成員の中に含まれる。

(10)親族か姻族、同居者の疾病か身体障害者、海外居住者、移動する商人、船員などに対する代理投票や投票支援が広く認められている。
(11)作業のデジタル化及び自動化が規定されて進んでいる。
(12)被選挙資格者の剥奪の条件に例の全体主義的思想の信奉者を役職から徹底的に排除する規定が置かれている。
(13)基礎自治体の選挙では候補者たちの立候補届出に少なくとも2人の任期満了基礎自治体議会議員によるかそれとも人口別に決められた選挙人数による署名、県議会の場合は前者は3人、後者は選挙人50人によるが必要。
(14)全体として各種提出書類の書式や提出手順、投票所の準備状況、投票の方式や投票のレイアウト、選挙の仕組み、投票の点検など日本なら法律事項でなく施行細則に譲られる内容が詳細に記載されている（補巻Ⅱ-4参照）。

《本文の目次》

第4部は、主要機関の選挙、県、基礎自治体及び（地区）議会の選挙時の自動投票制度の2巻からなる。

第Ⅰ巻は、選挙制度—原理及び定義、選挙制度、選挙の準備及び組織、選挙作業、Comines-Warnetonの特別規定の5編からなる。

第Ⅰ編：選挙制度—原理及び定義、

第Ⅰ編は、原理、定義の2章

第Ⅰ章は投票は義務・秘密・比例代表制、基礎自治体・県・地区の議会選挙、審査と上訴の3か条

第Ⅱ章は選挙人たち、候補者たち、選挙事務局及び投票設備、選挙の準備及び機関、選挙管理、結果、選挙手続の侵害の7節

第2章：定義

第1節は選挙人たち

第2節は候補者たち

第3節は選挙事務局及び投票設備

第4節は選挙の準備及び機関

第5節は選挙管理

第Ⅶ章　地方自治関係法令・資料

第 6 節は結果
第 7 節は選挙手続の侵害
第Ⅱ編：選挙制度
第Ⅱ編は、選挙権の諸条件、選挙人の登録簿、有権者の配分、有権者の招集、選挙事務局の選任の 5 章
第Ⅰ章：選挙権の諸条件は 3 か条
第Ⅱ章：選挙人の登録簿は 5 節
第 1 節は選挙人登録簿の作成
第 2 節は選挙人登録簿の引渡
第 3 節は選挙人登録簿の利用
第 4 節は選挙人登録簿に対する上訴
第 5 節は選挙登録簿に関する制裁
第Ⅲ章：有権者の配分
第Ⅳ章：有権者の招集
第Ⅴ章：選挙事務局の選任は 5 節
第 1 節：選挙事務局
第 2 節：地域事務局
　第 1 小節：地区事務局
　第 2 小節：基礎自治体事務局
第 3 節：小郡事務局
第 4 節：投票及び開票事務所
　第 1 小節：投票事務所
　第 2 小節：開票事務所
第 5 節：選挙事務局に関する制裁
第Ⅲ編：選挙の準備及び組織
第Ⅲ編は、選挙費用及び資金源の規制、代理投票、投票支援、会派の立会人たち、選挙費用の 5 章
第Ⅰ章：選挙費用及び資金源の規制は 3 節

第1部　ベルギーの政治と行政

　第1節：会派の規制

　第2節：候補者の規制

　第3節：資金源の規制

　第Ⅱ章：代理投票

　第Ⅲ章：投票支援

　第Ⅳ章：会派の立会人たちは3節

　第1節：立会人の選任

　第2節：兼職禁止

　第3節：立会人の任務

　第Ⅴ章：選挙費用

　第Ⅳ編：選挙作業

　第Ⅳ編：選挙作業は、作業のデジタル化及び自動化、立候補、投票、開票、投票の点検、選挙作業の終了及び審査の6章

　第Ⅰ章：作業のデジタル化及び自動化

　第Ⅱ章：立候補は6節

　第1節：被選挙権及び兼職禁止

　第2節：候補者たちの立候補届出

　第3節：候補者たちの点検

　第4節：候補者たちの提携、候補者名簿及び抽選

　　第1小節：地域圏の抽選

　　第2小節：県の抽選

　　第3小節：基礎自治体の抽選

　　第4小節：協約による連合の申告

　第5節：名簿の掲示、投票用紙、開票一覧

　第6節：立候補に関する上訴

　第Ⅲ章：投票は3節

　第1節：選挙の仕組み

　第2節：センター及び投開票所への出入り並びに警備

248

第Ⅶ章　地方自治関係法令・資料

　　第1小節：投票センター及び投票所への出入り
　　第2小節：開票センター及び開票所への出入り
第3節：投票の開票
第Ⅳ章：開票は2節
第1節：開票事務所の設置
第2節：開票の展開
第Ⅴ章：投票の点検は7節
第1節：予備作業
第2節：地域事務局による点検
第3節：協約の場合の点検
第4節：投開票及び各種選挙作業に関する制裁
　　第1小節：投票義務の制裁
　　第2小節：投票権及び投票の秘密の侵害に関する制裁
　　第3小節：選挙の買収に関する制裁
　　第4小節：選挙の不正行為に関する制裁
　　第5小節：投票の詐取に対する制裁
　　第6小節：暴力行為に関する制裁
　　第7小節：各種規定
第Ⅵ章：選挙作業の終了及び審査は3節
第1節：作業の終了
第2節：法的有効性の宣言及び選挙に対する上訴
　　第1小節：基礎自治体選挙
　　第2小節：県選挙の法的有効性の宣言
　　第3小節：基礎自治体の措置
第3節：選挙費用管理に固有の規則
第Ⅴ編：Comines-Warnetonの特別規定
第Ⅴ編は総則、助役の直接選挙、上訴の3章からなる。
第Ⅰ章：総則

第Ⅱ章：助役の直接選挙

第Ⅲ章：上訴

第Ⅱ巻：県、基礎自治体及び（地区）議会の選挙時の自動投票制度

第Ⅱ巻は、総則、自動投票制度

第Ⅰ編：総則は6か条

第Ⅱ編：自動投票制度は9か条

第Ⅲ編：投票特別規定は4か条

第Ⅳ編：選挙の予備作業は2か条

第Ⅴ編：投票集計作業は4か条

第Ⅵ編：最終規定は7か条

6　第5部：受任及び報酬の申告事項の受任者の義務について

　第5部は、定義、申告について、各種受任の行使の範囲内の報酬及び現物支給に関して適用できる最高限度について、申告の規制手続について、申告及び監督機関の作業の公示について、雑則の6巻からなる。

　⑴第Ⅰ巻：定義は、編・章・条が唯一で、第1条しかなく、つぎの第Ⅱ巻の第Ⅰ編第Ⅰ章第1条から第Ⅴ巻第Ⅰ編第Ⅰ章第1条までの適用のための用語の解説であるが、項目だけを挙げて解説は補巻（Ⅱ-4）の本文に譲ることにする。本来の任務、派生的任務、受任者、私人としての任務、執行部本来の任務、政治的類の任務、職務と公務、全ての個人若しくは法人、全ての事実上の組織か団体のためよりもベルギー人か外国人を職に就かせた公的部門で行使される任務、政治的類の任務、職務と公務として整理されない任務、管理職若しくは専門職の任務、非選人、報酬、現物給与、監督機関。

　⑵第Ⅱ巻：申告についても編と章は唯一だが条は2か条あり、第Ⅰ巻記載の本来の任務の肩書保持者、執行部の本来の任務の資格保持者、非選人に義務づけられている任務や報酬・現物給付の種類をそれぞれ列記し、監督機関は6年間それらの申告を保管することを規定、第2条はそれぞれの送付機関、期限等を明記している。

(3)第Ⅲ巻：各種受任の行使の範囲内の報酬及び現物支給に関して適用できる最高限度についても、編と章は唯一だが条は3か条あり、第1条は行政評議会、法人、事実上の団体の管理機関以外の全ての委員長、副委員長、理事又はその日常の管理以外の特殊な職務に責任を持つ理事の派生的任務への従事に適用するが、住宅組合内での派生的任務には適用されず、執行部の任務は特殊職務となり、理事たちは出席手当を受け取れるが、金額は県議会議員のそれ以下、日常の管理以外の特殊職務に責任を持つ理事の出席手当を含む報酬と現物支給の最高年総額は同じ法人の理事長の報酬と現物支給の金額の60％以下、副理事長は75％以下、理事長の報酬と現物支給の最高年総額は本法の補遺に表示の金額以下、それぞれの限度額を超えた場合は行政評議会が認められた最高額までその減額を行う。

第2条は派生的任務の肩書保持者の享受する現物支給の額の算定方法では所得税に関して税務官署により適用される規則の率により、受任者は派生的任務を遂行する法人のクレジットカードの資格保持者にも使用も許されず、本条は住宅組合内の任務には適用されない。

第3条はこれまでの条文で決められる最高額は非選人にも同様に適用されるとする。

(4)第Ⅳ巻：申告の規制手続について

第Ⅳ巻は、第Ⅰ編：監督機関とその権限、第Ⅱ編：受任者たち及び非選人たちの申告の点検手続について、第Ⅲ編：失格及び制裁からなる。

第Ⅰ編は章も条も唯一で、まず監督機関かその職務遂行者たちは個人の性格に関する資料の取扱いに関する私生活保護の国法の遵守責任があるとし、監督機関は申告の全てが本法の諸規定に合致しているかの点検、報酬と現物支給の最高額義務の遵守に留意し、その監督下の個人の税の申告とその目録の写しの通知、その所有を弁明できる会計書類か全ての書類を提出させ、その聴聞も行える。この第5部の義務違反の兆候がある場合にも同様である。監督機関の要員、規約か契約職員は職務上知りえた秘密の遵守義務があり、本法により予定された公開の原則を尊重するときしかその任務の遂行に関す

る情報を流布することはできない。

　第Ⅱ編は章は唯一だが条は2か条あり、第1条は監督機関は無申告、異常の存在か違反の疑いを確認したときは当事者に非がある可能性のある違反を表す意見を作成し、受任者か非選人が対象となる当事者にこの意見を書留郵便で通知するが、当事者はその通告から満15日の期限内にその所見かその修正された申告を聴聞の要求と一緒に監督機関に宛てた書留郵便で提出する。聴聞は監督機関が書留郵便の受理の日から40日以内に行われ、当事者は弁護人の補佐を受けられ、聴聞の調書は聴聞後満8日以内に作成されて当事者に書留郵便で伝達され、当事者は関係調書受理日から満3日以内にそれらの所見を書留郵便で提出するが、それがなければ調書は決定したと見なされる。監督機関は当事者の反発がなければその意見の通知後満75日以内に、当事者の聴聞がなければ受任者の所見か修正された申告受理後満75日以内に、当事者の聴聞が行われた場合には調書の最終的作成後後満75日以内に決定し、その決定は書留書簡で当事者に送達されるが上訴の道は開かれている。

　第2条は過剰徴収の返済に関する規定で、金額の算定と返済条件、一応の返済先（県、基礎自治体、基礎自治体事務組合、各種公社、住宅組合等）等を規定している。

　第Ⅲ編は章も条も唯一で、政府が、本来の任務（執行部を含む）、基礎自治体か県の受任者の派生的任務、基礎自治体、県の機関、基礎自治体事務組合、基礎自治体か県の独立公社、住宅組合の決定で非選人に託された任務、関係者が申告書の不提出、故意の偽りの申告書作成か期間中の不当な受領金額の返済を怠ったときの失格を認められるのは以下の手続の終了によるとして、監督機関が当事者に書留により失格原因の事実の通知を渡し、その伝達後関係者の通知受領日から8日以内に請求をしていた場合にはその選任した弁護人と一緒に20日以内に政府は理由を付した決定で失格を証明でき、この決定は政府の手で関係者とそれらの本来の任務と派生的任務を行使していた機関に通知される。上訴の道は開かれていてその通知から15日以内に提起する必要があり、その失格の原因を知っていながら関係者がその職務に引き続

第Ⅶ章　地方自治関係法令・資料

き従事していた場合には減刑される可能性がある。

(5)第Ⅴ巻：申告及び監督機関の作業の公示について

第Ⅴ巻も編も章も唯一で、監督機関は委任の台帳を持ち、それには受任者ごとに本来の任務、派生的任務、政治的類の任務、職務か公務、ベルギー人か外国人を就職させた公的部門での全ての個人か法人、全ての事実上の組織か団体、報酬と現物支給の概要を含み、毎年度官報に公示される。執行部の本来任務の資格保持者の申告は監督機関が閉じる封書に保管され、予審判事だけがこの人物に対する刑事予審の範囲内でこの申告の判断を委ねられる資格がある。政府は毎年度議会に監督機関の任務の遂行の報告書を送る。

(6)第Ⅵ巻：雑則

第Ⅵ巻も編も章も唯一で、政府は行政命令によりこれまでの諸規定を書留郵便かその他のいずれかの安全な通信方法で置き換えるか補完できる｛原文はou parを逆に書いている｝

7　第6部：雑則

第6部は、総則及び適用範囲、経過規定の2巻からなる。

第Ⅰ巻は、編も章も唯一だが、条は3か条あり、第1条は管轄下のワロン地域圏全体に適用される本法はComines-Warneton基礎自治体も関係し、第2条は社会福祉公共センターに関する行政保護の関係の対象となる題目を規定し、第3条は本法の諸規定は行政裁判の組織と権限に関する連邦の諸規定には抵触することなく適用されるとする。

第Ⅱ巻は、編も章も唯一だが、条は2か条あり、第1条は本法の施行により改称されるつぎの県議会の全面的改革までの県関係の諸中枢機関の名称と改称後の名称を列記しており、《常任県代表》（la députation permanente）を《県理事会》（le collège provincial）の代わり、《常任県代表》（une députation permanente）を《県理事会》（une collège provincial）の代わり、《常任県代表の構成員たち》（les membres de députation permanente）を《県理事会》（les membres du collège provincial）の代わり、《常任

253

県代表たち》(les députés permanents) を《県代表たち》(de députés provinciaux) の代わり、《常任県代表》(le député permanent) を《県代表》(le député provincial) の代わりと読む。また、同様に県議会の全面的改革の日か本法の施行まで発効しない条文を列挙している。第2条は県のパートナーシップ協定は2004年1月1日以前に行われた諸県の投資には適用されないとした。

8 補遺

ここでは理事長の派生的任務の報酬と現物支給の最高限度の規定が事細かに記されているが詳細は補巻（Ⅱ-4）の全文飜訳に譲る。

なお、最後に本法制定時の内閣議長R. DEMOTTE、内務・公務大臣博士COURARDの署名がある。

第2節　リエージュ県諸法令

1　リエージュ県議会会議規則（秩序内規）

この県議会の会議規則は現地調査の際にリエージュ県庁から提供されたもので、やはり原文はフランス語で4編からなるが、日本のそれと違って県執行部を県議会から選任することや政治会派の重要性、県議会が書記や財務担当理事を指名すること、市民による説明要求権や釈明要求権などが規定されているので、それぞれの条文について簡略に紹介して置く（詳細は補巻Ⅲ-1の全文参照）。

第1編：県議会の組織は、議会及び県執行部の設置、議員資格確認、政治会派、議長・副議長・書記・財務担当理事の指名、若干の執行部規定、書記、財務担当理事の権限、県理事会、委員会、議席の9章からなる。

第Ⅰ章（議会及び県執行部の設置）は1か条のみ、県議会の全員改選後の初会合について前掲のワロン自治法典の第2部第Ⅱ巻（県）第Ⅰ編第Ⅱ章第2節（県議会）第13条と全く同文の規定が置かれている（補巻Ⅱ-3の同法典とⅢ-1の県議会規則参照）。

第Ⅱ章（議員資格確認）は第2条〜第6条の5か条で、県議会は県の選挙の有効性について裁定を下し、正式の構成員の資格について審査し、この問題を提起した異議申立について審判を行うが、議会は他郡選出の議員の中から抽選の方法で指名される7人の構成員からなる各郡（ユイ・ワーレム、リエージュ、ヴァルヴィエ）の選挙の有効性審査委員会を設置し、この委員会は未確定な指名の有効性の審査にも招集される（第2条）。その証拠書類と選挙記録は委員長指名の者と委員会の結論を議会に委ねる責任を負う報告者にも配付され、有効性審査委員会の投票か審査の有効性の予審が必要との判断に賛成すればその任務を明示した特別委員会を設置する議会に情報を提供するが、この特別委員会は当初に指名された委員に議員の中から抽選で指名される6人の委員を加えて構成され、逆の場合には当初に指名された委員会が審査を続行する（第3条）。選択、辞職、死去その他で空席となり補充の必要があれば、県議会の直近の会合で指名が行われるが、指名に先立って県議会は専ら被選挙資格の保持の観点からの適格性について補充の審査を行い、第2条で選出される議員の中から抽選方法により指名される7人の委員の委員会によって行われる（第4条）。委員長は前述のワロン地方民主制・分権法典の第8条の該当者で審査後にこの条文の要求に合致する有資格の議員を招集して公開の会議を開き、法定の宣誓をさせる。

第Ⅲ章（政治会派）は第7条〜第14条の8か条で、政治会派の構成員は同一名簿の下で選出されるか政治会派を構成するための連合名簿で選出され、8人以上なら県の行政3郡を代表する（第7条）。資格審査と宣誓表明後各政治会派はその名簿を会議に提出し、会派の党首の氏名を提示し、会派の党首たちは委員長の発議で招集でき（第8条）、議員は唯一つの政治会派にしか所属できない（第9条）。政治会派への議員の加入は会派の党首か関係議員によって委員長に知らされ、会派から脱退すれば県議会議員の資格で生じていた権限の全てが放棄されるが、政治会派には所属していると見なされる。選挙後の11月15日以降に特にそこの当事者である政治諸会派の指示を含む多数派協定の計画が県事務総長の手元に提出される。多数派協定は選挙後3か

第1部　ベルギーの政治と行政

月以内に議会に在席する構成員の多数で採択され、多数派協定の採択の要点はその採択まで各議会の議事日程に記載される（第10条）。県議会議員が離職するとその権限と職務の代わりはその会派の提案により優先順位の中での序列を維持しながら実行される（第11条）。政治会派は本規則の第14条に定義される自由侵害集団（自治法典にたびたび登場してきたのと同文）を除き基礎自治体事務組合、非営利法人、その他の団体の中で、比例代表制の恩恵を受け（第12条）、前述の自由侵害集団を除いて議会がその授与方法を決める職務の歳費を受ける（第13条）。第14条は自治法典にたびたび登場してきたのと同文の自由侵害集団と見なされる政治会派を規定し、県議会が執行部の提案に基づき自ら自由侵害性若しくは会派ではないとの判断を下すとした。

第Ⅳ章（議長、副議長、書記、財務担当理事の指名）は第15条〜第18条の3か条で、資格審査、宣誓、会議の委員長への各政治会派からの会派の党首名と構成員の名簿の送付の後、議会は別々の投票によって議長、副議長、書記たちの指名を行い、指名は自治法典第2部第Ⅱ巻第Ⅰ編第Ⅱ章第26条に従って行われ（以下の内容はそれとほとんど同じなので省略しそちらを参照）（第15条）、指名の順序は副議長と書記の優先順位を決定し、その指名に関連する作業終了後論壇にその席を保有する第1と第2書記職を選出し（第16条）、各政治会派はその構成員の中から財務担当理事を指名し議長に通告（第17条）、議会が構成されると議長は県知事に正式に通告する（第18条）。

第Ⅴ章：若干の執行部規定は執行部の構成、執行部の会議、執行部の権限、議長の4節からなる。第1節（構成）は第19条のみ、執行部は議決権を持つ議長、副議長、書記たち、各会派党首と発言権を持つ知事、二人の県代表とで構成され、議長によってかその欠席の場合には優先順位に従って副議長によって主宰される。第2節（会議）は2か条、執行部は会議の日時、場所、議事日程を決める議長の招集の下で7月と8月以外は月1回は開催され、投票権を有する執行部構成員の3分の1か県理事会の請求で議長は日程の提案と併せて決められた日時に招集しなければならず、議長は日程に追加項目を加えることができ、執行部の管理事務局は県事務総長かその代理によって補

佐され（第20条）、執行部はその構成員の半数以上の出席で審議は有効、全会一致の原則で運営され、全会一致がなければ出席構成員の決議には単純多数決となる（第21条）。第3節（権限）は第22条のみ、執行部は特に県議会の予定表の作成、県の権限の概念の適用例、議員や住民の情報収集権と監視権、対外関係、報道陣との関係、情報処理、議会の職務、主題の設定された会議の準備、県議会の組織と職務に関する全ての問題に決定権を持ち、地域圏法か県議会により付与された答申権を行使し、執行部に付される事案が例えば会議の予定表といった議長の特権に属するときは執行部は県議会議長への提案を作成する形を採って自己表現するにすぎない。県理事会は、県議会の決議の全てに関して取られた当局の決定の全てを執行部に報告する。第4節（議長）は第23条のみ、議長は自治法典と本規則の諸規定に従って権限を行使し、特に議場の秩序維持、規則の遵守の履行、発言の許可、投票結果の確認と発表、議会の決定の宣言に留意し、議会を代表して発言し、審議の模様をはっきりさせ、発言者を引き戻すために審議の最中は発言せず、審議に参加したい場合は議長職を離れ、主題の審議終了後には発言せず、議長職を離れるか欠席か支障ある場合には議長職は優先順位に従って副議長により、副議長に支障ある場合は議長職は勤続年数最長の県議会議員によって確保される。

第VI章：書記、財務担当理事の権限は2か条、第24条は書記で、書記たちは議事録の作成を監督し、会議の冒頭に議事録の要約を朗読し、点呼を行い、投票結果を述べ、定足数の遵守を見守り、概して執行部の管轄下にある全てを管理し、審議に参加するときは執行部の席を離れ、主題についての審議終了後には発言禁止、欠席するか支障がある場合にはその職務を果たすために出席している最若年の県議会議員に助けを求めることができる。第25条は財務担当理事で、経理関係に責任を負う財務担当理事は県議会議員であり、県理事会理事であり、県執行部であるが、財務担当理事と議長の年次総会が9月に開催される。

第VII章：県理事会も2か条、第26条は長文で6段標からなり、①県理事会

は議会の中から6年任期で選出された6人で構成され、異なった性からなり、県代表の身分は多数派協定草案（諸草案）によって表示され、県議会の全員改選とその執行部の構成後に議会は点呼によって多数派協定草案の投票を行うか県代表の資格で提案される県議会議員の身分が異なった性の人たちから提案されるこの多数派協定草案が提示されて了解され、県代表に選挙されれば議員たちは自治法典第2部第Ⅱ巻第Ⅰ編第Ⅱ章第39条の適用で採択される多数派協定に含まれる名簿に記載され、県代表の序列は多数派協定の中に記載される名簿の順位で決まる。②選挙の有効となった日から後3か月の期限内に多数派協定の提出か投票がなければ政府委員が任命でき、任期満了の県理事会の代理として日常業務を処理する。③但し多数派協定に拘束される政治会派の議員たちが全て同一性ならばその内一人は議会内での県代表選挙の規則違反となり、議会以外のこの代表は自治法典第4部第Ⅰ巻第Ⅴ編第Ⅴ章第1条に決められたな被選挙資格の条件の充足・維持を要し、多数派協定は帰属する政治会派を示ス必要がある。④立法府では辞職と見なされるか議会への所属を辞めて県代表の資格を失うかした県理事会の構成員の代わりの決定を用意するために県議会によって提案・採択される不信任動議に対して多数派協定への補則が採択されてよい。⑤理事会は議会に対して責任を負い、議会は理事会かその構成員の一人乃至複数に関して不信任動議を採択できるが、動議が理事会全体に関するものなら理事会への後継者の提案、交代する多数派を構成する各政治会派の議員たちの半数により提案されるものは受け入れられず、理事会の構成員の一人乃至複数に関するものなら理事会の構成員の一人乃至複数の後継者に関係する提案、多数派協定に参加している各政治会派の議員たちの半数により提案されるものも受け入れられない。いかなる動議も議会の構成員の多数でしか採択されず、その採択は理事会の辞職を伴い、一人か複数の議員から異議を申し立てることができるが、動議の投票は議会の会期中に提案された協定の獲得から最大限3日の期限しかない。⑥県理事会に関する不信任動議は理事会設置後1年半の期間、理事会全体の不信任動議採択後1年以内の期間、選挙執行の年の6月30日以前には提出でき

第Ⅶ章　地方自治関係法令・資料

ない。第27条は県理事会の選挙後3か月以内に、その代表の任期に責任を持ち、主要な分野の方向を示す予算面など主要な政治的諸計画を含む一般的政策の宣言が県議会の承認を受け、県のパートナーシップと資金調達を準備する2002年3月21日の地域圏法で予定されるパートナーシップの締結のために県理事会によって提案される諸方針も含む。

　第Ⅷ章：委員会は常任委員会、特別臨時委員会、常任委員会及び特別臨時委員会の共通規定、常任委員会の会議規定の4節からなる。第1節（常任委員会）は第28条～第31条の4か条、県議会の全員改選ごとに執行部の設立と県理事会の選挙後議会はその中に定員16人の委員と議事日程に記載の審議の提案どおりのその権限に関する主題の全部か一部についての意見の提供に責任を持つ委員8人の委員代理とからなる10の常任委員会を設置する（第28条）。県議会の成立後1か月以内に各常任委員会は、県議会議員の資格で勤続年数最長か同年数の場合には最年長の委員の主宰下で集合し、委員長及び副委員長を指名する（第29条）。10の常任委員会に割り振られる県議会の権限は、第1：経済・基礎自治体共通、第2：農業、第3：文化、第4：身体的教育・スポーツ・青少年、第5：家庭・児童・住宅・社会福祉問題、第6：教育・研修、第7：県の財務・業務、第8：労働、第9：公衆衛生・環境、第10：観光（第30条）。県公社、県独立公社、非営利法人その他の団体の経営の諸計画と諸協約の妥当な執行の検証は関連分野所管の委員会によってあらかじめ検討され、委員会への事案付託に疑問がある場合には執行部はその所管を断れない所管委員会を決定する。議会の全員がそこに所属しない常任委員会の会議に出席し、発言権はないが聴取はでき、そのために全員が常任委員会の招集状を受け取る（第31条）。第2節（特別臨時委員会）は1か条のみ、議会は特別の事案の検討のために特別臨時委員会を設置でき、各委員会のために議会は委員の人数と第1節の規定の範囲内で適用できる期間を決定する（第32条）。第3節（常任委員会及び特別臨時委員会の共通規定）は第33条～第40条の8か条、執行部が県議会に常任委員会と特別臨時委員会の構成に関する提案を行い、各政治会派はそれぞれにその規模に比例した代表総

数を確保し、これらの提案が全会一致とならなければ委員会内の構成員の割振りは県議会が確定、政治会派の比例代表と委員会内への代表の割振りは立法府では修正できず、立法府で政治会派を離れた議員は全てなおその離脱した政治会派に属すると見なされるが、県議会議員の資格に由来する権利を行使する権限は全て失う（第33条）。常任委員会と特別臨時委員会は各種の提案の検討に責任を負い、審議事案に関して次の会議か急を要する場合には開会中に県議会に報告する義務があり、その正規の委員は一人でも県益の審議のための全ての提案か主題を把握できるし、本規則の第38条に従って当初の議事日程に引き続いて要点が記載された県議会議長への質問を決定させられ、委員会は特殊な問題の解明のために判断に必要ならば専門家や利害関係人に聴聞でき、その場合には審議の模様は関係委員会につぎの会議で報告される（第34条）。常任委員会と特別臨時委員会は委員長か副委員長、いずれも欠席の場合は県議会議員の資格で勤続年数最長か同年数の場合には最年長を数える委員によって主宰され、投票が可否同数の場合には会議の主宰者は裁決権を持つ。委員長は報告の必要な各事案ごとに検討前に委員会の結論と委員会で交わされたやりとりの総括を県議会に提出する責任を持つ報告者を指名し、委員会の結論を含む行政報告の写しは会議の後で報告者に渡され、県代表たちはその所管事案を取り扱う委員会の会議に出席するが議決権は持たず、県代表たちと報告者たちは職員たちの補佐が受けられる（第35条）。各報告は会議の主宰者と報告者が署名し、予算に予定のない支出の採択を含む事案に関係のある報告は県による支出の検討を受け持つ常任委員会に見解を求めるために委ねられる（第36条）。常任委員会と特別臨時委員会は出席委員の数のいかんにかかわらず招集できるが、その委員の過半数の出席がなければ審議は無効で、正規の委員の補欠、提案の発起人か共同発起人だけが提案の交通費と出席手当の恩恵に浴する（第37条）。常任委員会と特別臨時委員会は日時、日程を決める議会議長によって招集され、常任委員会は県議会のある週に議事堂で月曜：第1、第2、第3、第9各委員会、火曜：第4、第6、第8各委員会、水曜：第5、第7、第10各委員会に招集され、常任委員会は

指定した日時に、県理事会、委員会の委員長か委員の3分の1の要求で日程を明確にした提案について開催でき、提案の発起人か共同発起人は当該提案の検討と報告を担当する常任委員会か特別臨時委員会の構成員でなければ議決権は持たないが、会議に出席する権利はある（第38条）。会議の書記は県事務総長によって確保される（第39条）。常任委員会と特別臨時委員会は非公開で開催され、県議会議長は各委員会の正規の委員の3分の1の要求で委員会の会議の公開を決定できる（第40条）。第4節（常任委員会の会議規定）は第41条〜第43条の3か条、2かそれ以上の委員会の管轄に属する案件でそれらの委員会は共同で合同委員会を招集できる（第41条）。合同委員会は議会議長か欠席ならば県議会議員の資格で勤続年数最長、同年数の場合には最年長を数える委員会の委員長によって主宰され（第42条）、第34条、35条第2、第3、第4、第5項、第36条〜第40条は合同常任委員会に適用される（第43条）。

　第IX章：議席は1か条のみ、県議会は異常事態により議長により県内他都市で招集されない限り県庁所在地で開催される｛自治法典の規定と同文｝（第44条）。

　第2編：議会の職務は、招集、日程、定例会、定足数、知事、会期の6章からなる。

　第I章（招集）｛自治法典の第2部第II巻第I編県の組織第II章第2節県議会第2小節県議会の会議及び審議の規定に準拠なのでそちらに譲って要点のみ記述｝第45条：月1回招集7・8月休会、土・日・祝日招集なし、議長が招集、議員の3分の1か県理事会の請求で招集、招集状は書面で満7日前に送付、定足数不足で2度目以上の招集の場合は満3日に、急を要する場合は満1日前まで短縮可能、招集状と付属文書も電子回路で通知、年間10回以上招集なら必要な議員数は4分の1でよい。第46条：県議会の場所、日時、議事日程の周知方法で、一般には会議場か市庁舎内の公式の掲示方法、県のインターネット・サイト上の掲示、報道陣と住民には議員への発送から3日以内に書面での要求を県事務総長に送付、執行部は議事日程の報道発表をす

る地方紙を会議の5日前に指名する。

　第Ⅱ章（日程）は第47条～第51条の5か条で、第47条：①議事日程は議長が決定、一定期間内には県理事会か議会の一人乃至複数人も提案され、県に利害関係がある所管事項の決議案、県理事会からの伝達と他の行政庁か公共機関への送付予定の動議の提案も含まれ、日程の修正では県議会と県理事会の関係分野について書面での質問、口頭での回答要求が県理事会に対して県議会議員たちにより同じ期間内に提出され、日程に記載の各項目は審議予定を付し、県理事会の日程項目の検討時に県事務総長の指揮下で行政職員により、議員発案はその議員により起草され、②議長が県議会の所管でないと判断した場合は県議会に先立って開催される執行部の会議の際にその事案についての執行部の構成員の意見を要請し、③全ての項目は前の会議時の対象となってつぎの会議の日程の最初の項目に記載される。第48条：①県議会の会議の前の終わりから2番目の木曜日の16時に議長から予約された提案と質問が招集状で再び議員に文書で通知され、提案はいずれかの委員会に付託され、②日程とは無関係の提案、伝達か質問は会議の満5日前に議長に伝達、議長は日程の補充項目と併せて議員たちに伝達を要し、理事会はこれらの裁量権を有し、日程に記載のない項目は遅らせれば重大な損害の虞のある緊急の場合を除き会議では審議されない。第49条：議員たちは法定の例外がなければ本規則の第Ⅲ編第Ⅱ章に決められた条件を尊重して県議会、県理事会、県知事の権限に関係する分野について県理事会か県知事に書面で質問を提出する権利を有するが、但し質問権は基礎自治体、宗教の所有する施設、社会扶助公共センターに関する行政部の監督下の一件書類には及ばない。第50条：現状質問は本規則の第87条と第88条に従って議会開催前満2日の期限内に議員たちが提起、受取人の口頭の回答が要求され、議会当日中に付託されて日程の対象となる。第51条：日程への項目記載の要求の全て、提案か質問の全ては説明文書か議会に教示する固有の記録が添えられなければならない。

　第Ⅲ章（定例会）は第52条～第53条の2か条で、第52条：①毎年10月の会議開催時に、県理事会は県議会に前年度執行の会計報告、次年度の執行予算

の計画と一般政策文書を提出し、一般政策文書は優先政策と政策目標、予算の財源と優先順位・目標の実現期限の表示を含み、県が参加し経営を代行するか年間5万ユーロ相当の支援補助金を支出する公社、基礎自治体事務組合、非営利法人その他の団体の名簿が前年の執行関係の経営計画と契約の評価報告と予算計画に、裁判所の訴訟目録も予算計画に加えられ、一般政策文書同様に予算計画、前年度の執行会計報告は検討される会議の満7日前に県議会議員全員に配付され、これらの一般政策文書は県公報で公刊され、インターネット・サイト上に掲示され、県理事会は県議会に判断に役立つその他の全ての提案を付託する。②年次会計報告は予算報告、決算報告、貸借対照表、県議会が締結方法を選択してその条件を決定する労働、物品調達、サービスの契約落札者名簿を含み、議会は毎年10月末日に前年度執行の支出予算と執行の財源を可決する。第53条：①毎年10月中に予算の可決に先立って県理事会は各種の活動報告からなる行政報告の中で県勢発表をし、とりわけ県理事会の措置を賄う前年度の執行関係予算の使用配分を指定、諸活動報告の発表は県公報に掲載され、将来方向の討論を開始させ、議員は議長への簡単な申し出により議会での報告の開催当日か翌日に発言でき、県代表の答弁の延長上で議員は2分間だけ再発言でき、県代表は最後の答弁に2分間使ってその項目は終了したと見なされる。②予算と会計の検討時には県議会も一般政策文書をその名簿にあり次年度執行予算計画に付加されている県内の県が代表するか年間5万ユーロ相当の支援補助金を支出する各種公社、基礎自治体事務組合、非営利法人その他の団体と併せて検討し、その際議会とそれより先に所管委員会は前述の公社、基礎自治体事務組合、非営利法人その他の団体の経営機関の一人か複数の構成員に聴聞できる。

　第Ⅳ章（定足数）は1か条のみ、{他と同様前述の自治法典の県議会の会議及び審議の規定に準拠なのでそちらに譲って要点のみ記述}第54条：①議会は議員の過半数の出席を要し、再度の招集で定足数に達しなくても審議でき、2回目と3回目の招集は自治法典の県議会の第12条に定められた規定に従い、②指名点呼の後で定足数に達しなければ議長は会議の有効な審議不能

を確認し、③会派の党首たちはその構成員たちの最大多数の出席に気を配る義務があり、会議の前に議員たちは自治法典規定の手当や出席手当を受ける債権の申告に役立てられる名簿に署名して出席の確認がされる。

第Ⅴ章（知事）は第55条〜第57条の3か条、知事かその代理は議会の会議に出席し、その席は部屋の中に宛がわれ、望めば意見を聞かれ、議員たちはその発言に答えることができ、知事は審議と論告に責任のある議会に出向くことができ、議会はその出席を要請でき（第55条）、知事が議会の決定に反対を訴えるときはその決定は行為から10日以内に県議会と利害関係者に通知され、その後議長は次回の会議で県議会に報せ（第56条）、ワロン政府は規則や地域圏法の執行をその執行方法と併せて県知事に担当させることができる（第57条）。

第Ⅵ章（会期）は第58条〜第82条の24か条でＡ）〜Ｈ）に分かれる。第58条：会議は議長が開閉する。Ａ）会期の公告は第59条：①県議会の会議は公開、公開の各会議は必要かつ指名を要すれば非公開に切り替えられ、②予算以外出席議員の3分の2多数決により治安のためか公開による重大な支障を理由に非公開を決定でき、③個人の問題が提起されしだい議長は直ちに非公開を宣告し、④懲戒事案以外は非公開の会議は公開の会議の後にしてはならず、⑤非公開継続の必要がありそうなら公開の会議は中断できる。Ｂ）発言権は第60条：①議員は議長の要求や許可なしに発言できず、②議員は1）討論への参加とその参加の前の自己の投票についての弁明、2）日程の項目の撤回提案、3）審議と採決の撤回提案、4）討論終結提案、5）会議日程の予定項目の順序変更提案（順序動議）、6）規則の想起、7）発言者の交代提案のために発言要求できる。第61条：発言者は起立して話すが、議長とか参集者には話しかけず、議長の許可なしには同一事案に2回以上発言できず、参集者は出席議員の3分の2多数決で知事、県理事会構成員、委員会の報告者などの外部の発言は規定の時間内以外発言できなくすることができる。第62条：規則遵守命令以外発言を中止されず、発言者が質問を逸脱する場合には議長は警告をするだけ、同一質問中に質問への警告を2度受ける前に発言

者がいま一度逸脱した場合は議長は審議が終了まで発言をやめさせる｛この部分は他と同様前述の自治法典の県議会の会議及び審議の規定に準拠｝。第63条：秩序を乱す性質の賛否の合図は全て禁止、悪意の個人攻撃、罵詈雑言、非難は秩序違反と見なされて発言者が会議を乱し規則に違反し礼儀作法に背く場合には、その弁明を聴取した後議長によって規則遵守命令が発せられる。再犯の場合には議長は議事録への記載を伴う新たな規則遵守命令を発してこの制裁は強制的に発言の撤回か審議終了までの発言権剥奪を引き起こし、議会の執行部の協議を経て議長は発言が議事録、簡潔な報告等に記載できない無礼な悪意の個人攻撃、罵詈雑言、非難となると決定する。第64条：討論終結は議長が宣言する。第65条：投票行動中の発言は禁止。Ｃ）投票方式は、第66条：議会は本規則の第67条に予定の場合を除き挙手で採決し、議長がその結果を宣言する。第67条：議員たちは出席議員の３分の１の要求で発声での点呼で投票し、年度予算全体、県理事会の議会冒頭の一般政策の宣言、多数派協定の投票は常に発声での点呼により投票する。第68条：投票時に出席しながら表明しない議員は支持投票に不参加と見なされる。第69条：各議員は議事録にその投票理由への言及を要求していなければその投票が採択された決議に反対と掲載することが認められる。議長は最後に投票する。第70条：点呼による投票は無条件であり、賛成、反対、棄権によって表明され、アルファベット順で行われ、投票の集計は議長と書記たちで行われ、投票名簿と投票はその会議の議事録に掲載される。第71条：議会に留保される候補者の推薦、指名、昇進、投票、休職の決定、業務のための予防的停職、罷免か解職その他の懲罰的制裁は自治法典第２部第Ⅱ巻第Ⅰ編第Ⅱ章第26条に従って秘密投票で行われ、他の候補者を考慮した第２次投票の際は最初の投票は無効と見なされ、第２次投票は得票数が同じなら年長の候補者が勝つが、秘密投票には議長が政治会派の４人の最年少議員に補佐され開票立会人となる。第72条：議決は全て賛成の絶対多数で決められ、賛成反対の投票だけが賛成の集計の際に考慮され、可否同数の場合は審議に掛けられた提案は否決となり、審議の結果は議長によって次の言葉で宣言される：《議会は採択し

た》か《議会は採択しなかった》。第73条：議会は同種の分野の対象となる決議は投票だけ行うことを決定でき、投票に先立って議会は議長の提案でそれらの決議が対象となることを決定するが、この投票の結果はそれぞれの提案が個別に表明されたと見なされる。D）議事録は、第74条：議事録は会議日後満7日に県事務総長に任され、議員は会議中に議事録作成に対して要求を出す権利を有し、その要求が議会により採択されれば事務総長は開会中かつぎの会議の際に議会の決定に従った新たに作成したものを提出する責任があり、会議が要求なしに経過すれば議事録は自治法典第2部第Ⅱ巻第Ⅰ編第Ⅱ章第60条に規定されたとおりに承認され、登録され、議会が適切と判断した各回ごとに議事録は会議中にその全文か一部が作成され出席議員により署名されるが、議事録は会議の開催時間と終了時間、日程、前回の会議の議事録の概括朗読の本文、会議の初めに出席した議員の名簿と会議中の点呼以外の全ての名簿、可決された決議の本文、会議に提出された提案、投票結果と点呼投票か秘密投票のそれぞれ記名投票の名簿か投票者名簿、各議員の記名発言の記載、議員たちから議長に通告された発言の本文を記載する。E）審議の簡潔な報告と要約を表現する報告は、第75条：県事務総長は県議会の今回の会議日程と同時に議会の公開の会議の要約を示す報告と議員たちに通告された審議の簡潔な報告に必要な措置を講ずる責任があり、議員は全員この記録を文書とコンピュータで入手する。第76条：前条でその問題に言及した簡潔な報告は可決された決議その他の書類、投票の結果を記述する。第77条：議員たちは自らのその日の発言とか意見表明とかの本文を提出し、議会の全員は会議の8日間要約の全文の報告をタイプ打ちした原文で文書とコンピュータにより受け取り、議員たちは県事務総長に単純な書式で自分自身の発言に加えたい綴りの訂正を書面で伝えることができ、指定された期限内にそういった類の要求がなければ本文はその作成者によって承認されたと見なされる。第78条：最終の要約を表した報告と正式の議事録はコンピュータで議員たちに伝えられ、同時にインターネット・サイトによる月例発表の対象となり、題目の目録を添えた季刊誌の対象となり、政治会派の党首たちに譲

渡され、事務局に要求すれば入手できる。F）細心の注意義務は、第79条：議員全員は県事務総長、県理事会の構成員、その他と同様に自治法典に規定されたとおり以下は禁じられる：1）個人的であっても選挙の前か後に両親か4親等までに関係のある事業の責任に私的に直接利害のある対象についての審議時に出席し投票に参加、2）県に関する何らかの業務、税の徴収、物品調達、入札への直接間接の参加、3）県を相手の訴訟に関する弁護士、公証人か実業家としての発言、同じ資格で県の利害に関する係争事件を弁護し、見解を述べ、それに従事、4）懲戒事項若しくは命令措置による停職処分への職員の一員の議会としての発言、5）県交渉・協議委員会での労働組合代表か専門家としての発言。議員たちは県理事会の構成員と同様に以下の義務を有する：1）十分には責任を負えない任務の受諾は拒否する、2）自分が選挙された県理事会の会議に規則正しく参加する、3）県議会の会議及び自分がその中の委員か報告者である委員会の会議に規則正しく参加する、4）郡若しくは選挙区の有権者のではなくて県民の利益を擁護する、5）自治法典の規定に従って明確にされたような合併収入と兼職の禁止を遵守する、6）県理事会の構成員について自治法典から生じ執行部の職務以上の報酬を伴う県代表の職務の兼職の禁止を対象とする義務を遵守する、7）広報広聴の範囲内で本規則の内部規律の規定と以下に関係する全ての条項を遵守する：書面により県議会の審議の説明を要求する市民の権利に、市民の釈明要求権に、8）以下を対象とする全ての要求を県事務総長に直接書面で提出する：県と共同で経営計画と契約を持つ基礎自治体事務組合、非営利法人その他の団体の経営機関の予算、会計、決議についての協議、県議会議員・県と共同で経営計画と契約を持つ基礎自治体事務組合、非営利法人その他の団体への視察の権利、県と共同で経営計画及び契約を持つ施設や団体への県議会議員たちの視察権、県行政に関係する一から十までの協議、協議の一件書類に表れた記録の分野についての専門知識の取得、9）その任務の遂行に厳密に限定しなければならない協議の記録の使用には秘密厳守と慎重さとを示し、自分たちに作られた写しのような記録に含まれた情報の多くの第三者への伝

達・伝播を回避する。G）緊急招集は、第80条：緊急発動は完全な例外に属し、あらかじめ書面で会議開始前に議会の構成員たちによって知らされた議長は議会に諮る前に会派の党首たちと協議し、緊急の意向は議会出席議員の3分の2によって点呼による投票で宣告される。H）懲罰は、第81条：①議員が秩序を乱せば議長によりその場で名指しで注意を促され、②議員が同じ会議中に2度目の静粛命令の対象となったときはその制裁は以前に許可を得た発言の強制的な撤回をもたらし、審議終了まで発言権を剥奪される。それは議事録に記載され、③必要ならば議会執行部の協議の前に議長はその秩序違反の発言が議事録にも議事要録にも記載しないことを決定でき、一定の発言に責任のある議員を裁判所に起訴する場合には必要ならば証拠とされる議事録は司法機関に引き渡され、いわれのない人格的中傷か非難、第三者を巻き込んだ不快感への嫌疑と併せて憲法や各種の人権と基本的自由を保護するヨーロッパ協約によって認められた自由と基本的人権の侵害をもたらす発言は特に秩序違反と見なされ、④2度目の静粛命令を受けたにもかかわらず会議の円滑な進行を乱す議員は議長からその行動により一時的に議場から退場させることができると通告され、当該議員が秩序に反する行動を続ける場合には議場からの一時的な退場が議長の提案により秩序を乱した議員に対して議会により宣告されるが、宣告途中で会議は続行、議会は挙手で宣告し、退場させられた議員は特に秩序違反と見なされれば自治法典に規定の出席手当と諸手当の特典を失い、⑤退場させられた議員が議長の議場退去命令に従わなければ一時中断でき、会議の審議再開にあたりその議員が従わない場合には自動的に議会の次回の会議の後まで県議会の活動から閉め出される。第82条：会議が騒然となった場合には議長は一定の警告をした後で会議を中断か閉会でき、極めて深刻な状態の間、議長は警備員を呼ぶことができる。

　第3編：修正、質問、広報、市民による釈明要求は、修正、質問、県理事会の広報、市民の説明要求権と市民の釈明要求権の4章からなる。

　第Ⅰ章（修正）は第83条～第85条の3か条で、第83条：各構成員か県理事会は提案の分割か修正を提起する権利を有する。第84条：提案の修正は全て

第Ⅶ章　地方自治関係法令・資料

書面でその作成者の署名を添えて提出を要し、議会は県理事会による予審後に事前に委員会によって検討されるよう命ずることができる。第85条：全ての提案か全ての修正は議会がそれに関する議決をしていない限り作成者によって撤回でき、議会の全員は作成者によって撤回された提案を再提出できるが、再修正案は、修正案及び主要な提案の修正の前に投票に掛けられ、最初に採択された修正案が優先権を持つ。

　第Ⅱ章（質問）は第86条～第93条の8か条でA）～E）に分かれる。A）口頭の回答への書面による上訴の質問は第86条：第49条に関する質問は審議には付されず、作成者か共同作成者による質問の開陳の後で県報告者代表か知事だけが発言権を有し、回答後作成者か共同作成者は2分以内でその応答を表明でき、県代表か知事は2分以内の反問権を有する。B）口頭の回答への書面による現状上訴の質問は第87条：第50条に関する質問は現状が分かる性格のものを提示しなければならない。第88条：質問は県議会の会議の満2日以上前に議長に届けられ、県代表か知事には直接知らされ、県議会議員たちに県理事会か知事への口頭の現況質問を認めるために、議会の各会期の冒頭に1時間以内の十分な時間を割り当てる。C）県理事会の書面による回答への書面による上訴の質問は第89条：県議会議員たちは県行政事項か県理事会の権限行使の仕方について書面で県理事会に質問を提出でき、後者はその受領後20平日期限内にそれへの回答を要する。D）質問全体についての規定は第90条：①質問は全て議長に届けられ、県代表か知事には直接知らされ、②質問作成者の欠席か出席免除の場合は質問の撤回を望まない限り回答され、③質問の本文は容易に対象と範囲が決められるように十分に明瞭的確でなければならず、④法律、命令、本規則の規定に違反する場合と特に1）個人の場合か特殊利益に関する質問、2）専ら統計資料だけを入手したい質問、3）文献資料の要求となる質問、4）専ら法律相談の入手だけを目的とする質問、5）対象がすでに県議会の同じ会期に提案ずみでその日程に記載されている決議や動議の同義反復の質問、6）基礎自治体、社会扶助公共センター、宗教財産の施設、警察管区及び消防機関に関する行政監督の一件書類に

対して向けられた質問は認められない。E）質疑応答の報告書及びその公表は第91条：第89条に規定された書面による質疑応答は質疑応答報告書で公表され、この報告書は：一方は質疑応答、他方は回答が規則で規定の期間満了までに作成されていない質問の二つの項目を含み、報告書は県議会議長、県議会会派党首たち、質問作成者たち、県理事会の構成員たちに差し出され、質疑応答報告書は毎月公表の対象となり、県議会の会議の議事録、議事録要約と同じ方式で議会の構成員たちに伝えられるが、県事務総長は質疑応答報告書の実施方式に責任がある。第93条：但し質疑応答の対象が個人名に言及するかその公表が県か第三者に損害を与える性質のものであるときは議長は質疑応答報告書に記載しないことを決定でき、質問作成者は事務総長の配慮でこの決定を知らされる。

　第Ⅲ章（県理事会の広報）は１か条のみ、第94条：県理事会は県議会にその権限に関する分野か県の日常業務の運営についての情報を伝えることができ、審議はその後の会議のための提案か質問の提起権を侵害しないように同様な情報を得た後で開始され、県理事会は総括報告に加えた日程のこの項目の記載を要求するよう気を配る。

　第Ⅳ章は第95条～第98条の４か条で、A）とB）に分かれる。A）市民の説明要求権は第95条：何人も書面で県議会か県理事会の審議に関する説明要求権利を有し、県議会か県理事会は要求を受領した翌月に回答する。第96条：①説明要求は直接受領の認められた議長に手渡す必要があり、②説明要求は第90条の議員の質問と一部重なるが受理不能を申し渡せる例として回答の公共的性格が事案、良好な風習、個人生活の尊重を侵害、回答が法令の義務違反、質問が余りにも漠然とした表現で作成、専ら統計資料の入手、文献資料の要求、専ら法律相談の入手目的、すでに同じ会期に提案された質問と同じ対象に関係、他の規則により管理されている行政資料へのアクセスに関係を列挙し、受理不能と判定された要求の全体は執行部の直近の会議で県議会議長の報告の対象となり、説明要求の作成者は執行部に行われた報告の後で書面で議長によりその要求は受理不能を伝えられ、③受理不能と判定され

た要求は直接それを行政機関に伝える責任のある県事務総長に手渡され、④行政機関により作られた回答の提案は県事務総長により県議会議長に報告される前に県理事会に提示される。第97条：①回答の提案を取得したら県議会議長は執行部の直近の会議の日程にその説明要求を記載し、この会議の招集状には回答の提案が執行部の検討と投票に付されたその説明要求の写しが添えられ、②現在の理事会により決められた期限は7月と8月には中断される。
B）市民の釈明要求権は第98条①県内に住所があるか居住している満18歳以上の者は誰でもその営業の本拠が県内に置かれている全ての法人や県内に住所があるか居住している満18歳以上の者により代理されている者と同様に理事会に議会の会議の公開を要求できるが、②要求の全文は書面で議会議長の元に提出し、議長はそれの受理可能を決定し、その執行機関の様式を決定する責任のある執行部の直近の会議の日程の項目に記載するが、受理不能は全てその理由が述べられ、受理可能のためには申し立てられた要求は、1）唯一人の人間によって申し立てられ、2）質問形式で作成され口頭の参加が2分以内、3）専ら自治法典に規定の県の利益に関係する事項を対象とし、ほかのレベルの当局の権限に関係する質問は議長により特別の手続しかそれに答えられない関係議会か執行部に引き渡され、4）範囲が全般的であり、特別な利害の事例の質問の場合は自治法典と本規則で規定の審議説明要求か議会の委員会の検討に移され、5）自由と基本的人権に反しない、6）個人を質問の対象にしない、7）統計資料の入手だけを目指すものでない、8）文献資料の要求とはならない、9）専ら法律相談の入手だけを目的としないといった各条件を満たす必要があり、③議会執行部による受理可能の判定の要求は行政機関に伝える責任のある県事務総長に手渡され、④回答が県理事会により決められてから議長は執行部によ決められた機関の様式に従って県議会の直近の会議に出席して公開の席で冒頭の1時間にその質問を述べ、県理事会の回答を聞くよう要求者に依頼し、依頼はこの後の⑤と⑥で言及し、⑤要求者はその質問を議長の依頼により会議の中で2分以内で公開の席で述べ、県理事会の回答を聞いた後要求者は日程の最終終了の後で反問のために2分

第1部　ベルギーの政治と行政

間使え、⑥欠席の場合には要求者の弁明はなくその事案は無効となり、⑦本条に規定された要求は質疑応答報告書で公表され、県のインターネット上に掲示される。

　第4編：雑則は、事務総長、議場取締、議員の調査権、世論調査、末尾規定の5章からなる。

　第Ⅰ章（県事務総長）は第99条～第102条の4か条で、県事務総長は議会の会議に出席する（第99条）。県事務総長は、ａ）議会の会議の議事録の作成、ｂ）記録簿の保管、ｃ）議事録とその記録に関する議会の審議の登録、ｄ）議会の交信の迅速な処理、ｅ）議会の史料と官印の保管、ｆ）議事要録と審議の簡潔な報告の作成、ｇ）自治法典と内規の本規則によって規定されたように県公報への公表と県の諸規則の県インターネット・サイト上への掲示、ｈ）自治法典と内規の本規則によって規定されたように質疑応答、要求、その他の一件資料の質疑応答報告書への公表と質疑応答の県インターネット上への掲示に責任がある（第100条）。県議会議員の自由な利用に供するように配置される図書室が県文書課に設置され、議会と県理事会の議事録、議事要録、質疑応答報告書、県の諸規則、県公報、県の選挙結果、会計検査院報告が含まれ、各種の決定機関の会議の全議事録とそれに対して県が代表する年間5万ユーロ相当の支援のための補助金を支出する基礎自治体事務組合、県公社、非営利法人その他の団体の毎年経営の契約及び計画の枠内で作成される諸報告のほか年度予算と会計報告も含まれる（第101条）。県議会か県理事会の名前で印刷された同種のもの全てが本規則に規定の様式に従って各県議会議員に送付されるよう配慮し、その伝達方法が本規則によって規定される資料の全てが電子回路で議員たちに伝達されるよう配慮する（第102条）。

　第Ⅱ章（議場取締）は、第103条～第105条の3か条で、議会の取締は遵守命令を発する議長により議会の名前で行われ、議長は警告を発した後で賛成か反対かいずれかを公然と合図するかそのいずれかを用いて騒ぎを引き起こす人間全てに傍聴席から即座の退去を命じることができ、違反を条件にして、ほかに起訴理由がなければ0.02乃至0.50ユーロの罰金を宣告できる違警罪裁

272

判所に移送する調書を作成できる（第103条）。議長に許可されない限り会議の業務や報道陣に関わる職員以外の議会と無縁の者は議場に入れないし、とどまれない（第104条）。会議中は正式に宛がわれて室内に出席する者は着席して静粛を保ち、出席者は議長に命じられた措置に従う義務があり、業務に不必要で議長の許可がなければ録音は禁じられ、本条の対象となる諸規定は印刷され、宛がわれた部屋の入口に掲示される（第105条）。

　第Ⅲ章（議員の調査権）は第106条～第109条の4か条でA）～C）に分かれる。A）閲覧権の行使は第106条：①県行政に関連のある行為、書類は全て県知事や県理事会の任務と関係がありさえすれば議員たちの調査対象となり、問題の行為や書類は県書記に文書で要求し、面会して協議でき、協議の仕方は本規則の第107条で決められているが、②協議の権利からは1）個人の性格についての資料を含むか、治安に関係するか、それにもまして治安を乱す記録、2）県理事会の構成員の一人かそのほかの者、県公務員の誰かにより取得され作成された個人のメモ、3）もはや県理事会の決定の対象ではない一件書類に関係のある書類は除外され、当方の理由でその協議の要求を受け入れられないと考える県書記に合わせてその問題に判定を下す県理事会に委ね、③日程の各項目について報告される書類が全て県書記への議員たちの意向に沿って日程送付後に準備され、議員は写しを要求でき、この協議も書面での要求や面会で行われ、④一件資料に出てくる記録に関する専門的知識を得たい議員は県事務総長に対してその要求を申し入れでき、この権利の行使の方法は本規則の第109条に詳述され、⑤加えて③の対象書類は議会の会合同様項目が付託される委員会の会合の日、時間、場所は議員たちの意向に沿わなければならない。第107条：①第106条で認められた協議の権利の枠と制限内で議員は協議される行為や書類の写しを要求でき、書面で県書記に届けられるが、その写しが願い出られた記録に関して十分に明瞭的確であることを要し、これらは要求受領後10日以内に要求者に手渡され、議員は秘密厳守を表明し、協議された記録の利用に関して留意を要し、その権限の行使には厳格な自制をし、写しが自分のものになった記録に含まれる情報である

限り第三者への伝達か伝播は全て回避し、県書記が問題の記録の性質かはその漏洩を恐れる特別な事情から交付できないと考える場合には決断を下す県理事会に付託し、写しの枚数が10枚を超えればそれ以上の1頁ごとに0.05ユーロの料金が要求され、②県事務総長に書面で要求をする議会構成員たちは要求の対象となる県理事会の会議の議事録の写しをその会議の開催後15日以内に受領し、③県議会議員たちは県と共同で経営計画か契約を持つ基礎自治体事務組合、非営利法人その他の団体の経営機関の予算、会計、決議について協議できるが、要求はこの協議を準備する県事務総長に申し立てる必要があり、この協議の様式は経営計画か契約に決められている。B）県議会議員の視察権の行使は第108条：①議員たちは県が設置・管理する全ての施設とサービス機関を視察できるが、その実施場所を決める県事務総長に事前に書面で要求し、施設かサービス機関の理事長か責任者、部局長、県事務総長かその代理、権限のある県代表の出席を得て実施されるが、完全に情報取得にとどまる視察は議員は受け身の態度での行動を要し、観察が視察対象の職員の尋問でなく、対象が教育機関でなければ、議員はいつでも本規則の第49条以降で認められた特権を行使するが、但しその接触が視察者の身に危険を生ずるか、その個人生活とか尊厳が尊重される権利を有する利用者か占有者のものを除きどこでも視察でき、②県議会議員たちは県と共同で経営計画か契約を持つ基礎自治体事務組合、非営利法人その他の団体を視察でき、要求はこの視察を準備する県事務総長に申し立てる必要があり、この視察の様式は経営計画か契約の中で決められる。C）技術的知識の入手権は第109条：議員は誰でも協議対象の一件資料に表れる記録に関する専門知識を要求する権利を有し、この権利の行使は文書で県事務総長に申し入れ、県事務総長か指定された公務員が望まれる情報を提供できるようにその対象や範囲が明瞭的確であることが必要であり、県事務総長が専門的知識の要求不要と判断した場合には決断を下す県理事会に付託しなければならず、情報は要求者に最適の期間内に提供され、このため全ての場合に要求受領後48時間以内に議会の直近の会議の日程の項目に加えられ、情報は書面か口頭で提供されるが、口

第Ⅶ章　地方自治関係法令・資料

頭の場合は面会の日時に関して要求者と取決めが行われる。
　第Ⅳ章（県民意向調査）は第110条～第120条の11か条で、第110条：県議会は県住民の発議か請求により県益の分野に関するものについて意見を求めることができるが、県住民からの発議はその10％以上の支持を要する。第111条：県民意向調査とそれへの参加のためには１）県内の基礎自治体の住民登録簿に登録か記載されている。２）満16歳に達している、３）県の選挙の有権者に要求される選挙権の剝奪か停止を伴う有罪判決か決定の対象となっていないことが必要である。第112条：第110条に予定された県住民の発議による県民意向調査の企画と手配の請求は全て書留郵便で県理事会に送られ、請求には議会に伝える理由書と適切な記録が添えられる。第113条：県から交付された書式により申し立てられて納得され、件名と刑法第196条の写しとを加えて、１）県民意向調査の対象となる（諸）問題、２）請求署名人の苗字、名前、生年月日、住所、３）県民意向調査の請求の発議者たちの苗字、名前、生年月日、住所を記載していないと請求は受理されない。第114条：請求受理後県理事会は十分な有効署名数により支持されているかを調べ、１）重複署名、２）県民意向調査の請求のための条件に応えられない者たちの署名、３）提出された資料がその身元を確認するには十分でない人たちの署名を抹消し、有効署名数に達したとき検査は終了、県議会は県民意向調査を企画し手配する。第115条：第110条の意味での県益の分野については自治法典で要求された分野と解され、個人や県の会計、予算、税、俸給は意向調査の対象にできず、申し立てられた県益の性格が疑わしい場合には県理事会は県議会に決定を付託するが、県民意向調査は県議会一新のための有権者通常集会の前16か月間と下院議員、上院議員｛上院議員は直接選挙がなくなった｝、欧州評議会と欧州議会の直接選挙の前40日間は企画・手配できず、県住民たちは議会によって半年に一度か多くても６回しか調査されず、別の県議会の一新に続く期間中は同じ分野についての意向調査は企画・手配できない。第116条：県民意向調査の企画・手配に関する決定は全て明白な動機付けの対象となり、意向調査の対象となる質問に直接関係する全ての決定にも

275

適用される。第117条：意向調査の一月前までに県行政部は住民の意向に沿って意向調査の分野について客観的方法で紹介する小冊子を用意し、この小冊子は住民が意向調査対象の問題か諸問題と第109条第2項が適用される理由書を含む。第118条：質問はイエスかノーで答えられる方法で作成されなければならない。第119条：県理事会は自治法典の県議会招集の諸条文を適用した内規によって設けられた諸規定を遵守して意向調査に関係する理事会の活動をセットするのに必要なあらゆる手段を執る。第120条：参加は義務ではなく、各参加者は投票権を持ち投票は秘密であり、意向調査は日曜日には行えず、参加者たちは8時か13時に投票が認められ、地方の場合は13時前の投票も認められるが、参加者が県住民の10％以下なら開票しない。

第Ⅴ章（末尾規定）は第121条〜第124条の4か条で、第121条：本規則の中で「満1日」という表現は住所に招集状が届いた日と会議当日は期間に含まれないことを意味し、土、日曜日と祭日は週のほかの日と同様に満1日である。第122条：1998年6月18日の内規は本規則の発効の日に一部を除き廃止される。第123条：本規則は印刷されて県議会の各構成員に1部配達され、県公報で公表され、県のインターネット・サイト上に掲示され、2006年10月8日に適用された条文を除いて県公報の発売される翌月の初日に発効する。第124条：同日までの読み替え、「県理事会」→「常設代表団」、「県代表」→「常設代表」。

最後に議決した2006年5月18日の日付と議決当時の県事務総長マリアンヌ・ロネと議長ジャンクロード・ムーランの署名がある。

2　リエージュ県庁の組織

リエージュ県庁の組織図は、補巻（Ⅲ-2）に翻訳全文を載せたが、原文はフランス語、前に紹介した県議会規則とともに著者の現地調査の際に提供された。日本の標準的な府県庁組織図と対比してみると、県の主体がベルギーの場合は県議会だが、知事以下吏員は連邦政府の任命という点で、府県の実質的な主体が公選の知事であり、職員も知事に任命される日本と基本的に

異なる。詳細は補巻（Ⅲ-2）を参照されたい。

3　リエージュ県公務員法（非教育職員）

　リエージュ県公務員法は、補巻（Ⅲ-3）に第1編だけ飜訳全文を載せたが、原文はフランス語、前に紹介した県議会規則とともに著者の現地調査の際に提供された。県職員は官吏として次節に紹介する公務員関係法令が適用される。本法の第1編は6か条だが、その内、第1条：適用範囲として国庫補助対象者を含む行政官とその同等官、雇傭人とその同等者、技官とその同等官、介護者とその補助者、文化担当官とその同等官、労働協約で雇用の官吏。第2条：官吏はレベル序列がA、B、C、D、Eからなる官位の名称。第3条：官吏の任命は県議会の権限だが、A5～A8の高級官僚以外は常任理事会に帰属としている。

4　教育以外のリエージュ県職員の財政法

　本法は、県職員の給与関係の規定で、原文はフランス語、前に紹介した県議会規則などとともに著者の現地調査の際に提供されたものだが、極めて詳細なので全容は補巻（Ⅲ-4）の飜訳全文に譲り、冒頭の一般的規定のほかは章・節の名称と概説にとどめる。一般的規定は第1条で、非教育職員の俸給は含まれる等級により最低限の俸給、組み込まれる昇給と結び付いた俸給の「等級」、最大限の俸給と決められ、21歳に達した官吏には各部門の職員に一致した劣ることのない俸給が保証され、経歴の昇進を認める年功序列が第18条以下に定められているとする。第1章：組織体制は、総則が第1節：給与体系の決定で、第2条は前述のリエージュ県公務員法（非教育職員）の第1条とほぼ同じ、第3条は俸給体系はA、B、C、D、Eの5レベルに分類。第2節：俸給の決定は第4条官位の俸給内で、第6条は定期昇給、第7条は昇給のために認められる職務の列挙、第8条は用語の説明、第9条以下は給与支払いの対象となる就職資格のある業務についての定義、第3節：給与の支給は第15条以下現金支給その他の規定、第4節：特別賞与、手当、補

第1部　ベルギーの政治と行政

償金では、第16条が戦傷者の特別賞与、第17条が手当として住宅手当・居住手当、家族手当、休暇貯金、休暇家族手当、補償金として上級の業務遂行の手当、葬儀費用補償金、特別業務手当、危険・不衛生・不快労働手当、免状取得試験手当、特別補償金・手当として夜勤日曜出勤手当、出張費用補償金、滞在費用補償金を列挙している。第2章：特別規定は、第18条がプラス評価が並ぶ、一定の勤続年数、必要な経験や知識で上級の給与を受けるほか、第19条以下で特定の職種に対する特別手当等を規定し、第3章：暫定的な制度は基礎自治体協議会などの勤務についての規定である。

第3節　公務員関係法令

　ベルギーの公務員制度は、国民議会の制定した国法は存在するが、実質的には国王の制定する勅令によって規整されており、その点では日本の明治憲法（大日本帝国憲法）第10条の任官大権と似ている。ただし、連邦政府から共同体、地域圏、県、基礎自治体に至るまでの政府と職員労働組合との関係を規整する国法は、後述の勅令と同時に制定されて実質的に基本法として機能している。ここでは前者の基本をなす後に詳述する1937年の勅令とそれに基づくその後の各勅令と後者の基本をなす同勅令と同日制定の国法とそれに基づくその後の各勅令を大別して記述するが、それらの法令の原文は全てオランダ語であり、詳しくはそれぞれ補巻に収めた著者の全文翻訳（ⅣとⅤ）を参照されたい。

1　公務員関係勅令

　現行制度の基本は、第2次世界大戦勃発の少し前の1937年12月2日の公務員の法規に関する勅令に置かれていることは、この勅令とともに本書の補巻（ⅣとⅤ）に翻訳して収録した数々の勅令から窺うことができる。これらの勅令は、原則として国家公務員を対象とするが、必要に応じて県や基礎自治体にも関係している。以下それらを順次紹介しておくが、基本勅令以外は概説にとどめ、詳しくは補巻（ⅣとⅤ）の全文を参照されたい。

(1) 国家公務員の法規に関する1937年12月2日の勅令

本勅令は第Ⅰ部公務員、第Ⅱ部権利、義務、利害対立、兼務、第Ⅲ部選考、募集、研修の3部からなる。

第Ⅰ部公務員は、第1条～第6条の2で、第2条では適用除外の官職を列挙し、第3条では連邦政府の階統制的構造は上位から順にレベルA、B、C、Dの4つに分かれるとしている。基礎自治体の場合はさらにEまであり、男女別構成と県を含む職員の所管別人数は表21のとおりであった（2006年現在）。まず基礎自治体の合計では男女比率は半々だったが、レベルAは日本に比べたら女性の比率はずっと高いものの約3分の1、これに対してBとCは共に6割近くを占めていた。つぎに職員数の変動は表22のグラフで見ると2000年から2004年の5年間に、地方の各種組織の中で他は全て増加していたのに、基礎自治体だけが7万6771人から6万8915人に1割以上減少していて合併の結果と思われる。

連邦政府のレベルAは最高級のA5から下へA1までの5等級に分けられ（第3条）、A1とA2は担当官（attaché）、等級A3は顧問（adviseur）、等級A4とA5は代表顧問（adviseur-generaal）の肩書を有し（第4条§1）、全て国王が任命する（第5条）。レベルBは行政専門職、財務専門職、技術専門職、ICT専門職、レベルCは行政補助職と技術補助職、レベルDは行政助手と技術助手からなり（第4条§2）、理事会議長かその代理者によって任命される（第5条）。任命は昇進か異動によるが、A3で6年、A4では9年の経験が必要とされる（第6条の2の§2）。

第Ⅱ部権利、義務、利害対立、兼務は第7条から第14条の3まで、第7条は職務執行上の留意事項として、法律・規則の遵守、決定は慎重に、行動には責任を、品位と礼節の保持などを挙げ、上司に通報していた場合には違法行為や規則違反の免責などを規定している。つぎに業務利用者への親切な対応、職務以外でも品位保持、贈収賄厳禁（第8条）、重大な係争状態への関与禁止（第9条）、職務のために知り得た事実についての意見表明の権利と自由保有と国家の安全や医学上の事実、市民の権利と自由などのその禁止

表21 レベルごとの男女
（基礎自治体）

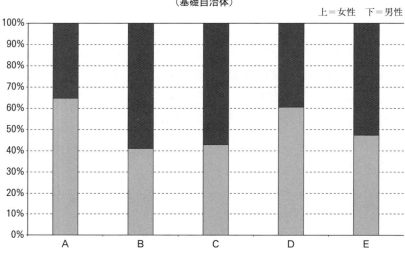

表22 職員数

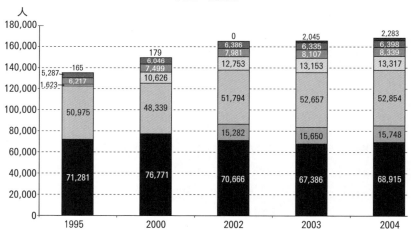

下から基礎自治体　警察管区　公共社会福祉センター　病院組合　基礎自治体連合　県　その他各種

（第10条）、業務上必要な情報を得る権利、専門的試験や継続的な研修を受ける権利（第11条）、兼職は無報酬、時間外手当のみ、最長4年間その他詳細

第Ⅶ章　地方自治関係法令・資料

な規定（第12条）、個人的な関係資料閲覧の権利（第13条）、第7条、第8条、第9条§1、第10条、第12条違反に秩序罰（第14条）、公務員問題に権限を持つ国王は職業倫理の枠内で第7条～第13条に応じた最適な行動規範の決定（第14条の3）と続く。

　第Ⅲ部選考、募集、研修は、まず表題Ⅰ選考及び募集とあって、第1章総則、第Ⅱ章競争試験、第Ⅲ章国家公務員の研修及び任命の3章からなる。第Ⅰ章は第15条～第19条、まず国家公務員の任命条件として、事前の就職資格の取得、規定の競争試験に合格、良好な成績での研修終了の3点、それに医学的適合性の証明が加えられ（第15条）、さらに一般的な就職資格としてベルギー国民、EUの国家、スイス連邦国家の国民、目的の官職の要求に合致する挙動、市民権と政治的権利の享受、兵役義務法を満たすこと、重大な係争の状態にはないこと、本勅令に追加された表に従った等級と認められるレベルに合致する証明書か推薦状が必要（第16条）、第17条は特別の就職資格の決定について詳細に規定、第18条は兵役からの異動と試用期間（レベルA、B、Cは1年、Dは3か月）について規定している。

　第Ⅱ章は第20条～第23条、競争試験は大臣の依頼を含めて合格者の分類のために連邦政府選考局長が準備し、大臣はその分類に拘束され（第20条§1）、任命のために行われ（同条§2）、合格者の保留の継続期間は2年（第20条の2）とされる。第Ⅱ章の2は第24条～第26条だが、第25条と第26条は条文が欠如しており、第24条は異動について規定している。

　第Ⅲ章は第27条から最終の第117条までで14節に分かれるが、第39条と第40条の間に表題ⅡSELOR―連邦政府選考局が挿入されている。第Ⅰ節は総則で第27条はSELORの局長が合格者名簿を決定し、医療能力の研究については特別規定を置いている。以下研修生は本勅令に規定の国家公務員ではないが（第28条）、給付金、報酬、俸給を支給し、有する等級・官位に配慮（第28条の2）、研修期間の算定に官職に従事した全期間を考慮（第28条の3§1）、欠勤に関する規定（同条の§2）、研修生の解雇とその理由、聴聞（第28条の6）、公務員問題大臣は研修に関する一般原則を確定（第29条）と

281

続く。第Ⅱ節はレベルAの合格者の研修と任命で、同名の第Ⅰ分節は合格者は公務員問題大臣から研修生に指名され（第30条§1）、同大臣の管轄下に入り（同条の§2）、研修期間は1年（同条の§3）、連邦政府の研修所の管理職1保有者の高度な指導を受け、研修自体も同大臣が所管（第31条§1）、研修生は前述の指導者に最終論文を提出、題目は研修生の選択、人事担当者が承認（同条の§2）、一方研修結果が芳しくない場合は指導者から各省合同研修委員会に通告（第32条§1）、同委員会が研修の継続か延長か割振りの変更か解雇か任命かを決定（同条の§2）、延長か割振りの変更の場合は聴聞を実施（同条の§3）、合格者は任命され（第33条§1）、その俸給段階における年功序列の判定と取得（同条の§2）と続く。最後の第33条の2は各省合同研修委員会の編成と運営を詳細に規定しているが、連邦政府代表と労働組合代表は同数、前者は管理職1か2の保有者、後者もレベルAに属する高官で、言語別の配慮がなされ、定足数は半数だが、投票は政府代表と組合代表は同数、秘密投票、可否同数の場合は議長が決定としている。なお第Ⅱ分節は第33条の3、4、5だが、分節名と条文は欠如。

　第Ⅲ節はレベルB、C、Dの合格者の研修と任命で、第34条から第44条の11か条で、合格後関係当局の指名、3か月間に空席へ割り振り（第34条§1）、研修期間はレベルBとCでは1年、レベルDでは3か月（同条の§2）、研修は研修生が割り振られる連邦政府の人事業務局長か不在ならば人事担当者の監督下に置かれ（第35条）、研修結果が芳しくない場合は第32条§1に規定されたレベルAと同様な措置が講じられ（第36条）、合格者は任命され（第37条§1）、等級が決定され（第37条§2）、政府機関にはそれぞれ研修委員会が、また必要なら言語別の分科会が設けられて、理事会議長はその指名する少なくともA3の等級の3人の公務員委員会と分課の議長職を指示し（第38条§1）、その人数に比例する組合代表が関係大臣により国家公務員の中から選任されるが（同条の§2）、研修委員会の運営はレベルAの第33条の2と同様定足数は半数、投票は政府代表と組合代表は同数、秘密投票、可否同数の場合は議長が決定とし、なお委員会の委員は当該研修の経緯に全く

第Ⅶ章　地方自治関係法令・資料

時期的にも資格においても関係していない場合にのみ研修生について唯一つの決定だけ行えるとしている（同条の§3）。

ついで第39条で各大臣がレベルAの公務員にレベルB、C、Dの研修生の研修報告を規定する第28条の5による作成を任せることができるとした後、第40条との間に表題Ⅱ　SELOR—連邦政府選考局が挿入されている。そして同局が管理局長によって管理され、その局長は連邦政府機関の管理規程に従って任命され（第40条）、その管理局長は国家公務員の選考について管理し、毎年度政府報告を行い（第42条§1）、選考委員会議長から選考と追加的な競争試験を委任され、それらは再委任が可能（同条の§2）、選考局はブリュッセルに設置（第44条）、と規定している。（なお第41条、第42条の2、第43条は欠如）

第Ⅳ節国家公務員としての就任は第45条〜第48条の6で、いずれも新任者の宣誓について規定、第Ⅳ節の2受入及び研修は本勅令制定後に追加された第48条の2から6までで、研修は新人職員の行政措置への理解を深め（第48条の2）、目標はその外に専門の完成、昇進への準備に置かれ（同条の3）、公務員所管大臣が受入と研修の一般原則を決め、それらの計画を確定し（同条の4）、各省は5年任期で研修責任者を指名（同条の5§1）、責任者は適性証明を保持し、各省は言語ごとに最高5人の候補者を出して優秀の成績獲得者の中から受入を決め（同条の5§2）、受入・研修計画の実施、研修生の同伴と監督（同条の5§3）などを規定している。

第Ⅴ節人事異動は第49条〜第52条だが、第49条以外条文がなく、第Ⅵ節も第53条から第55条まで空白となっている。第49条は申請により配置転換でその階級、等級、その他の職、空席に一致する官職に任命され、申請は3年間有効（第49条§1）、達成には評価その他の条件を満たす必要（同条の§2）、その順位は最高の等級か地位の序列の候補者、同等の等級か地位のうち最高の職務序列の候補者、同等の職務序列のうち最年長の候補者とされる（同条の§3）。

第Ⅶ節：評価は第56条〜第62条だが、別掲の2002年8月2日の勅令の第29

第1部　ベルギーの政治と行政

条§1と第30条の規定に対応する制度ができて廃止されたと記されている。但し各条文はそのまま登載されているので紹介しておくが、うち第59条、第61条、第62条は条文が欠けている。第56条は評価は公務員にとって効果的に行われなければならず、国王決定の様式に従い公務員の専門能力を決定するとし、第57条以下でその実施方法を規定する。すなわち評価は任命後1年に第1回目を行い、所管大臣から評価用紙が公務員に送られ（第57条§1）、専門等級への異動、地位の変更、昇進、異動の候補者であることを認め（同条の§2）、悪意の事実等の場合、逆に評価を好転できる場合、上司への再三の要求の場合（同条の§3）、最悪の評価の場合（同条の§4）はそれぞれ1年後に新たな評価が認められる。レベルAの公務員の評価は国王設置の評価会議で、レベルB、C、Dの場合は、うち1名は直近の直属上司が入る直属上司2名によって行われる（第58条）。任命が不適切な専門的等級A1、A2、A3、またはレベルB、C、Dの公務員はその送達された評価について申立できる場合には、その内容と形式に関係のある問題について評価の送達後10日以内に所管の上訴審判所に申立でき、その申立は決定を停止し、その公務員は一人で出頭してその所見を主張できるが弁護のためには自選の者から援助を受けられる（第60条§1）。上訴審判所の委員長はそれぞれの申立について挑発的、向こう見ず、無神経を宣告する。

　第Ⅷ節：年功序列及び階層配列は第63条～第69条まで、第63条はレベルB、C、D（第63条§1）、レベルA（同条§2）の国家公務員の年功序列の基となる規則の規定を適用するために以下の規定により年功序列優先順位を比較、1°最高の階級序列を有する公務員、2°同等の階級序列の場合は最高の職務序列を有する公務員、3°同等の職務序列の場合は最年長公務員、以下階級、等級、レベル、職務の序列の基となる規則の規定を適用するために第64条～第69条が置かれる（同条§3）。等級、階級、レベルの配列算出のために第66条§1の意味での公務員の実員の全てを考慮、研修生と休職を除く各省・各連邦政府機関の実務に就いている国家公務員が対象となる(第64条)。階級序列はその階級に任命された日から就任した等級を考慮（第65条§1）、

第Ⅶ章　地方自治関係法令・資料

レベルの序列はそのレベルに関連する階級か等級に任命された日から就任した等級を考慮（同条§2）、職務の配列は休職を除き連邦政府機関の省、公的な社会安全保障機関、若干の公益法人、科学研究機関、国立科学研究諸機関の管理職員等を考慮（同条§3）、等級の序列はその等級に受け入れられた日に就任した官職も考慮、その他同等に扱われる条件を列挙している（同条§4）。過失に責任があれば停職となる（第66条§1）。等級、階級、レベル、職務の序列の算出の場合実務に就いていた歴月の期間一杯の合計を考慮、その他パートタイムについても規定が置かれている（第67条）。第69条は等級、階級、レベル、職務の序列の算出に考慮される条件を連邦政府機関の場合と地域圏、共同体、基礎自治体理事会連合会、国に依存する公益法人について列挙している。

　第Ⅸ節国家公務員の経歴は第70条〜第76条で、第70条は昇進には行政上の経歴と財政上の経歴に関するものの二種類があり、前者はつぎの3種類、より上級のレベルの階級に、より低いレベルにあるときにレベルＡの等級に、より高い等級に、また後者はより高い俸給表の階級か等級にあるとの認定で《俸給表における昇格での昇進》と呼ばれる（同条§1）。俸給表上の昇格とより高い等級への昇格による昇進は能力測定か適性保証の研修の合格で決定できるとし、この両者について詳細な説明がある（同条§2）。つぎに階級の変更は従来と同等の階級への任命、専門職等級の変更は他の専門方向の同一等級への任命（第70条）、昇進は空席があるときだけ可能（第72条§1）、その昇進によりできた空席は公告され、該当公務員に通知、官報でも公告（同条§2）、通知は10労働日間の期間内に、志願の有効性は1か月間（同条§3）、階級と等級の異動は関係空席があれば可能、それにより生じた欠員は昇進の可能性ある公務員に通知（第73条§1）、理事会が立候補の調査をして候補者を指示（同条§3）、専門的等級の異動による任命は大臣、階級異動による任命は大臣か理事会の議長が行う（同条§4）。俸給表上の昇格、上級の等級への昇格による昇進は連邦政府選考局により準備され、所管大臣の同意を得て所管大臣の決めた諸条件と細則による選考への合格によ

285

り決定、同局の管理局長はその監督の下で関係連邦政府機関に選考を委託できるが（第73条の２）、上級レベルへの異動のための選考の委託を引き受けるには受託者自身が昇進の資格を評価できる行政上の地位にいる必要があり（第75条§１）、その条件を満たさなくなれば能力測定や競争試験の合格の優位性が失われ（同条§２）、上述の各種昇格、昇進、異動の場合も当人がその資格を評価できる行政上の地位にいる必要があるし、「不適切」の判定を受けてはならない（同条§３）。第76条は俸給表の最高を支払われていないレベルＢ、Ｃ、Ｄの階級保有者は能力測定に付されるか適性証明の研修を追求する権利を有し（同条§１）、俸給表３等級が支払われておらず等級A1、A2、A3、A4に任命されていて昇進の資格に値すれば１年後には適性証明の研修を受ける権利を有する（同条§２）。

第Ⅹ節懲戒規定は第Ⅰ分節懲罰が第77条〜第81条の２で、第Ⅱ分節上訴審判所が第82条から第95条までと２分節からなる。

宣告できる懲罰刑として訓告、戒告、減給、更迭、停職、降給、降格、免職、懲戒免職を規定（第77条§１）、減給は最高１か月間、決定は国法に規定されたものが限度（同条§２）、更迭はその取消により所定の期間内に新たな配置や配置転換以外の要請ができ（同条§３）、停職は１か月から３か月の期間宣告（同条§４）、降給は同一階級か同一等級のより低い俸給表かそれに見合う同一レベルの階級に認定（同条§２の２）、降格はより低いレベルの階級かより低い等級に認定（同条§５）、それぞれの懲罰刑は公務員の個人別評価カードに記録される（同条§６）。懲罰刑はレベルＢ、Ｃ、Ｄの場合は任命権のある政府機関が宣告し、レベルＡの場合は降格を除き罷免と懲戒免職は大臣により宣告され（第78条§１）、懲罰刑は暫定的な提案の後権限のある直属上司が宣告、本人と必要なら証人に聴聞が行われ、自選の人間による援助が受けられ、調書が作成され（同条§２）、当該公務員は調書を査証し、異論があれば書面の覚書を添えて返還（同条§３）、直属上司が懲罰刑について理事会への提案を決めて伝え（同条§４）、大臣は本条の適用について直属上司に指示する（同条§５）。懲罰刑の提案後５日以内に

理事会は当該公務員に出頭を要求、聴聞は20日から30日の間に行われ、召喚状は場所、日時、会議の時間、懲罰関係資料が調べられる場所と期間を伝える。本人の出頭、自選の人間の援助、理事会の構成員は弁護人になれず（第79条§1）、理事会は当該案件が付された日から最長2か月のうちに最終提案を行い、30日以内に当該公務員に送達、送達がなければ理事会は手続を放棄したと見なされ（同条§3）、送達から10日以内に当該公務員はその提案に対して権限のある上訴審判所に上訴の手続を執ることができる（同条§5）。免職と懲戒免職以外の懲罰は当該公務員の個人の関係資料からは§2に規定された条件の下で消去され、消去された懲罰刑は当該公務員の昇進の資格の評価にも評価の認定にももはや考慮されず（第80条§1）、懲罰刑の消去は訓告6か月、戒告9か月、減給1年、更迭18か月、停職2年、降給と降格3年の期間である（同条§2）。提案より重い懲罰刑は課せられず（第81条§1）、但し別件があれば可能（同条§2）、刑事訴訟は懲戒の手続と宣告を中断するが行政罰についての意見陳述は自由（同条§3）、一事不再理（同条§4）、懲戒訴訟は訴訟開始日より前6か月の期限内に完了しているか確定した事実についてだけ関係でき、刑事訴訟で検察庁が当該公務員を所管する大臣に法定の最終判決を通知してきた場合には、懲戒訴訟は6か月以内に開始できる（同条§5）。この分節は研修生に適用される（第81条の2）。

第Ⅱ分節上訴審判所は各条文ともこのユニークな試みを非常に詳細に規定している。まずこの審判所には各連邦政府機関のための省上訴審判所、連邦政府機関全体のための省際上訴審判所と最上級公務員による上訴審判所の3種が設置され、前2者では言語別役割と系統により聴聞のために質問でき、最上級公務員による上訴審判所はオランダ語とフランス語の部を包含、言語別役割と系統はいずれの部に出頭するかを決定する（第82条）。上訴審判所は第60条に規定の上訴、懲戒案件その他の措置の上訴、その施行が行われる国法か勅令の条項の適用についての通知を行うことを任務とし、審判所はその案件が上訴審判所に付託後の初回の会議で第60条規定の上訴を優先的に審理、最上級公務員による上訴審判所は最上級公務員たちによって開始される

上訴を審理、省際上訴審判所は最上級公務員たち以外の連邦政府機関のレベルAの公務員たちにより開始される上訴を審理、省上訴審判所はレベルB、C、Dの公務員たちにより開始される上訴を審理、国王は一つかそれ以上の上訴審判所を設置でき、そこでは二つ乃至それ以上の連邦政府機関に所属するレベルB、C、Dの公務員たちの上訴を審理する（第83条）。第83条の2は最上級公務員による上訴審判所の構成を規定、1°国家公務員所管大臣の推薦で国王任命の裁判官の審判長、オランダ語部とフランス語部の両方の審判長として審理を行う、2°各部に現役の事務次官か上訴者と同一言語の現役の連邦政府機関の理事会の議長（審判終了まで陪席の職）、3°案件ごとに所管大臣の指名する事務総長（投票権なし）、4°審判長と同じ方法での任命の裁判官の副審判長は二部門の審判長として両部の審理を行い、審判長が陪席の一人を報告者に指名、記録の書記局とその保管は省際上訴審判所の事務総長に付託、審査は陪席二人が出席すれば有効、最上級公務員による上訴審判所は管理職保有者に対しても権限がある。第84条は省上訴審判所と省際上訴審判所の構成を規定、a）国王指名の二人の裁判官の審判長、フランス語話者部のためのフランス語話者審判長とオランダ語話者部のためのオランダ語話者審判長、b）各部に国家公務員の陪席（二人）、c）各部に事務総長兼報告者（二人）、d）副審判長たち、審判長は省上訴審判所が二人乃至三人、省際上訴審判所は三人（同条§1）、二人の副審判長がそれぞれフランス語話者審判長によるフランス語話者部審判長職とオランダ語話者審判長によるオランダ語話者部審判長職を引き受け、省際上訴審判所では第3副審判長がフランス人、オランダ人と同様にドイツ人も審理し、連邦政府機関の職員がドイツ語系である場合には、第3副審判長はフランス語かオランダ語同様ドイツ語での審理を行う（同条§2）、省上訴審判所では裁判官が得られない場合には名誉判事を指名でき（同条§2の2）、陪席の半分は省上訴審判所では関係大臣、省際上訴審判所では公務員問題所管大臣の指名、残り半分はオランダ語部とフランス語部の陪席二人ずつとドイツ語部陪席一人の割合で機関ごとに職員組合代表により指名、陪席は少なくとも35歳以上で

第Ⅶ章　地方自治関係法令・資料

６年間良好な勤務状態の国家公務員から選ばれ、省際上訴審判所の代表は前掲の1974年12月19日の国法第７条により決定され、省上訴審判所の代表はその国法の第７条か第８条§１の条件を満たす職員組合代表、その国法の発効の日までに分科会が設置されていなければ指定されたその設置までの間労働総評議会に議席を持つ職員組合、その組織がない場合には労働総評議会の代表が省上訴審判所に出席し、職員組合から省際上訴審判所に出席するよう指示された陪席は国家公務員所管の大臣の承認が必要、省上訴審判所に出席するよう指示された陪席は関係大臣の承認が必要、承認拒否は省際上訴審判所の陪席たちにより提案された連邦、共同体、地域圏の政府機関のための委員会の勧告と省上訴審判所の陪席たちの推薦した権限ある分科会か権限ある組合の勧告に対するものとなり（同条§３）、省上訴審判所の事務総長兼報告者は関係大臣により指名、省際上訴審判所の事務総長兼報告者は国家公務員所管の大臣により指名されるが事務総長兼報告者は投票権を持たず（同条§４）、審判長、陪席、事務総長は同じ方法で常任構成員として指名され（同条§５）、省際上訴審判所の場合連邦政府の公務員提起の上訴が審理に掛けられるときはこの連邦政府機関所属の陪席が一人は出席しなければならず（同条§６）、個々の案件において関係大臣はレベルＡの公務員を一人ずつ異議申立の上訴弁護のための代理人を指示する（同条§７）。上訴審判所は上訴に対して省際上訴審判所の場合は所管大臣指名のオランダ語話者とフランス語話者の各管理職１か２の保有者により、省上訴審判所の場合は関係大臣指名のレベルＡのオランダ語話者公務員とレベルＡのフランス語話者公務員により裁判官に付託された権限を行使（第84条の２§１）、審判長としての指名にはレベルＡの公務員で満40歳以上、法学博士か法学修士の免状の保有者、所管大臣か関係大臣が関係審判所に在席の職員組合の推薦による候補者名簿を作成、各審判長には同じ方法で現役の審判長として指名される二人の副審判長が充てがわれ、それぞれがフランス語話者審判長とオランダ語話者部審判長に指名された審判長職となる。省際上訴審判所の場合はドイツ語の審理も行い、第３副審判長が加えられ、省上訴審判所ではドイツ語系連邦政

府公務員が含まれている場合は第3副審判長がドイツ人も審理しなければならず（同条§2）、本条に従って審判長に指名されるレベルAの公務員は同じ連邦政府機関に所属する公務員から提出される評価案件の上訴の審理のときは上訴審判所の審判長にはなれず、省上訴審判所の審判長に指名されるレベルAの公務員は上訴審判所が設置される連邦政府機関に所属してはならず（同条§3）、上訴審判所の審判長に指名されるレベルAの公務員は完全に独立してその任務を遂行し（同条§4）、審判長は可否同数の場合を除き投票はできないがその勧告の方向を決める（同条§5）。上訴審判所に提出された一定の案件において一人の陪席が少なくとも申立人のレベルに属していないときは同レベルか上級レベルの副陪席に代えられる（第85条）。申立人は陪席忌避の権利を有し、同一案件の間一度だけ行使でき、事務総長兼報告者は当該案件の審理のために招集される常任か副陪審の名簿を申立人に書留郵便で送付、8日の期限内に申立人は事務総長にその忌避する陪席の氏名の名簿を送付、忌避は理由の説明が必要、期限切れは陪席忌避の権利を放棄したものと見なされる（第86条）。裁判官としての審判長の判断で陪席自身の案件と考えられる場合も忌避される（第87条）。処分か懲罰の提案に署名して10日の期限を超えても当該公務員を処分する権限ある上訴審判所に付託された上訴は審理することになる（第88条）。その案件は大臣の協力を得て上訴審判所により審理され、大臣たちは完全な関係資料を送るが、それは責任のある事実を全て網羅する（第89条）。上訴審判所は審理が完了せず、申立人に抗弁を主張する機会が与えられず、関係資料が審判所案件の完全な審理に応じた勧告を与えられる役に立つ資料を全て含んでいない場合には申立を審理してはならない（第90条）。審判所は陪席の過半数の出席がなければ審理も裁決もできず、第83条の2か第85条第3項が適用されるときを除き職員組合指名の陪席は大臣指名と同様投票に参加しなければならず、必要なら抽選により一人乃至複数人の排除で同数に是正され、陪席が正当な理由があれば招集の日から3日以内に欠席の理由を文書で審判長に通告しなければならない（第90条の2）。審判所は追加的調査を推奨し審理に出席の陪席二人を選出で

き、組合指名の陪席がいない場合を除き一人は大臣、いま一人は職員組合により指名された陪席として選出され、調査の後審判所は関係書類を関係大臣に送付し、会議の日から1か月後までに理由を説明した勧告の通告をし、大臣は投票が行われて賛否何票の投票があったかを通告、投票は秘密、可否同数の場合は勧告は申立人に有利と見なされ、申立人とその弁護人は審判所の事務総長から発表された勧告の情報を取得できる（第90条）。当該公務員は本人が審判所に出頭、自選の人間の援助が受けられ、弁護人は審判所を構成する一員であってはならず、当該公務員は事務総長に召喚の日から3日以内に弁護人の氏名を通告、弁護人も召喚される（第92条）。当該公務員か弁護人が適切な召喚なのに有効な理由なしに出頭しなければ審判長は審理中ではないと見なしその関係資料を大臣に届けさせ、審判所は当該公務員か弁護人が有効な根拠を察知できたとしても2回目の会議でその案件が提出されると直ちにその関係資料の文書に基づき宣告する（第93条）。上訴審判所の勧告が有利であれば大臣により常に受け入れられ最終的に提示され、大臣は決定が意見の不一致の上訴審判所の勧告について理由を説明、上訴審判所の勧告が理由を説明した以外の事実を話題にはできず、大臣はその決定を上訴審判所に通告、上訴審判所の勧告の送達から15日以内に決定、大臣は即刻当該公務員と上訴審判所に通告する（第94条）。陪席、国家公務員であれば弁護人、審判所の勧告が有利であれば申立人が旅費と宿泊費について計算された報酬を受領し、各上訴審判所は内規を策定して関係大臣に承認を求めて提案する（第95条）。

　第XI節は第96条と第97条だがいずれも条文は欠如。

　第XII節行政上の地位で4分節に分かれ、第I分節総則は第98条〜第100条、第II分節現役勤務は第101条〜第103条の2、第III分節休職は第104条〜第107条、第IV分節待命で第108条〜第111条となっている。

　第I分節総則：国家公務員は現職、休職、待命中の地位にあり（第98条）、行政上の地位については常に現役と見なされるか政府機関の決定により他の行政上の地位に就き（第99条）、第99条と第101条第1項は研修生にも適用さ

れるが、この部分の残りの規定の研修生への適用範囲は国王が決定する。

　第Ⅱ分節現役勤務：それに反する明確な規定がない限り現役の国家公務員は俸給表上の俸給と昇進の権利を有し、昇進の権利を主張でき（第101条）、国王決定の条件下で現役公務員は１°年次休暇と祝日、事情休暇と特別休暇、２°母性保護のための父親育児休暇、３°親としての休暇、養子か里子のための保育、４°家族の利害のためにやむをえない理由、５°病気のため、６°有害な労働環境除去のため、７°病気のための作業軽減による、８°教育活動の社会的促進と参加、９°任務のため、10°職業経歴の中断による、11°職員組合の活動による、12°国家、共同体、地域圏の立法議会でそれぞれの団体の一つの団長によって認められた政治団体の活動のため、13°平時における一定の兵役の履行と民間防衛の職務か良心的兵役忌避者の法令に関する国法の調整を維持する1980年２月20日の国法に基づく公益部門の履行による、14°半日契約の早期退庁による、15°週の４労働日を超える作業を常時課せられた作業の５分の４について休暇が得られ（第102条）、現役の国家公務員は国王決定の諸条件下で職務の利益が要求するときはその職務を中断させられ（第103条）、その占めていた官職の廃止はその資格の喪失か罷免の誘因となりうるが、復職させられれば現役の行政上の地位にある（第103条の２）。

　第Ⅲ分節休職：明確な反対規定がなければ休職中の国家公務員は権利も俸給も持たないが、国王の決定した諸条件下で昇進と俸給表上の昇格は主張でき（第104条）、休職中に規定された退職の資格を満たせば在職も居座りもできず（第105条）、国王の決定した諸条件下で国家公務員は１°平時の兵役の履行か民間防衛、良心的兵役忌避、国法の適用により指示された公益部門の履行のため、２°公益とは認められない仕事に従事し続けるとき、３°許可を得て個人的理由で長期間専任の勤務を欠勤する場合、４°兵役義務法に相応する兵役免除を誘引する使命に従って欠勤しているとき、５°個人的問題処理のために作業軽減された自己の職務権限に基づき欠勤するとき、６°経歴の中断による休暇の期間が休職に変えられるとき、７°休暇か職務免除を得ずに欠勤しているときは休職となり（第106条）、懲罰による停職処分は公務

職務上行政上の地位を休職にし、懲罰による停職処分中公務員は昇進と俸給表上の昇格の権利は主張できないが、減給は国法の規定以上になってはならない（第107条）。

第Ⅳ分節待命：国家公務員は国王決定の諸条件下で解雇されることなしに疾病か身体的欠陥のための休暇よりも長期の欠勤の誘因となるだけの際限のない職務不適任が生ずる疾病や身体的欠陥のために待命が決められ（第108条）、その決められた退職の要件を満たせば待命を決めたり維持したりできず（第109条）、国王が金額を決めた休職給は待命に指定された公務員に認められ、休職給、待命中の公務員に認められる給与は現役の公務員に適用される配置転換規則の適用を受け（第110条）、待命中の国家公務員は大臣の裁量行為で国王決定の諸条件下で空席があれば再就職でき、大臣決定の期限内に割り当てられた官職に受け入れられる（第111条）。

第ⅩⅢ節職務の最終的な喪失は第112条〜第114条で、第112条ではベルギー国籍条項を満たさなくなったのに公権力の行使を維持し、国益を守る職務に就くベルギー人公務員は職務上解雇予告なしに公務員の資格を喪失（第112条§1）、§1に規定された以外の職務を遂行し、それなしには国籍条項を満たさず、EUの一部を構成するその他の国家かスイス連邦国家のその他の職務を獲得するEUの一部を構成するその他の国家かスイス連邦国家の市民である公務員も同様であり（同条§2）、解雇予告なしに公務員の資格を喪失するのは1°上訴期限内に国務院による無効宣告で確定された不正な任命者、この期限は公務員の側の狡猾か欺瞞の場合には当てはまらない、2°もはや市民権か政治的権利を享受していない、3°兵役法を全く果たしていないかその市民である国における国民的任務に関する義務を正常な状態に比べて全く果たしていない、4°かなりはっきりした医学的に不適切な、5°正当な理由なしに部署を離れ、10労働日以上欠勤したままで、かなり前もって知らされていて、説明を要求されていた、6°職務停止の結果民法と刑法が適用される危険な状態にある、7°懲罰で諭旨免職か懲戒免職にされた場合で、5°以下の規定は組織的なストライキに参加した公務員には適用されず

第1部　ベルギーの政治と行政

(同条§3)、この条文は研修生にも適用され(同条§4)、停職の誘因は1°自発的な退職、当該公務員は書留郵便でその官庁に自分の退職を送達するだけで足りる、2°退職、3°国務院により無効とされる余地のない他の政府機関における2度目の専任の任命、1°と2°は研修生にも適用され(第113条)、最終的に国王決定の手続で確定された職務不適切も停職の誘因となる。国王決定の諸条件の下で当事者は退職金を受けられる。

第XIV節配置転換及び最終配置の決定は3か条だが第115条は条文が欠如、この決定の一部修正があってもその対象は閣議で協議された決定となり(第116条)、大臣たちはそれぞれの国法に関係し、その決定の施行に責任を負う(第117条)。

　　　　補　遺　国家公務員の法規に関する1937年10月2日の勅令

ここでは卒業証書や研究証明書など連邦政府機関に受け入れられる資格を第Ⅰ章でレベルごとに列挙しているが煩雑なので省略し、海外で取得した証明書について規定した第Ⅱ章とともに全文の詳細は補巻(Ⅳ-1)を参照されたい。

(2)連邦政府機関の管理職、幹部職の重要度及びその俸給の決定に関する2001年7月11日の勅令

この勅令は連邦政府の管理職と幹部職の重要度を1～7等級に分けて点数で測定し、それに応じて俸給の額を表示したものだが、本書との直接の関係はないので詳細は補巻(Ⅳ-2)に収録した飜訳全文に譲る。

(3)連邦政府機関における評価周期の採用のための2002年8月2日の勅令

この勅令も本書との直接の関係はないので詳細は補巻(Ⅳ-3)に収録した飜訳全文に譲るが、評価の内容とその結果は日本でも参考になるかと思われるので編・章名に沿って概説しておく。まず第1編：適用範囲は管理職と幹部職保有者、国家安全管理の外勤職員を除く職員、定義として評価周期、職務記録、職務全般の記述、特別職務記述、評価者(職場の長)、評価、組織目標設定、職員群(常勤公務員と労働契約により任命される者)、第Ⅱ編：評価周期は現役の職員には義務で1～2年、評価者は昇進事件に必要な

研修受講者、評価基準、評価者と被評価者の対話、評価関係資料の内容、評価報告と「不合格」の判定後の措置、最初は警告の意味、その後は配置転換、免職、2回目の「不合格」の評価に対して上訴審判所に提訴可能、同審判所の構成、解雇者への勤務年限に応じた補償が規定されている。

(4)連邦政府機関の幹部職の名称及び権限並びに連邦企画機関に関する2002年10月2日の勅令

　この勅令も本書との直接の関係はないので詳細は補巻（Ⅳ-4）に収録した翻訳全文に譲るが、ただこのような要職への採用が競争試験により行われるのは日本では考えられないことなので、参考のため概説しておく。

　本勅令は、適用範囲、幹部職及びその法律上の性質、幹部職保有者の選考・募集・任命、幹部職の権限に関する細則、幹部職保有者の評価、任期の終了及びその後の非更新、任期の更新、経過規定、最終条項の9章からなる。

　第Ⅰ章（適用範囲）は1か条、本勅令は連邦政府諸機関と連邦政府企画機関に適用される。

　第Ⅱ章（幹部職及びその法律上の性質）も1か条、幹部職は人事組織部長、財務管理部長、情報通信技術部長、内部監査部長だが追加は可能、幹部職と企画機関は第1群のレベル1は管理職を構成する理事会議長と管理職1の保有者かレベル1の幹部職保有者、第2群のレベル2は管理職1の保有者と管理職2の保有者かレベル2の幹部職保有者に分けられる。

　第Ⅲ章（幹部職保有者の選考・募集・任命）は4節に分かれ、第3条～第9条からなる。第Ⅰ節：総則は第3条のみ、国家公務員の選考と募集の規則が幹部職の保有者の選考と募集に適用される。第Ⅱ節：選考は第4条～第7条の4か条で、第4条：幹部職競争試験参加の候補者はレベルＡの保有者かレベルＡの官職の競争試験への参加資格保有者で5年以上の有用な専門的経験保有の証明必要。第5条：①幹部職候補者は挑戦する幹部職の職務記述と能力特性規定の官職特有の経験と知識の諸条件充足、②前述の特性とは1°レベル1の幹部職は理事会議長か議長の提案に基づき大臣により、2°レベル2は理事会議長か議長とレベル1の幹部職保有者の提案に基づき大臣によ

り規定。第6条：①候補者たちは一般的特殊的受入条件を考慮して受入の可能性を調査するSELOR―連邦政府選考局―により受け入れられ、その受入の可能性を宣告された候補者たちは選考委員会に移され、②選考委員会から挑戦する幹部職と関連のある実例から始まる口述試験を受けるが、その試験はいずれかの幹部職の遂行について評価される官職特有の能力と必要な行動の素質の両方を目的にし、連邦政府選考局により言語ごとに準備され、候補者の人柄の検査、管理・組織の素質に及ぶコンピュータ化された試験が先行し、この試験の内容はフランス語もオランダ語も同じで、試験の結果は採点・評価された結果だけが選考委員会に通告され、③②に規定の試験と口述試験の後候補者の証明書と長所を比較、グループA《非常に優秀》、グループB《有能》、グループC《あまり有能でない》、グループD《無能》に区分され、この区分には理由の説明があり、グループAとグループBの候補者は編入される。第7条：①選考委員会の構成は、1°連邦政府選考局長かその代理者、委員長、2°管理問題の外部専門家一人、3°人的資源管理問題の外部専門家一人、4°挑戦する官職固有の問題に経験と特別の知識を有する外部専門家二人、5°いずれかの幹部職の選考手続を準備する他の連邦政府機関か連邦企画機関、省、公的な社会保障施設、連邦科学研究施設、連邦公益法人、地域圏か共同体の政府、共同体協会からのその官職が挑戦する幹部職と同等である二人の公務員、6°2°以下5°の委員のそれぞれについて言語ごとに一人の代表で、現役の委員として同時に任命され、言語集団はそれぞれの現役の部の内部で保障され、第1項の4°と5°に規定された選考委員会の代表委員となり、第1項の2°に規定された現役委員とその代理者は、第1項の3°に規定のいずれかの他の言語身分に所属しその代理となり、第1項の2°、3°、4°に規定の委員とその代理者の言語身分はその専門的任務に必要な能力の評価について考慮されるその修学を証明する人物証明書か卒業証書によって決定され、第1項の5°に規定の委員とその代理者の言語身分は公務員の言語の名簿によってか制度改革についての1980年8月9日の普通法の第35条乃至第41条の適用によって決定され、第1項の2°、4°、5°

に規定の選考委員会の現役委員の顔ぶれはその代理者と共に関係理事会議長か関係議長の提案に基づき関係大臣と相談して決定され、いずれかの幹部職の空席が両言語名簿の候補者に明らかにされたときは選考委員会委員長は1966年7月18日に調整された行政問題における言語の使用の国法の第43条§3第1項に従って両言語の知識を証明しているかこの知識を証明しているいずれかの公務員に援助されるかしなければならず、幹部職の空席が専らどちらかの言語名簿の候補者に明らかにされる場合には、連邦政府選考局による候補者の受入の調査の後でいずれか一つの言語名簿のいずれか一人の候補者だけが残されている場合には、選考委員会は第1項の2°、3°、4°、5°に規定の委員の部ごとの唯一人の代表によって構成され、候補者と同じ言語名簿か言語身分に所属し、選考委員会の委員長が言語名簿か言語身分に所属の場合には第4項に規定の公務員の援助を受けるには及ばない。②SELOR—連邦政府選考局—局長は公務員問題所管大臣と一緒に局長代理を含めて選考委員会を編成、直ちに7労働日の期限内に知らせる責任を負っている政府委員に知らせ、公務員問題所管大臣は完全な関係資料を関係政府委員にこれについての写しが送付された後で閣議決定に掛けるが、閣議が公務員問題所管大臣により提出された関係資料を基に選考委員の一人に異論を唱えればSELOR—連邦政府選考局—は別の委員を任命し、その場合には第1項が適用され、③選考委員会は有効な方法でのみ候補者の聴聞に進め、委員の過半数が出席し、少なくとも委員の二人は候補者の言語名簿に所属し、①の第1項の2°から5°までに規定の委員のどちらかの種類に属している限り協議に入ることができ、すでに候補者の聴聞に参加している委員会委員は全て候補者のA、B、C、Dグループへの格付けとA、Bグループへの分類を考慮して協議に参加でき、可否同数の場合は委員長が裁決、④候補者はA、B、C、Dグループへの格付けとA、Bグループへの分類について知らされる。第Ⅲ節：募集は1か条のみ、第8条：SELOR—連邦政府選考局は第6条に規定の手続の結果を理事会議長か議長に伝え、Aグループの候補者については追加の補充が準備され、この補充は所定の幹部職の官職と記述や能力紹介に規

第 1 部　ベルギーの政治と行政

定の経験と官職特有の知識に関する比較を目的とし、この補充は 1°レベル 1 の幹部職保有者の募集は理事会議長か議長に、2°レベル 2 の幹部職保有者の募集はレベル 1 の幹部職保有者か理事会議長か議長にそれぞれの補充の報告が作成され、任命関係資料に追加され、レベル 1 の幹部職保有者の募集のための追加の補充については理事会議長か議長が不在の場合は所管の大臣か副大臣によって代わられ、そのために所管の大臣か副大臣によりそのほかいずれかのレベル 1 の幹部職保有者がレベル 2 の幹部職保有者募集のために指名され、Ａグループがいなくなれば B グループの候補者についてその手順が繰り返される。第Ⅳ節：任命も 1 か条のみ、第 9 条：①第 8 条に従って選ばれた候補者は理事会議長か議長の推薦を経て所管大臣の提案により国王により 6 年の任期で任命され、②①の第 1 項の規定にもかかわらず外交官はそれとは関係のない経歴の一部をなし、4 年から 6 年の任期を選ぶ幹部職に任命され、③国家公務員法に関する1937年10月 2 日の勅令第28条乃至第33条の規定にもかかわらず幹部職保有者は研修経験をする必要はない。

　第Ⅳ章：幹部職の権限に関する細則以降は本書と直接関係がないので補巻（Ⅳ-4）の本勅令の飜訳全文を参照願うとして章・節名と簡単な紹介にとどめる。第Ⅰ節：幹部職保有者の支援計画は 6 か月以内に準備、第Ⅱ節：幹部職の業務に関する細則は常勤職でレベルＡ、俸給の総額と内容等、第Ⅴ章：幹部職保有者の評価は第Ⅰ節：評価の周期は任期中 3 回、第Ⅱ節：評価の主題は支援計画に定められた目標の達成等、第Ⅲ節：評価の実行者たち、第Ⅳ節：評価周期の経過、第Ⅰ分節：職務遂行の意見交換、第Ⅱ分節：その評価の意見交換、第Ⅴ節：評価報告及び承認された記述、第Ⅵ節：評価関係資料、第Ⅶ節：不服審査の方法は上訴審判所、第Ⅵ章：任期の終了及びその後の非更新、第Ⅰ節：任期の終了は 6 年の任期満了か満65歳、第Ⅰ分節：法的地位の終了、第Ⅱ分節：早期退職、第Ⅲ分節：非更新、第Ⅶ章：任期の更新は任期満了時に《優秀》の評価者、第Ⅷ章：経過規定（欠）、第Ⅸ章：最終条項は官報公告で発効。

(5)連邦政府機関における幹部職職務の指示及び行使に関する2002年10月 2 日の勅令

これは調整版で修正個所が指摘してあるだけのもの。

(6)2004年 3 月 9 日の勅令（俸給表・勅令名不明）

これは第 6 条だけ提示されたもので、 1 等級の68,580ユーロから 7 等級の193,968ユーロまで表示されている（詳細は補巻Ⅳ- 6 ）収録参照）。

2　政府対職員労働組合関係勅令

(1)政府とその職員の労働組合との関係を規整する1974年12月19日の国法

この国法は政府とその職員の労組（以下見出しを除き労働組合を労組と略す）との関係を規整する基本法で、連邦化に第一歩を踏み出した1970年憲法の制定後間もなく制定され、以下に紹介する一連の勅令の元となった。

原文はフランス語で11章40か条からなるが、飜訳した日本語の字数は 1 万3415字に達するので全文は補巻（Ⅴ- 1 ）を参照願い、概説にとどめたい。

ところで、本法の特色は政府と職組間の交渉と協議に力点を置き、そのための協議委員会を設置し、その際に最低限守られるべき職員の権利、権限違反などを決めていることにある。第Ⅰ章：国法の目的及び効力範囲の第 1 条は①適用される職員の範囲を列挙し、②上下両院の職員や会計検査院の委員と職員、司法官、軍人、警察官等の非適用範囲を同様に列記する。第Ⅱ章：交渉の第 2 条は①交渉の対象となる基本的規則として、短期・長期の休暇規則を含む行政規則、俸給規則、年金規則、労働組合との関係、社会福祉の組織、労働協約を挙げ、②これらについての法案、命令・規則の案は提案前に交渉が必要とした。第 3 条は①国王が連邦、共同体、地域圏の公務員のための委員会、県と基礎自治体のための委員会、全ての政府機関のための共同体委員会の 3 委員会を規整し、団体協約、社会計画その他の所管事項を決める。第 4 条は①国王は最高25の部門委員会、教育職のための特別委員会を設置し、②それらの管轄域と対象政府機関を決める。第 5 条は①国王が交渉委員会の構成と活動様式を決め、②政府側と労組側の委員を指名、③県と基礎自治体

の場合も同様とする。第6条は労組の代表は全員交渉委員会に議席を有すると規定し、第7条は前述の全ての政府機関のための共同体委員会の労組委員は全国的分野で活動し、政府機関の職員の全ての部門の利益を擁護し、全国労働会議において代表される労組に加盟していると見なされるとし、第8条は①前述の部門委員会の労組委員は前述の連邦、共同体、地域圏の公務員のための委員会委員であり、それぞれの職員の利益を擁護し、労組の全国組織の一部であり、②前述の特別委員会の労組委員は前述の県と基礎自治体のための委員会に委員を有する労組に属するとする。第9条：全ての交渉の結果はそこに記録される議事録に書き留められる。

第Ⅱ章の2：最低限の権利は第9条の2で児童手当、労働災害と職業病、年金の権利と年金の調整、給与体系、雇用関係の中断に伴う社会保障、最大労働時間、最小限の年次休暇日数、出産休暇の法的金銭的権利に関する最低限の規則、休暇手当として認められる月給の総額の最低限の率、完全就業に保証される最低限月収を法律事項とし、勅令で決定、第9条の3：最低限の権利に関する提案は専ら全政府機関のための共同体委員会に提出され、第9条の4は労組側からの提案の扱い方を詳細に決めたものだが内容は補巻に譲る。

第Ⅱ章の3：権限違反は第9条の5で同様な事項に関係を有する提案の決定が連邦政府によって授権された交渉委員会か協議委員会の所管となる場合には政府は第7条の意味での労組代表との協議を経て総務委員会に提出された提案の全体をやはり総務委員会のそれぞれの権限を侵害することなく決定できる。

第Ⅲ章：協議は第10条〜第12条の2の4か条で、第10条は国王が協議委員会の規則とその構成と行動様式に関する規則を制定し、各種の協議委員会を設置できるとした。第11条は協議委員会で決定不能な事項と人間関係の改善とか生産性の向上、労働災害防止や労働保護についての私企業への指示などの付議事項を規定。第12条は部門委員会か特別委員会での労働組合代表は既定の委員会の領域内に設置される協議委員会に在席の正当な代表であるとし、

第Ⅶ章　地方自治関係法令・資料

　第12条の2は国王は諸規則が二つ以上の部門委員会の管轄下にある職員に関係しているときには連邦、共同体、地域圏の政府機関のための委員会、二つ以上の特別委員会の場合は県と基礎自治体の政府機関のための委員会、一つ乃至複数の部門委員会か特別委員会の場合に全政府機関のための共同体委員会にそれぞれ提案する。

　第Ⅲ章の2：交渉及び協議に共通の規定は第12条の3で政府が交渉や協議の免除条件として、監督官庁の発する勧告の適用に関する提案、総務委員会か県と基礎自治体の政府機関のための委員会に設置された部局か分科会での交渉か協議の結果としての協定議定書か適切な根拠を有する助言を対象にする勧告、適用するために修正か逸脱のない勧告を目的にしている提案、権限ある官庁から召喚免除の意図を領収書付の書留郵便で知らされた後権限ある交渉か協議委員会に在席の労組はその提案の委員会への提出は郵便受領日の後3労働日以内は要請しないとした。

　第Ⅲ章の3：教育は4か条で、教育職員の場合を規定しているが、内容は既述の者と同様である。

　第Ⅳ章：社会福祉は第13条のみ、対象職員に公共施設、公共福祉施設、非営利団体が含まれる。

　第Ⅴ章：統制手段も第14条のみ、①交渉委員会は労組が委員の基準を満たしているかを検証するが、委員会は司法部の判事からなる3人の執行委員と3人の代理委員で構成され、国王が指名、議長と副議長はオランダとフランスの例証についての知識を有し、委員会に二人の委員が出席すれば審議は有効、委員会は全会一致で決定し、労組は要請があれば必要な証拠資料を提出、職員名簿の適用を受ける官庁か機関を決定、委員会の委員と職員は労組の提供する通知の内容に関して職業上の秘密の遵守義務が適用され、関係労組の代表は組織に関する検査の実施の全てへの参加を要する。②上述の条件を満たさない労組は新たな検査を要請し、新たな検査で満たしていることがはっきりした場合には直ちにその代表と見なされる委員会に議席を有する。③国王が第8条と第13条の意味での「職員」、「職員群」と解されなければならな

いことを決定する。

　第Ⅵ章：承認は2か条、第15条：本法制定の規則が適用される職員の労組は国王決定を条件として関係当局により法令の写しと責任ある指導者の名簿の送付が行われるや直ちに承認される。第16条：承認された労組は国王決定の条件の下で、その代表する職員の共通の利益の場合か職員の特殊な利益の場の当局への介入、その立場に立って行政庁による行為を正当化しなければならない職員、官庁の局内の通知の掲示、その代表しなければならない職員の管理に関する一般的な記録の受領。

　第Ⅶ章：労働組合代表の特権は第17条のみ、国王決定の諸条件の下で労組代表は承認された労組の特権の行使、職務時間内の局内での組合費徴収、職員群のために準備される競争試験についての提案、局内での集会の準備を行う。

　第Ⅷ章：労働組合に関する条項は第18条のみ、国王は労組のために政府機関内での活動に適用される規則を定めるが、国王はこの資格を有する職員群の行政上の立場、勤務時間と同等視される労組の任務を果たす時間の場合の多くについて決定し、国王は職員群の資格にある若干の代表に労組により支払われる金額の当局への払戻しに関する規則を制定するが、自ら決定した条件と基準に従って労組代表の払戻金の全額か一部を免除でき、他の機関の管轄下にある職員のために関係機関の助言を経て連邦政府機関が要請している権限を行使できる。助言の表明は全く自由である。

　第Ⅸ章：修正・削除・最終決定《以下略》

　⑵政府とその職員の労働組合との関係を規整する1974年12月19日の国法施行のための1984年9月28日の勅令

　この勅令はいま記述した国法の施行令だが、原文は本文がオランダ語で8編110か条からなり、飜訳した日本語の字数は3万8270字にも達し、補遺もかなりの分量に上るのでこれも全文は補巻（Ⅴ-1）を参照願い、逐条は要約にとどめたい。

　まず官報による夥しい数の本勅令の修正公告が列挙され、ついで各種の国

第Ⅶ章　地方自治関係法令・資料

法や共同体法による非公式の調整が続く。

　第Ⅰ編：総則の第Ⅰ章：序文は国法、職員構成員、公共機関、代表の条件、代表の基準、委員会、特別委員会の用語解説、第Ⅱ章：国法により制定される規則の適用範囲は2か条、第3条は適用対象の職員の所属で、①国の官署その他の機関、公法上の法人、②共同体と地域圏の政府の官署その他の機関、共同体の共同体委員会理事会の官署その他の機関、③県、基礎自治体、基礎自治体事務組合、都市圏と基礎自治体連合、県連合、基礎自治体協議会、県独立公社、共同体独立公社、フラーンデレン共同体委員会、社会福祉公共センター、社会福祉公共センター連合、公共貸付金庫、政府機関が組織する被助成公教育・被助成公共精神医学社会センター、政府機関に所属の被助成生徒介護センター等、第4条は逆に非適用の職員として各種技術職など前述の国法に列挙された者などを挙げている。

　第Ⅲ章：交渉及び協議に共通の規定は2か条で、第5条は交渉と協議が不必要の場合を列記し、第6条は交渉と協議後に執られる措置を決議書か勧告の資料に記載するとした。

　第Ⅱ編：労働組合活動は2章9か条からなり、第Ⅰ章：労組が存在を認められ及び中止させられる場合は、第7条①全公共機関による労組の承認時期として規約の写しと有責指導者の名簿が全公共機関のための共同体委員会の議長に、部会の場合は連邦、共同体、地域圏の公共機関のための委員会議長に、特別委員会の場合は県と基礎自治体の公共機関のための委員会議長に送達されたときを挙げ、②議長はその書類を受領したら直ちにそれぞれ個々の労組の名称、住所、電話番号、活動範囲をベルギー官報に公告させ、労組組織の構成要素の名称が記載される。第8条は労組の承認の中止や決定の撤回について記載する。第Ⅱ章：労働組合の特権は、第9条は承認された労組の政府機関内で、総務委員会の労組代表は委員会内で、総務委員会に議席を持たない労組代表は議席を有する交渉委員会の領域内でその特権を行使するとする。第10条：労組を通して要求する職員は直属の上司に増大する窮迫を弱める必要を認めさせるために直接説明する責任があるとする。第11条：労組

第1部　ベルギーの政治と行政

の通達は適時擁護する職員の執務室に張り出され、その後で政府指名の公務員の調査による査証が行われる。第12条：関係職員に関する資料の入手、第13条：権限ある政府機関は労組代表に関する相互協定により執務室において組合費を徴収できる日時を決定する。第14条：労組代表は個別の試験か職員を募集するための競争試験の試験委員会や個々の競争試験、個々の検査、個々の試験の試験委員会において代表させる権利を有するが、これらへの干渉、試験委員会の協議への参加、業務の調書の知悉、写しの受領はできない。第15条：労組代表は権限ある公共機関との相互協定により例え執務時間中であっても集会の場所、日時が決められる執務室での集会を招集することができる。

　第Ⅲ編：交渉委員会は3章23か条からなる。第Ⅰ章：交渉委員会の設置及び個々の委員会独自の取決めは、第16条：連邦政府、共同体、地域圏の公共機関のための委員会は行政管理局の下に設置され、公務員問題大臣がその議長となり、予算大臣がその副議長となる。第17条：①県と基礎自治体の公共機関のための委員会は内務大臣により設置され、内務大臣が議長となり、社会問題大臣は副議長となる。②①に規定された委員会の中に共同体、地域圏関係と県、基礎自治体関係の二つの部会が設置され、正副議長はそれぞれ大臣たちの代理を務め、それぞれに分科会が設置される。第17条の2：内務大臣と社会問題大臣は分科会に議席を有するそれぞれ一人の代理人を指名できる。第18条：①全公共機関のための共同委員会は総理府が設置してその議長、公務員問題大臣と内務大臣が副議長となり、②その中に分科会が一つ設置されて総理大臣が分科会の議長となり、政府代表の構成を決定するが、議長と政府代表委員は代理人に代理を務めさせることができ、一方労組は分科会で代表を務め、分科会は勧告の提起ができる。議長への依頼事項は、異論のある事項へ規則の適用のための勧告の提起、交渉委員会と協議委員会の活動、労組の特権、公共機関内での労組代表の参加。第19条：部会が設置され、議長と副議長は、連邦公共機関に所属する部会は国王が、共同体と地域圏の場合は共同体と地域圏の政府が決める。第20条は特別委員会がそれぞれの職

第Ⅶ章　地方自治関係法令・資料

員のために、県ではその議長である知事により、ブリュッセル大都市圏においてはブリュッセル首都圏政府により、それぞれの基礎自治体においてはその議長である基礎自治体の長により、社会福祉公共センターと公共貸付金庫、それぞれの基礎自治体事務組合においては議長である評議会の議長により、社会福祉公共センター連合においては議長である評議会の議長により、それぞれの自治体独立公社においては取締役会の理事長により、フラーンデレン共同体委員会においては議長であるこの委員会理事会により指名される当局により、ブリュッセル首都2言語併用地域圏のそれぞれの広域病院連合においては議長である取締役会の理事長により、それぞれの県の独立法人においては議長である取締役会の議長により、それぞれのフラーンデレン港湾公社においては議長である取締役会の理事長により設置され、自治体以外の各特別委員会の議長は副議長を指名する。そのほか被助成公教育機関、ルシア・ドゥ・ブロウケデ単科大学の機関も同様に俸給の形では支払われない職員のために権限が付与され、この後者の委員会はこの単科大学の評議会の議長により主宰される。

　第Ⅱ章：交渉委員会並びにその内部に設置される部会及び分科会に共通の規程は、第21条：①各交渉委員会と各部会、各分科会は政府代表団と各労組代表団とで構成され、②政府代表団は委員会の議長と副議長（たち）、総務委員会の15人、部会と分科会委員10人、特別委員会の委員7人で権限を有する者から選ばれ、代理人を置き、専門家の介添えを受けられ、社会福祉公共センター連合の議員二人は社会福祉公共センターが所属する特別委員会の政府代表団の法定委員となり、②各労組は代表団を共同で自由に決め、総務委員会に7人の委員、部会と分科会に4人の委員、特別委員会に3人の委員を出し、議事日程に登録された事項ごとに二人の専門家の介添えを受けられる。第22条：両代表団の委員が一人乃至複数人が欠席しても交渉は無効とはならない。第23条：案件は政府か労組代表の発議に基づき交渉に付され、交渉のために労組代表は全ての文書記録を受領する。第24条：議長が議事日程を設定し、会議の日を決め、討議を指揮し、会議の秩序維持を確保する。第25

第1部　ベルギーの政治と行政

条：交渉は事案提出の会議の日から30日以内に終了するが、合意により延期でき、逆に議長は事案の緊急処理が必要と判断したときは期限を10日まで短縮でき、期限の終了後交渉は終了し、議長は決議書の草案を作成する。第26条：議長は委員会、部会、分科会の良好な活動に気を配り、その書記、事務局を編成する行政課にも指示する。第27条：召集状の送付の規定。第28条：会議中の代表団の議事日程の変更の権利と全会一致での採択の必要。第29条：書記が議事録を作成し、議事日程、政府代表団員たちの出席、出席免除か欠席した名前、出席、出席免除か欠席の労組の名称、出席か出席免除の労組代表団員たちの名前、専門家たちの名前、審理された事項、交渉が終了した事項を記載し、議長と書記により署名され、その後写しが代表団員たちと労組に通知される。第30条：議長は決議書の草案を作成し、交渉の終了後15日以内に同意を得るために政府の他の代表団員たちと労組に提出するが、決議書の最終原本が作成された後では原本の修正は提案できず、逆の場合には所見は次回の会議の最中に検討され、議長はその検討に基づいて決議書の最終原本を作成、決議書の最終原本の写しは政府代表団員たちと労組に送付され、議長は政府代表団員たちと労組に当該労組に意見を聞いた後で議長が定めた期限内に決議書に署名するよう要請する。第31条：①付属資料を付した議事日程、議事録、決議書は事務局に預けられ保管され、②書記は提議された処置の実施権限を有し、行政と予算統制の領域で役割を果たし、その処置が講じられる範囲内で総則を決め、提議された処置に監督を行使する各官公署、フラーンデレン政府の所管大臣、フランス共同体政府、ドイツ語話者共同体政府に決議書の写しを送付する。第32条：各委員会、各部会、各分科会の内規は本勅令が予定していない場合に制定される。第33条：各委員会、各部会、各分科会の運営費は委員会、部会、分科会の議長を出している行政機関か公法上の法人の負担となる。

　第Ⅲ章：共同体の若干の交渉委員会、若干の部会、若干の分科会の会議に関する規程は、第33条の2：基礎自治体が留意する案件の交渉のために共同体と地域圏の政府、共同体の共同体委員会の連合理事会とフランス共同体委

員会理事会は会議の議長職を務める委員会、部会、分科会の合同会議を招集できる。第33条の3：全ての労組代表たちは関係交渉委員会に在席して交渉に参加するが、各労組の代表は最大限委員4人で、議事日程に記載の事項ごとに最大限二人の専門家の介添えを受けられる。第33条の4：その議長職は合同の委員会、部会か分科会の議長たちが共同で引き受け、その事務局は合同の委員会、部会か分科会の書記たちが共同で引き受ける。第33条の5：合同会議の運営費の負担はその合同の委員会、部会か分科会の議長を出している政府か公法上の法人の間で等分に分担される。

　第IV編：協議委員会は3章16か条からなる。第I章：協議員会の設置及び権限は、第34条：上級協議委員会が委員会の所属する全公共機関のための各部会の管轄内に設置され、各大臣は各部会の管轄区域内の所管か監督をする公共機関のために自らその管轄区域を定める基幹協議委員会を設置し、その同じ機関のために自らその管轄区域を定める協議調停委員会を設置できるが、ドイツ語話者共同体政府はその管轄下の機関のために基幹協議委員会を設置できない。第35条：上級協議委員会がその所属の全政府機関のための各特別委員会の管轄区域内に設置され、各上級協議委員会の議長は自ら管轄区域を定める基幹協議委員会と協議調停委員会を設置できる。第36条：基幹協議委員会の全管轄区域は上級協議委員会の管轄区域と一致し、協議調停委員会の管轄区域は少なくとも二つの基幹協議委員会の管轄区域と一致していなければならない。第37条：各基幹協議委員会、各協議調停委員会と各上級協議委員会は専らその管轄区域に属する職員関係の案件を所管し、各社会福祉公共センターの協議調停委員会かそれを欠く場合の基幹協議委員会は運営協定の実施に関して定期的に協議が行われる。第38条：基幹協議委員会と協議調停委員会の設置、その管轄区域の決定に関する提案はそれらの委員会の設置される管轄区域内の上級協議委員会での協議の対象となる。第39条：私企業において労災防止と保護のための委員会に付託される全ての権限は基幹協議委員会かそれがない場合には上級協議委員会により行使され、いずれかの部会の管轄区域内の公共機関に権限か監督を行使する大臣は関係上級協議委員会

第1部　ベルギーの政治と行政

での協議を経て一つ乃至複数の協議調停委員会に上述の権限の全部か一部を付与し、特別委員会の管轄区域内に設置される上級協議委員会の議長はその委員会での協議を経て同様に行うことができる。第40条：複数の部会、複数の特別委員会、その他の各種委員会に属する公共機関の職員たちが同じ建物に入居しているときは、私企業において労災防止と保護のための委員会に付託される権限はその全部乃至一部を特別協議委員会に付託でき、これらの委員会は部会と特別委員会の管轄区域内に含まれる公共機関を討議する場合には公共機関全体の共同委員会の議長、各種部会の管轄区域内に含まれる公共機関を討議する場合には連邦、共同体、地域圏公共機関の委員会の議長、各種特別委員会の管轄区域内に含まれる公共機関を討議する場合には県と基礎自治体の公共機関の委員会の議長により設置される。

　第II章：協議委員会の編成は、第41条：いずれかの部会か特別委員会に在席する労働組合は交渉委員会の領域に設置される協議委員会にも在席する。第42条：①いずれかの部会の議長がそれに相応する上級協議委員会の議長となり、議長はその代理、政府代表団員たちとその代理人たちを指名し、当該大臣たちは基幹協議委員会と協議調停委員会の議長たち、政府代表団員たちとその代理人たちを指名する。②いずれかの特別委員会の議長はそれに相応する上級協議委員会の議長となり、議長はその代理、政府代表団員たちとその代理人たちを指名し、議長は基幹協議委員会と協議調停委員会の議長たち、政府代表団員たちとその代理人たちを指名する。③いずれかの特別協議委員会が設置する総務委員会の議長はその議長職を当局と県知事に託し、議長は順番にその代理、政府代表団員たちとその代理たちを指名する。④政府代表団員たちは当該官公署に傭われるための有資格者か常勤職に任命される関係協議委員会管轄区域内に含まれるいずれかの公共機関に一年以上前から就任していた職員である。⑤政府代表団には専門家が介添えできる。第43条：各労組代表団は最高3人まで組合が自由に選ぶ者からなり、専門家に介添えしてもらえる。第44条：労災防止と労働保護のための内局かその部課の指導に責任を有する労災防止顧問は私企業においては労災防止・労働保護委員会に

第Ⅶ章　地方自治関係法令・資料

付託される案件についての会議のために第39条に規定された協議委員会のそれぞれの法定委員となり、それぞれの特別協議委員会には労災防止・労働保護のための内局かその部課の指導に責任を有する関係労災防止顧問たちがその委員会の法定委員となる。

　第Ⅲ章：交渉の組織は、第45条：各協議委員会の議長は議日程を設定し会議の日取りを決める。第46条：協議委員会に在席する全労組は議長にその協議の対象となる懸案の事項を議事日程に載せるよう文書で要求でき、議長は要求の受領後60日以内に委員会を開催する必要があるが、議長はやむを得ない理由から議事日程に項目を記載するのを拒否することができ、ただし議長はその拒否の理由を要求の送付後15日以内に委員会と当該労組に通知しなければならない。第47条：第22条乃至第28条、第31条①、第32条、第33条は協議委員会は必要な変更を施して適用できるが、第23条第1項、第24条第1項は労災防止・労働保護のための委員会の権限に責任を有する委員会には適用できず、労組代表の一人が議長に職場の安全、健康、美化に関する案件を議事日程に載せる要求を文書でしたときは議長は可及的速やかに要求の受領後30日以内に委員会を招集しなければならない。第48条：書記は会議の議事録を作成し、議事日程から専門家たちの氏名までは第29条と全く同じのほか討議の簡潔な概要と理由を付した勧告を記載する。第49条：①会議の後15日以内に議事録の写しは政府代表団員たちと補欠たち、当該労組に送付され、②政府代表団員たち、労組、労災防止顧問たちに郵送、その所見は議事録の発送後15平日の期間内に議長に伝えられ、原本の修正の提案が期限内になければ議事録は確定するが、修正要求は議長により次回の最初の会議の際に協議委員会に提案され、合意に達しなければ見解不一致の提案が議事録に書き留められ、③議事録の写しが当該官公署に送付される。第50条：協議委員会の表明する理由を付した勧告と異なる官公署の決定についての理由は政府代表団員、労組、労災防止顧問たちに1か月以内に伝えられる。

　第Ⅴ編：代表の審査は4章20か条からなる。第Ⅰ章：総則は、第51条が用語解説で、職員構成員、職員実人員（職員構成員の総称）、組合費負担加盟

者、基準日、基準期間、組合費を取り上げているが、特に本勅令の対象となる政府職員を補巻（V-1）に収録の本文では「職員構成員」(membres du personnel) と訳したがここの要約では単に「職員」としたことだけ指摘しておく。第52条：国法の第14条§1に規定された6年の期間の出発点は1984年12月1日となる。

　第Ⅱ章：代表条件の審査は、第53条：いずれかの交渉委員会に在席を望む労組は全て全公共機関のための共同委員会の議長に三つの総務委員会と部会、特別委員会か各種委員会への同時の在席、連邦、共同体、地域圏の政府諸機関のための委員会の議長に一つ乃至複数の部会への在席、県と基礎自治体の公共機関の委員会の議長に一つ乃至複数の特別委員会への在席を申し入れ、6年の任期の初日から30日以内に要求書を郵送、遅れると審査から外される。第54条：全国労働評議会代表協議会に加盟していていずれかの交渉委員会への在席を要求しているが本勅令の第7条には適合していない労組は全てその規約と有責指導者の名簿を要請に添付して訂正を通知しなければならない。第55条：議長は要求の受領後60日以内にその労組が代表資格の条件を満たしているかどうかを審査し、是ならば議長は直ちに労組にその決定を通知し、否か提供された資料では判断できないことがはっきりしたときは即刻その確認事項を労組に知らせて30日の規定期限内に説明の提供を要求、期限が守られなければ審査業務は打ち切られ、議長が要求の審査について権限がないと判断した場合は直ちに所管の議長に移送する。第56条：①三つの総務委員会への在席に是の判定を受けた労組の名簿を委員会に通知し、官報で公告する。②いずれかの所定の部会か特別委員会の場合も同様である。第57条（削除）。

　第Ⅲ章：代表基準の審査は、第58条：代表の諸基準を満たしていることを証明するためには労組が委員会にその要求により有責指導者から必要な正確な説明文書を提出し、委員会は提出された証拠の要素を審査して必要な決定を下す。第59条：委員会への提出を要する官公署は委員会所定の期限内に必要な情報を全て提供する。第60条：委員会への提出を要する労組は委員会所

第Ⅶ章　地方自治関係法令・資料

定の期限内に任務遂行に必要な情報は全て提供しなければならない。第61条：その審査実施の初めから委員会は各労組に審査の実施の際に代表を務める代表の一人を指定するよう要請する。第62条：委員会は全ての部会、全ての特別委員会等への在席を要求した労組の名簿受領後直ちに代表の基準を満たしているかどうかの審査に入り、6か月以内に審査を終え、6か月以内に名簿の受領を終了、10日以内に決定を当該労組に郵送、関係する公務員問題大臣か内務大臣に通知する。第63条：委員会は一つ乃至複数の部会か特別委員会への在席を要求した労組の名簿受領後直ちに代表基準を満たしているかどうかを審査し、6か月以内に審査を終え、全ての労組の完全な名簿を当該交渉委員会の議長、当該労組、部会か特別委員会に関係する公務員問題大臣か内務大臣に通知する。第64条：やむをえない理由で明確な要請があれば総理大臣が6か月の期間を延長できる。第65条：部会か特別委員会に関係する公務員問題大臣か内務大臣は、第63条第3項に規定された当該交渉委員会に関する労組代表の名簿を官報で公告する。

　　第Ⅳ章：委員会の構成及び活動は、第66条：委員会は議長一人と二人の委員からなり、国王により総理大臣、法務大臣、公務員問題大臣の共同推薦により裁判官の身分を有する司法官の中から指名され、委員はその免状により法学博士か法学修士の受験者であることを証明し、一人はオランダ語の委員、いま一人はフランス語の委員でなければならない。第67条：総理大臣は委員会の任務を遂行するのに必要な職員を指名し、その中から一人の書記といま一人は言語の異なる名簿でその補佐の書記補を任命する。第68条：委員会の活動費は首相府の予算から支出される。第69条：委員会の委員は省の職員に適用できる旅費と宿泊費の規定を享受し、委員は15等級乃至17等級の公務員同等の扱いを受ける。第70条：委員会はその審査業務の遂行が不必要になったときは提出していた資料を労組に返送する。

　　第Ⅵ編：組合活動参加者は7章20か条からなる。第Ⅰ章：組合代表の目録は、第71条：組合代表は第7条と第54条に規定の名簿の一つに記載された有責指導者、有責指導者の専従代理者、「専従代表」、すなわち定期的に且つ継

続して職員の職業上の利益を保護し、職業として認められ確定されている職員、いずれかの交渉委員会か協議委員会において代表を務める労組代表団員と上述の専門家、国法がこの組織に認める特に一つ乃至複数の特権の行使のために労組が指名する者、労組内に設置された諸委員会と総務委員会の業務に参加する職員、委員会にいる労組代表である。

第Ⅱ章：有責指導者及びその専従代理人は、第72条：労組はその有責指導者の専従代理人の名簿、労組として承認されるために議長に送った資料、総務委員会に在席の要求を申し入れた資料を議長に送付し、議長は総理大臣規定の書式の身分証明カードを有責指導者とその専従代理人に発行し、このカードを所持していれば有責指導者と専従代理人は労組に認められた特権を全て行使できる。

第Ⅲ章：専従代表は、第73条：職員の専従代表としての承認はその所属官公署は労組の有責指導者の要求があれば行われなければならないが、最高4か月間延期できる。第74条は専従代表にも第72条のカードと特権を認めている。第75条：承認を無効にするには重大な理由で連邦、共同体、地域圏の公共機関委員会の議長か県と基礎自治体の公共機関委員会の議長の決定が必要で、議長は関係専従代表と関係労組の有責指導者の説明を聞いた後で分科会の勧告に基づき決定する。第76条：議長はその決定を職員、その上司当該労組に通知する。第77条以下は専従になったことによる不利益を被らないよう配慮した規定で、第77条：①職員が専従代表の資格を認められると直ちに法律上は労組休暇の状態となり、階層的な官公署には属さず、この地位での個人的権利、特にその給与と昇給、昇進の権利を定める規定に従い、②承認当日判断、評価かそれらと同価値の報告の制度が適用できる専従代表として認められた職員は承認の前に与えられた最新の評価がその労組休暇中維持され、そのような評価を問題にしていなかった場合には認められないが、評価が必要ならば最も有利な評価を受ける資格保有者と見なされ、③専従代表が定員超過により他の公務員によりはじき出されたときはその要求により定数外となって以下の3条件が満たされれば昇進または相応の等級か経歴のいずれか

第Ⅶ章　地方自治関係法令・資料

が許可される：1°当事者が2年以上前から労組休暇中である、2°昇進した公務員が当事者と同一言語集団に属するか他の言語集団に属する場合には特別規定が埋合わせの昇進を認めるときにはその他の言語集団に属する、3°昇進した公務員が当事者の後で一定の公益機関の二人の国家公務員か二人の職員がいる場合には年功序列により格付けされ、二人の他の職員がいる場合には国法か固有の規則により昇進のためまたは相応の等級か経歴のいずれかに予定されるか格付けされ、④専従代表の労組休暇はその要求によるかその労組が決定したときか承認が撤回されたときに終わり、専従代表は③の適用で以前に占めていた官職か職務に再配属される。第78条：①各四半期の終了前に、労組は専従代表か職員のその資格に基づく権利所有者に前の四半期中に行われた支払の総額に相当する支払額を官公署に払い戻すが、この総額は直接間接に専従代表かその権利所有者たちに対して、またはそのために貨幣でか貨幣で評価できる収益で支払われる全ての額を含み、官公署は労組に支払総額と組合が支払うべき勘定の名称と数を知らせ、労組は同様に専従代表の配偶者に支払われるか与えられなければならない以外には前述の総額の全額か一部が差押えか譲渡のために支払えないか与えられないときは払い戻さなければならならず、②では①に規定の払戻しに含まれないものとして雇用保険分担金当を列挙し（詳細は補巻Ⅴ-1参照）、③専従代表の給料の支払が月極助成金により与えられる場合には①と②に定められた規定に従い払戻しが行われる。第79条：前条に規定された支払が所定の期限内に履行されなければ官公署は労組に15日以内に必要な支払を行うよう催促し、労組は前もって一人乃至複数の有責指導者に説明をさせるよう促され、催促の結果か有責指導者の説明が不十分ならば官公署はそこで全公共機関のための共同委員会の議長に知らせ、委員会は前述の分科会の勧告に従い当該労組の全ての専従代表の承認を撤回し、組合そのものの承認を撤回する。

　第Ⅳ章：有責指導者たち、その専従代理人たち及び専従代表たちに適用される共通規定は、第80条：身分証明カードが与えられた労組代表はその任務の終了しだい発行した官公署に返送する。

313

第V章：専従代表以外の全労働組合代表に共通の規定は、第81条：①あらかじめその直属上司に有責指導者としての専従職員のその時々の招集状か派遣命令を提示することにより職員＝労組代表は当然の権利として交渉委員会か協議委員会の活動に参加するための労組休暇を必要な期間中許可され、上述の招集状か派遣命令は他の有責指導者にも出され、議長から労組休暇を許可され、②同様にして職務免除を許可され、③①と②に規定された招集状と派遣命令は職員がその活動への参加を求められる交渉委員会か協議委員会を記載し、その時々の招集状にはさらにその会議の場所、日時を指定し、当該交渉委員会か協議委員会の議長は直属の上司から①に規定の招集状か派遣命令の写しを受領し、その直属上司に会議に欠席した職員の名前を通知する。第82条：同様にして職員は労組休暇を許可される。第83条：①同様にして職員は職務免除を許可されるが特権の行使は部会か特別委員会の管轄区域内に限られ、②派遣命令か個人的な命令書の提示を要する。第84条：所管の官公署に宛てた有責指導者の要求により職員は必要な期間中労組代表により地元で招集される集会に参加するための職務免除を許可される。

第VI章：全労働組合代表に適用される規定は、第85条：①組合代表たちは極秘の性質の事項と文書について守秘義務があり、②あらかじめ権限ある官公署が極秘の性質とした事項か文書を漏洩できず、違反は当該組合代表の特権行使を1年間禁止、専従代表の場合はその承認を取り消して職務に呼び戻され、1年後でないと専従代表として改めて承認されず、その承認取消で特権の1年間行使不可となり、他の職員については制裁の適用が当該職員に聴聞後直属の上司により提案され、その雇用者の公共機関に所属する部会か特別委員会の議長は分科会の勧告に基づき決定を下す。第86条：休暇か職務免除の期間中組合の任務遂行のために、組合代表の職員は労働災害と通勤途上での不慮の災害に関する立法の適用のために職務遂行中の場所にいたと見なされる。第87条：秩序罰と懲罰、停職、免職、解雇の規定は組合代表にはその資格で遂行し行使する特権と直接関係ある行為については適用されることはなく、その判断、全ての評価かそれらと同価値の報告の作成にも修正にも

第Ⅶ章　地方自治関係法令・資料

影響を及ぼしてはならない。
　第Ⅶ章：一定の組合代表の保護に関する規定は、第88条：①労働協約で任用の上級協議委員会に属する全公共機関に在席の職員の人数が合計100人、100人以上、500人以上、1,000人以上か2,000人以上に応じて有責労組代表はその上級協議委員会の議長にその委員会に属する公共機関の職員のそれぞれ1人、2人、3人、4人か5人の名前を通知し、上級協議委員会に属する公共機関の全員でも労働協約で雇用の職員が20人以下で代表される職員の実人員の半数以下なら名前の通知の規定は適用できず、以上の人数の勘定に入れられるのは通知の前年の6月30日に在職した実人員であり、交代の場合はそのつど労組代表の有責指導者は上級協議委員会の議長にその名前を通知するが、2年以上前から本勅令適用の公共機関に在席していた職員だけが指名の対象となり、②指名された職員の名前と等級がその雇用者の公共機関に通知され、その書簡の写しは関係公共機関からその所属上級協議委員会の議長に送付され、次条の諸規定はその氏名が通知された職員に公共機関が通知の書簡受領日から適用され、③毎年7月1日以前に公共機関は上級協議委員会の議長に①に規定の実人員の人数を通知し、④毎年10月1日以前に上級協議委員会の議長は同委員会に在席の労組に③に規定の数字とこれらの数字を勘定に入れた①に従い指名できる職員数とを通知するが、以前に任用された職員の人数が任用可能な人数より多ければ労組は次条の諸規定が年末以降適用される職員を指名し、この指名がなければ最長の職務年限の職員、職務年限が同じなら年齢の最高の者の順番で指定されるが、職務年限は職員に適用できる法規の規定に従い計算され、それがなければ何らかの資格を持ち自発的な中断がない①に規定された公共機関の一員だった期間を含み、以前に指名された職員が次条の規定がこの年末以降に適用される者たちを定めるために指定される。第89条：①第88条に従い指名されている職員の解雇を検討する官公署はその指定労組がなお代表を務めている限りその関係職員、官公署、指定した労組、この職員の雇用者の公共機関が所属する上級協議委員会の議長に通知するが、それには官公署が解雇の検討に根拠にした詳細な理由説明を

含み、関係職員宛ての書簡に官公署は詳細な理由説明の中で直接か間接に言及されている文書の写しを添付する。②関係労組は官公署の書簡の受領日から10日以内に上級協議委員会の議長に議長が日取りを決める同委員会の特別会を要求できる。③上級協議委員会は第41条と第42条に従い構成されるが、政府代表と労組代表たちは専門家は付けられず、解雇の検討対象の職員はこの特別会のときの委員会には出席が許されない。④上級協議委員会の書記が召集状を在席の政府代表団員たちと労組に特別会の日より10日前までに送付するが、同委員会の議長に送付された書簡類の写しが添付される。⑤正規に招集された政府委員の一人か複数人、労組代表の一人か複数人が欠席しても会議は有効である。⑥議長は討論を司会し会議の議事進行を確保し、会議の終了に当たり議長は全会一致の意見か不一致の意見の存在を確認する。⑦書記は会議の議事録を作成し、議題、政府代表委員の出席、出席免除か欠席した名前、労組の出席、出席免除か欠席した名前とこの労組代表委員の出席か出席免除の名前、出席した代表委員たちの全会一致の意見か不一致の意見を記載し、議長と書記が署名する。⑧会議後10日以内に議事録の写しが政府代表団員たちと委員会に在席の労組、解雇を検討中の政府に送付され、政府代表委員たちと労組は議事録の送付後5平日後にその所見を議長に通知してよく、その所見は議事録に追加され、議事録は期限経過後に確定され、政府は自由に解雇できる。⑨検討された解雇に賛成が全会一致の場合を除き政府は行われた解雇決定についての理由の説明を解雇者にしなければならず、理由の説明は議事録に記載された検討された解雇を対象とする論拠への反論を含まなければならず、理由の説明は①に規定された書簡に記載された以外の事実に依拠することはできず、この理由の説明は官公署により行われる解雇の通知の日には関係職員を指名した労組、この職員、上級協議委員会の議長に通知されなければならない。第90条：前条により設けられる手続は、その職員が関係公共機関内で効力のある規定に基づきそれにより解雇が延期される内部の業務についている場合、重大な理由に基づく解雇の場合、協定が期限切れかそれにより協定が終了する業務の完了で終了するとき、代理契約が代

第Ⅶ章　地方自治関係法令・資料

理された者の復帰により終了するとき、官公署と職員構成員が協定を終わらせる合意をした場合協定が不可抗力の原因で終了するとき、協定が職員構成員の意思で破棄されたときには適用できない。

第Ⅶ編：補助対象非公共教育における交渉及び協議（削除）

第Ⅷ編：修正、経過及び廃止規定は２章からなる。第Ⅰ章：修正規定は、第91条：被雇用者の健康と安全、労働と職場の衛生に関する1952年の国法の条文への補充で、前掲の1974年12月19日の国法により創設された制度の適用される職員の公共機関に含まれない施設と団体を指摘、職場の安全、健康、美化委員会に属する権限を委任した協議委員会の決定の際に国王が協議委員会の構成員たちを指名する規則を決める。第92条：経済的発展、社会的向上及び財政再建の1961年の国法への補充で、そこに規定されていた協議は前掲の1974年12月19日の国法により規定された交渉と協議に関する手続により置き換えられる。第93条：国家教育職員の身分に関する1964年の国法の規定も同様に連邦、共同体、地域圏の公共機関の委員会に在席する労組により指名された代表たちにより置き換えられる。第94条：団体労働協約と合同委員会に関する1968年の国法の条文への補充で、同様に1974年12月19日の国法により国家、県、基礎自治体、公共施設、公益施設の職務に就いている当該職員たちに適用される。

第Ⅱ章：経過規定及び廃止規定は５節からなり、第１節：暫定的規定は、第95条：第75条、第79条、第85条の§２により規定された勧告は分科会の設置、構成、職務に関係している本勅令の諸規定が発効していない限り必要ない。第96条：代表審査のために職員は「基準日」に当たる月に組合費支払「義務条項」により組合費を支払っていたと解され、その職員は最低限本勅令が官報に公告後の４か月間に組合費に関する条件が満たされていなければならない。第96条の２：ドイツ語話者共同体執行部の職務のための基準日は1985年６月30日、基準月は1985年６月の月とされる。第97条：第77条§３の専従代表が定員超過により他の公務員によりはじき出された時の３条件の２年と３年の期限は当該職員へのこれらの規定の適用の際に労組休暇を考慮に

317

入れる。第97条の2：連邦、共同体、地域圏、共同体の共同体委員会、フランス共同体委員会に所属する、創設が1990年10月1日以降の公共機関の期限付、見習、臨時、補助の職員は議長か副議長がそれぞれに関係する、関係公共機関に対してその権限、その統制か監督権を行使する官公署である部会に所属し、関係連邦公共機関に対して権限、統制か監督権を行使する連邦大臣が部会の議長か副議長でないときは、部会に所属する関係公共機関はこの機関が総理大臣により統括されるが、本条は地域圏により基礎自治体の都市交通と道路に関する権限行使に当たり設置される公法上の法人には適用されず、公社の職員に適用される団体労働協約の制度に服したままとなる。第2節：移行措置の修正による既存の規制の存続は、第98条：第99条乃至第103条と第105条乃至第107条の適用のために「以前の労働組合法」を現行各種勅令に読み替える規定が置かれている。第99条：総務委員会での交渉案件を対象とする労組の協議に関する従前の労働組合法の規定はその案件に関する基本原則の明確化のための勅令の発効日まで適用されたままとなる。第100条：総務委員会での交渉案件を対象とする労組の協議に関する従前の労働組合法の規定は名簿が官報に公告された日以降の29番目の日に適用されたままとなる。第101条：部会か特別委員会での交渉案件を対象とする労組の協議に関する従前の労働組合法の規定はその委員会の名簿が官報に公告された以降の29番目の日に適用されたままとなり、提示された日が基本原則の修正のための勅令の発効の日より前に当たるときはその勅令の発効日に適用された規定はそのままとなる。第101条の2：特定の緊急事態等で国法第2条§1第1項の1°に規定された案件に関わり、総務委員会での交渉に付されなければならない組合の協議手続、国法第2条§1第1項の2°及び第3条§1の3°に規定された案件に関わり、部会か特別委員会での協議か約束がされていて、第99、第100条、第101条に予定された日に組合の当該協議機関の日程への記載により従前の労働組合法による協議に付されなければならない案件に関わる組合の協議手続はその実現まで続けられ、労組の合法的か合規的な書面による協議手続も必要な書類の送付により同日に受領されたと見なされるが、

これらの手続に従い届けられた勧告は有効性を保持するので、勧告の対象となった方策の立案か提案は官公署が採った決定が組合の協議機関か書面で組合の協議手続に付された方策の立案か提案と一致している場合、官公署が組合の協議機関か書面で組合の協議手続に付された方策の立案か提案の修正が勧告に従った方策と結果として一致している場合国法に予定の交渉と協議の手続に新たに従うまでしてはならず、前項に予定された制度と二つの場合の中止はそれぞれ国法の第2条§1第1項の1°に規定され総務委員会での交渉に付されなければならない案件、国法の第2条の§1第1項の2°と第3条の§1の3°に規定された案件、部会か特別委員会での交渉か協議に付されなければならない案件に関係のあるという点で、第99条、第100条、第101条に規定された日から4か月以内に官公署が組合の協議機関か書面で組合の協議手続に付された方策の立案か提案に関する決定を行わなかった場合に適用できる。第102条：社会貢献に関する従前の労働組合法の規定は勅令により決められる日まで適用したままとなる。第103条：第99条乃至第102条の適用が必要な限り労組とその代表はそれらの条文で規定された労組の協議機関の活動と社会貢献を可能にする従前の労働組合法の規定に服したままとなる。第104条：各種の法令か規則の規定に従い労組により当然支払われるべき金額は所定の期限内に支払われなければならず、遵守されなければ第79条が適用される。第3節：労働組合の利益のための経過規定は、第105条：この規定の発効日に従前の労働法に基づき承認されている労組は第109条の1°に規定の日から30日以内にこの組合が第7条§1に従うか在席している間に交渉委員会に正規の要求を提出するという条件付で官報に名簿が公告された日までこの承認とそれに付随する特権を保持し、労組が上掲の期限以内に無権限の場合の代表審査についての関係書類か要求を議長に提出したならば組合は第1項に従っていると見なされる。第106条：①は官報への本勅令の公告の日に労組が特権を享有する根拠法令を列挙し（詳細は補巻V-1）参照、同日試験計画決定のための委員会の上訴審判所、職員の受入と研修の促進のための委員会、休暇、休職、欠勤に関する上訴委員会においてその代表に基づ

く特権を享受する労組も別の規定により設置されこれらの審判所と各委員会の構成が国法に規定された代表の条件と基準に適合するようになるまで引き続き特権を行使し、それ以外のいずれかの労組に与えられた特権も本勅令の施行後も引き続き効力を維持するとする。②①に規定されたいずれかの労組の代表たちの身分を規整する特別規定は適用したままとなる。③は修正か失効するまでは完全に適用されたままとなる教育関係職員関係の勅令を列挙する（詳細は補巻V‐1参照）。第4節：行政職員構成員たち及びそれに属さない者のための経過規定は、第107条：①職員たちはその労組が第105条に規定されているものを満たしていれば従前の労働組合法に基づき決められている限度内で労組内に設置されている研究集団、各種委員会に参加でき、この制度は第56条§1に規定された名簿の官報への公告の日までに適用できる。②休暇についての従前の労働組合法に基づき第105条に規定に合致する労組代表としての職員の職業的利益を永続的、合法的かつ継続的な方法で擁護するために休暇を取る職員は専従代表として正当に承認され、本勅令の適用のためにかつ身分証明カードの授与や払戻金徴収の観点から当該代表の所属官公署に職員名簿を提出する。③休暇についての従前の労働組合法に基づき労組代表の資格で職員の利益を永続的、合法的かつ継続的な方法で擁護するために1984年6月30日に休暇を取っていた職員は本条③の発効の日に始まり、判断、全ての評価かそれらと同価値の全ての報告に関する規則の適用のためにそれにより評価されなければならない報告により職員に与えられる最も優利な評価を保持すると見なされる。④①と②に規定されている以外の職員は従前の労働組合法に基づき労組の名前で職務と権限を行使できる。第108条：本規定の発効した日から職員の代表としてか選挙での正規の候補者として被雇用者の健康、安全、労働、職場の衛生に関する1952年の国法により優遇を享受した職員は労組代表の資格でのこの保護をこの国法により定められる規間中保持する。第5節：施行は、第109条：第13条を除き本法の各条、本勅令の各条は本勅令の補遺Ⅱに即応して、本勅令が官報に公告後の2か月後の初日、第56条§1に規定された三つの総務委員会に在席するための代表の条

第Ⅶ章　地方自治関係法令・資料

件を満たす労組の名簿の官報への公告の日かその30日後の日、いずれかの部会特別委員会に在席するための労組代表の名簿の官報への公告の日かその30日後の日、第110条：それぞれに関係するという点で我が国務大臣と我が副大臣は本勅令の施行に責任を有する。

　補遺Ⅰ及びⅡは補遺Ⅰで第19条に従い設置された部会を部門Ⅰから部門Ⅹまで列挙し、Ａはその委員会の名称で総務、財務、法務、経済問題、国内問題、流通・運輸、外交問題、郵政・電信、教育（フランス共同体）、教育（フラーンデレン共同体）、雇用・労働、公衆衛生、社会保障、国防、ブリュッセル首都圏、ワロン地域圏、フランス共同体、フラーンデレン共同体及びフラーンデレン地域圏、ドイツ語話者共同体、公共社会保障制度の計20部門、Ｂはその委員会の管轄領域を示しているが夥しい数なので詳細は補巻（Ｖ－２）を参照されたい。補遺Ⅱは国法及びその勅令の施行で、これまた夥しい数なので詳細は補巻（Ｖ－２）を参照されたい。

(3) 1984年９月28日の勅令─政府内官職及び職員労働組合を規整する1974年12月19日の国法の施行のための勅令

　本勅令は、今紹介した(2)の勅令と全く同じ日に制定されており内容もほぼ同じなのに名称の表現がやや違うだけなので省略してもよいが、折角途中まで飜訳したのでそれを補巻（Ｖ－３）に収録して、ここでは本文だけ第11条まで概説しておく。

　第１　一般的定義は、第Ⅰ章：前置きの定義が２か条、第１条では「国法」＝(1)の国法、「公務員」＝同国法に該当する職員、「公職」＝国法に該当する公務員に応じた執行部、機関、施設、公法人、軍人、「代表資格条件」＝代表と見なせる前提条件、「代表資格基準」＝国法の第８条で言及の若干の職員組合員に関する基準、「委員会」＝国法の第14条で言及の代表資格を調査する委員会。第２条は「特別委員会」が通常の特別委員会と専門の特別委員会の両方を指す。

　第Ⅱ章：規則が制定される国法の適用範囲は第３条と第４条で(2)の勅令で列挙されたものを同様に列挙している（補巻Ｖ－３参照）。

第Ⅲ章：交渉と協議の公式の定義は、第5条が交渉と協議が不要の場合の列挙。

第2　職員組合活動は、第Ⅰ章：公認された労働組合が公認を継続する方法は第7条と第8条で労組の公認の手続、第Ⅱ章：職員組合の特権と続く。

《以下略》

(4) 1985年8月29日—職員労働組合の関係官職を規整する1974年12月19日の国法第12条§1、1°の意味での基本規定の指示による勅令

　本勅令は(1)の政府とその職員の労組との関係を規整する基本法である1974年12月19日の国法の基本規定を列記したもので、第1条は同法を「国法」と呼ぶなどを記し、第2条では同法は常勤以外の雇用契約の下の研修中、臨時か補助職員の集団にも適用されるとする。第3条は労組についての行政法の基本原則と見なされる法令としての規則として、職員となるための競争試験が準備され、試験計画が立案される規則に従って任命が認められる研修、職員となる雇用契約の種類と期間、他の官職との兼任規整と職員の権利と義務、兼任禁止と禁止条項、懲戒規定、懲戒措置、職員の責任、採点・評価かそれと同等の成績表に関する規則、等級・官職か職務の決定・分類・配列・格付け、配置転換・異動その他の再配置か所属する他の公職にある職員の公務の形態と担当任務を有する職員への適用規則、年功序列体系、昇進・等級の変更か等級の昇格とより高い水準への移行による昇進そのほかの経歴の進行の体系とそのほかの全ての非専門的職能への移行、より高い官職と教育の行使に関する規則と選抜規則、バカンス・賜暇かその使用に関する規則を含む職員の行政上の地位・所定の環境や状況への影響、パートタイム労働の規則、職員の契約解約時に従うか公務関係が中断させられうる規則を列記している。第4条は契約の基本原則と見なされる給与規則について、まず職員の手当・報酬・給与・賞与の関係でそれらのほか以下を決定する規則として手当の権利か増俸を含む手当・報酬・給与・賞与、手当の規模の決定を含む手当・報酬・給与・賞与とそれについての考慮される期間の決定を含む金額の計算、保証される手当・報酬・給与・賞与の認定、手当・報酬・給与・賞与

の保護、手当・報酬・給与・賞与と消費者物価指数そのほかの基準との連結方式を列挙し、ついで認定される賞与、全ての種類の報酬、現物支給に関して受給者、認定条件、金額、保護、消費者物価指数その他の基準との連結方式を挙げている。第5条は年金規整に関連する基本原則と見なされる決定のための規則としてその適用範囲、権利保有者の範疇、年金資格取得年齢、年金支給開始条件、所得、賞与の斟酌と加入期間の斟酌とを含む年金額の計算方式、年金の保護、消費者物価指数その他の基準との連結方式、就業中の事件・就業中の不慮の災害・職業病に関する規則を記載している。第6条は職員と労組に関連する基本原則と見なされるものとして、前述の国法とそれの執行勅令、公共部門の一定の職員の労組への奨励金認定と支給に関する1980年9月1日の国法とそれの執行勅令を挙げている。第7条は社会奉仕団体に関連する基本原則と見なされる効力と運営方式、受給者の決定、社会奉仕の任務と活動の一般的枠組みの決定のための規則を記載している。第8条：勅令は官報に公告後30日で発効する。第9条：我が各大臣と我が各副大臣はそれぞれ関係のある勅令の執行に責任を負う。

(5) 政府内職員及びその職員組合規整のための1974年12月19日の国法第18条第3項施行のための1999年4月20日の勅令

本勅令は労組代表たちの返済金免除の規定で5か条からなるが省略する。

(6) 2003年9月20日—政府内官職及び職員労働組合を規整する1974年12月19日の国法の施行のための1984年9月28日の勅令第19条第2項施行のための勅令

本勅令は連邦行政に属する各部門の委員会の議長職と事故発生時の副議長職についてまず第1条で部門別に規定している。

部門Ⅰ——一般行政は議長＝内閣総理大臣、副議長＝公務員問題、予算、連邦科学協会、連邦文化協会、建築規制、科学政策、国家情報の7種に権限のある各大臣と各副大臣。

部門Ⅱ——財務は議長＝財務に権限のある大臣、副議長＝政府企業、政府参加企業、公共部門の年金に権限のある各大臣と各副大臣。

部門Ⅲ—司法は議長＝司法に権限のある大臣。

部門Ⅳ—経済問題は議長＝経済に権限のある大臣、副議長＝消費者問題、電話通信、持続的発展、科学政策、エネルギー著作権の6種に権限のある各大臣と各副大臣。

部門Ⅴ—内政問題は議長＝内政問題に権限のある大臣。

部門Ⅵ—動員と運輸は議長＝動員に権限のある大臣、副議長＝運輸に権限のある各大臣と各副大臣。

部門Ⅶ—海外問題は議長＝海外問題に権限のある大臣、副議長＝開発協力、海外貿易と国際貿易に権限のある各大臣と各副大臣。

部門Ⅷ—郵政と電信電話は議長＝政府企業に権限のある大臣、副議長＝ベルギー郵政電信電話公社、郵便公的オンブズマン、電信電話オンブズマンに権限のある各大臣と各副大臣。

部門ⅩⅠ—雇用と労働は議長＝雇用に権限のある大臣、副議長＝男女平等政策に権限のある各大臣と各副大臣。

部門ⅩⅡ—国民の健康は議長＝国民の健康に権限のある大臣、副議長＝社会問題、持続的発展、生活環境に権限のある各大臣と各副大臣。

部門ⅩⅢ—社会安全保障は議長＝社会問題に権限のある大臣、副議長＝社会的統合、難民救援、社会経済に権限のある各大臣と各副大臣。

部門ⅩⅣ—国防は議長＝国防に権限のある大臣、副議長＝戦争犠牲者に権限のある各大臣と各副大臣。

部門ⅩⅩ—社会安全保障は議長＝社会問題に権限のある大臣、副議長＝雇用、内政問題、自営業者、年金受給者の4種に権限のある各大臣と各副大臣。

第2条：各副大臣は唯登録された議事日程に関する部門別委員会の副議長だけの権限とそのために関係のある職員への権限を行使できる。

第3条：職員労働組合及び政府内職員を規整する1974年12月19日の法律施行のための1984年9月28日の勅令、とりわけ2002年1月18日の勅令で改正された第19条第2項実施のための2001年6月10日の勅令。

第4条　我が内閣総理大臣と我が公務員問題大臣はおのおのに関係がある勅令の施行に責任を負う。

第2部　自治体現地調査報告

第Ⅰ章　現地調査のスケジュール

まえおき

　著者が会長を務めていた自治体国際化協会の比較自治研究会は、対象地域ごとに4部会に分かれて現地に研究者を派遣して毎年度研究報告書を発行していたが、2006年度から共通の課題として各国のリージョナリズムを取り上げ、本来の各国の地方自治研究に支障のない程度で継続的課題として調査することになった。その意図は二つあった。一つは、欧米諸国では従来連邦制を採る国が少なくなく、そこでは連邦と州との関係にそれぞれ特有の変容が現れてきていると同時に、以前は単一国家だった国々に連邦制への移行とそれに伴うリージョン化の動きが見られ、わが国ではほとんど取り組まれることのなかった欧米のリージョナリズム研究を深める必要性があるという点である。いま一つは、当時わが国でも市町村合併の大規模な進行や地方分権改革との絡みで道州制問題が俄かに浮上したが、提案されている構想の多くは理論的実証的な研究とはほど遠い思いつきが目立ち、このままでは百年の計ともいうべき根本的な国家改造の先行きが思いやられるなかで、その提案の内容を精査するためにも欧米との比較研究が不可欠となっている点である。

　ところで、この年度前述の4部会外のベルギーとオランダを実態調査することになったいきさつを述べると、第1に、特にベルギーは面積僅か3万2547㎢、人口1100万人少々の小国にすぎないが、ここ3分の1世紀の間に、フランス南欧部会の研究対象のイタリアやスペインと軌を一にして連邦化が進み、しかも比例代表制に特有の多党分立と相まってワロンとフラーンデレンという南北間の深刻な対立がこの年6月の総選挙で頂点に達して組閣が難航、191日間の後ようやく暮れに3か月の暫定内閣が成立したという政治事情があって格好の研究対象が現出したことにある。また第2に、そのような

第2部　自治体現地調査報告

事情から座長会（著者は米国部会長も兼務していた）でその研究を提案したところ、どの部会のメンバーも研究対象を広げる余裕はなく、それこそ会長自ら手掛けよと反論されてしまったことによる。まさに後述のようにベルギー憲法もアメリカ合衆国やカナダと同様連邦と州の権限配分の結果その間隙に生ずる新たな課題は、余剰権力として連邦の権限・責任に帰するのに似て、どの部会にも属さない国は会長にということになったわけである。幸い、第1部の冒頭で述べたように1971年最初の世界一周の長期調査旅行の際知遇を得たベルギー人の大学医学部教授Harko & Lieve van Egmond夫妻の招きでそれから無慮10回に達する同国訪問と国内旅行（彼らは国内に限らずヨーロッパ各地に足を伸ばしてくれた）を体験していて、強い親近感を抱いていたこと、また日本には若干のベルギー研究者はいるが遺憾ながらその地方自治やリージョナリズムの適当な研究者は希少だったことから、やむをえず著者が引き受けることにした。唯もう半年で傘寿という高齢の身であり、一人での旅行は無理だったが、これも本書の随所で触れたように、都合よく弟子の馬場健君が半年の予定でロンドンに私費留学していたので、全面的に彼の力を借りることができた。それこそ、丸2週間のインタビュー相手のアポイントメント取得、宿や通訳の手配、参考文献の購入、さらには連日の車の運転まで全てを献身的にやってくれたお陰で平成20年度報告が用意できた。

第1節　現地調査訪問先日程表（2007年9月3日〜7日）

9月2日（日）朝日本出発→Bruxelles到着
9月3日（月）Bruxelles→Ghent
　13時30分　Ghent大学法学部憲法学担当（人権センター）
　・Dr. Pieter Vanden Heede
　・Dr. Bengt Verbeeck
　・Dr. Valentina Staelens（女性）
　（Ghent泊）
9月4日（火）

10時　Provincie Oost Vlaanderen（東フラーンデレン県）
- De heer Albert De Smet（Provinciegriffier）
- Mevr. Julie Clement（Communicatieambtenaar）

14時　ワロン地域圏──向こうから変更通知・結局会えず。

（Liége泊）

9月5日（水）

10時　Ville De Liége（リエージュ市）
- Monsieur Jean-Christophe Peterkenne（Inspecteur général）

14時30分　Province De Liége（リエージュ県）
- Monsieur Georges Pire（Député et Vice Président）
- Monsieur Christophe Lacroix（Député）
- Monsieur fausto Bozzi（Chargé de Mission）
- Monsieur Michel Coppé（Service du Protocole）
- Madame Marianne Lonhay（Grefiere）

なお帰り際にMonsieur Michel Foret（Gouverneur）に会い挨拶を交わした。

（Liége泊）

9月6日（木）

10時　Ville De Namur（ナミュール市）
- Monsieur Benoit Demazy（Service Information et Communication）

15時　Province De Namur（ナミュール県）
- Monsieur Daniel Goblet（Grefiere）
- Monsieur Bruno De Viron（Conseiller・Association des Provinces Wallonnes）

別に事務総長秘書（女性）1名同席・説明

（Bruxelles泊）

9月7日（金）

10時　（Bruxelles弁護士事務所）

331

第2部　自治体現地調査報告

・Patrick Peeters（KU Leuven大学教授・弁護士）
16時30分　ワロン地域圏総務大臣の２度目の約束——再度変更通知・結局会えず
（Brugge泊）→翌日オランダへ

第2節　現地調査訪問先質問項目

1　県

　この現地調査では、フラーンデレン地域の東フラーンデレン県と、ワロン地域のリエージュ県、ナミュール県の計３か所を訪問できたが、各県ではあらかじめ以下の内容の質問票を送付、訪問時に３県とも膨大な回答書を準備して頂いたので、本著書では必要な限り利用し、また一部の資料は全訳を補完に収録した。だが、調査時点の年度報告には、東フラーンデレン県がオランダ語、リエージュ県とナミュール県がフランス語だったため、両言語に習熟する以前には収録できなかった。

(1) 事前送付の質問項目

１．県　勢

　⑴面　積

　⑵人　口

　　①総数・外国人比率

　　②人口密度

　　③15歳以下の数・65歳以上の数

　⑶産　業

　　①主要産業・産業種別生産額・同従業員数

　　②主要事業所と従業員数

　　③失業比率・雇用促進対策

２．県議会

　⑴議員定数・党派別構成

　⑵多数党——その構成と議員数

(3)議長——選出方法・任期

(4)委員会制度の有無・機能

(5)本会議の運営方法——読会制の採用の有無・議員同士の討論の有無

(6)一般県民の参加制度——傍聴以外・発案権・審議参加権・質問時間設定その他

3．執行機関

(1)県知事

①現知事の前歴——国会議員かその経験者か・俸給

②連邦政府、共同体・地域圏との関係——身分・職務

③国家代表——省間委員会の主宰

(2)県常任委員会

①6名の理事の党派別構成・俸給

②特別委員会の有無・その名称

③基礎自治体に対する後見監督権の内容・財政援助の内容

(3)事務総長——その職務内容・俸給

(4)所管事項

①主要なもの

②部局構成・職員数

(5)人　事

①職員総数、常勤・非常勤別・最近の増減状況

②公務員法制

1）主な法令——中央政府と別個か

2）職階制の有無

3）定年制の有無

4）労働基本権——団結権・団体交渉権・争議権の有無

③採用方法

1）採用試験とその方法

2）中央政府との相違の有無・相違点

第2部　自治体現地調査報告

　　　④昇進のメカニズムの有無・よそから連れてくるのか

　　　⑤懲戒手続

　　　　懲戒のプロセス・裁判制度との関係（最終決定は行政裁判所か）

　　　⑥人事交流

　　　　中央政府、共同体・地域圏、基礎自治体、EU、民間

　　(6)財政（今年度）

　　　①歳　入

　　　　1）税収──総額、主な税目別内訳、歳入総額に対する比率

　　　　2）その他の収入──総額、主なものの内訳、歳入総額に対する比率

　　　②歳　出

　　　　1）目的別内訳、歳出総額に対する比率

　　　　2）基礎自治体への配分額

（2）インタビューでの質問項目

1．連邦政府・共同体・地域圏との関係

　(1)県知事

　　　連邦政府の任命・現元国会議員多い──→国・共同体・地域圏の県における行政管理者

　　　　県における国の代表者──省間委員会主宰

　　　県議会議員とは無関係

　　　公選への切り替えへの要求は出ないか

　(2)県常任理事会

　　　知事と互選による県議会議員6名で構成

　　　①どのくらいの頻度で開かれるか

　　　②特別委員会の有無・その名称

　　　③通常の行政運営担当というが事務総長との関係は

　(3)共同体・地域圏との関係

　　　それらの政府の出現で県の役割が低下したのではないか

　(4)連邦政府

①財源付与の比重
　　②固有の自治事務への国の監督権の有無
　(5)基礎自治体との関係
　　県による後見監督権の実態と範囲

　2　市
　2007年の現地調査では、結局リエージュ市とナミュール市の2か所しか訪問できなかったが、両市にもあらかじめ以下の内容の質問票を送付、訪問時に両市とも膨大な回答書を準備して頂いた。しかし、前述のとおりいずれもフランス語のため翻訳に手間取り、その年度の報告には全部を活用できなかった。また、両市ともワロン地域であり、かつて自治体国際化協会が調査を実施した事例も同地域のシャルルロワ市だったので、せめて1市でもフラーンデレン地域の都市を訪問したかったが、アポイントメントが取れず断念せざるをえなかった。もっとも、前掲のペータース教授によれば、両地域の自治体は2001年の地域圏への監督権移譲までは全国画一の自治制度を採っていて、その差が出てくるのはこれからだとのことなので、それほどこだわる必要はないとのことだった。

　(1) 事前送付の質問項目
　1　概　　況
　　(1)面　　積
　　(2)人　　口
　　　①総数・外国人比率
　　　②人口密度
　　　③15歳以下の数・65歳以上の数
　　(3)産　　業
　　　①主要産業・産業種別生産額・同従業員数
　　　②主要事業所と従業員数
　　　③失業比率・雇用促進対策

第 2 部　自治体現地調査報告

　　(4)近年の合併で併合した基礎自治体
　　　　①基礎自治体自治体名・各人口
　　　　②旧基礎自治自治体の特色・特に主要産業
2　市議会（conseil communal）
　　(1)議員定数・党派別構成・議員報酬・実費弁償
　　(2)多数党――その構成と議員数
　　(3)議長――選出方法・任期
　　(4)委員会制度の有無・機能
　　(5)本会議の運営方法――読会制の採用の有無・議員同士の討論の有無
　　(6)一般市民の参加制度――傍聴以外・発案権・審議参加権・質問時間設定その他
3　執行機関＝市理事会（collège des bourgmestre et échevins）
　　(1)市長（bourgmestre）――所属党派・選出条件（当選回数等）・俸給
　　(2)助役（échevins）――人数・党派別人数・俸給
　　(3)市事務総長（secrétaire communal）――補佐の有無・俸給
　　(4)収入役（receveur communal）・俸給
　　(5)所管事項
　　　　①主要なもの
　　　　②部局構成・職員数
　　(6)人　事
　　　　①職員総数、常勤・非常勤別・最近の増減状況
　　　　②公務員法制
　　　　　　1）主な法令――中央政府・県と別個か
　　　　　　2）職階制（Position Classification）の有無
　　　　　　3）定年制の有無
　　　　　　4）労働基本権――団結権・団体交渉権・争議権の有無
　　　　③採用方法
　　　　　　1）採用試験とその方法

2）中央政府・県との相違の有無・相違点
④昇進のメカニズムの有無・よそから連れてくるのか
⑤懲戒手続
　懲戒のプロセス・裁判制度との関係（最終決定は行政裁判所か）
⑥人事交流
　中央政府、共同体・地域圏、県、EU、民間
(7)財政（今年度）
　①歳　入
　　1）税収——総額、主な税目別内訳、歳入総額に対する比率
　　2）その他の収入——総額、主なものの内訳、歳入総額に対する比率
　②歳　出
　　1）目的別内訳、歳出総額に対する比率
　　2）公的社会援助センターへの配分額

（2）訪問時の質問項目
1　1970年代の合併について
　(1)合併した旧基礎自治体名
　(2)各人口・主要産業
　(3)新市の一体性確保への配慮——生活圏・経済圏
2　市議会
　(1)党派別構成
　(2)与党と野党・市長の政党所属
　(3)議長の選出方法と任期
　(4)本会議の運営方法——読会制の採用の有無・議員同士の討論の有無
　(5)一般市民の参加制度——傍聴以外・発案権・審議参加権・質問時間設定その他
3　県の後見監督権の実態
4　前年の市議会議員選挙の結果——大きな変化はあったか
5　フランデレンの独立志向についてどう見ているか

第Ⅱ章　県レベルの自治体

第1節　東フラーンデレン県

1　県の概況（回答資料）

1．1　面　積
県の面積は2,982km²である。

1．2　人口（調査時点）
人口についてそれと関係のあるものを含めて以下に示す。

(1)総人口

県の総人口は139万3160人、うち3.1％＝非ベルギー人（ベルギー国籍を持たない居住者）だった。

性別では、男性が68万5750人（49.2％）、女性が70万7410人（50.8％）だった。

(2)人口密度

人口密度は467人／km²だった。

(3)若年・老齢人口

15歳以下と65歳以上の人数は、0～14歳が22万6047人（16.3％）、65歳以上が24万9516人（18.1％）で、本県でも少子・高齢化の進行が見られる。

(4)家族数による分類

表34は人数別家族数（2006年7月1日）で、県内の家族数は合計58万4963、その内訳は、男性一人暮らしが7万9474（13.6％）、女性一人暮らしが9万3608（16.0％）、独立の2人家族が20万547（34.3％）、独立の3人家族が9万6852（16.6％）、独立の4人以上の家族が11万3755（19.4％）、集合家族が727（0.1％）となっていて、家族人数の平均は2.34人だった。

第Ⅱ章　県レベルの自治体

表34　人数別家族数

	絶対数	比率（%）
男　性　独　居	79,474	13.6
女　性　独　居	93,608	16.0
独立の2人家族	200,547	34.3
独立の3人家族	96,852	16.6
4人以上の独立家族	113,755	19.4
集　合　家　族	727	0.1

(5)人口の推移

2005年の出生は1万5044人、死亡は1万3645人で、自然増は1,399人だった。一方、人口の増加数7万5141人（出生と移民）、減少数6万7395人（死亡と国外転出）、計7,746人の増加だったが、2003年1月1日～2004年1月1日の増加は8,966人だった。

(6)人口推計

県の人口の2010年から5年ごとの将来推計は表35のとおり2025年までほとんど増減がなかった。男性は、2010年の68万4627人から20年後の2025年に68万7397人へと2,370人だけの増加、女性は同じく70万8252人から71万4083人とこれも3,831人の増加にとどまる。男性・女性・合計ともに2020年まで僅かに上昇した後2025年には減少に転ずると想定され、また男女の比率もほとんど変化が見られない。

(7)非ベルギー人の人数と比率

ベルギー国籍を持たない県内在住者の人数（2006年7月1日）は、男性が2万2363人（3.3%）、女性が2万470人（2.9%）、合計では4万2833人（3.1

表35　人口推計

（人）

	男　性		女　性		合　計	
	絶対数	比率（%）	絶対数	比率（%）	絶対数	比率（%）
2010	684,627	49.2	708,252	50.8	1,392,879	100.0
2015	688,115	49.1	713,101	50.9	1,401,216	100.0
2020	688,504	49.1	714,321	50.9	1,402,825	100.0
2025	687,397	49.0	714,083	51.0	1,401,480	100.0

第 2 部　自治体現地調査報告

表36　年齢区分別人口　　　　　　　　　　　　　　　　（人）（%）

区　分	年　齢	男　性		女　性		合　計	
就学前児童	0～3歳	29,614	4.3	28,536	4.0	58,150	4.1
幼稚園年齢	4～6歳	22,281	3.3	21,352	3.1	43,633	3.2
小学校児童	7～12歳	46,784	6.9	45,035	6.4	91,819	6.7
中高生以上	13～19歳	56,354	8.3	53,707	7.7	110,061	8.0
活動期年齢	20～59歳	388,796	57.4	377,288	54.0	766,084	55.7
高　齢　者	60歳以上	139,967	20.7	179,736	25.7	319,703	23.2

%）だった。

(8)年齢区分

　総人口を年齢で区分（2006年1月1日）したのが表36である。19歳以下は高学歴化で就学年齢に入っていて22～3%、したがって活動期は20歳以上59歳までで、男性57.4%、女性54.0%、60歳以上は男性がやや低く20.7%、女性が25.7%、計23.2%、65歳以上となると男性10万5288人（15.5%）、女性14万4261人（20.6%）と女性が高い。なお、80歳以上は男性2万1037人（3.1%）、女性4万1280人（5.9%）、計6万2317人（4.5%）と、ここでも女性が倍近かった。

1.3　雇用と求職

(1)雇　用

　本県の2003年の雇用率（18～64歳の就労適齢者の数に対する就職口の比率）は59.68%で、就労適齢者比率（労働市場における就労適齢者数の比率）（2005年6月30日）は男性が82.09%、女性が69.02%、合計75.64%だった。

　実収入の平均は、申告実収入が2万5544ユーロ、住民実収入が1万3566ユーロだった。

　労働市場における就業者の数（就労者と求職者）（18～64歳の数）（2005年6月30日）は男性36万8177人（84.1%）、女性29万8369人（70.0%）、合計66万6545人（77.1%）だった。

　就業者（従業員＋自営業者＋家事手伝い＋国外出稼ぎ）（2005年6月30日）は、男性34万2602人、女性27万4人、合計61万2606人で、雇用（勤め

口）は51万2605人（2003年6月30日）だった。

(2) 求　職

　無職の求職者（2007年1月1日）は、表37に見るとおり、総計は男性2万1286人（48.0％）、女性2万3078人（52.0％）、合計4万4364人だった。このうち、社会的弱者である少数民族の求職者は男性3,770人（54.0％）、女性3,216人（46.0％）、合計6,986人だった。また、2年以上に及ぶ失職の求職者は男性6,957人（46.0％）、女性8,168人（54.0％）、合計1万5125人、HSO証明書のない求職者は男性1万2030人（50.2％）、女性1万1916人（49.8％）、合計2万3946人、25歳以下で1年以上失職の求職者は男性1,221人（54.1％）、女性1,036人（45.9％）、合計2,257人、25歳以下でHSOの証明書のない求職者は男性2,541人（57.8％）、女性1,857人（42.2％）、合計4,398人、社会的弱者の少数民族で2年以上失職の求職者は男性1,158人（60.9％）、女性744人（39.1％）、合計1,902人、社会的弱者の少数民族でHSOの証明書のない求職者は男性2,298人（55.8％）、女性1,817人（44.2％）、合計4,109人、2年以上失職でHSOの証明書のない求職者は男性4,626人（46.7％）、女性5,277人（53.3％）、合計9,903人となっていた。

表37　無職の求職者　　　　　　　　　　　　　　　（人）（％）

	男性		女性		合計	
求職者総計	21,286	48.0	23,078	52.0	44,364	100.0
社会的弱者の少数民族求職者	3,770	54.0	3,216	46.0	6,986	100.0
求職2年以上に及ぶ者	6,957	46.0	8,168	54.0	15,125	100.0
HSO証明書のない者	12,030	50.2	11,916	49.8	23,946	100.0
25歳以下で1年以上の者	1,221	54.1	1,036	45.9	2,257	100.0
25歳以下でHSO証明書なし	2,541	57.8	1,857	42.2	4,398	100.0
社会的弱者の民族で2年以上	1,158	60.9	744	39.1	1,902	100.0
少数民族でHSO証明書なし	2,292	55.8	1,817	44.2	4,109	100.0
2年以上失職HSO証明書なし	4,626	46.7	5,277	53.3	9,903	100.0

1.4　居　住

　県内の住宅総戸数は55万4566戸（2001年10月1日）、うち空家、放置家屋、居住不適切家屋を住宅総戸数と比較（2007年1月3日）してみると、空家が

1,284（0.2％）、放置家屋が336戸（0.1％）、居住不適切家屋が（0.2％）だった。

　公共住宅を住宅総戸数と比較（2006年1月1日）してみると、公共賃貸住宅（非アパート）が1万6226戸（2.9％）、公共賃貸アパートが1万6835戸（3.0％）だった。

　住宅の快適度（2001年10月1日）として、セントラルヒーティングのない住宅は19万3443戸（34.9％）、浴室のない住宅は2万4543戸（4.4％）、トイレのない住宅＝1万5049戸（2.7％）あった。

1.5　教　育

　正規の教育を受ける児童生徒（学校区による）（2006年〜2007年学校年）は、表38のとおり調査時点で合計23万5044人、全人口の8分の1を占めていたが、前年と比べて総数で1,514人の減だった。特に、中等教育以上の2次教育が1,149人減、幼児も318人減、性別ではやや男性が多かった。

　留年者｛西欧諸国では小学校から結構多い｝は、小学校が1万4695人（16.8％）、2次教育で2万5008人（26.1％）だった。

表38　正規の教育を受ける児童生徒（学校区による）　　（人）（％）

	男性		女性		合計	
正規の幼児教育	26,443	22.3	25,295	21.8	51,738	22.0
正規の下級教育	43,948	37.0	43,525	37.4	87,473	37.0
正規の2次教育	48,376	40.7	47,457	40.8	95,833	40.8
正規の教育合計	118,767	50.5	116,277	49.5	235,044	100.0

　非正規の教育を受ける児童生徒（学校区による）（2006年〜2007年学校年）は、表39のとおりで、正規の3〜5％、ただし幼児教育は男1％、女はそれ以下だった。

表39　非正規の教育を受ける児童生徒（学校区による）　　（人）（％）

	男性		女性		合計	
非正規の幼児教育	294	4.6	151	3.8	445	4.3
非正規の下級教育	3,715	57.7	2,309	57.9	6,024	57.8
正非規の2次教育	2,425	37.7	1,527	38.3	3,952	37.9
非正規の教育合計	6,434	61.7	3,987	38.3	10,421	100.0

1.6 産業

(1)主要産業、産業部門別生産額、産業部門別従業員数

表40は、企業関係有給雇用（2004年12月31日）を示す。もはや第1次は1％にも満たず従業員総数は3,563人だけ、第4次が最も多く38％の16万2158人、ついで第3次が32％の13万7022人、第2次が29％12万2684人と続く。

第2次では工業が圧倒的に多くて9万人に近く、その4分の3を占め、残りが建築業の2万9000人だった。工業では、金属が断然多く3万4000人を越えて4割近くを占め、ついで食飲料、衣料、プラスチックなどの化学製品が

表40　企業関係有給雇用　　　　　　（人）（％）

大分類	中分類	従業員数	比率
第1次		3,563	0.8
第2次		122,684	28.8
	動力・水	3,705	0.9
	鉱物採取	29	0.0
	工業	89,899	21.1
	基幹金属・金属加工	34,211	8.0
	建築資材	3,055	0.7
	化学・合成物質	12,974	3.0
	食料・飲料・タバコ	15,013	3.5
	繊維・革製品・衣料	13,777	3.2
	木材・家具	3,734	0.9
	製紙・印刷	6,801	1.6
	その他各種	334	0.1
	建築業	29,051	6.8
第3次		137,022	32.2
	商業・修理	53,135	12.5
	飲食業	11,321	2.7
	運輸・交通	24,809	5.8
	金融機関	6,358	1.5
	使用人	41,399	9.7
第4次		162,158	38.1
	公務	32,917	7.7
	教育	48,662	11.4
	保健・社会福祉	80,250	18.9
	その他	329	0.1
合計		425,427	100.0

いずれも1万2000人〜1万5000人台で1割ちょっとで続く。第3次では、商業・修理業が5万3000人ちょっとで4割、使用人が4万人ちょっとで3割、運輸・交通が2万5000人弱で2割弱だった。第4次では、保健・社会福祉が約8万人で5割、教育が5万人弱で3割、公務が3万3000人弱で2割だった。

表41は産業別生産額で、フラーンデレン地域全体と比較した本県生産額（2004年）を示している。県全体の生産額は303億ユーロ、また県全体ではサービス関係204億ユーロが工業等95億ユーロの2倍以上だった。まず、本県の生産額はいずれの部門でもフラーンデレンを5県とすればほぼ県の平均的水準、ただし工業等だけは5県全体の平均をかなり上回った。

これをさらに部門別で見ると、工業等では工業が絶対数は3分の2と大きいが、フラーンデレン5県平均との比率では建設業がかなり県平均を上回っていた。一方、サービス業関係では、絶対数は不動産業が全体の3分の1、

表41　産業別生産額　　　　　　　（百万ユーロ）

産　業　部　門	フラーンデレン	本　県
農業・狩猟・林業・漁業	1,837.2	383.9
動力・工業生産・建設	42,491.0	9,538.1
鉱　物　採　種	89.2	8.0
工　　　業	31,268.2	6,348.3
電気・ガス・水道製造・供給	2,877.6	998.5
建　設　業	8,256.0	2,183.3
サ　ー　ビ　ス　業	102,327.8	20,396.2
卸・小売業	21,163.0	3,919.1
ホテル・レストラン	2,303.7	394.2
運輸・通信	10,795.9	1,850.5
金融機関	4,954.6	803.3
不動産土地取引・賃貸・不動産提供	32,927.6	6,411.7
公務・軍務	7,562.1	1,583.6
教　育	9,036.4	2,254.4
保健・社会福祉	10,400.2	2,553.2
他の公共・文化・対人サービス	2,804.3	550.0
雇用による個人的家政婦	380.0	76.2
合　　計	146,656.0	30,318.2

卸・小売業が5分の1を占めて上位にあったが、フラーンデレン5県平均との比較では教育と保健・社会福祉がやや上回った以外は平均的だった。

表42は、本県全体で雇用の増加が最近6年間で最大を記録した事業部門（1999〜2005年）を、雇用の大きい事業部門（2005年）（1万人以上）について挙げたものである。

まず、雇用数は、第2次では、建設2万9891人、冶金・金属製品1万4575人、運輸1万1144人、第3次では、商業・修理5万3659人、不動産業4万3152人、運輸・倉庫・通信4万4868人、飲食業1万1131人、第4次では、公務・軍務6万9172人、教育4万9378人、対人サービス1万4129人となっていた。

つぎに、増加率の大きい事業部門は、第2次では、6年間で5割近い増加を示したのは製紙・段ボール、ついで電気・ガス・水道のライフ・ラインと運輸がいずれも25〜26％台、精密機械が18％、第3次では、不動産業、運

表42　県全体で最近6年間に最大の雇用増加事業部門　（人）（％）

事　業　部　門	1999年	2005年	増加率
第2次			
製紙・段ボール製造	2,461	3,608	46.6
電気・ガス・水道	2,965	3,758	26.7
輸　　　送	8,858	11,144	25.8
精　密　機　械	844	996	18.0
非　金　属	2,835	3,096	9.2
建　　　設	28,272	29,891	5.7
冶金・金属製品	14,180	14,575	2.8
第3次			
不動産土地取引・使用賃貸	36,971	43,152	16.7
運輸・倉庫・通信	21,662	24,868	14.8
商　業・修　理	47,378	53,659	13.3
飲　食　業	10,792	11,131	3.1
第4次			
公　務・軍　務	52,029	69,172	32.9
公益事業・社会的文化的・対人サービス	12,062	14,129	17.1
教　　　育	46,078	49,378	7.2

輸・倉庫・通信、商業・修理業がいずれも15％前後、第4次では公務・軍務が33％、対人サービスが17％だった。

表43以下はこれを郡別にみたもので、県内には中央よりやや西に位置するGhent、東南に当たるAalst、東側のDondermonde、北西のEeklo、南西のOudenaarde、東北のSint-Niklaasの6郡がある。

表43はGhent郡で、ここは中心地域だけに雇用が他の郡に比べて桁外れに多く、県全体のほぼ半数を占める。まず、雇用の大きい事業部門（2005年）（5,000人以上）としては、第2次では輸送9,882人、食料品・飲料・タバコ6,209人、第3次では不動産業2万3152人、商業・修理業2万1766人、運輸・倉庫・通信1万2657人、第4次では公務・軍務3万3130人、教育2万4325人、対人サービス7,137人が挙げられる。

また、増加率の大きい事業部門は、第2次では輸送33％、電気・ガス・水道29％、第3次では不動産業32％、運輸・倉庫・通信18％、金融機関10％、第4次では対人サービスが31％、公務・軍務が20％、教育が8.8％となって

表43　Ghent郡で最近6年間の最大雇用増加事業部門　　（人）（％）

事業部門	1999年	2005年	増加率
第2次			
輸　　　送	7,413	9,882	33.3
電気・ガス・道	1,533	1,979	29.1
製紙・段ボール製造	932	989	6.1
機械・設備・工具	1,320	1,382	4.7
食料品・飲料・タバコ	6,004	6,209	3.4
第3次			
不動産土地取引・使用賃貸	18,544	24,487	32.0
運輸・倉庫・通信	10,704	12,657	18.2
金　融　機　関	3,548	3,902	10.0
商　業・修　理	19,865	21,766	9.6
飲　　食　　業	4,796	4,971	3.6
第4次			
公益事業・社会的文化的・対人サービス	5,447	7,137	31.0
公　務・軍　務	25,781	33,130	28.5
教　　　育	22,348	24,325	8.8

いた。

表44はAalst郡で、雇用はGhent郡より少なかった。そのなかで雇用の大きい事業部門（2005年）（3,000人以上）は、第２次では建設4,313人、食料品・飲料・タバコ3,063人、第３次では商業・修理業9,760人、不動産業5,021人、運輸・倉庫・通信3,140人、第４次では公務・軍務１万1517人だった。

また、増加率の大きい事業部門は、第２次では靴・皮革200％（基数が小さい）、精密機械114％、製紙・段ボール製造22％、出版・印刷と建設がともに14％台、第３次では飲食業27％、商業・修理業11％、第４次では公務・軍務46％だった。

表45はDondermonde郡で、やはりGhent郡より少なかった。雇用の大きい事業部門（2005年）（3,000人以上）は、第２次では建設のみ4,612人、第３次では飲食業のみ5,137人、第４次では公務・軍務5,958人、教育4,824人だった。

表44　Aalst郡で最近６年間最大雇用増加事業部門　　（人）（％）

事業部門	1999年	2005年	増加率
第１次			
農業・狩猟・林業・漁業	143	155	8.4
第２次			
靴・皮革	16	48	200.0
精密機械	21	45	114.3
製紙・段ボール製造	232	284	22.4
出版・印刷	474	543	14.6
建設	3,782	4,313	14.0
非金属	324	342	5.6
食料品・飲料・タバコ	2,964	3,063	3.3
第３次			
飲食業	1,529	1,948	27.4
商業・修理	8,785	9,760	11.1
運輸・倉庫・通信	3,015	3,140	4.1
不動産土地取引・使用賃貸	4,851	5,021	3.5
第４次			
公務・軍務	7,917	11,517	45.5

第2部　自治体現地調査報告

表45　Dendermonde郡の同期間最大雇用増加事業部門　　（人）（％）

事　業　部　門	1999年	2005年	増加率
第2次			
ゴム・プラスチック	461	1,240	169.0
精　密　機　械	113	244	115.9
製紙・段ボール製造	872	1,506	72.7
非　　金　　属	213	236	10.8
冶金・金属製品	1,051	1,142	8.7
建　　　　　設	4,490	4,612	2.7
第3次			
飲　　食　　業	4,610	5,137	11.4
運輸・倉庫・通信	2,302	2,554	10.9
商　業・修　理	1,002	1,077	7.5
第4次			
公　務・軍　務	4,528	5,958	31.6
教　　　　　育	4,575	4,824	5.4

　また、増加率の大きい事業部門としては、第2次がゴム・プラスチック169％、精密機械116％、製紙・段ボール73％、非金属11％、第3次が飲食業11％、運輸・倉庫・通信11％、第4次が公務・軍務32％となっていた。

　表46はEeklo郡で、Ghent郡よりさらに少なかった。そのなかで雇用の大きい事業部門（2005年）（2,000人以上）としては、第3次は商業・修理業2,164人のみ、第4次は公務・軍務3,260人、教育2,496人があった。

　また、増加率の大きい事業部門は、第2次では製紙・段ボール製造の1,314％（極端に大きいが基数は小さい）、ゴム・プラスチック112.5％（同）、出版・印刷（同）90％、食料品・飲料・タバコ42％、機械・設備・工具29％、家具・各種加工27％、第3次では不動産業27.5％、運輸・倉庫・通信14％、商業・修理業13％、第4次では公務・軍務29％となっていた。

　表47はOudenaarde郡で、やはりEeklo郡に同じで少なかった。雇用の大きい事業部門（2005年）（2,000人以上）としては、第2次では建設2,845人があるのみ、第3次では商業・修理業3,518人、不動産業2,054人、第4次では公務・軍務5,282人、教育3,087人となっていた。

第Ⅱ章　県レベルの自治体

表46　Eeklo郡で同期間最大の雇用増加事業部門　　　（人）（％）

事　業　部　門	1999年	2005年	増加率
第2次			
製紙・段ボール製造	28	396	1,314.2
ゴム・プラスチック	8	17	112.5
出版・印刷	145	275	89.7
食料品・飲料・タバコ	731	1,040	42.3
機械・設備・工具	276	357	29.3
家具・各種加工	384	486	26.6
建　　設	1,349	1,398	3.6
第3次			
不動産土地取引・使用賃貸	1,439	1,835	27.5
運輸・倉庫・通信	661	756	14.4
商業・修理	1,915	2,164	13.0
第4次			
公務・軍務	2,535	3,260	28.6
教　　育	2,402	2,496	3.9

表47　Oudenaarde郡で同期間最大雇用増加事業部門　　　（人）（％）

事　業　部　門	1999年	2005年	増加率
第2次			
非　金　属	257	380	47.9
ゴム・プラスチック	842	1,027	22.0
電気・電子工学器具	911	1,086	19.2
精密機械	87	93	6.9
冶金・金属製品	732	782	6.8
建　　設	2,784	2,845	2.2
第3次			
商業・修理	2,979	3,518	18.1
運輸・倉庫・通信	1,198	1,368	14.2
不動産土地取引・使用賃貸	1,982	2,054	3.6
第4次			
公務・軍務	3,771	5,282	40.1
公益事業・社会的文化的・対人サービス	631	690	9.4
教　　育	3,002	3,087	2.8

第2部　自治体現地調査報告

表48　Sint-Niklaas郡で同期間最大雇用増加事業部門　　（人）（％）

事　業　部　門	1999年	2005年	増加率
第2次			
電気・ガス・水道	418	1,300	211.0
冶金・金属製品	1,489	2,277	52.9
精　密　機　械	99	137	38.4
建　　　　　設	4,755	6,360	33.8
製紙・段ボール製造	181	233	28.7
非　　金　　属	970	1,178	21.4
家具・各種加工	150	164	9.3
第3次			
商　業・修　理	9,234	11,314	22.7
運輸・倉庫・通信	3,782	4,393	16.2
第4次			
公　務・軍　務	7,497	10,025	33.7
教　　　　育	6,506	7,346	12.9
公益事業・社会的文化的・対人サービス	2,113	2,386	12.9

　また、増加率の大きい事業部門としては、第2次では非金属48％、ゴム・プラスチック22％、電気・電子工学器具19％、第3次では商業・修理18％、運輸・倉庫・通信14％、第4次では公務・軍務40％があった。

　表48はSint-Niklaas郡で、やはりEeklo郡に同じく少なかった。そのなかで雇用の大きい事業部門（2005年）（2,000人以上）としては、第2次では建設6,360人、冶金・金属製品2,277人、第3次では商業・修理業11,314人、運輸・倉庫・通信4,393人、第4次では公務・軍務10,025人、教育7,346人、対人サービス2,386人があった。

　また、増加率の大きい事業部門としては、第2次では電気・ガス・水道211％、冶金・金属製品53％、精密機械38％、建設34％、製紙・段ボール29％、非金属21％、第3次では商業・修理業23％、運輸・倉庫・通信16％、第4次では公務・軍務34％、教育13％、対人サービス13％があった。

(2)主要企業と従業員数

　表49は、県内で従業員数の多い順に上位20社を選び、その企業名・所在基

礎自治体・従業員数・業種を一覧表にして示したものである。これをざっと見てみると、自動車関連のほかは生活用品が広く網羅されているのが分かる。また、自動車は港湾を利用して広くヨーロッパ各地への輸出が行われており、その製造に関係する鉄鋼生産を初め付属品その他を含めて本県の最も重要な製造業であることが推測できる。

そこで、これらの企業を個別にいま少し詳しく見てみると、まず従業員数の最も多い鉄鋼生産のSidmar社と自動車のボルボは、いずれも従業員数が5,000人台、つぎの2社はElectrabel Netten（商品販売管理）とボルボのトラック部門でいずれも2,000人台だったが、この4社は全てGhent郡に立地している。だが、いずれも1,000人台の5位のJan De Nul（建設業）と6位のUtexbel（繊維業）の所在地は他の郡（AalstとOudenaarde）だった。ま

表49　県内上位20社と従業員数　　　　　　　　（人）

企 業 名	所在基礎自治体	従業員数	業　種
Sidmar	Ghent	5,614	鉄鋼・鉄鋼生産
Volvo Cars	Ghent	5,098	自 動 車 製 造
Electrabel Netten	Merelbeke	2,989	商 品 販 売 管 理
Volvo Europa Truck	Oostakker	2,445	業務用車・トラック
Jan De Nul	Hofstade-Aalst	1,144	公益・道路・水道建設
Utexbel	Ronse	1,083	繊 維 産 業
Barry Callebaut Belgium	Wieze	877	チョコレート・菓子
Ontex	Buggenhout	862	繊 維 製 品
Johnson Controls Ghent	Sint-Kruis-Winkel	810	自 動 車 付 属 品
Samsonite Europe	Oudenaarde	805	プ ラ ス チ ッ ク
Uco Sportswear	Ghent	775	繊 維 産 業
Brantano	Nieuwerkerken	768	革製品・靴販売
AMI Semiconductor Belgium BVBA	Oudenaarde	750	電気製品整備・修理
Febelco	Sint-Niklaas	719	薬品製造・販売
Imperial Meat Products	Lovendegem	712	食 肉 製 造
Campina	Aalter	632	乳製品販売・製造
Honda Europe	Ghent	609	輸　　出　　入
Balliauw Stellingbouw	Verrebroek	608	建 　築 　業
Nutreco Belgium	Ghent	607	農産物・飼料（非穀類）
Thomas Cook Belgihm	Zwijnaarde	592	観 光 ・ 旅 行

た、残り14社のうち半分は基礎自治体の所在する郡が不明だが、判明している7社中4社はGhent郡にある。ちなみに、ホンダも早くからGhentに立地していて、Ghent市内の港に近い所にかなり広い敷地を持ち、そこに完成車を大量に保管して製造でなくヨーロッパの販売拠点となっている。

(3) 平均所得

表50（2004年）（2005年査定額）は、郡別の平均所得を示すが、その前に比較のため国・地域圏・県を見てみると、フラーンデレンはその経済的優位から全国よりかなり高いが、そのフラーンデレン1万4042ユーロを100とした指数では、全国平均は1万3250ユーロで94.4、本県はフラーンデレンの平均より若干高く1万4186ユーロで101だった。

表50　住民1人当たり郡別平均所得

	ユーロ	水準
Ghent	14,478	103.1
Aalst	14,529	103.5
Dondermonde	13,992	99.6
Eeklo	13,205	94.0
Oudenaarde	13,762	98.0
Sint-Niklaas	13,857	98.7
県全体	14,186	101.0
フラーンデレン	14,042	100.0
国全体	13,250	94.4

つぎに、郡ではAalst1万4529ユーロとGhent1万4478ユーロがかなり高く、1万4000ユーロ台、他の3郡はいずれも1万3000ユーロ台だった。

さらに、基礎自治体について、各郡と基礎自治体中従業員総数が5,000人以上の所だけを抽出して、それの面積、人口、企業の立地面積、従業員数、企業数、従業員100人以上の企業数を一覧表にまとめてみたのが表51である。郡の面積も人口もGhentだけが他の2～3倍、従業員数は3～10倍、企業数は2～6倍、大企業数は2～9倍、しかもこれらの数値はいずれも県全体の半分から3分の1だった。

基礎自治体は、この表に登場してくる大体大きいものだけと比べてみて

第Ⅱ章 県レベルの自治体

表51 従業員5,000人以上を有する基礎自治体と平均所得（各郡併記）

基礎自治体名	面積	人口	企業面積	従業員数	企業数	大企業	平均所得
Ghent郡	943.6	502,292	6,371	194,292	12,977	313	14,478
Ghent	156.2	229,344	4,795	134,411	6,523	215	14,044
Deinze	75.5	27,881	189	9,950	858	22	14,294
Evergem	75.0	31,657	424	5,738	568	11	14,641
Merelbeke	36.7	22,031	61	5,515	543	12	15,674
Aalter	81.9	18,672	215	5,503	478	10	13,847
Aalst郡	468.9	262,945	1,239	60,098	5,420	118	14,529
Aalst	78.1	76,852	552	27,622	1,977	60	14,459
Ninove	72.6	35,039	185	8,320	791	17	14,261
Geraadsbergen	79.7	30,922	157	5,654	563	11	13,998
Zottegem	56.7	24,474	103	5,628	530	13	15,136
Dondermonde郡	342.5	187,328	1,011	44,559	4,176	89	13,992
Dondermonde	55.7	43,043	311	13,285	1,021	29	14,182
Wetteren	36.7	22,989	211	8,351	630	17	14,432
Zele	33.1	20,247	155	6,478	489	21	12,845
Eeklo郡	333.8	79,464	469	18,808	1,934	34	13,205
Eeklo	30.1	19,234	189	7,147	577	18	13,404
Oudenaarde郡	418.8	114,801	939	32,576	5,629	63	13,762
Oudenaarde	68.1	28,070	337	14,187	864	29	14,298
Ronse	34.5	23,827	182	7,487	568	18	11,848
Sint-Niklaas郡	474.6	226,690	6,279	67,319	5,629	125	13,857
Sint-Niklaas	83.8	68,820	444	27,843	2,056	53	13,702
Beveren	150.2	45,243	4,904	13,675	1,016	27	14,647
Lokeren	67.5	37,304	405	11,634	944	24	13,044
Temse	36.9	26,122	323	6,706	648	11	13,609
県 全 体	2,982	1,373,720	16,308	417,562		742	14,186
フラーンデレン	13,522	6,016,024	53,540	1,988,101	151,017	3,381	14,042
全　　国	32,527	10,396,421	32,895	3,493,168	257,373	5,911	13,250

注1　面積＝km²、人口・従業員数＝人、企業面積＝ha、平均所得＝ユーロ、大企業＝100人以上
注2　人口＝2004．1．1、企業面積＝2005．1．1、従業員数・企業数＝2002．6．30、所得＝2004年

も、面積・人口ともに抜群は県都のGhent市で、面積は同規模のBeverenを除きどこも半分以下（この両市の企業面積が極端に大きいのは港湾地域が含まれているため）、人口は人口は23万人、後は郡都も全て8万人以下、従

353

業員数も他市の5〜10倍、企業数・大企業数もともに3倍以上、だが平均所得だけは他の基礎自治体との差はそれほど大きくはない。表に出てこない基礎自治体で平均所得の数値の大きい下記の所はいずれも1万5000ユーロ以上で、Sint-Martens-Latemが1万9223ユーロ、De-Pintが1万7788ユーロ、Destelbergenが1万6100ユーロ、Lovendegemが1万5822ユーロ、Waasmunsterが1万5044ユーロだったが、上位4市はいずれもGhent周辺の高級住宅地（Ghent郡下）で、産業の立地は小さく、特に上位2市は大企業0、他も2と7しかなかった。

(4)失業率と改善のための就労可能性方策

本県の2003年の失業率（8〜64歳の就労者と求職者の数に対する比率）（2004年6月30日）は、男性が6.76%、女性が9.28%、合計7.89%だった。また、2003年の就業率（18〜64歳の就労適齢者の数に対する比率）は、男性が76.90%、女性が62.23%、合計69.66%となっていた。表52は、失業率が県平均以上の基礎自治体（2007年1月31日）（20〜64歳）を示しているが、年齢が前の表と若干違う。これで見ると、県平均5.3を上回っているのはGhentの6.0だけだった。

表52　失業率県平均（5.3%）以上の基礎自治体　　（人）（%）

	男　性		女　性		合　計	
Ronse	617	8.9	689	10.2	1,306	9.5
Ghent	6,974	9.6	5,721	8.2	12,695	8.9
Eeklo	363	6.2	410	7.1	773	6.6
Zelzate	196	5.2	258	7.3	454	6.3
Aalst	1,346	5.6	1,456	6.3	2,802	6.0
Geraardsbergen	523	5.4	555	6.0	1,078	5.7
Lokeren	620	5.3	687	6.0	1,307	5.7
Temse	458	5.7	450	5.8	908	5.7
Sibt-Niklaas	1,168	5.7	1,130	5.5	2,298	5.6

第Ⅱ章　県レベルの自治体

2　県議会（回答資料）

2．1　党派別確定議員数

　県議会議員の人数は84名で、その政党別人数は、CD&Vが25、open VLDが22、Sp.a-spiritが14、Vlaams Belangが19、Groenが4だった。

2．2　多数党の構成と議員数

　構成については上記を参照。固定した事務局については後記を見よ。

2．3　県議会議長の選出方法と任期

　議長の選出方法は、第1段階は二重多数決による候補者名簿の決定、第1回目はその党派の多数派、第2回目は県議会議員の任期中の多数派が決める。

　任期は議員の任期一杯の6年だが、他の候補者名簿が確定しない限り任期一杯努める。

　2005年の話し合いで副議長を置くことになった。

2．4　委員会制度の有無と職務

　委員会制度はデクレによって規定されており、議長と副議長（議長に支障ある場合の代行）のみで構成する。議会の内部規則では、職務体系の中で議長の周りに議長を補佐するために設けられ、各党派を代表する（固定の）事務局となる。

2．5　本会議の運営方法

　読会制の採用の有無・議員同士の討論の有無も尋ねた。

　運営方法については、討論と決定、議員提案の付託と付託された議案の修正の可能性、説明要求権と質問権との回答があった。

2．6　一般県民の参加制度

　傍聴以外に発案権・審議参加権・質問時間設定その他があるかを尋ねた。

　一般県民の参加制度としては、市民は一定の条件の下で提案をし、議案に質問する権利を有する。そのうえ、県内の住民の一定割合によって支持されたならばそれを取り上げる権利もある。また、市民は誰でも議会に請願する権利を持っている。

第 2 部　自治体現地調査報告

3　執行機関

3．1　県知事（gouverneur de province）

3．2　現知事の前歴

国会議員かその経験者か、俸給はどうなっているか。

現知事はAndré Denys氏で、1948年 1 月 6 日生まれ。

その政治的経歴は以下のとおりである。

- 本県知事（2004年12月 1 日）
- 本県選挙区選出のフラーンデレン派国会議員（2004年 6 月13日～11月30日）
- Ghent-Eeklo選挙区選出のフラーンデレン派国会議員（1995年 6 月13日～2004年 6 月13日）
    ○ 政党委員長（1995年 6 月13日～1999年 7 月13日）
- フラーンデレン議会議員（1981年12月22日～1995年 5 月21日）
    ○ 政党委員長（1985年12月 3 日～1995年 5 月21日）
- Ghent-Eeklo選挙区選出の国会議員（1981年11月 8 日～1995年 5 月21日）
- Zulte市議会議員（1977年～2004年11月）

3．3　連邦政府、共同体・地域圏との関係（回答中のゴシックは原文に付されたもの）

身分・職務はどうか。

知事は、本県における連邦政府とフラーンデレン共同体政府の代表であり、同時に本県議会の議長でもある。このため、知事は本県内で活動する 4 つの政府、すなわち連邦政府・フラーンデレン政府・本県政府・地方政府（基礎自治体その他）の**仲介者・橋頭堡**となる。

知事は本県の側から境界を越えた共同作業について責任を負う。

知事は**フラーンデレン政府の監督官**として、地方政府（基礎自治体、広域自治体、干拓地、水路）の適正な活動に対して**監督**を行う。彼はこれらの地方政府に対する市民のあらゆる**苦情**を処理する。

知事は、補完の一環として議員団とともに地方政府の最も緊密なパートナーとなる。

　知事は三つの行政レベル、フラーンデレン・地域圏、県、基礎自治体の間の環である。その環としての役割から知事は別の動員・地域区分・知的経済・改革に関するプロジェクトの主導者である。

　県の**戦略的開発**のためにフラーンデレン政府はまた知事に若干の任務を課する。それゆえ彼は例えば運河地帯計画の主宰者となり、スヘルデ川左岸（ワスラント港）とパルクの森戦略的計画の調整者となる。

　連邦政府監督官として、連邦政府の管轄権の範囲内で知事は同様に県内全体の治安に責任を有する。消防、警察政策、武器携帯許可方針はその主要な責任を形成する。

　さらに彼は県の治安会議議長でもある。加えて知事は危機の鎮圧にも責任がある。彼は重大な災難の際救助活動を取り仕切る。

　それと併せて知事は**代表であり儀礼的任務**も遂行する。

　王室の護衛や重要な外国の使節団、外交使節団のメンバーの受入れもある。

　県の任務としては、知事は本県の議会の議長だが、投票権はない。

　本県の行政機関の長でもある。

3．2　県常任委員会（députation permanante）

　県常任委員会は日常業務のための常設機関で、6名の県議会選出メンバーからなる。

6名の理事の党派別構成・俸給

　県議会議員はその中から県の日常業務の執行機関のために6名の議員を委員に選ぶ。

　現在の連立はCD&V 3名、open VLD 2名、Sp.a-spirit 1名である（いいかえれば多数派を形成する諸政党からなり連立が形成されている）。

　知事が委員長であり、県事務総長が書記であるが、両者ともに投票権を持たない。

3．3　特別委員会の有無・その名称

県議会内にだけ6つの県議会委員会があり、県議会の会議の準備をし、議会に助言をする。

知事は委員長であり、事務総長は書記である。

委員たちは県議会の決定を事前に準備し、事後にそれを遂行する。

委員たちが県の施策の大部分を策定する。

会議は非公開である。

委員たちは毎週集まる。

さらに委員たちは連邦やフラーンデレンの政府の共同監督者としても行動する。

- 彼らは環境許可「1級」を付与もしくは却下する
- 彼らは地方自治体の環境許可もしくは建築許可に関する専門官庁である
- 彼らは若干の場合基礎自治体、広域機関、教会の工場、干拓地、運河に対して行政上の監督を行使する。

基礎自治体に対する後見監督権の内容・財政援助の内容

　前述参照。

3．4　事務総長（greffier）

その職務内容・俸給はどうか。

概要

県議会と理事会の書記として会議に出席する。

県議会と理事会に穏当な政策、法律問題、適切な行政の領域について助言する。

発生した事態に対して適用される法規を想起させ、彼が以前から持っていて確信する事実に基づくデータに言及するが、これらは法規によって裏打ちされ、受け入れられるようになる諸決定のなかの一つとなる。

彼は書簡の取扱い方法を決める。

彼は議事録の作成にも原本の保管にも責任があり、きちんとした報告やその公表を行い、県議会や常任理事会の規則や決定、常任理事会に帰属する書

簡、公文書や契約書の連署人である。
　彼は公務を指揮し、最上級公務員として公務員のトップに位置する。
　県事務総長は一件書類の閲覧を承認し、古文書の保管に関して責任を負う。
　それに加えて県事務総長はさらにかなり多くの仕事を持ち、それらは管理研究チームや財務訴訟等々といったさまざまな職務にその表現を見出せる。

3.5　人　事

(1)職員総数、常勤・非常勤別・最近の増減状況

　　法定採用　　597人
　　契約採用　　484人
　　　合計　　1,081人
　　常勤　　　　691人
　　非常勤　　　390人

(2)公務員法制

1) 主な法令――中央政府と別個か

　県職員の法的規制の基本原則は県のデクレに含まれている。
　これらの原則はさらに職員編成に関する最低条件、法的地位の規定、基礎自治体職員と県職員の権限体系を維持するためのフラーンデレン政府の決定において練り上げられる（決定は数週間後に承認され公示される）。
　この規則は連邦政府職員に関する規則とフラーンデレン政府職員に関する規則とに分割される。両職員集団はそれぞれの規則の下に分かれる。

2) 職階制（Position Classification）の有無

　職員各自はそれぞれ何らかの職種に任用される。これらの職種は5等級に分類される。
　等級は最下級のDとE以外は一定の教育水準以上の卒業資格を必要とする。
　等級とそれに一致する卒業免状もしくは資格証明書は以下のとおりである。

　　1等級A：修士の資格か大学卒業もしくは大学教育同等の2サイクルの
　　　　　　高等教育の卒業資格
　　2等級B：学士か1サイクルの高等教育の卒業資格もしくはそれと同等

の教育資格

3等級C：中等教育もしくはそれと同等の教育卒業資格

4等級D：卒業資格不要

5等級E：卒業資格不要

　等級によって階統制的な職種が階級的に整序される。それぞれの階級は2つか3つの文字で表示される。大文字は等級に与えられ、小文字はその等級における順位を規定する。

　順位は相互に等級内の職務の相対的重要度を示す。

　等級による順位は以下のとおりである。

　1等級A：

　a）基本的職種用：Av

　b）上昇順位中の上級職種用：Ax、Ay、Az

　c）土木技師、生物化学技師、医師、薬剤師の特別職種用：Avb

　d）必要ならば全国的水準にあると認められる美術館の承認と助成に関するフラーンデレン政府の影響下にある学術機関や美術館の学芸員の基本的職種用：Avb

　e）上昇順位中の上級特別職種用：Axb、Ayb

　f）必要ならば全国的水準にあると認められる美術館の承認と助成に関するフラーンデレン政府の影響下にある学術機関や美術館の学芸員の上級職種用：Axb、Ayb

　2等級B：

　a）基本的職種用：Bv

　b）上級職種用：Bx

　3等級C：

　a）基本的職種用：Cv

　b）上級職種用：Cx

　4等級D：

　a）基本的職種用：Bv

b）上級技術職種用：Bx
　5等級E：Ev
　官職は職務の記述を基にいずれかの職種に置かれる。
3）定年制の有無
　ない。最低年齢は義務教育終了を考慮して事実上18歳。義務的年金要求年齢は65歳である。
4）労働基本権——団結権・団体交渉権・争議権の有無
　労働組合の権利は政府と労働組合員との関係を規定する1974年12月19日の法律によって確立された。この立法は若干の施行令（1984年9月28日の勅令は最重要である）を持っている。
　地域圏政府と自治体政府のための地方的協定がフラーンデレン共同体政府と代表的労働組合（ACOD、CCOD、VSOA）との交渉を経てフラーンデレン・レベルで実現した。
　そのうち、主に県と地方自治体の職務についてはC委員会が、フラーンデレン共同体政府とフラーンデレンの基礎自治体とについては小委員会が担当する。
　2000年7月7日には合同協定が締結され、それによって自治体職員（フラーンデレンの都市と基礎自治体の組合、フラーンデレンの各県の組合と公共社会援助センターの組合）が地方的協定に関わるようになった。
　職員たちは彼らの世話をする役所において地方的協定と連携するし、労働組合はほかならぬ地方的要求を守り、フラーンデレン政府は行政監督の行使によって地方的協定の適切な解釈を保障する。
　この点において2002年7月15日のデクレは行政監督に関して知事と大臣が行政監督の行使にあたり地方的協定に違反した決定に反対の措置を執ることを規定している。
　1993年6月18日には給与水準の全面的な改定と、併せて人事の行政的財政的共通の指針を意味する包括的な協定が締結された。
　その1993年6月18日の地方的協定は、1995〜1996年、1997〜1998年、1999

第2部　自治体現地調査報告

〜2001年、2002年、2003〜2004年の各地方的協定に引き継がれた。

　地方的協定においては行政的財政的規制をめぐる方策を取り決めることができる。

　取り決められた手段は強制的もしくは任意的性格を有する。

　県庁の職員は民間部門の従業員と全く同様のストライキ権を有する。職員各自の組織的な作業停止への参加は、俸給を受ける権利はないが職務活動と同等の扱いを受ける。

(3)採用方法

１）採用試験とその方法

つぎの条件を満たす志願者は採用試験を受けられる：

１．年齢が18歳以上でほかにこの法規の別表に規定されたとおりの特別の条件に明確に該当しない限り

２．職務規程に定められたとおりの要求される卒業資格もしくは推薦状保有者

３．この法規の別表に規定されたとおりの特別の採用条件を満たすこと

　年齢要件は選考試験より前の予告された月の末日に満たされなければならない。

　第７章第１条第１項にもかかわらず競争選考試験として認められた必要な免状を有する前年の卒業生もしくは競争選考試験として必要な免状を有する前年の候補者募集条件の一つのコースに合格した前年の候補者も認められる。このようにして認められた候補者だけが要求された卒業資格証明書、卒業免状もしくは免許証を提出できた日から研修期間として認められる。

　行政の問題に関する言語の使用においては対等法が適用される。

　行政の職務は女性にも男性にも開放されている。法律や規則の条文の範囲内で一方の性もしくは他方の性の人に対して若干の職務に就くことに制限を設けることができる。

　空席の職は議会が決めるかもしくは公募される。その職は法規の条文に従って決められるかもしくは登用、等級の変更、もしくは募集によって補充さ

第Ⅱ章　県レベルの自治体

れるのである。
　常任委員会は欠員となった全ての等級の登用職種を募集か登用かによって決定できる。
　登用職種が募集か登用かの方法で補充することを最終的に常任委員会が決定する場合には欠員と経験か年功かに関する募集条件について公表し、登用条件を公平に設定し評価しなければならない。
　募集の前に少なくとも14日間広報をすませ、全ての発刊されている県の新聞のうち３種類に公告されなければならない。
　その情報は欠員のある職務、業務内容の概要説明、募集と受入れの条件、設定された
　その補欠資格の意図、その期間、応募書類提出の締切日の指示を伝える。
　補欠資格は４年間有効である。有効期間は例外的状況の場合だが常任委員会が引き続き最大限１年延長できる。
　期限は当該試験の合格証明の翌月から始まる。
　当該試験の受験を認めない第７章第３条に該当する場合を除き候補者が必要な資格を満たしているという証明は応募書類の提出に指定された締切日までに用意されなければならない。
　受験者が必要な資格を満たしているという証明は資格証明書の原本の写し提出によって用意される。
　提出された写しの信憑性について十分根拠のある疑念がある場合には当該庁は元の資格証明書の発行者に直接照会することができる。
　元の資格証明書の発行者への照会が著しい困難を伴う場合には、あるいは発行者との接触ができないことがはっきりしているときには、当該庁は資格証明書の原本の提出について関係者に要求できる。
　常任委員会は提出された応募書類の有効性を判断する。彼はこれを基に当該試験の受験者が認められるかどうか結論を出す。当該試験の受験を認められない受験者はそのことについて即座にとがめられ、とにかくて当該試験の前に追放される。不許可の理由は彼に伝えられる。

応募書類には以下のものが含まれる：
　—粗漏なく記入された応募申込用紙
　—履歴書
　—要求された資格証明書の写し
　—必要ならば追加証明書

受験者は応募書類が完璧ならば初めて受け入れられる。

書類の完全かつ期限内の提出責任は受験者の側にある。

試験の狙いは公務員法の別表に記載されている。

試験は基礎的な技能あるいは理論的知識、通信能力と受験者の人物あるいは執務と筆記能力の水準の基礎の検証を意図する。

その試験は少なくとも二つの分野からなる。
　１．実効能力的分野または身体的分野
　２．口述分野または入念な志願をめぐる対話の分野

応募試験受験者が100人を越える場合には引き続き常任委員会はそれによって受験者の数を最大限100人に絞れるよう理解力と推理能力が試される択一問題による予備試験の出題を用意することを決定できる。

競争応募試験の第１の分野では受験者は応募試験の100人の最高得点者に絞られる。

受験者が100人の限界すれすれの得点の場合にも認められる。

予備試験で獲得した点数は競争応募試験の合格の順位の決定の場合には全く考慮されないことになっている。

受験者は少なくとも14日前に書留郵便かその相当のもので試験の一部が実施される日時や場所について通知される。

応募試験や昇任試験はそのメンバーが常任委員会によって指名される試験委員会によって実施され採点される。

試験委員会は以下のメンバーによって構成される：
　１番＝委員長、特に事務総長
　２番＝最低限三人の専門家、そのうち一人が副委員長になる

3番＝書記一人、議決権も採点の権限も持たない

専門家の少なくとも50％は政府に所属しない。

試験委員会の口述分野の少なくとも一人は女性が受け入れられる。

県議会議員、常任委員会委員、代表的職員組合の代表はその試験に出席して専らオブザーバーとしてのみ立ち会うことができる。彼らは選考の際に出席して要求したり審議したりすることはできない。彼らは合法的な処理の適用を主張することはできる。

試験委員会は投票権を有する委員の少なくとも4分の3が出席すれば審議は有効である。

それぞれの試験分野には人事部職員が出席する。

試験委員会の委員は書記を除いて欠員のある職について以下の資格に関し全会一致で決定しなければならない

等級A：欠員のある職の任務の専攻者で等級Aの資格証明書の保有者かその等級Aの職にある者

等級B：当該分野の専攻者で等級Bの資格保有者もしくは等級Aの職にある者

等級C、D、E：欠員のある職の任務の専攻者

部局とその要職者の代表が欠員ある職に適合している旨の保証を試験委員会に与えるためにさらに以下の者を含む：

等級A、B、C、D：少なくとも指導的職員か部局長1名；

等級E：指導的職員か部局長

考慮の対象となる合格となるためには受験者はそれぞれの試験分野で点数の60％を獲得しなければならない。一つの試験分野が1以上の試験を含む場合には彼らはさらにそれぞれの試験の点数の50％を獲得しなければならない。

全ての試験はもとより各分野の試験も記録文書は試験委員会委員たちが仕上げし署名しなければならない。

合格した受験者全員がつぎの試験分野に呼び出される。

受験者たちは各分野の試験の後自分たちの結果について知らされる。彼ら

第2部　自治体現地調査報告

が最終試験分野に合格した場合には彼らの順位が通知される。
　受験者たちは委員長の依頼文書をその試験分野が終了した後で試験記録において閲覧できるよう入手できる。
　合格者たちは常任委員会によってそのために彼らが競争試験に参加していた募集の補欠の有効期間内に職種に空席ができる場合には就職のために彼らの序列の順番に呼び出される。
　呼出しは書留郵便で行われる。
　正式の最終結果によりそれぞれ第3、第2、第1の試験分野で最高得点を獲得した受験者に名誉ある呼出しの優先権が与えられる。
　前述の試験分野で同点を取った最高得点者が2人かそれ以上いたら、優先権は最年長の候補者に与えられる。
　呼び出された者が14日以内に応答しない場合には彼は放棄したと見なされる。
　募集の補欠として呼び出されたが最終的に指名の権利を放棄した候補者は資格を失い補欠から取り除かれる。
　この本文は呼出状に書き留められる。
　同様に優位になくても欠員を見て当該庁から招かれたのに発送後30日以内に回答しない候補者にも適用される。
　候補者は呼出の後6か月以内に就職しなければならない。候補者がこの期間内に就職できないときは、当該庁はこれに対して30日以内に同様に指名の権利をはっきりと放棄しない限り補欠候補の立場にいることを通知する。
　同じ職務が1人以上の補欠によって充当された場合には全員がいなくなるか失効した後年齢順にまずそのつぎの補欠に声が掛けられる。
　昇進もしくは進級試験による応募の補欠は公募試験の応募者補が常に優先する。この条項は同時に実施される進級昇進試験には適用されない。
　2）中央政府との相違の有無・相違点
　連邦政府の公務員とフラーンデレン共同体政府の職員に関する手続はそれぞれ独自だが、しかし同一の一般的原則に基礎が置かれている。

独自の手続は以下のリンクによってインタネット上で検索できる。
　　《略》
(4)昇進のメカニズムの有無・よそから連れてくるのか
　行政上の経歴は職務経歴と階層的経歴とからなる。
　職務経歴は法定の経験年数の等級に基づく同一職種の維持を前提に一つもしくはそれ以上の上の給与の等級への常任委員会の認定や人格形成、評価からなる。
　階層的経歴は昇任試験合格後の昇任が職種の変更を伴う。
　他の役所のために遂行される職務はその他の役所が基礎自治体のそれと同種の人事法規を持っている限り基礎自治体も考慮に入れられる。
　その自治体の最後の意味は以下の諸側面を比較して検証されなければならない；
　　―職務の経験年数について：該当者がそこで経験を有した特に上記に限定した職務に関するその公務の性格；
　　―年功序列の等級について：その職務の職種の相当の等級への格付けと前に就いていた職務の職種の等級の位置の存在；
　　―職種の経験年数について：関連職種に匹敵する就任条件の法規との調和（要求されている資格水準もしくは特殊な免状の要求、選考手続）や経歴との職種自体の調和
　他の役所に雇用されてから異動してきた職員はその公的機関において築いてきた財務の経験年数を保持する。
　同様に東フラーンデレン県庁内で正規の身分を持っていたが退職して非職員となり、中断の後再雇用された職員にも適用される。
　その職員は§１において以前に就いていた同一職種で雇用されるようになり、以下の条件の下で作られた業績尺度と経験年数尺度を保持する。
　年功序列の等級：関係等級に相当する法令の任用条件に適合した
　（必要な資格水準か、特定の卒業資格もしくは選考手続）
　人物紹介に関する等級との適合

第2部　自治体現地調査報告

就任するようになる職員や他の公共機関からやってくる職員

その公共機関において確定した財政上の年功序列を条件とする

同様に東フラーンデレンの県庁内の正規の職が変更されたり中途退職して再度就職したりした退職者などの全職員にも適用される。

§1でいう意味の職員は以前に適用されてきたのと同一の等級で雇用されるようになり、以下の条件の下で確定された目盛りの年功序列を条件として

1．東フラーンデレン県庁における職と連結した給料表のみが適用される。
2．職員はこの法令に合致したと認められるこれよりも有利な目盛りの年功序列を得ることはできない。
3．職員はただもしも教育と資格に関する行政法規の諸条件を満たすならば取得する職務経歴に応じて取得するこの給与等級を維持できる。
4．代表団が等級の地位に基づき職員編成と関連する職務の記述を比較してそれに応じた等級同等について判断する。

定期的な昇進の認定には次のものも考慮される：民間部門での常勤もしくは非常勤の業績があり最長6年の勤務。

(5)懲戒手続

懲戒のプロセス・裁判制度との関係（最終決定は行政裁判所か？）
- 一自治体・県公務員法による懲戒規制は以下による
- 2005年7月15日の自治体デクレⅢ部公務員、Ⅵ章—懲戒、118節〜144節
- 2005年12月9日の県デクレⅢ部公務員、Ⅵ章—懲戒、114節〜140節
- 自治体デクレの129節136節143節の実施に当たっての自治体公務員法のためのおよび県公務員デクレ125節132節139節の実施に当たっての県公務員法のための懲戒手続の決定に関する2006年12月15日のフラーンデレン政府布告
- 自治体デクレの138節と県公務員デクレの134節の実施に当たっての懲戒問題専門委員会の組織、給与、活動の決定に関する2006年12月15日のフラーンデレン政府布告

どのような罰があるか？

第Ⅱ章　県レベルの自治体

- 軽い罰：戒告
- 重い罰：減俸、停職
- 最も重い罰：公職経歴からの解雇、罷免

処罰に対する上訴

基礎自治体等と県の職員のためには懲戒事案についての不服審査委員会への不服申立手続が用意されている。

- 懲戒事案不服審査委員会

    懲戒事案委員会――全ての自治体と県の懲戒の決定を行うだろう。

    懲戒事案不服審査委員会――是正権を有する。

    事案に関する決定権の職務自体が懲戒事案不服審査委員会に委譲される。したがってそのうえ上述の不服審査委員会は自ら調査行為を行えるだろう。

    そのうえ必要なら不服審査において手続の瑕疵とか過誤のある弁明が修正されうるだろう。

    その修正権はそのうえ懲罰の加重まで行わせる。

    不服審査委員会は宣告をしなければならない。

    予防的停職処分の場合を除いて当局の処分の決定は確実に停止され処罰は執行できない。

- 手続の最終段階では国務院に停止／取消の上訴の申立もできる。
- 契約公務員――民間部門の職員と同じ規制を受け、したがって労働法の管轄の下に置かれる。

(6) 人事交流

中央政府、共同体・地域圏、基礎自治体、EU、民間

異なったレベル間の一般的な交流はこれまでのところ用意されていない。

職員は少なくとも一定の特別の職が行使できる休暇制度を享受する機会を十分持っている。

- 内閣もしくは政府執行機関の職を行使するための休暇

    職員は政府代表との協定によりある職務を行使するために指名される場

合に休暇を取ることができる。
　―連邦内閣僚もしくは無任所大臣
　―議長の閣僚もしくは基礎自治体、共同体政府の構成員、地域圏の自治体連合委員会の統一協会、もしくはフランス自治体連合委員会の構成員
　―政府代表団構成員その他の一員か秘書
　―知事の閣僚
　―国会の下院議員、フラーンデレン共同体議会上院議員の内閣
　―公認の政治団体、公認の政党もしくは会派
　―市長の閣僚
　―フラーンデレン県協会
　―連邦、共同体、地域圏、県もしくは地方政府代表の無任所大臣、閣僚あるいは議会権力の政治代表の閣僚
・公益任務のための休暇
　職員は任務遂行のために休暇が取れる
　以下の任務が理解されなければならない。
①任務を付託もしくは承認された連邦政府もしくは連邦行政機関によって達成されるベルギーの公職の遂行
②国際的任務の遂行、とりわけ国際任務に責任を負った公共機関の職員たちについての法令を決定する1967年7月20日の33号勅令第2条第1項に定義されている
③青少年運動、その活動や団体、もしくは文化団体、行政的もしくは教育的な性質の指導、考察、研究活動、もしくは事務局の職務の遂行
(7)アウトソーシングの進行状況
　現在アウトソーシング制度は存在しない。
　それにもかかわらず民間の活動に関しては政府機関には当てはまらない法的責任が適用される。

6 財政 (2007年度)

(1)歳　入

1）税収——総額、主な税目別内訳、歳入総額に対する比率
2）その他の収入——総額、主なものの内訳、歳入総額に対する比率
3）国家全体の総額に占める割合

	ユーロ	対総額%
県税総額（住民税）	38,050,000	17.94
不動産付加税	74,748,304	35.23
税収総額	112,798,304	53.17
税外収入	248,179,084	

家庭の県税総額

　各家庭——家族のために使用される住居ごとにもしくは筆頭者の住所かそれともそのほかの関係ある住所かとは関係なく東フラーンデレン県域上にあって権利を持っている限り居住地で各自によって当然支払われるべき税、税は住宅について課税可能な面積を基礎に算定される。

税額表

　課税可能な建築・非建築面積

- 1万㎡以下：€28
- 1万〜1万2500㎡：€56
- 1万2500〜1万5000㎡：€84
- 1万5000〜1万7500㎡：€112
- 1万7500〜2万㎡：€140
- 2万〜2万5000㎡：€196
- 2万5000〜3万㎡：€252
- 3万㎡以上：€336、5,000㎡ごとに€28

一般県営業税

　各納税義務者（自営業者もしくは会社）が彼のもしくはその施設によって当然各自によって支払われるべき税——東フラーンデレン県域上で彼

もしくは企業によって使用されるか使用される権利があるか存在する施設。

税額は課税可能な面積を基礎に施設ごとに算定される。

税額表

全納税者（農事会社を除く）――課税可能な全ての建築・非建築面積
- 建築面積0.5ha以下：0.028€／㎡、非建築面積：€0.014／㎡、最小限€106
- 建築面積0.5～1ha：€0.111／㎡、非建築面積：€0.056／㎡
- 建築面積1～10ha：€0.223／㎡、非建築面積：€0.111／㎡
- 建築面積10ha以上：€0.334／㎡、非建築面積：€0.167／㎡

野外遊園会社――建築面積の通例の評価に最も近い――の場合常に最小限€106が納められるという条件で€0.014／㎡に匹敵する非建築面積の税。

納税者――その性質と活動の実行により、有効な耕地か農業用温室か園芸用――他の課税可能な建築面積・非建築面積の通例の評価に最も近い――農事会社の税額に匹敵する負担の領域を意味する

農事会社について

　　固定：農地面積20ha、空地における園芸用面積5ha、温室における園芸用面積3,000㎡まで€106
- 農地面積20ha以上はhaごとに€8.35付加
- 空地における園芸用面積5ha以上はhaごとに€25.04付加
- 温室における園芸用面積3,000㎡以上は㎡ごとに€106

納税者の場合査定年の1月1日60歳もしくはそれ以上で退職・終身年金を受け取っていれば定住による税は€28に決定される。

(2)歳出（額等回答なし）

　1）目的別内訳、歳出総額に対する比率

　2）基礎自治体への配分額

第2節　リエージュ県

1　県の概況（回答資料）

　リエージュ県は、ワロン地域圏の北東に位置し、県庁所在地のリエージュ市は同圏域の中心都市として古くから交易で栄え、人口は同圏域都市中最大の103万余人（2005年7月現在）を数える。

1．1　面　積
　県の面積は3,862km²である。

1．2　人口（調査時点）
　人口についてそれと関係のあるものを含めて以下に示す。

(1)総人口

　県の総人口は104万2840人、うち10.3％＝非ベルギー人（ベルギー国籍を持たない居住者）だった。

(2)若年・老齢人口

　15歳以下と65歳以上の人数は、15歳以下が18万1099人（17.4％）、65歳以上が18万199人（17.3％）で、本県でも少子・高齢化の進行が見られる。

1．3　産　業

表53　主要産業（2005年）

活動部門	％
農産業	3.2
金属加工	4.6
エネルギーと水	3.1
建設業	5.8
商　業	10.4
運輸・通信	7.4
金融業	3.3
不動産・請負業務	20.6
公　務	9.1
教　育	8.8
保健衛生・社会福祉	9.1

第 2 部　自治体現地調査報告

1．4　企業数、部門、雇用数（2004年12月31日）

企業数　　　　　　　　23,713

　　　内95.7%　　従業員数50人以下　　従業員数の41.5%

　　　　 4.0%　　従業員数50〜499人　　従業員数の38.8%

　　　　 0.3%　　従業員数500人以上　　従業員数の19.7%

1．5　失業率、主要雇用政策

無職の失業者（2007年 6 月）498,662人

労働力人口に関して失業率7.4%

全体の内238,663人がワロン地域圏　76,861人がリエージュ県

雇用政策は地域圏か連邦の管轄権

　だが、リエージュ県主導地位向上課の基礎自治体事務組合の存在を強調できる。

　主導地位向上課は県の開発機関である。

　全基礎自治体と県自体、その主要株主による、雇用創出という全最終目的を追求する各種の活動を先導するための受託者である。

　主導地位向上課は企業への支援を提供する。

　主導地位向上課は同様に地位向上政策により、だが同様に未開拓の企業の改善により基礎自治体の利益になる都市の改造と農村の開発の活動によりリエージュ県の姿の改善に務める。

2　県議会（回答資料）

（補巻Ⅲ-1 リエージュ県議会規則参照）

2．1　議員数

議員数は84人（内 6 人は国会議員）

内訳

　・15人　キリスト教・人道主義派（13人CDH・ 2 人CSP）

　・11人　環境主義派（Ecolo）

　・24人　自由主義派（23人MR・ 1 人FFF-MR）

- ・33人　社会主義派（32人PS・1人SP）
- ・1人　国民戦線（極右）（FN）

2．2　機能・報酬と手当

　議会は補足的機能限定原則を尊重して県益事項の全てについて判断を下す。議会は補完的方法で地域圏の活動や基礎自治体の活動と競合しないその管轄権を行使する。県益の概念は決して限定されることがなく、したがって管轄権は広範囲にわたり国法か地域圏法の条項によってしか限定されない。

　主要な職権の記述

①県の選挙：
- ・諸選挙の法的有効性の確認と県議会議員たちの資格確認
- ・議長、副議長、書記の指名と議会事務局の形成
- ・多数派協定に基づく県選出国会議員の選挙
- ・議会諸委員会の設置

②議会と県理事会の職務：
- ・議会内規の採択
- ・県理事会内規の承認
- ・県選出国会議員になる割当の配分を法的に確認
- ・県議会議員の手当と旅費の確定
- ・県選出国会議員の月給と一括手当の確定

③一般政策：
- ・最初に各議会、一般政策綱領の承認

④財　政
- ・予算と予算の修正の採択
- ・支出の予算の他の項目への付替えの採択
- ・会計報告の決定
- ・公債発行の承認と業務の公的取引契約条件の確定

⑤人　事
- ・事務総長の任命、罷免および待遇

- 県収入役の任命、罷免、待遇および保証金の確定
- 管轄権が県理事会に付与されたものを除き公務員の任命、停職および罷免
- 県公務員の範囲の確定と公務員の俸給表、待遇および年金といった行政上財政上の地位の決定
- 県の施設や業務のための分野の支出特別収入役や会計担当官の任命

⑥財　産
- 県の施設の設置と改修
- 県の不動産財産の取得、譲渡、交換とこれらの同様な財産に関する売買
- 労役、供給もしくは業務の公的取引契約の締結方法の選定とこれらの取引契約が付加価値税6万7000ユーロを越えるときは取引契約の諸条件（仕様書）の確定

⑦規則と命令
- 行政内部の県規則の作成能力

　国会議員を除いて県議会議員たちは正規の議員と正規の議員の代理をする補欠の議員である県議会の会議と委員会の会議への出席時に出席手当を受け取る。

　出席手当の額は1990年1月12日の指標軸の125ユーロから2007年1月1日の指標軸の175.03ユーロまでに固定される。

　会議の場所から少なくと5キロメートルのところに住んでいる県議会議員たちは、その上、以下の旅費を受領する：
- 基礎自治体から交通機関を利用する場合には、この手当はその住居から県議会所在地までの行程の料金に等しい；
- 基礎自治体から自家用車を利用する場合には、この手当は職務上の旅費の支払いに関するワロン地域圏職員に適用できる規則に従って算定される。この措置に従えば、旅費は1990年1月1日の指標軸138.01の指標と連結し連携する額の1キロ当たり0.2ユーロ（つまり2006年11月1日の

第Ⅱ章　県レベルの自治体

指標0.2800）に固定される。この措置は全て公用車2台が配車されている議長と第1副議長には適用されない。

各議員たちは、1日に付き、唯1度だけの出席手当と唯1度だけの旅費しか支給されることはない。

各県議会改選に続く議員資格確認と宣誓の後で、まず議長一人と副議長一人か複数人の指名があり、その事務局を結成する。

事務局は議会議長、4人の副議長、4人の書記、4人の民主的集団代表で構成される。議長、副議長たち、書記たちには消費者物価指数の変動と連動する年俸が支給される。

2006年11月1日につぎのように固定された：
1．県議会議長：　　　　　　　　　　　27,915.44ユーロ
2．第一副議長：　　　　　　　　　　　20,936.59ユーロ
3．第二副議長、第三副議長、第四副議長：　3,349.87ユーロ
4．第一書記：　　　　　　　　　　　　13,957.73ユーロ
5．第二書記：　　　　　　　　　　　　11,166.19ユーロ
6．第三と第四書記：　　　　　　　　　 3,349.87ユーロ

1と2の適用される俸給は出席手当を含む。県議会議長と第一副議長には公用車が配車される。

4と5の適用される俸給も徴収の許可ではなく同様に旅費の出席手当を含む。

3と6の適用される俸給は出席手当の支払いと旅費の支払いが一緒に算定される。県議会事務局の会議は、先例を考慮して、つぎの構成員たちに出席手当の支給と旅費のどちらかだけではなく両方を支払う理由となる：
・第二、第三、第四副議長；
・第三、第四書記；
・政治集団の4人の代表。

事務局の会議は　第一と第二書記に旅費手当だけをを支払う理由となる。

377

第2部　自治体現地調査報告

2．3　政治多数派、正確な人数

議長は議会により選挙の絶対多数で選出される。候補者が複数の場合には、秘密投票が実施される。候補者が一人しかいない場合には、選出は全員の拍手で行われる。

議長の指名は県議会議員資格の最長を考慮した構成員か、同年長の場合は選出された最年長者の主宰の下で行われる。彼は選挙の執行を行う最若年議員たち4人の助けを借りる。

県議会議長は一議会一杯、すなわち6年間のために選挙される。だが、現在の議会のために、多数派を形成する諸会派の中での暗黙の了解に従って彼は議会の半期で議長職の交代を予定する。

2．4　会期の編成

県議会は全てその権限内に含まれる事項が存在するたびに少なくとも月1度開かれる。議会はその議長により招集される。

招集状は文書で住所宛に会議招集の少なくとも満7日前に行われる。それには議事日程と決定の提案が含まれる。緊急の場合には、満7日の招集の期限は会議の開催前満1日に短縮できる。

議事日程の各項目に関して、伝えられる全ての書類が県事務総長から議事日程の発送のときから県議会構成員が自由に使えるようになる。緊急の場合やごく僅かな遅滞が重大な損害を引き起こすときを除いて、議事日程に記載されない項目は会議で討議に付されることはない。緊急の概念は議会に出席構成員の3分の2により決定される。必要なら指名点呼による投票が行われる。

議事日程にはない提案は全て会議の少なくとも満5日前に議会議長に手交される；それは議会に説明書きか見識を伴った全てきちんとした書類を添えなければならない。議長は直ちに議事日程の補足項目を議会の各員に転送する。

県議会の会議の議事日程は議長により確定される。それは県理事会により決められた期限内に提案された県益の決議と管轄権を含む。それは同様に県

第Ⅱ章　県レベルの自治体

理事会により提出された県管轄権か別の役所か公共機関に振り向けられる予定の議会の複数構成員の発議の提案といった県理事会の県管轄権の報告も含む。

同様に議事日程に載せられて、書面の質問は口頭の回答を要請する。議事日程に加えられた各項目には討論の草案が添付されなければならない。討論の草案は、県理事会により議事日程に載せられた項目であるときは県事務総長の権限下で行政部により起草される；討論の草案は県議会議員たちの発議により議事日程に加えられるときは彼らにより起草される。

招集状とその付属資料はまたコンピュータによっても伝えられる。
会議は議長により開閉される。

内規に反する条項を除いて、各会議の冒頭に前回の会議の議事録の朗読が行われる。

県理事会に現況の口頭質問を行うことを県議会議員たちに許可する目的で、議会の各会期の冒頭に1時間以内の十分な時間が割り当てられる。

県議会はその内部にその議事日程に記載する提案といったその管轄権に関する事項の全部か一部についての意見を出す委員会を設置する。

議会は挙手で票決する。議長は結果を宣告する。年度予算の全体について、県理事会の立法目的の一般政策について、多数派協定については常に指名点呼により発声での投票により表明される。候補者の提示、指名、昇進、選挙、休職処分、業務のためになるような予防的休職、解任、議会が専決する罷免その他の懲戒処分も秘密投票に付される。

毎年、10月に開かれる会期のときに、理事会は県議会に次年度執行の予算草案、前年度執行の決算、並びに優先事項と政治目標を繰り返す一般政策の覚書、予算財源とこれらの優先事項やこれらの目標が達成されなければならない期限の情報を提出する。予算と決算を審査する際に、県議会はまた各種の公社、基礎自治体事務組合、非営利法人および県がそこで代表される及び／又は年間最低5万ユーロ相当の援助のために補助し名簿が次年度予算草案に加えられる団体の一般政策の覚書が審議される。

議会は毎年次年度執行の支出と遅くとも10月31日までに対処する財源を票決する。

2．5　本会議への市民参加？市民の協議

（回答者は本会議への市民参加など想像できなかったと思われる）

説明要求

市民は全て書面により県議会に県理事会の審議について説明を要求する権利を有する。県議会か県理事会は要求受理の翌月までに書面で回答する。

説明要求は直ちに受理可能かどうかを判断する議長に届けられなければならない。受理できると判断された要求は予審部を管理する県事務総長に転送される。

同部で作成された回答案は、いずれにせよ県事務総長から県議会議長に伝達される前に、県理事会に提出される。回答案を付託されると、県議会議長は直近の事務局会議の議事日程に記載する。この会議の招集状には説明要求の写しと併せて事務局の審査と投票に付された回答案が添付される。

大臣への質問｛Interperationはquestionとは異なり釈明要求の強い意味を持つ｝

県域上に住所を持つか住居を構えている満18歳になった者は全て、並びに営業所の所在地が県域上に置かれていて県域上に住所を持つか住居を構えている満18歳になった自然人により代表される全ての法人は、議会の公開会議で理事会に直接質問できる。提出された質問の全文は議会議長の手元に置かれる。

それが付託されると、議会議長は受理可能な質問を担当する事務局の直近の議事日程に記載し作業計画の様式を決める。受理不能の決定は全て特に理由が説明される。回答が県理事会により決められたら直ちに、議会議長は事務局により確定されたような作業計画の様式に従って、質問者を直近の県議会の会議に紹介するために招待し、議会によりその質問を述べるために決められた時間（2分以内の時間）、公開の会議で県理事会の回答を聞く。

県理事会の回答を聞いた後で、質問者は議事日程の項目の最後の終了の前

に、2分間応答のために述べることができる。欠席の場合は、質問者の欠席理由の弁明がなければ、項目は取り消される。

議会の会議への出席

市民は公開される県議会の会議に出席する権利を有する。予算に関する会議を除き、県議会は、3分の2多数決で、公開の内規により公開から生ずる重大な支障を理由に会議を公開しないことを決定できる。

会議が個人の質問に及ぶときは公開されない。この種の質問が出されると直ちに議長は非公開を宣告する。懲戒事項を除き、閉会した会議は公開の後には再開できない。明らかに必要ならば公開の会議中に閉鎖した会議の項目の審査を続け、公開の会議を中断でき、これを終了するだけとなる。

市民の協議

県議会は、県住民の発議にせよ、要求にせよ、県益事項についての住民と協議することを決定できる。県住民に由来する発議は少なくともその10％により主張されなければならない。

県住民の発議による協議の組織化の要求は書留郵便で理事会に届けられなければならない。要望に応えて理由を述べた文書を添えて一件書類はそのまま県議会に伝えられる。

要求は、県により交付された用紙により作成され、件名に加えて刑法第196条の写しと以下の記載事項を含む限り、必ず受理される：

1．提案される協議の対象となる問題か諸問題；
2．要求署名人たち各自の苗字、名前、生年月日および住所；
3．民衆協議要求提起者たちの苗字、名前、生年月日および住所。

要求の受理後直ちに、県理事会は有効署名の十分な数により支持されているかどうかを審査する。点検は有効署名数に達したときに終了する。この場合、県議会は民衆協議を組織する。

民衆協議の要求者かそれへの参加者になるためには、以下のことが必要である：

1．県のいずれかの基礎自治体の住民登録簿に登録されているか記載され

ている；
2．満16歳の年齢である；
3．県の諸選挙に投票するために招集される者の選挙権の除外か一時停止を伴う有罪判決か決定の対象なっていない。

協議の30日前に、県理事会は民衆協議への参加者名簿を届ける。参加者各自は投票権を有する。投票は秘密である。

民衆協議は日曜日の8時から13時までの間しか行えない。

協議は県住民の少なくとも10％が協議に参加していなければ開票されない。個人の問題と県の決算、予算、税および給料に関する問題は協議の対象とすることはできない。

いかなる民衆協議も県議会の全面改選のための県住民の通常の会議の前16か月の間は組織することはできない。その上、いかなる民衆協議も下院、上院｛直接選挙は前述のとおり廃止｝、欧州理事会と議会の議員の直接選挙の前40日間は組織することはできない。

県住民たちは半年ごとに1度、一期の議会ごとに多くて6度しか協議ができない。他方、県議会の全面改選の範囲の期間中は、同一の主題についての協議は1度しか組織できない。

協議当日の少なくとも1か月前に行政部は対象事項の民衆協議と主題を紹介するパンフレットを住民たちが自由に入手できるよう準備する。このパンフレットは住民たちがそれについて協議する問題か諸問題を含む。

ワロン政府は県の民衆協議の組織化手続の特別規定を確定しそれに従って協議の結果が周知される様式を確定する。

3　知事（回答資料）

3．1　現在の知事の経歴？　《給料／報酬？》

補遺にあるMichel Foret氏の履歴書を見よ。｛添付なし｝

3．2　現政府との関係とその基礎自治体合併、地域圏との関連性

2001年7月の最近のベルギー制度改革以降、知事はそれからは、連邦大臣

第Ⅱ章　県レベルの自治体

会議の同意を得てワロン地域圏により任命されている。

　全て連邦の残りの政府委員からワロンと共同体の政府の政府委員となり、別々の新しい役所の境界領域に存在する。この資格で、知事は行政の仕事と制度のまとまりに責任を持つ。

　知事はリエージュ県域上の国法、地域圏法および規則の執行に責任を持つ。

　連邦政府委員の資格では、知事はつぎの事項について連邦規則を執行し適用する：市民生活の安全と緊急事態計画、警察上の安全と治安、軍務、災害、選挙

　ワロンと共同体（フランス共同体とドイツ語話者共同体）委員の資格では、以下についての一定の監督任務を負う：

- 基礎自治体、警察管区；
- CPAS；
- 教会の建物。

　知事はまた県内の政府委員でもある。この範囲内では、知事は県理事会と議会を補佐する。知事は要求すれば聞いてもらえる。知事は論告文を届けることができる。理事会が管轄権の資格を討議するときは、知事は議決権を有する。

　その上、知事は以下の者を出迎え随行する県の儀典長である：

- 王室の一員たち；
- ベルギーや外国の高官たち、大使たち、領事たち；
- 表敬訪問の外国の代表団や使節団。

4　県理事会（回答資料）

事前の覚書：常設議員団は2006年10月8日からそれ以降に県理事会の呼称に変わった。

4.1　6人の議員による構成

　リエージュ県理事会は県議会議員6人からなる：社会党（PS）から4人、改革運動（MR）2人。

383

第 2 部　自治体現地調査報告

{ヒヤリングでの説明では毎週木曜日が定例会、各理事は権限を分担し、報告書を作成する。}

4．2　報酬

県議会議員たちは額が上院議員の職務と連結した議員手当（2007年1月1日のベース（税込み）の6,243.50ユーロの月収）の額に等しい手当を受け取る。彼らはその職務に固有の負担全てを網羅する一括補償の手当を受け取る。この手当の額は上院議員の職務と連結したと説明される経費のための一括補償の手当の額に等しい。すなわち一括補償手当の28％（この一括補償手当は2007年1月1日に1,748.21ユーロと算定され、説明された経費の返済として免税される）。

注記：

その県議会議員の職務以外に県議会議員による活動の報酬として徴収される手当、報酬、旅費、その他の特典の額は報酬（一括補償手当を含まない）の額の半分を超えることはできない。

4．3　特別委員会の有無・その名称

付け加えるべきその他の特別委員会は存在しない。

4．4　裁決権——何に対してか？回答では、なし {ナミュール県の回答では県議会が可否　同数の場合知事にありとしていた}

4．5　基礎自治体に対する後見監督権の内容？・財政援助の内容？

例のワロン自治法典では、県理事会は基礎自治体当局の一定の行為について承認の特別監督を行使する。

基礎自治体によるその採択の前に、下記に列挙した行為は県理事会に委ねられ、効力を持ち執行されることが許されるためにはその承認を受けなければならない。

以下に関わる対象となる基礎自治体の行為は県理事会の承認に委ねられる：

1°　基礎自治体の予算、基礎自治体公社の予算、予算の修正と支出予算の移転；

2°　補助対象教育職員に関する措置を除く基礎自治体職員の行政上財政上

の範囲と地位および基礎自治体職員の年金制度；
3° 基礎自治体の課税に関する規則；
4° 応募公債の返済繰延べ；
5° 公債の保証；
6° 基礎自治体と基礎自治体公社の年度会計；
7° 基礎自治体公社の設置、独立基礎自治体公社の新設および公益法人や民事組合の管理の委任；
8° 基礎自治体の資金を投入できる公益法人か民事組合への参加の決定。

　1°から5°までの項目を対象とする行為については、国法違反と全体および地域圏の利益の侵害を理由に拒否することができる。よき行政の原則に違反するか全ての上級庁の利益に反している行為はそのように見なされる。6°から8°の項目を対象とする行為については、承認は国法違反しか拒否できない。

　県理事会はその証人の判断を求められる行為の全部か一部を承認するか承認の拒否ができる。県理事会は行為とその証拠書類の受理から30日以内にその決定を行う。この期限内に決定がなければ、ワロン政府への知事の上告がなければ、行為は執行される。その行為が承認の拒否もしくは一部承認の決定が対象となっている基礎自治体議会か基礎自治体理事会はワロン政府に上訴の申立ができ、政府が関係行為の全部か一部を承認するか承認しない決定をする。

5　県事務総長（回答資料）

その役割と給料か報酬？の質問への回答

　県事務総長は県議会と県理事会の会議に出席する。彼は議事録の作成とこれら両組織の審議の転写に責任を負う。彼は県の公印を補完し写しを交付する。

　事務総長は県の古文書を保管する。行政文書の閲覧がその責任の下で行われる。

県事務総長は県行政に影響する職員全体の頭である。彼は県と県庁の各種部課の仕事全体を管理する。

｛ヒヤリングでの説明：事務総長は議会と行政の仲介役である（他と同じ）。事務総長が行政施策を県理事会に提案する。事務総長の身分は地方公務員であるが、実質は政治職だといえる。｝

県議会は県事務総長の俸給をワロン地方民主制・分権法典の第１部第Ⅰ間第Ⅱ編第Ⅳ章第６条に従って最高級の等級の基礎自治体の基礎自治体書記の職務に連結した給料の等級の最低と最高の限度内（2007年１月１日のベース（税込み）の7,826.75ユーロの月収）で確定する。

6 県の所管事項（回答資料）

6．1 その主要なもの

｛補遺参照とあるが現物がない。｝

6．2 部局構成

補巻のⅢ-２リエージュ県組織図参照。

7 人事（回答資料）

7．1 職員数・常勤・非常勤別

現在、県の部課内で勤務する職員は3,456人（ベルギーのフランス共同体から補助金を受けていない人員）──常勤職2,954.88人に相当。この数字にはなおフランス共同体から補助金を受けている教育職の2,770人（2,600人が主要職、170人は副次職）の教育職を付け加えることができる。

7．2 最近の増減状況

その最近の増減に関する状況は現状から可能な限り減らす方向にある。

7．3 労働時間

労働時間は1980年９月１日から週36時間に固定されている。

7．4 公務員法制

(1)主な法令──中央政府と別個か（補巻のⅢ-３参照）

第Ⅱ章　県レベルの自治体

 {本県の}　非教育県公務員法（補巻Ⅲ-3）第10条以下が挙げられる。同条は、全ての肉体的精神的暴力、労働者への執拗な心理的性的攻撃といった利用者の面前での全ての差別行為の回避に加えて、特に忠誠義務、公明正大、良心的な職務の遂行、熱意、誠実および礼節を重視する。これらの義務は地方自治体内の職務階層のいかなる等級、資格もしくは地位であろうと県職員全員に課せられる。

 一般的にいえば、その分野に関しては、別々の当局か団体（基礎自治体、県、地域圏…そしてその上連邦国家も）にそれぞれに準備される法令は一種の《ベルギーの公職の一般原則》により、それに類似し、参加者となる。

(2)職階制の有無　回答は意味不明としていた。

(3)定年制の有無

 年金に関しては、われわれは県職員が公務員全員のために練り上げられた年金の一般的制度を所有しているということができる。細目にわたることはしないが、終身職の資格に任命された県職員は、なるべく早く60歳で退職し、名目の額が給与の平均に基づき設定される年金を享受する利益にあずかり、分子が許容される就職（＝給与と解任が同一視される職）年数を表し、分母が60歳（非教育職員については）か55歳（教育職員については）である確定的な分数により増やされる最低5年（平均5年）の間享受する。それにもかかわらず、一定の県職員たち（1988年以前に就職の非教育公務員たちと1989年9月1日以前に終身職に任命された教育県公務員たち）は優先制度を享受する：分子が50歳に固定される。

(4)労働基本権——団結権・団体交渉権・争議権の有無

 政府とその職員の労働組合との関係を規整する1974年12月9日の国法（補巻Ⅴ-1）と、{政府とその職員の労働組合との関係を規整する1974年12月19日の国法}その施行のための1984年9月28日の勅令（補巻Ⅴ-2）の適用。これらの本文は労働組合組織の承認と特権を規定している。これらの本文により規整される労働組合の規約は全職員（終身職、臨時職、…）に適用する。

 労働組合を、労働条件と職員の地位に関する協議について提案する措置に

参加させるための県のような地方自治体に開かれた二つの協議手続がある：
これは交渉と協議、討議の後で、取り掛かる諸問題に関する当局と労働組合の代表の間で共通の立場を勝ち得ようと試みる目的を持った手続である。二つの手続のどちらに頼るかは各種の媒介変数と特に関連諸事項（例えば交渉に付されるような：法令のような基礎となる規則、年金制度、…あるいはさらに労働時間；その代わりに、協議に依存して、土曜日か日曜日に当たる祝祭日の代償の休日の年間付与、一定期間の一定施設の休館、…）またはさらに手続問題（協議が当局の側ではどのような種類のどのような協定も同様に道義的ではない正当な見解に至ったときには専ら道義的な政策協定となる議定書の署名に至った交渉）の関数である。

ストライキ権は認められている（行政法規第101条）。全て同様にその他の権利も行政法規第7条から第9条に認められている（団結権と情報収集権、人事記録についての協議権）。

7．5　採用方法

(1)採用試験とその方法（回答は手続と資格としていた）

採用条件（国籍、市民権と政治的権利の享受、関係等級のために要求され、行政法規により明確に確定された肩書及び／又は資格の保持と）が行政法規で予定されている。

募集するために、広汎な呼び掛けに訴え、そこでは募集の一般的（さらに特別な）諸条件、提供される官職と候補者と認める期間とを記載し、ベルギー官報での公告と地域圏失業事務局での情報の対象とする。

与えられる官職を考慮して、法令により予定される諸条件を補充する特殊な諸条件の追加と法令により要求される一定の官職への制限とが県理事会により決定されることになる。

だが、募集の留保には、その後毎年1年延長できる有効期限がある。

(2)中央政府との相違の有無・相違点（回答は県域内各政府間の相違としていた）

募集手続は常に同じであるが、しかしながら責任ある官職については昇進

の方法により頻繁に就けるということに言及する必要がある。{この後補遺に事例の記載があるとしているが手元にはない。}

(3)昇進のメカニズムの有無・よそから連れてくるのか？（回答は昇進、昇給および異動としていた）

諸条件（少なくとも肯定的な評価、勤続年数、…）を尊重して、昇進、昇給および異動の機会と行政法規に予定された手続が昇進の二つの型（すなわち上級の給与表の等級が与えられる任命：同一水準の中での等級の上昇によるものと上級の水準を取得するもの）がありうる。人事異動に関しては、自発的な方法でか転勤でかさらには職権で部課のためにか行うことができる。これら各種の異動の型は行政法規により規制される（諸条件、決定するための管轄権、影響、…）。行政法規で決められた諸条件を考慮して、（給与表の）格付け引き上げもありうる。

(4)懲戒手続：懲戒のプロセス・裁判制度との関係（最終決定は行政裁判所か）

懲戒の目録に含まれる懲戒制度が課せられ、不確定の罰金効果があり、所管庁に固有で、規則正しく行える手続、…が行政法規により予定され、（契約）終身職員だけに使われる契約職員がおり、彼らに関しては労働協約についての国法に従う。

(5)人事交流：中央政府、共同体・地域圏、基礎自治体、EU、民間（回答は全く異なったものだった）

その官公庁の権限で、県は住民に一定のサービスを提供し、県の一定のサービスと施設がそのときから公衆との接触に持ち込まれる（住宅、学校教育、図書館、資料館、レクリエーション活動、および観光、ニュース放送、税業務、…）。

{これから後財政の前まではヒヤリング}

8 共同体・地域圏と県の関係

8.1 県の役割

一方で基礎自治体が合併により強化され、他方で地域圏・共同体政府への連邦権限移譲により県の役割が低下するのではないかとの質問への回答。

基礎自治体への監督権が県から地域圏へ移ったが、県の役割が低下したわけではない。移ったのは監督権のみで他は見直しているが、教育・文化・経済に果たす役割は大きい。技術教育はリエージュ県とエノー県が進んでいる。

連邦から地域圏へ移管されたのは公共事業である。連邦から共同体へ移管されたのは文化と教育である。住民にとってはどこがやれば一番よいかを考え、県か地域圏か再配分して補足しあいながらパートナーシップを組めばよい。教育は共同体では広すぎるので、県が地域に合った政策を提示している。

8.2 道路と道路標識

道路標識はつぎのとおりである。

　　A＝ベルギー高速道路
　　E＝ヨーロッパ（ドイツ・ベルギー・フランス）高速道路
　　N＝国道

ただし、重なり合うものもあって、その場合は二重標識になっている。

県道は20kmしかない。大きい道路は地域圏だし、小さい道路は基礎自治体が所管する。

基礎自治体道路の建設維持管理には地域圏が補助金を出している。

9 連邦政府との関係

9.1 財源付与の比重

連邦政府からは地域圏と共同体へ交付金が出され、歳入の26％を占めている。別に特別補助金として建物などの建設費について最高60％まで交付される。共同体へは学校補助金も交付される。

9.2 固有の自治事務への国（地域圏）の監督権

県予算、公務員給与、同昇任、広域連合予算はその承認がなければ執行で

きない。予算が不承認となるのは提出の遅れや前年度会計上問題があった場合などである。その場合は骨格予算を組まざるをえないが、人件費、業者への支払、光熱費などに限られる。ただし、実際は稀で、非常に早く承認を受けるように努力する。

同様に県は基礎自治体に対して予算と人事の監督権を有する。

10　基礎自治体との関係

県と基礎自治体が対立した場合は国務院へ行政裁判を提訴する。

県の合併問題は、地域圏内の各県は同一規模なので全く考えられないし、格差もない。ポーランドの例では格差が大きかったから合併へと進んだ。

県も基礎自治体の広域連合に入っているが、大きい基礎自治体の発言権が強すぎるのが弊害となっている。県内の3連合間に格差があるが、県に課税権があるので必要な補完はしている。

11　県議会議員の出自についての質問：基礎自治体の議員から県議会へ出てくるのか？

ある議員（Wanza）の例を挙げると、別の基礎自治体の第一助役だったが、基礎自治体の市長や助役が議員に出るのはよいこと、現場が分かる。

県議会議員はワロン地域圏の議員にはならない。だが、連邦議会議員は基礎自治体や県議会議員を経験していると地元のことがよく分かる。M. R. ランデス連邦副首相は元県議だった。

12　連邦の組閣難航について

組閣までにはどんなに時間が掛かってもよい。オランダも同じである（多極共存型民主主義）。

組閣の仲介者が国王から指名されて各党間の調整をしているが、その間は前の内閣がそのまま事務を継続している。

ワロンでは社会党（中道）とMR（リベラル）との差は小さい。

第2部　自治体現地調査報告

13　提供された資料（フランス語翻訳補巻Ⅲ-1～3）

県議会規則、県組織図、県公務員法、教育以外の県公務員法については補巻に収めた全訳のほか第1部第Ⅶ章にそれぞれ概要を紹介したのでそちらを参考にされたい。

14　財務行政

事前の覚書：*情報を提供する数値は2007年当初予算に関するものである。それには同額が収支計上される教員の補助給与に相当する101,040,695ユーロの額が含まれていないし、したがって予算の結果にいかなる転嫁もされていない。*

14.1　歳　入

(1)主な税収、その％、等々：

主な税は天引不動産税への付加税である：130,830.000€で、これは税収全体の94.14％、県の歳入の51.3％に相当する。その他の税と各種税は：8,148,036€、すなわち税収全体の5.86％、県の歳入の3.20％。

税収全体（付加税とその他の税）：138,978,036€で、県の歳入の54.56％。

(2)その他の県収入源：

・現物賠償収入：県から提供されるサービスから生じる収入もしくは土地売却収入で、35,634,377€、すなわち13.98€県歳入全体の13.98％。

・移転収入：財産管理とか事業（例：税、県債）その他の権限から生じる収入か資金。だが額は税の計算には入っていない（既に上記の詳細になっている移転収入の一部の資産にはなる）：115,745,169€、県の歳入全体の26％。

・公債収入：債券か財産から生ずる収入（例：配当金、貸方利息）13,886,689€、県の歳入全体の5.45％。

(3)県に配分される収入の比率

この質問への回答は不可能。

14．2　歳　出
(1)県の支出の主な領域
・人件費（給与補助金以外）（例：俸給、休暇賞与、雇用者分担金、等々）：161,045,773€、すなわち全支出の64.0%。
・事業費（部課の活動と関連する日常支出：例：電話、コンピュータ、…）39,949,038€、すなわち県の支出の全体の15.88%。
・移転支出：（公私の機関のための財源：例：補助金…）20,993,516€、すなわち県の支出の全体の8.34%。
・公債支出（負債の償還）29,519,136€、すなわち県の支出の全体の11.74%。

(2)基礎自治体への配分？
　だが県は基礎自治体にその中で展開されている多様な自発性を支援する包括的な予算割当額しか与えてはいない。主な活動分野は文化、スポーツ、教育、教養、健康、観光、…である。
　参考として、2006年の会計年度については、18,331,498€の予算に相当する3,694の活動のためにリエージュ県の84の基礎自治体に与えられた8,096の特典を列挙できる。県はまたこの額には入っていない様々な部課の任務を確保することを強調できる（例：教育職員の手当／PMS補助金）。

第3節　ナミュール県

1　県の概況（回答資料）

2007年7月版のナミュール県経済部企業課が取りまとめた『ナミュール県概要』によると以下のとおりである。

1．1　県　域
県面積――＝ワローニア面積の21.7%・ベルギーの12%。
基礎自治体平均面積96km²。

1．2　人　口
本県はベルギーでは最少県の一つ（2006年1月458,517人居住）。
ベルギー人口の4.4%、ワロンの13.4%。

人口密度平均125人／㎢なので同様に少ない。

最近15年間にかなりの人口増加（＋9.5％）をした一つとして知られている。

さらに青少年（0〜20歳）は全人口のおよそ25％を示す——わが国では特に高い数値。

長年にわたり当然「人間貯水池」としての存在潜在的な労働人口の確保やその当時の活発な経済に貢献。

人口の高齢化は全般的だがナミュールの平均年齢（39.14歳）はワロンやフラーンデレンの平均の記録よりは低い。

申告による本県の平均年収（23,377€）は地域圏の平均（22,230€）よりは高いが、全国平均（23,985€）よりは僅かに劣る。

一般的にはブラバン・ワロンに近い北部の基礎自治体はかなり高い収入を示しているがディナン郡とフィリップヴィユ郡など南部は「貧しい同族」のままである。

1．3　活力ある経済

経済活動の総量の占有率は特にナミュール郡内一帯が平均82％と高く完全もしくは完全に近いことを示す。

私たちの優れたインフラは外国あるいは国内の他の地域圏からやってくる企業にとって魅力を示す。

本県の粗生産はワロン平均の96.3％（2005年数値）の指標を示す。

ナミュールの織物生産は本質的に小規模の企業（50人以下）からなる。

無職登録失業者／TPEは私たちの県へ移ってきた企業の96％以上を示す。

1．4　雇　用

ナミュールの就業率（69％）はフラーンデレンの就業率（70.2％）に近いし、ワロンよりも高いそれに対して雇用率も僅かに高く同様にワロンやブリュッセルの平均よりも高い。

サービス部門も本県では高く評価され従業員については80％以上、自営業者で75％と少々。

第Ⅱ章　県レベルの自治体

失業者と雇用需要

「若年者」の失業率は本県では懸念がもたれる（20％以上）が、理論上は年齢区分をしなければならない。

高い活動力の者（25～50歳）が非常に高い率（合計61％）を記録した（2004年6月時点）。

2．1　県域（2）

(1)面積——3,666km²（ベルギーの12％）。

本県——ベルギーの県の面積では4位。

Luxembourg（4,440km²・14.5％）

Liège（3,862km²・12.7％）

Hainaut（3,786km²・12.4％）

ワロンの面積の22％少々。

基礎自治体平均96km²

最大はCouvin＝207km²とBeauraing＝206km²、続いてNamur＝176km²、Beauraing＝175km²、最小はSambreville＝34km²——その人口密度は県の最高。

(2)郡　域

比率——県内3郡

Dinant——　　1,592km²＝43.4％

　　基礎自治体15

Namur——　　1,165km²＝31.8％

　　基礎自治体16

Philippeville——909km²＝24.8％

基礎自治体　7

面積　再掲〚略〛

(3)人　口

ワロンの県の人口比率〚略〛

2006年1月のナミュール県は住民458,574人を数えた。

　　ルクサンブール（258,547人）、ブラバン・ワロン（366,481人）につい

でベルギーの最少人口県の一つ。

ベルギー人口の4.4%、ワロン地域圏の13.4%。

郡・基礎自治体

Namur郡——県居住者の64%が住む。

Namur市だけで23.4%——10万人以上の住民（107,178人・全国最多の市の8位）。

ナミュール以外は15,000人以上の居住者は5基礎自治体で、内4はナミュール郡（略）。

一つはPhilippevilleのもの。

15,000人に近いもの一つ（略）。

県の内ナミュールでは就業年齢（20～65歳）は全人口のおよそ59%を構成。

ここでは男女間（寿命の差の期待の理由）でさえもまた基礎自治体間でも大きな差はない。

概して二つの軸——PhilippevilleからÉghezéeの周りとGembloux からRochefortに位置する基礎自治体の間で比較的高い。

その代わりにBotte de Givetとリエージュ県に隣接する基礎自治体の間では比較的低い。若年者（0～20歳）は人口の±25%、すなわち特に高い数値を示す。

極めて長期にわたり「人間貯水池」の存在は確かに潜在的に活力のある住民の確保と当時の活力ある経済に貢献する性質となっていた。

高齢者（65歳以上）は県人口の16.4%を占める。

Namur郡は相対的に労働年齢の住民の人数が最多（59.3%）で高齢者は最少（±16%）。

Dinant郡は若年者は総人口の25%を超え、高齢者は同様に相対的に県内では多くの場所よりも人数が多い（17.3%）。

(4) 人口密度

全国・地域圏・県・郡 ［再掲・略］

3郡中Namur最高——251人——面積は31.7%。

第Ⅱ章　県レベルの自治体

Namur郡内最高密度の基礎自治体二つが見つかる。

 Sambreville   793
 Namur   609

逆にDinant郡南部には最低の基礎自治体が見つかる。

 Bièvre   28
 Vresse-sur-Semois 28
 Gedinne   29

(5)人口増加1990〜2006年

全国・地域圏・県・郡［再掲・略］

 Namurこの間第4位の高率＝9.5％。

  Dinant郡   ＋11.5％
  Namur郡   ＋9.1％
  Philippeville郡 ＋7.8％——最低だがそれでも全国平均や両地域圏平均を上回る。

全国＝＋5.0％　フラーンデレン＝＋6.2％　ワロン＝＋5.5％

特に確実な増加は本質的に残留移住者と結びついていて、自然増加（出生と死亡）はかなり副次的な事項の一つとなった。

残留移民の多さは新住民とかなり有利な影響力とにより本県が発揮する魅力を示す。

＝若年人口の強さに加えて同一地域圏内の中心的な経済や居住の発展の可能性。

主要な中心的居住地の大部分の人口増加は県平均を下回る。

その代わりに非常に大きな進展がかなり限られた非常に大きな基礎自治体の中に見られるが、一般的に人口密度は相対的に小さい。

(6)生活水準　2005年に実施した2004年のそれは全て前掲なので略。

3．1　経済活動の総計（2006年）

(1)事業所数・雇用数全て前掲なので略。

二つの表は本県の経済活動の活発な地帯での1990〜2006年における事業所

第 2 部　自治体現地調査報告

数と雇用数、併せて廃業記録の除去、あるいは2002年と2004年の間の類似の低成長、2003年に実行された最新の修正を示す［上述に同じ］。

　我々の地帯の平均就業率は82%。

　郡

Dinant	7 地帯	75.1%
Namur	16地帯	83.1%
Philippeville	3 地帯	87.7%

　それらの11地帯は飽和状態にある（＋90%）——うちNamur郡が 9 。

　県内の経済発展にとって大変重要なのは新たな地帯の創設か既存の地帯の拡張。

　(2)2001年＝2006年の商企業の明確な設立

　IWEPSの最近の報告によれば県内の企業の明確な設立の率は2001〜2006年の間に10〜16%の範囲内にあった。

　この比率は非常に低いわけではないが（10%以下）ワロンのかなりの高さ（20%もしくはそれ以上）には及ばない。

　［以下前述］ハイテク等。

　(3)雇　用

　　注意［同］

2004年 6 月30日の就業率／雇用率

　本県の就業率（69%）は地域圏（67.7%）やワロンの他県よりも高い。

　全国平均（68.7%）に近く、フラーンデレンの平均（70.2%）よりは劣る。

　Namur郡は最高の地位（69.4%）にある。

　雇用率の面ではNamurの状態（58%）はLiège（56%）やHainaut（52.7%）、Bruxelles（49.6%）ほどには深刻ではない。

全国・地域圏・県・郡別——［前掲］

産業別比率［前掲］

　本県ではサービス部門の重要性がはっきりと証明される。

雇用者・自営業者別の主要な職業の活動階層［前掲］

［雇用者人数別事業所の分類と数］2002．6．30［前掲］
郡別年齢区分別［前掲］
　［解説も繰り返し］
　⑷失業と雇用需要
［失業率／雇用需要］2004．6．30［前掲］
　本県（15.9％）はワロン平均（17.4％）やBruxelles（21.5％）より低く心配には及ばない。
　ただしフラーンデレン（8.1％）や全国（12.3％）の率よりははるかに劣る。
郡別年齢別失業率［前掲］
　若年者――34〜40％
　Philippeville郡は全人口の17％以上と高い。
［2004年5月〜2007年6月のナミュール内の状況］
　a）失業率／雇用需要［前掲］
　b）性別人数比較［前掲］
　人数がほとんど平衡を保つナミュール郡（男49.3％・女50.7％）を除いて女性の方が人数が多い（2007年52％）。
　c）年齢区分別人数の比較［前掲］
　2007年5月の人数の検証に限られているが、失業者全員中の若年者（〜25歳）の比率は懸念され（22％近く）、原則として最も活力のある年齢層（25〜50歳）は失業者中人数が最も多い部分（±60％）を構成する。
　d）教育水準別人数の比較［前掲］
　教育水準の低い層は高い（50％以上）。
　e）失職期間別無職失業登録者の人数［前掲］
　2年以上の失職者はかなりの人数（45％少々）。

2　県議会（2007．9．6）
2．1　議員定数・党派別構成（報酬／手当）
県議会　6年ごとに選出。

第2部　自治体現地調査報告

　専門の権限事項の必要に応じてそのつど集まる。

　予算と租税の投票、投資、県の教育、農業の奨励、住宅助成、文化問題、医療社会事業等県の利益と認められる全ての事項について決定権を持っている。

　県の法規の制定という規範ができるが県の日常の運営は県理事会に任せる。

　ナミュール県の住民は6年の委任で56人の県議会議員を選挙する。

　県議会の会議が県都で職権に含まれる事項について求められるたびにいつでも議長により招集される。

　知事は会議に出席権を持つ。

　なかんずく県の利益の管理は県議会が取り上げる。

　その管轄権は排他的に基礎自治体の利益とはなっていないものあるいは国法・地域圏法もしくは基礎自治体法により留保されているものに限定される。

　非常に広い定義では県にとっての可能な県の利益は県議会の創造性のお陰でまたあるいは県理事会（2006年までは常任委員会と呼ばれていたもの）の発議のお陰で多くの分野において活力があり冒険が行われた証拠を示す。

　県による発展の活動は非常に大きな範囲にわたる県の利益の管理の範囲で行われる。

　その最も重要な関与の領域の例として以下のものを挙げることができる。

　教育、社会的基盤整備と文化、公衆衛生、環境、人的援助、道路、河川、経済……

　各県は固有の必要性や需要に応じた活動領域によるそれぞれの特色を持っている。

2.2　議員報酬

県議会議員はいかなる報酬も受け取らない。

　手当は参加する議会もしくは委員会の各会議への出席手当が根拠となる。

　最大限1日の出席手当を受け取ることができる。

　同様に通勤手当の立替え分を払い戻してもらう。

　出席手当の総額は法律により決定される。

第Ⅱ章　県レベルの自治体

125€・指数138の高さ（2007年の半ばの支払価格では＋／－1.4を乗ずることができる）。

政党の指導者たちは毎月450€の固定的付加手当を受け取ることができる。

県議会議長は毎月＋／－4000€の一括手当の取り分を受け取ることができる。

２．３　県議会の会議

議会は議長の発議で少なくとも月１度は確定された１日の日程で集まる。

会議の場所は例外的な場合を除いて県都ナミュールに位置する。

２．４　市民の情報公開権と当選者の情報公開権利

県議会の行為は公開の義務に見合う法律に従う。

そのうえ市民や当選者は政治機関に質問する権利を持っている。

その権利は後に幾らかの要約を示す議会内の秩序維持規則により特別に決められた特別な手続きに従う。

議会内の秩序維持規則の抜粋

第５編　市民の情報公開権

a）文書による説明要求

第152条：誰もが文書による県議会と県参事会の討議についての説明要求権を持つ。

議会は次の公開の会期に口頭で回答することを決定できる。

さもなくば要求者の住所に文書で回答するなど必要な措置を講ずる。

b）県参事会への質問

第153条：

§１．県民は議会の公開の会議において県参事会に直接質問できる。

§２．この条項が意味する県民は県域内に在住の住所を有する満18歳以上の全ての者であり、したがって全ての者は県域内に局限された営業の本拠を置く法人と県域内に在住の住所を有する満18歳以上の自然人である。

§３．申し出る質問の全本文は県議会議長のところへ文書で提出されなけ

ればならない。

そして申し立てられた質問は受理されるが以下の条件を満たさなければならない：

1°　唯一人の個人により申し立てられる；
2°　質問の形で表明されるが10分以上発言はしてはならない；
3°　ワロンの県を組織する地域圏法の第32条にいう県の利益に関係する問題だけに限られる；
　　他の行政階層に関係する質問は万一の場合議長が関係ある議会か執行部に適切な手続に従って移送できる；
4°　一般的な範囲では特定の利益に関する質問は万が一の場合地方民主制・分権法典第28条によりあるいは議会のいずれかの委員会の検討により返送される；
5°　自由や基本的権利に反するものであってはならない；
6°　個人に向けられた質問であってはならない；
7°　専ら統計的性質の情報の獲得を目指すものであってはならない；
8°　文献調査の要求を指定するものであってはならない；
9°　司法的性質の意見（鑑定）だけを求めるのが目的であってはならない。

所管庁は質問を受理できる場合は１か月間で決定する。

不受理の決定は特に理由を付す。

この１か月の期限は７月と８月には中断される。

§４．質問は議長の招集した公開の会議で会議の最中に上述の第３項の与えられた時間内に発言をする準備をする規則を尊重してその質問が開陳される。

　質問の開陳は所管庁に提出され付された全本文から逸れることはできない。

　所管庁により討議のうえの機関決定に従って参事会により回答される。

　　質問は討議する（日・時間）期間に少なくとも15日前に通知され議

事日程の項目の終了に先立って質問への応答に2分間与えられる。

第6編　県議会議員への情報公開法

第154条：議会の会議の議事日程の項目は確定され十分に明確でなければならない。

それぞれの議事日程の項目に対しては付加する全ての関連書類が県議会議員が意のままにできるように事務総長により議事日程が送り届けられる。

事務総長は専門的情報を要求する議員たちに一件書類に出てくる文書の題材を提供する。

その要求は出向かずとも議会開会前に提供する責任のある公務員を指名できる事務総長に情報の要求を文書で示すか郵送によって行われる。

第155条：県行政に関係のあるいかなる記録も証拠書類も県議会の調査から逃れられないし、県知事あるいは県参事会に付与された任務に関係のある行為や書類も同様である。

県の公共機関や施設への入退場者の証拠書類となる記録簿を管理する。

記録簿や第1節に適用された証拠書類の写しが県事務総長に要求する県議会議員に交付される。

県議会議員は彼らの要求に対してその会議の開催後15日以内に県参事会の議事日程の次第や会議の議事録の写しを受け取る。

書面の要求は県事務総長に送られる。

第156条：県議会議員は県と併せて基礎自治体事務組合、非営利法人の管理機関やワロンの県の組織に関する地域圏法の第5編の適用される管理の計画もしくは契約を有する団体の予算・会計・議決について協議できる。

この協議の方式は管理の計画もしくは協定の中に規定されている。

第157条：事務総長が記録を保管する。

総長は県議会議員や県参事会が出向かずとも要求された証拠書類の全てを提出し必要な場合には写しを送付しなければならない。

総長は各議員に全ての写しを送付するがこれは県議会や県参事会の名前で伝達される。

第2部　自治体現地調査報告

　総長は出向かずとも議会もしくは参事会の記録や資料館や保管されている証拠書類に関心のある全ての者に情報を提供しなければならない。

第158条：県議会議員は県により設置され管理される全ての施設や公共機関を視察できる。

　議員たちは県事務総長に県参事会に対して必要な範囲で協議を行う文書による要求を送付する。

第159条：県議会議員は県と併せて基礎自治体事務組合、非営利法人と地方民主制・分権法典第2部第2編第Ⅱ章2巻第Ⅲ章の適用される管理計画もしくは契約を有する団体を視察できる。

　この視察の方式は管理の計画もしくは契約により規定される。

第160条：県議会議員は県行政の行為の分野について県理事会に質問を提出する権利を有する。

　国法もしくは地域圏法で決められた例外は別としてまた県理事会と協議する権限を損なうことなしに県議会議員はその権限を行使する仕方について県参事会により知らされる権利を持つ質問権は基礎自治体に関する行政監督や教会の領地の施設の証拠書類については行使できない。

第161条：県議会議員に県参事会への口頭の質問を提出するのを認めるために議会の開会の冒頭に毎回1時間確保される。

　ワロンの県組織法（地域圏法）を尊重して議長の判断で口頭の質問が認められる。

　時事問題について口頭の質問の提起を希望する議員は県議会開会24時間前にその原文を議長に伝えるか県参事会や党派の団長に直接伝達するかしなければならない。

　そのような場合には常任委員会代表が翌日公開の会議の時に回答しなければならない。

　時事問題に関する口頭の質問が会議当日午前9時前に議長に伝達された場合にはその日の公開の会議の時に提出され次の会議で回答される。

　時事問題に関する口頭の質問が会議当日午前9時以降に議長に伝達された

場合にはつぎの公開の会議の時に提出されその会議の時に回答される。
質問は簡潔な形で提出されなければならない。
議長の合意の上で発言者と党派団長は唯一度だけ簡潔に反問を願い出ることができる。
単なる統計的情報や数字に関する質問と回答は専ら文書回答を用いて文書で行われる。

第162条：議員は等しく県参事会に文書による質問を提出する権利を持ち、そしてその場合には就業日の20日の期間に回答しなければならない。
その20日の期間は7月と8月には中断される。
文書による回答への上訴の質問は県参事会議長に提出され常任委員会代表に移送される。
本条の範囲内で提出される文書による質問は本条を参照して表現をまとめなければならない。
この段落の適用される質問と回答は県公報や県のインターネット・サイトの回線セットで公開され、遅くとも3か月以内に質問の起草者への回答が送付される。

2．3　多数党――その構成と議員数
定数56人　6人の常任理事を含む。
2006年10月選挙以降
　　社会党（PS）18、MR17、cdH14、ECOLO 7
　　政権はcdHとMR

2．4　県議会議員（2007.7.11現在）――政党配分
｛全議員の氏名《略》・所属政党・選挙区《略》・職業｝

PS　　弁護士2、医学博士1、外科医1、大学教授1、社会監督官1、小学校長1、教諭1、党首秘書1、裁判官試補1、国会議員1、県参事会員1、社会保護司1、公務員1、従業員2、無職3

MR　　一般（内科）医1、小児科医1、獣医1、教員1、経済専門家1、県参事会員2、報道1、団体役員1、保険顧問1、監督官（工場）1、

第2部　自治体現地調査報告

　　　　保険監督官1、商人1、独立派1、従業員2、無職1　（県参事会員の1人は退職教員）
cdH　会社社長1、銀行管理職1、社会行政管理職1、社会行政官1、社会管理官1、工場技師1、民間技師1、A. Antoine大臣内閣補佐官長1、弁護士補佐1、獣医1、退職教授1、小学校教諭1、教員1、無職1
ECOLO　教育コンサルタント1、公務員1、社会管理官1、雇用監督指導官1、農業技師1、従業員1、無職1

　2．5　政党勢力の変遷（1946〜2006）

1946.2.27　60議席（〜1991まで・以後56）
　cdH26　PS25　MR4　PC5　（〜1949.4まで）
1949. 6. 26・50. 6. 4・54. 4. 11・58. 6. 1・61. 3. 26・65. 5. 23・68. 3. 31・71. 11. 7・74. 3. 1・77. 4. 17・78. 12. 17・81. 11. 8・85. 10. 13・87. 12. 13・91. 11. 24・94. 10. 9・2000. 10. 9・2006. 10. 20

cdH——20世紀一杯最高30〜最低17。
　　46〜61　26〜30議席。
　　65・77・78　21〜22議席。
　　それ以外は68〜94　17〜18。
　　2000・2006　13〜14。
PS——最高26（54・87）　25（50・58・61）　最低18（68・71・06）。
　後は安定だが、56議席になってから引き続き第1党ながら退潮気味。
MR——46〜61は議席1ケタ　65・68　急上昇16・18　71〜94　85の16を除き10〜14。
　2000・2006　17と最高。
後は小政党（PC以外）。
　　65〜81　RW（ワロン共和党？）　65＝3　68＝6　71＝14　74＝12　77＝5　78＝6　81＝4。

81〜　ECOLO入れ替わる　81・85・87は3議席　91以降94＝4を除き7議席維持

81のみUDRT　2議席。

91〜94　FN（極右・国民戦線）　91＝1　94＝2議席

ほかに各党得票率を2党ずつ比較したグラフ《略》

2．6　議長——選出方法・任期

職権

県議会の会議の招集

県議会の各会議の審議日程の確定

同僚議員の協力を得て県議会の審議の準備と調整

議員に発言を認め討論の的確な展開を保証する

県議会事務局の作業の指導（主宰）

県議会の会議中の秩序維持の監視

議長の署名により、事務総長の署名を添えて法規・命令・公文書・会議録が公示される。

指名

議長は指名会議の際に議員自身により選出される。

　議会の任期、すなわち6年選出される。

2．7　議会事務局

議長主宰の17人の議員からなる。

議会審議の準備に責任を持ち、委員会の作業を調整し、議員たちの様々な活動を組織する。

2．8　委員会

56人の県議からなる。

県議会の中では書類を調べたり集まって討議したりは全くできない。

6人——議会の構成員の一人により主宰され、常任理事会を構成する。

それぞれ異なった政党の構成員から構成される。

県内の有権者の要求に対して委員会は付された書類を調査し可能な政治的

手段によって判断する。

　それぞれの構成員はその政党の同僚と急速審理に責任を取る。

　第1委員会：医療社会事業サービスの運営、広報、対外と国際

　第2委員会：観光、環境、持続可能な開発、全般的事項

　第3委員会：県の人事と社会的事項

　第4委員会：教育

　第5委員会：文化、スポーツと青少年、シェヴェタンの県有財産、美術館業務

　第6委員会：経済問題、県財政と財産

　2．9　本会議の運営方法——読会制の採用の有無・議員同士の討論の有無《回答なし》

　2．10　一般県民の参加制度——傍聴以外・発案権・審議参加権・質問時間設定他

　《回答なし》

3　執行機関

3．1　県知事　Denis Mathen

［回答書A］

(1)連絡先：知事官房

官房長官　Jacqueline Focant

ワロン政府の任命

連邦内閣の助言を得てワロン地域圏の知事により任命される。

2人の政府執行委員（知事補佐役）の上にいる。

様々な法律の規定によってその資格と徳性を持ちそれによって地域圏や連邦の権限も行使する。

県内での国家代表であり警察行政官の資格も身に付けている。

(2)職　務

　a）安全の分野

第Ⅱ章　県レベルの自治体

知事は重要な管轄権限やそれと関係のある他の権限を行使する。

　ｂ）公共秩序の維持

地方レベルの長の権限を除いて知事は県内での適切な秩序と安寧の維持、例えば衛生や公衆衛生のような個人と財産の安全を見守る責任を負う。

そのために警察の規制を決定しまた連邦警察に上告できる重大な紛争や暴動の場合には軍隊の出動を要請できる。

　ｃ）警察業務

知事は多様な警察業務の間の協力を見守る。

地方警察所長の任命に意見を述べ警察管区の運営（予算、会計、公共契約、人事）への固有の監督を行使する。

　ｄ）犯罪予防

知事は犯罪を招く現象（麻薬、泥棒、車の盗難）への反対運動の自発性を奨励し、行政官庁、司法機関、関係諸機関の間の協調を手助けする。

　ｅ）道路の安全

道路の危険を利用者に自覚させ責任感を持たせるために知事の役割は広報活動のキャンペーンや事故防止対策の推進にある。

特に重点は初等中等教育課程の間に多くの若者に関心を持たせるために社会環境に置かれる。

　ｆ）銃規制

知事は武器の所持の許可権や同様に武器製造業者と収集家の所持の許可権を持つ。

　ｇ）市民の安全

関係官庁や機関の多領域的再編委員会の援助を受けて危機管理計画を策定し大惨事あるいは大災害の場合の救援を調整するのが知事の役目である。

市民の安全のために知事は財産や個人の徴発を行える。

知事は基礎自治体の危機管理計画を承認する。

自然災害の場合には知事は損害補償の予審をする。

同様に知事は人が大勢集まる重要な行事（スポーツ、文化あるいは祭り）

の警備配置を決定しなければならない。

　h）消防業務

　知事は消防の組織（消防群の地理的配置、組織規定の承認、消防官の任命等々）と運用（基礎自治体の財政分担の決定、装備補助金の配分、救援地域の構成と検査等々）に関与する。

　i）公共の秩序関係事項

　パスポート、特別保護の承認、スポーツカー、爆発物、公衆衛生警察。

　j）一般行政の分野

　安全の領域の職務とは別に知事は地域圏あるいは連邦政府の会計、とりわけ次の分野の職務の統一も検証する。

- 市長候補の提示
- 基礎自治体選挙の責任に対する懲罰手続
- 県当局（県参事会、議員団）の決定の合法性の監督
- 選挙の組織と調査
- 基礎自治体と基礎自治体事務組合（C.P.A.S.）の収入と支出の実行に責任を負う地域圏の収税官の指導と統制
- 基礎自治体事務組合（C.P.A.S.）とカトリック教会の建物への配慮と監督

［回答書B］

　知事は連邦・基礎自治体・地域圏の多くの法令の執行に責任を負う。

　知事は県内で地域圏と国を代表する。

　実際には知事自身は国の諸制度全体の一部に位置し、自己の県と基礎自治体の利益や連邦・共同体・地域圏の各当局の利益になるように行動する。

　知事の職務は元々その多面性によって実際は特別扱いされる交渉相手は数多くの公的はもとより私的な諸機関や同様に単独もしくは団体とか企業に結集した市民たちである。

　知事は連邦内閣の助言を得て地域圏政府によって任命される。

第Ⅱ章　県レベルの自治体

基礎自治体・基礎自治体事務組合・警察管区・教会建築財団に関与

知事は基礎自治体・基礎自治体事務組合・教会建築財団・警察管区により提供される数多くの行為に関して規則正しさを監視する使命を発揮する。

知事は助役を懲罰に掛けられる。

知事は同様に財務訴訟に関して管轄権を行使する。

知事は20の基礎自治体、28の基礎自治体事務組合、5つの警察管区の財務管理を確保する地域圏の収税官を任命し、指揮し、監督する。

県の生活への関与

知事はワロン政府の代表として県理事会の会議に出席するが管轄権に関するものを除き協議にも審議にも発言権はない。

さらに、県議会の会議に出席し、そこで発言権を行使できる。

県理事会あるいは県議会がその権限を越えもしくは全体の利益を侵害する決定を行ったとき知事はその決定に対抗して上訴する。

安寧と公共の秩序

知事は警察行政官庁として公共の秩序に関して責任を負う：すなわち

安寧、個人と財産の安全、共同体の特権を尊重した衛生；

その分野に関しては知事は郡長を介して2次的である。

知事は火災や危機の際あるいは大災害の予防の範囲で地域圏の事務の組織に貢献し、緊急計画の作成や活動の配置に関して、また例えば「危機後」の管理による救援の連携に関して直接関係する。

紋章と槍の穂先

公私の団体の生活に接触する時点では国の全ての県において知事は自らを専ら上級官庁を代表する公的な役割のみに限定するわけではない。

知事は県と県民の利益を象徴するよう心掛けている。

同様に商業や経済、文化や芸術、衛生やスポーツ、さらにその他の事項など種々の分野において知事は一般的にその県を具現化し、危機の際の利益の擁護を発揮し、市民、団体、企業の発展に必要なことが明らかなときに槍の穂先になる。

とにかく住民もしくは役所に関心を持たせ協働作用を喚起するのが知事の日常の宿命である。

ワロン地方民主制・分権法典

ここで同法第2部第Ⅱ巻第Ⅰ編第Ⅱ章第46条から第55条までの知事に関する部分が提示されたが、省略補完に譲る。

県　法

県法第104条（知事は管轄権限の任務を遂行する常任の代表である時を除いて審議に発言権を持たない―1997年6月25日の法律第30条の1°―2006年7月13日の宮内大臣通達）。

知事の職務

常に政府はその管理する多様な管轄区域においてその付属機関の存在の必要を感じている。

したがって政府は議員を補佐し、あるときは巡回し、あるときは特定の地区を指定し、その決定の執行を監視する責任と、ごく一般的に彼に代わって行政を行うこととをそれらに任せてきた。

ごく自然に別の形の事実上の代表として生じる使命を遂行し、管轄区域内の社会経済的実態に組み込まれて、政府の代理人はすぐさま政府に対して基礎自治体とその住民の熱望の代弁者になる。

したがって政府委員、すなわち知事の任命そのものは治者と被治者との間に安定した関係の流れの橋渡しに位置する。

一般的に私たちの穏当な考えに立てば機能する管轄権の検討の前に私たちの国の現在の制度の中に知事の職務の本質を位置づける。

ベルギーの初期には知事は法律により任免され、県段階での中央国家の官職と併存していた。

私たちは職務の性格に二つの主要な要素を認める：

一つは彼に由来する執行権との関係と彼への一定地域の決定とが特に指摘される；

いま一つは本来県法による確立が見出される例えば一行政区への愛着観の

第Ⅱ章　県レベルの自治体

強化である。

　だが1980年の制度改革法に続いて県法（第124条）が反対の規定がある場合を除いて一般行政の国法や命令だけでなくさらに共同体や地域圏の執行権に関する地域圏法や命令についても県域内で責任を持つことを明確にした。

　したがって中央政府の公務員の残りのもの全てについて知事は同様に他のレベルの執行権に権限を任せられることを確認した。

　そのようなわけでその職能はわが国の新しい政治行政状況の枠内にあり特に連邦政権の強化に始まった発展に含まれる。

　当然の成り行きとして連邦の国家体制の中で地方行政組織は連邦実体に依存するといことは辻褄が合っている。

　Lamberont協定の結果2001年7月13日の国の特別法はその区域が一定の重要な段階を越える場合に基礎自治体と県の組織編成を地域圏に移した。

　したがって2002年の1月1日以降、県法は、そしてとりわけ知事の職務の根拠に関する構成配置はそれ以来ワロン地域圏の管轄権限内に入った。

　しかしながら、それ以来知事は連邦政府のワロン執行部の上位にあり役割を任されている。

　原則として両極の機能関係は2001年7月の特別法の趣旨の中に見出される。

　確かにあれこれの知事の任免計画はワロン政府が、ただし連邦大臣会議の《全会一致》意見に基づき立ち上げる。

　肝要なのは特定の事項ごとにその価値を際立たせる手順であり、執行部代表としての特別な性格の職務を維持するという立法部の意向に関しては非常に明確である。

　同様にその同じ手続の独創的な強化の確認を付け加えることができ、さらに彼らを直接補佐しその必要な協力者たる郡長にも適用できる。

　異なった執行権との機能的階層的関係の特殊性に言及した後で、私は知事の職能の構成要素：すなわち属地性に早速立ち戻りたいと思う。

　疑いもなく理の当然として私が今言及したばかりの法律学の奥義についてのやや不明瞭な認識により県と知事とを結び付ける公共を最もよく表現する

のではないか。

知事に関連の情報としてのナミュール県の説明

- 人口44万人
- 3,600km²
- 行政上の3郡（Namur、Dinant、Philippeville）
- 38基礎自治体

制度のレベルでは二つの理由から恩典の観念がある。

一方では各種の権限の行使の中に例えば地理的空間を限定するレイアウトに見出される。

他方では法律が知事自身に県の制度を組織させる。

したがって知事は県議会の会議に出席して発言権を行使できる。

したがって知事は常任代議員団を統率し審議に参加することを考慮する必要がある。

しかしながらこの最後の点だが1997年6月の県法の改正以来明確にするよう求められて知事はあれこれ管轄権の任務の遂行を約束されている時を除いてもはや議員たちと討論する発言権を失った。

この分野では投票が可否同数の場合には決定拒否を避けるために同様に裁決権がある。

この措置はとりわけ基礎自治体課税に反対の訴訟事件とか選挙訴訟等に適用される。

そこには地域圏政府の代表、県政府機関、それに連邦政府からの委任が同様に二つの構成要素との関係の県知事の職能の性質：組織関連と領土性を私としては若干の言葉で恐らくやや形式主義を伴うが図式化できるものがある。

もしも今貴方が私の職能の若干の側面の考察をしつこいまでに強く望み、私も望むならば、一方での法律もしくは規則の本文により私に付与される特定の権限と他方での知事自身の発案に属する行為とがある。

したがって最初に法律もしくは規則に基づく権限の一覧を見る。

公道上の自動車競争の許可により通行量の増える薬局移設の特別保護の認

第Ⅱ章　県レベルの自治体

可のように私の意図は常に私の執着ではなくどちらかといえば一般的なテーマの中でその中の幾つかを引き合いに出して職務のそれぞれの網羅的な一覧表を作ることにある。

そして一般的な秩序維持の権限により県内での異なった執行権の国法、地域圏法、命令の執行を知事に任せることについて私はすでに言及している。

私はともかく県域の財産に含まれる全ての保護の重要性を喚起する。

一例として私は例えば含まれた異なる機関レベルの全体とともに、投票の一貫性、選挙の問題を挙げる、武器製造の許可、武器の所持もしくは携行の許可を含む火器の規制の実施。

3．2　県理事会（collège provincial）

6人の理事会員で構成。

県の日常の管理の確保。

理事会員は議会の投票による多数派の協定により存在する。

多数派の協定の投票は自動的に理事会の選挙に伴う。

県理事会は県議会の執行機関を構成する（特定の推薦と見なされる）。

県の日常の運営を確保する。

理事会は県議会により指名された議長により主宰される。

理事会員政党配分の変遷

	理事会員数			議席数		
	cdH	MR	PS	cdH	MR	PS
1946		1	5	26	4	25
1949	4	2		27	9	20
1950	5	1		30	5	25
1954		2	4	26	8	26
1958		2	4	28	7	25
1961	4	2		27	8	25
1965	3		3	22	16	19
1968	3		3	18	18	18

415

年						
1971	3		3	17	11	18
1974	3		3	18	10	20
1977	3		3	21	12	22
1978	3		3	22	11	21
1981	3		3	17	13	21
1985		2	4	18	16	23
1987		2	4	17	14	26
1991		2	4	18	12	22
1994		2	4		18	13	19
2000		2	4		13	17	19
2006		2	4		14	17	18

3．3　事務総長（greffier provincial）　Daniel Goblet

県議会任命の公務員。

県理事会と県議会の事務局長、会議に出席、討議の経過を起草し記録する。

同様に多くの市民にも当選者にも提供する情報を管理する公務員。

市民の場合は相談に訪れる人々への情報の提供。

県議会により指示された権能は特に県の官印・文書の保管責任、法令の規定を尊重することにより理事会の決定や一般的な決定を記録した記録簿の管理、県理事会や県議会の決定の的確な準備と執行、県の全ての文書への署名。

県の人事の統一に責任。

政府委員の多くの会議の補佐。

公務員の長として行政事務を指導する。

3．4　理事会構成員の紹介

議長　Dominique Notte

第1委員会：医療社会事業サービスの運営、広報、対外と国際担当

より正確にいえばつぎの業務：人的資源管理、監査と経営補佐、医療社会事業行政、地域圏医療センター、住宅と融資、広報、対外・国際関係

会員　Jean-Marc van Espen

Namur選挙区・ベルギー国立銀行エコノミスト・MR

第2委員会：観光、環境、持続可能な開発、全般的事項担当

より正確にいえばつぎの業務：情報処理と電気通信、環境と持続可能な開発（「前知事René Close」基金、CHRM、科学委員会）、危険・公害・環境汚染企業の監督、国土と都市計画の調整、技術業務、基礎自治体の事務事業、河川、教会の建物の監督、天然資源の監督、I.N.A.S.E.P.、公共市場、全般的問題、選挙訴訟、農業、観光、その他の政治的社会的活動：県経済局長、ナミュール県観光連盟会長

会員　Maryse Robert-Declercq

第3委員会：県の人事と社会的事項担当

より正確にいえばつぎの業務：教育以外の県人事、人事の社会問題委員会、S.P.A.F.、予防業務、l'H.A.P.E.T.、県営食堂、C.A.R.P.、雇用促進、「前知事Emile Lacrix」基金、S.P.A.S.、宝くじ

会員　Jacky Mathy

Philippeville選挙区

1946. 4. 9生まれ

退職教員、MR、Mariembourgの専門教育職

第4委員会：教育担当

より正確にいえばつぎの業務：県教育人事、各種学校、教育研究所、研修所、史料センター等

会員　Martine Jaques

Namur選挙区

第5委員会：文化、スポーツと青少年、シェヴェタンの県有財産、美術館業務担当

より正確にいえばつぎの業務：文化遺産図書館、記念碑と景観、県立美術館、政教分離と宗教、20に上る各種団体役員

会員　Gilles Mouyard

Gembloux選挙区・自営業・MR

第6委員会:経済問題、県財政と財産担当

より正確にいえばつぎの業務:県財政(会計、租税、予算)、租税訴訟の監督、ナミュール城、遺産と保険、監督(人事:基礎自治体・基礎自治体事務組合、制度と警察)、監督(財政:基礎自治体、基礎自治体事務組合)、カトリック教会の建物、制度と警察、森林と狩猟、基礎自治体の財政、基礎自治体の公社、経済問題——中流階級

第Ⅲ章　基礎自治体

第1節　リエージュ市

　以下の市の概況はリエージュ市から提供された2007年1月29日発行の『戦略上の計器板・都市再生計画策定と見解2007年〜2015年』の中の「都市・気風」による。

1　人口と家族構成
1．1　人　口
　2002年〜2006年　18万4984人→18万6805人　微増
　　1989年＝約20万人　その後1996年までに19万人に2000年以降18万5〜6000人
　2006年　男9万1244人　女9万5561人
　　ベルギー人　15万6588人　ヨーロッパ国籍1万7916人　それ以外1万2301人　登録待機登録者　4,017人
　2006年年齢構成
　　0〜19歳　　3万8794人（20.8％）
　　20〜39歳　　5万5137人（29.5％）
　　40〜59歳　　4万9814人（26.7％）
　　60〜79歳　　3万3102人（17.7％）
　　80歳以上　　　9,958人（5.3％）
　　高齢化率　110.9
1．2　世　帯
　2002年〜2007年　9万5658→9万9532（＋3,874）
　2007年世帯構成

第2部　自治体現地調査報告

　　　1人世帯　　　5万3522（53.8％）　　5年で1.8％増
　　　2人世帯　　　2万4467（24.6％）
　　　3人世帯　　　1万0340（10.4％）
　　　4人世帯　　　　6,650（6.7％）
　　　4人以上世帯　　4,553（4.5％）
　2007年単親世帯
　　父親　　　1,292
　　母親　　　9,354

2　雇用と収入

2．1　雇用率／市レベルでの雇用需要率
　雇用率
2000年〜2004年
　　合計　48.8％→47.8％　ほぼ横ばい
　2004年
　　　15〜64歳　男53.2％　女42.1％
　　　50歳以上男女　42.7％（2000年39.5％）
　　　15〜25歳男女　21.7％（2000年22.3％）
2．2　雇　用
(1) 2000〜2003年
　　賃金労働者数　　　9万3913人→9万6314人
　　自営業者数　　　　1万0785人→1万1078人
　　市域内就業者数　　10万4698人→10万7392人
(2) 2002年主要部門別リエージュ賃金労働者割合（％）
　　教育　　　　　　　　　　　24
　　行政　　　　　　　　　　　16
　　保健衛生―社会福祉活動　　15
　　商業・宿泊・料飲　　　　　13

その他の販売業　　　13
工業　　　　　　　　10
その他の公務　　　　 9

2．3　収　入

2001会計年度→2001会計年度

居住者平均　　€9,580→€1万350

申告平均　　€2万1474→€2万2345

3　清掃と環境

3．1　清　掃

(1) 2000〜2005年

		2000年	2005年
黄色袋（可燃物）	合計トン	46,145（100％）	50,514（109.46％）
	住民1人当たりkg／年	235（100％）	272（115.74％）
青色袋（不燃物）	合計トン	4,499（100％）	3,805（86.80％）
	住民1人当たりkg／年	24（100％）	20.5（85.42％）
紙・段ボール	合計トン	11,657（100％）	12,388（106.27％）
	住民1人当たりkg／年	62（100％）	67（108.06％）
ガラス	合計トン	5,498（100％）	5,314（96.46％）
	住民1人当たりkg／年	30（100％）	29（96.4％）
不法投棄	合計トン	3,792（100％）	2,188（57.61％）
	住民1人当たりkg／年	20（100％）	12（58.66％）

警告通知　2002年5,033→2004年6,220

(2) 不法投棄の重量（住民1人当たりkg／年）の推移（％）

2000年20→2001年45→2002年45→2003年19→2004年16→2005年12

(3) リエージュの残留廃棄物黄色袋回収の住民1人当たり年間重量（kg／年）の推移

1996年399　1997年384　1998年375　　この後激減

1999年212→微増ながら250〜270で推移→2006年253

4 移 動

4．1　車保有数

2000年20万台→2006年22万7000台

4．2　負傷を伴った交通事故件数

2002年926→2006年799　漸減

4．3　交通事故による負傷件数

2002年1,105→2006年967　漸減

4．4　交通事故死件数

2002年7 →2004年20→2006年7

4．5　鉄道利用者数

2001年1万5100人→2005年2万1100人　急増

4．6　沿道駐車条件付地点

2004年まで0 →2005年1,000→2006年1,150

4．7　自転車に限定の条件付一方通行（SUL）

2002年2 →2004年299→2006年330

4．8　自転車専用保護道路延長（km）

2003年20→2006年42

4．9　市中心部自転車利用者数

2004年305→2005年472

4．10　PMR適用の歩行者専用道路数

2002年30→2006年300

5　経済活動と不動産業

5．1　経　済

(1)営業中の会社数

2000年10,443→2003年9,901→2005年10,018

(2) 会社新設数

   2000年897→2005年1,044

(3) 破産会社数

   2000年226→2006年223　1999年255が最高・2002年173が最低

5．2　不動産業

(1) 住居専用住宅

   物件平均販売価格　2004年€77,133→2005年€90,013→2006年€102,689

   順調販売件数　2004年1,747→2005年1,588→2006年1,116

   販売価格変動　2004年100%→2005年＋17%→2006年＋14%

(2) アパート・ワンルームマンション・フラット式共同住宅

   物件平均販売価格　2004年€6万9031→2005年€78,016→2006年€90,252

   順調販売件数　2004年824→2005年736→2006年549

   販売価格変動　2004年100%→2005年＋15%→2006年＋16%

(3) 小売商店・商業施設

   物件平均販売価格　2004年€158,606→2005年€145,773→2006年€179,964

   順調販売件数　2004年161→2005年254→2006年184

   販売価格変動　2004年100%→2005年－8%→2006年＋23%

(4) 建築地所

   物件平均販売価格　2004年€33／㎡→2005年€36／㎡→2006年€46／㎡

   順調販売件数　2004年113→2005年126→2006年46

   販売価格変動　2004年100%→2005年＋9%→2006年＋28%

6　土地占用

6．1　土地占用の主要な種類

(1) 造成地	ha	%
宅地	1,680	24.5
商業・事務所・サービス業占用地	189	2.8
公共用地・共同施設用地	536	7.8

第2部　自治体現地調査報告

レジャー用地と都市緑地	545	8.0
農業用建物用地	12	0.2
工業・手工業用地	459	6.7
採石場・荷下ろし場・荒廃地	43	0.6
交通施設用地	91	1.3
その他の造成地	36	0.5
小計	3,591	52.5
(2)非造成地		
永続耕作可能・耕作地	459	6.7
牧草用地と農業未開墾地	586	8.6
森林	437	6.4
半自然環境地	233	3.4
湿地帯	0.4	0
水面	1.8	0
小計	1,717	25.1
(3)所有主不明の自然地	1,535	22.4
合計	6,843	100.0

6．2　都市計画整備地域

表54　都市計画整備地域

都市計画整備地域	優先的整備地域	中期整備地域	長期整備地域	合　　計
住居地域	4 地域 100.5ha	9 地域 83ha	6 地域 80.66ha	18地域 264.16ha
住居地域 ＋経済活動混合地域	1 地域 25.65ha	2 地域 73.27ha		3 地域 98.92ha
経済活動混合地域			1 地域 10.98ha	1 地域 10.98ha
住居地域 ＋工業活動混合地域		1 地域 15.66ha	1 地域 0.35ha	2 地域 16.01ha
合　　計	5 地域 126.15ha	12地域 171.93ha	8 地域 91.99ha	25地域 390.07ha

7 住居と建築許可

表55 住 居

住　居	2000	2001	2002	2003	2004	2005	2006
住宅新築数	105	82	122	98	167	107	141
新たな住居数	248	178	292	278	438	387	334
新たなアパート数	172	110	201	207	321	319	235
住居新築数	76	68	91	71	117	68	99
居住可能床面積（㎡）	22,716	16,070	26,121	26,317	38,005	32,082	34,933
住宅改築数	285	275	255	310	336	310	371
非居住用建物新築数	41	32	34	27	14	24	41
非居住用建物改築数	50	64	57	58	45	51	67
新築建築許可数	136	113	155	125	180	131	177
解体建築許可総数	15	23	22	32	59	39	33
改築建築許可数	331	332	301	366	380	360	426
建築許可書交付総数	482	468	478	523	619	530	636

7.1 住 居

	2004	2005	2006
福祉・類似住宅数	8,386	8,499	8,439
小住宅課税数	6,198	6,764	8,100
家賃許可数		1,125	1,536
免税・緊急住宅数	23	23	42

8 観光宿泊と文化交流

8.1 観 光

(1)ホテルその他宿泊型宿泊数

2001年33万6913人（100％）→2005年34万2333人（101.6％）　5年間横ばい

(2)宿泊場所数（ホテル・公共観光施設等）

2001年17→2001年17　2002年19

(3)宿泊収容力とベッド数

2000年2,223→2001年2,133

(4) 市立美術館有料入館者数

2000年 2万192人（100％）→2005年 1万6818人（83.2％）　2002年以降45〜50％

(5) 市立美術館無料入館者数

2000年 3万5858人（100％）→2005年 2万8543人（79.6％）

9　社会的統合

9．1　統合収入受益者数

2000年4,768人（100％）→2006年6,458人（135.5％）　急増

　　男2,363人（100％）　→　　　3,071人（129.9％）

　　女2,405人（100％）　→　　　3,387人（140.8％）

9．2　CPASによる就労許可件数

2001年184人→2006年555人　激増

10　教　育

10．1　市域内の全ての教育機関（そこには大学も含まれる）に出入りする学生／生徒数

2000〜2001　　8万6962人（100％）

2001〜2002　　8万6884人（99.9％）

2002〜2003　　8万6872人（99.8％）

2003〜2004　　9万0194人（104％）

2004〜2005　　9万0194人（107％）

10．2　リエージュ大学に出入りする学生数

2002〜2003　　1万3378人（100％）

2003〜2004　　1万3568人（101.4％）

2004〜2005　　1万4003人（104.7％）

2005〜2006　　1万4831人（110.9％）

10．3　市立学校に出入りする学生／生徒数

2000～2001　2万4052人（100％）
2001～2002　2万4221人（101％）
2002～2003　2万4211人（101％）
2003～2004　2万4758人（103％）
2004～2005　2万4892人（103％）
2005～2006　2万5540人（106％）

第2節　ナミュール市

まえおき

本市については、まずヒヤリングの内容を説明し、ついで日本との比較ができるように、当初予算の全文と行政報告の目次（全文の飜訳は終えているが余りにも膨大な量なので目次と項目名だけにする）を掲載する（いずれも原文はフランス語）。

Ⅰ　ヒヤリング

1　1977年の市町村合併

1．1　中心都市ナミュールの位置

本市は、1977年の全国一斉の合併時に、25の基礎自治体が大合併して、人口は旧ナミュール市の3万人が現在は10万7000人に激増した。

ここはワロン地域でも他とは違って、以前産業は農業が主体であり工業が存在しなかった。この点で、エノー県のシャルルロワや前述のリエージュが工業中心地であるのとは対照的であった。ところが、1970～80年代に若干様相が変わり、中小企業や第3セクターが増えた。また、70年代にワロン地域圏が誕生するとその首都になり、庁舎が建設され、それとともに雇用も数千人発生した。

一方、ナミュールは、背後に風光明媚なアルデンヌ地方を擁するとともに、町自体も観光の面で二つの魅力を持っている。一つは、サンブル河とムース河の二つの河川が合流して美しい景観を形成し、二つ目にはその河川を見下

ろす城壁が人気のスポットとなっていることである。しかも、フランス・オランダ・ドイツ・ルクセンブルクの真ん中に位置するという地理的立地条件にも恵まれている。

1．2　新市の一体性確保

市議会は議員47名で構成されるが、合併した所の代表たちは結構頑張っている。例えば、旧タンプールは農村で過疎化しているが、ここの議員は新市議会でも様々な提案をして活発に活動している。

旧ナミュールには市役所があって元々商業や駅など様々な機能が集中していたし、また教育機関も小学校から大学まで存在して合併地域全体に対して凝集力が強い。

また、各基礎自治体の旧庁舎にはそれぞれに機能別に新市の各部局を配置し、一体性の確保に努めている。例えば、旧ナミュール市庁舎には新庁舎ができるまで市庁舎を置き、旧サンジェルベ市庁舎には社会保障の部局をまとめて設けた。

1．3　合併の長短

合併の長所としては、基礎自治体議員数の減少により政治的に無駄が省けたこと、国際的な映画祭といった好評の大きなプロジェクトが実施できるようになったこと、ワロン地域での重みが増したこと、さらに県との関係でも県全体の人口比25％となったことにより発言権を強めたことなどが挙げられる。だが、短所としては、周辺部はほったらかしにされているとの不満が強く、特に道路の補修や照明が中心部に偏っているといった批判が聞かれる。

1．4　職員数の増減

一方、25市町村に分かれていた時より新市の職員数はかなり増加して1,500人になった。これは新しい仕事が増えたことによるもので、特に清掃は従来はやる所とやらない所があってまちまちだったが、全部統一的に実施することになって広域連合で公社を設置し焼却場を新設して週1回収集するようになり、ワロン地域では先駆的な技術を誇っている。また、従来は小基礎自治体など職員1人で書記3人の所もあり、何も仕事らしい仕事ができな

かったが、現在は市に人事局を新設して相応の人員を配置したり、あるいは広報などインターネットでも小基礎自治体ではできなかったのが可能になったりしている。

2　市議会
2．1　党派別構成
全議員数47名の党派別構成はつぎのとおりである。
社会党（第１党）15名（前回18名）
cdH　　　　　　13名
ECOLO　　　　10名
MR　　　　　　９名（同10名）

2．2　市議会の弱点
　その特色は多党分散で共通の軸がないことである。このため、県知事をcdHとECOLOが責めて現在訴訟中である。また、今回MRの女性議員が社会党との協定に署名を拒否し、連携は非成立となった。１人でも反対があれば成立しないが除名もできない。原因は社会党の内紛にあり、それを一新しようという機運がない。このため、市としては大きなプロジェクトを組めず、弱っている。

2．3　議長の選出方法
　議長は与党の最大政党から選出、市長となるが、任期は議員の任期と同じ６年、特別多数決による不信任以外辞任はしない。毎回選挙の10月の後の12月第１月曜日に就任する決まりとなっている。

2．4　委員会制
　市議会は、助役を与党３党から各３名、計９名選出し、市長を加えて10名で理事会を構成し、10の委員会をそれぞれ分担する。助役の担当は、例えばエネルギー・城壁・国土整備等であるが、委員会の委員長は別にいる。

2．5　会　議
　市議会の本会議は年10回程度開催される。本会議での議員同士の討論は許

されるが、議員の討論相手は通常は市長と各委員長である。

委員会には採決権はないが本会議での反対もない。

理事会は毎週火曜日に開催される。

2．6　一般市民の参加程度

市民は理事会に書面で事前通告をして回答を求めることができるが、事例は過去6年間に1回あっただけ、過去30年を採っても2～3回にすぎない。

市民の発案権は、有権者1,000人以上で認められるが、これまでに1回もない。

直接請求は人口の30％以上でできるほか与党からも謀れる。

3　県の監督権

以前は県知事は国王の代理人だったが、現在は地域圏の代表に変わった。強い監督権を有しており、卑近の例では2007年度予算を赤字を予定していることを理由に県知事が拒否して差し戻し、税収増と歳出削減を行わせた。

市職員の給与は地域圏の基礎自治体法、現在はワロン自治法で規定され、事務総長の給与が基準となり、人口8～15万人の市では4万2700～6万2000ユーロとなっている。なお、市長の給与はその120％である。

4　フラーンデレンの独立志向

地域（地域圏）の国からの分離・独立については、ワロンではごく一部の者が主張しているにすぎず、大半は連邦のままでよいと考えていると思う。独立は北（フラーンデレン）が叫んでいるだけである。

5　組閣難航について

国王の任命する仲介者は、1回目は「情報提供者」(informateur) と呼ばれ、今回はMR党首が務めたが、2回目は「組閣担当者」(formateur) と呼ばれ、cdH党首、3回目はやはり組閣担当者（expromster ?）と思われるが、同じくcdH党首で、不首尾に終わった（調査時点）。

第Ⅲ章　基礎自治体

Ⅱ　ナミュール市2007年度予算

Ⅰ　**結　果**

1　**前会計年度**

2007年1月1日の前会計年度の推定収入　　　　　　€805,626,63

　本報告書が作成された時点でまだ判明していない2006年度の結果
　全収入の状況　2007年度会計年度予算の初回の修正時の時価での執行の
　集計

2　**正確な評価**

正確な評価の収入　　　　　　　　　　€138,267,413.51
正確な評価の支出　　　　　　　　　　€145,266,059.35
従って現在の正確な評価の欠損　　　　€6,998,645.84

　地域圏の活力計画の方針2の範囲内での支援貸付金€5,431,839.51の2007
年度予算の正確な評価の計上

3　**総　計**

通常収入　　　　　　　　　　　　　　€139,073,040.14
通常支出　　　　　　　　　　　　　　€146,386,776.28
従って欠損総額　　　　　　　　　　　€7,313,736.14

Ⅱ　**収　益**

1　**負担金**

総額　　　　　　　　　　　　　　　　€6,062,705.86
主要な収入の内訳：

　• プールとスポーツ施設の収入　　　　€1,003,000.00

431

第2部　自治体現地調査報告

- 各種負担金の返済（職員と経営）　　　　　€2,491,455.85
    都市施設公社、土地公社、余暇公社、城公社
    内墓地使用権販売約€223,000
- それに関しては食券による職員関与　　　　€364,000.00以上
- 同時にナムール市やその他の公共企業体の職
    にある職員たちの「年金」の分担金の返済
    ——より規模の小さい——を構成するその
    他の収益の領収　　　　　　　　　　　　（€191,000）
- サービス100の収益　　　　　　　　　　　（€240,000）
    芸術の収益「美術・音楽・工芸高等学院」　（€200,000）

収益の領収は会計年度の通常収入総額の4.38%

2　移　転

2007年度予算については、査定は€113,118,926.87、会計年度の通常収入総額の81.81%

主要な収入源：
- 市基金
- 税収
- 教育補助金

2．1　市基金

2007年度予算中の計上された予算総額に関しては€26,335,346.42
　　2006年度＝　　　　　　　　　　　　　€25,700,813.34
（主要基金：€21,544,299.09、援助基金€4,791,077.33）
（2006年度：€21,489,818.71、　　　　€4,210,994.63）
大臣通達が定めるように援助基金（主要基金に付属する基金）
　　1.0131の物価スライド指数で変動する2005年度収益の95%に匹敵する
　　予算
主要基金に関しては、1.0131の物価スライド指数で変動する2006年度に

432

第Ⅲ章　基礎自治体

　　必要な最終の収入に対応しなければならない2007年度当初予算を計上
　　したワロン地域圏の予算説明書が詳述している。
大臣通達の予測によれば、主要収入の赤字の補正はその予測不能の性格
を考慮して予算への計上はできない。
その他の地域圏の援助
　　市基金から生ずる年間収入以外に、2007年度に地域圏は各種の計画事
　　業に関与する（社会的排除者、小規模地区社会施設、社会保障に対す
　　る24時間開設窓口に対する）。地域圏関与がこの対象のために予算計
　　上した総額で€1,920,488.23に相応する。
さらに、地域圏の関与は活力計画の以前の正常化の公債の償還により
　　2007年度は€2,040,544.32に上る。
加えて、1997年度から2000年度の間の市のそれぞれに発行した4回の
　　8000万ベルギー・フランの公債の負担金のCRAC会計の償還に相応す
　　る額€793,675.67。
さらに、活力計画の範囲内に含まれる2004年度までに認められた援助の
　　償還中75％に相当する地域圏の関与がある。
2005年度以降認められた援助によりこの援助は2007年度には64％、すな
　　わち€1,887,621.88に回復した。
最後に、€976,713.00の収入が2007年度予算に「ナミュール首都」の収
　　益の表題で計上されている。
2007年度予算に表れた地域圏の援助の集計は従って€34,118,896.25、すなわち住民一人当たり€317.16である。
この地域圏の援助は市の年間財源の24.68％を示す。
　　2006年度当初では同援助は€33,688,359.09、住民一人当たり€315.64
であった。

2．2　税　収

租税収入は2006年度当初の€65,451,350.17に対して2007年度の査定は
€67,285,845.80

433

第2部　自治体現地調査報告

　　2007年度の不動産（2,900建築）予定納税の追加収入は€30,268,398.28に達する。

　　（2006年度€29,521,509.34に対して）

　　2007年度の個人所得税の追加収入に関しては2007年度は€23,373,386.92。

　　2006年度は€22,637,520.00。

　　7％から8％の税収増は2007年度予算への影響はないと見るのが妥当。

　　予算計上への影響は2008年度予算にも認められないだろう。

収入の「減損」に関しては、2006年度の€5,780.000に対して総額€5,7000,000に上る。

この僅かな減額はごみのよりよい選別の結果の有料ゴミ袋の販売の減少による。

非居住建物についての税に関しては、予算に計上された額はワロン地域圏のために市により行われる最新の報告に基づく。

一定の規制（支払）税（キャンプ場、行商、駐車場欠如）は2007年度には増額しないだろう。

最初の二つのための労力の調達に比して収益は少ないことを考慮して。

最新のワロン地域圏の大臣通達が挙げているように不法性を考慮して。

- 印刷の全作業場：調達は今後は広告を書く分量に基づく；
- €12.5から€25の下水路への接続税；
- 道路面に沿っているメートル当たり€10から€15の非建築線の区画への税；
- €2,500から€5,000の範囲のGSM（第2世代携帯電話システム）の鉄塔税；
- 公正証書の一環としての情報調査料金の創設。

現在の税率の多くと新税の適用に関係のある税収は€900,000に近い予算計上。

税収からのその他の収入は特に触れる必要はない。

2006年度には税収はその会計年度の総収入の41.36％を示した。

2007年度には同じく総計の48.66％を示す。

２．３　教育補助金

　大臣通達は2007年度予算から市の予算と会計についてフランス共同体による教員補助金に関する人件費の収支の「名目上の」計上がこれ以上に影響することはないと予測する。

　職務補助金の混然とした全ての種類（幼稚園、小学校、中学校、技術、芸術）

　　合計　　　　　　　　　　　€1,909,938.00
　　幼稚園と小学校　　　　　　€1,417,938.00
　　中学校、技術、芸術　　　　€492,000.00

　　　　　　　………………………………

　上記で取り上げた３部門（地域圏の支給金、税収、教育補助金）による収入

　　合計　　　　　　　　　　　€103,314,680.05
　　内訳
　　　地域圏の支給金　　　　　€34,118,896.25
　　　税収　　　　　　　　　　€67,285,845.80
　　　教育補助金　　　　　　　€1,909,938.00

移転収入の残高は€9,804,246.82であり、主として以下の項目から生ずる

　・補助金を受けている契約職員の補助金　　€3,886,617.05　（ACS-APE）
　・APE-C.P.A.S項目　　　　　　　　　　　€396,571.50　｛契約職員｝
　・サービス100の国庫分担金　　　　　　　€467,048.49
　・死手財産＋P.I.査定　　　　　　　　　　€967,180.42
　・市雇用計画補助金　　　　　　　　　　　€425,437.06
　・文献目録契約計画補助金　　　　　　　　€145,460.40
　・「サンネファ」（保育園）ACS支払　　　€485,821.87　｛契約職員？｝
　・連邦政府補助金（各種社会保障協定）　　€1,135,251.61
　・警察管区分遣隊維持支払　　　　　　　　€319,281.84

第 2 部　自治体現地調査報告

・市域外消防協力　　　　　　　　　　　€628,019.00

3　市　債

市債収入は総額€13,653,941.27に上り会計年度の通常収入総額の9.88%
比較的重要な項目には以下のものが含まれる

	2006年	2007年	
・配当金			
市町村間電力会社	€10,067,975.85	€7,038430.96	⎤
IDEG：	€7,974,096.90	€5,338,003.49	⎬ (1)
AIEG：	€2,093,875.95	€1,700,427.47	⎦
・ケーブルテレビ配当金	€462,237.70	€469,508.88	（INATEL）
・SWDE配当金	€561,077.15	€427,064.85	
・三分の一整理市債負担金償還	€2,380,363.93	€2,548,461.07	
・DEXIA年間配当金	€924,157.29	€1,112,815.99	
・カジノ営業収益土地公社払込	€1,089,890.01	€1,239,381.40	
・都市施設公社収益配分金	€500,000.00	€750,000.00	

(1)市町村間電力会社IDEGの年間配当金には2005年度と2006年度には補足収益
€2,301,268が追加された。この補足収益は15年の期間市の決算において特別配当金の半分を示した。

さらに、2006年度予算予測にはIDEFINからの追加配当金€1,100.000が追加された。

AIEGに関しては特別配当金€674,125が2006年度に追加された。この金額は市町村間電力会社IDEGに資格を有する顧客への譲渡部分と一接続ごとに€125の金額とから生ずる。さらに、補足配当金が2006年度予算予測には市町村間会社の備蓄流動資産への源泉徴収課税からも生ずる。

436

第Ⅲ章　基礎自治体

4　源泉徴収課税

　2007年会計年度の活力計画の枠内で取得された援助は€5,431,839.51が予算に計上された。額を計上する簡潔な説明がないが、2007年度予算の活力回復援助額は2006年度予算と同じである。

　通常の業務への特別な業務の移転により、この源泉徴収課税収入は本来の会計年度の結果の好影響を与える。それはその会計年度の収入総額の3.93%を示す。

Ⅲ　支　出

1　人件費

　人件費の予算額は2007年度当初で€61,838,013.06に上る。

　人件費の負担総額は当然四つの公社（土地公社、R.U.E、青少年余暇スポーツ公社、城塞公社）、安全、社会福祉事業、市の雇用計画のための特別な行為の枠内で取得する補助金のような補助を受ける臨時職員（一部市の負担である以上その最低部分の）、さらに契約計画《図書館》に認められる補助金、警察管区の派遣職員を控除しなければならない。この控除は総額€12,647,881.51に上る。

　この上記の記述を考慮に入れると実質負担は人件費に関しては€49,190,131.55になり、**会計年度の実質通常支出総額の**40.26%**を示す。**2006年度当初では実質負担は€49,180,131.55で、実質通常支出総額の41.1%を示す（2006年度補正予算を含まない）。

　2007年度に認められる予算の増額は2006年度に起こった任命の激しい衝撃のような通例の正規職員の展開によりその弁明が見出せる。

　追給により警察人件費の負担は今後市により警察管区に与えられる割当予算額に組み込まれるので2007年度予算を予測する大臣通達により移転の部門に計上し、市の予算と会計の範囲にはない教育職に関する人件費と同様に《名目上の》収入と支出の計上とする。

管理計画の実行により準備される特定の年金開始、特定の病気と出産休暇の非代替措置が2007年度予算の中に組み込まれる。それはおよそ€500,000の節約となった。

2　運　営

運営予算額は2007年度予算では€20,680,843.96になる。

全体で2006年会計年度最終修正予算に表れたものより€1,141,000多い。この増額はごみ収集関連のもの（€606,065）と同様に、とりわけエネルギー予算額（€1,011,500）の執行により説明が付く。この後者｛ごみ収集｝のために、2006年度のために運営予算額の大部分が一律に5％削減されたことを考慮する必要がある。したがってごみ処理予算額はこの期に€300,000削減された。しかしながら、領収の送り状を基に2007年度予算は送り状の料金の増加と市域内の居住者の人数増加の関係で追加予算額€300,000の増額で2005年度の予算額に戻った。

特に別の領域の範囲の努力でこれら二つの増加の影響の減少が認められる。

支出予算総額（€20,680,843.96）から補助金、それを列挙すれば市の教育関係、社会契約と社会保障、各市公社の支払、警察管区関連のもの――その総額は€2,316,347.25になる――を差し引いた後**市の負担する運営費支出総額は€18,364,496.71になる。**

それはその会計年度の総支出の15.03％を示す（2006年度は14.13％）。

5つの活動領域だけで予算額は€17,650,000以上必要である。以下順を追って検討する。

<u>2006年度報告より（M.B.の後の）</u>

1. <u>庶務</u>（広報、市出版、会計、電話、エネルギー支出、営繕と安全、建物のストック、市の輸送、市の地理、……）：

　　　　　　　　　　　　€6,681,322.00　　＋€261,989.25

2. <u>ごみ収集と処理、公共清掃</u>：　€5,938,700.00　　＋€606,065.00

3．総務（事務局諸経費、郵便、訴訟経費、選挙、オフィス・オートメーション、情報処理、徴税経費IPP、……）

　　　　　　　　　　　€1,883,901.78　　　−€19,212.70

4．環境、スポーツ、文化、青少年（バカンスの平原、スポーツと文化の共有施設、ワロン祭の市へのリベート、公園と庭園、美術館、スポーツ・レジャー・青少年公社と土地公社……）：

　　　　　　　　　　　€1,633,527.00　　　−€65,021.00

5．道路（維持、道路標識、街灯、……）

　　　　　　　　　　　€1,520.962.00　　　+€321,451,00 (1)

(1)上記の注意を見よ。

それに続いて順に減少して比較的重要なものの中から挙げる：

- 基礎教育：　　　　　　€784,040.00
- 消防：　　　　　　　　€544,204.00
- 保険：　　　　　　　　€405,750.00
- 私有財産：　　　　　　€327,025.00
- 中等、技術、芸術：　　€311,859.18
- 等々……

3　移　転

2006年度末移転支出（つまり補助金）は€37,614,529.09に上った。

2007年度予算ではそれは€850,000増の€38,379,067.94で社会計画、安全、移動の範囲内の補助金である。

市負担の移転支出は€37,524,601.77に上り2007年度本来の会計年度の通常支出総額の30.71%を示し、これに対して2006年度は€36,783,601.41（30.81%）だった。

3．1　義務的移転は会計年度の実質支出総額の27.39%を示す。

厳密に義務的な支出の内比較的重要なものは以下のように指摘できる：

第2部　自治体現地調査報告

	2006年度当初	2007年度
警察管区費：	€14,111,625.92	€13,111,625.92 (1)
CPAS補助金：	€12,768,970.53	€14,841,722.24 (2)
城塞公社予算欠損への措置：	€1,899,753.18	€1,899,753.18 (3)
保育園（サネファ）補助金：	€1,480,674.97	€1,525,095.22 (4)
教会作業所補助金：	€858,717.00	€950,000.00 (5)
スポーツ・レジャー・青少年公社欠損措置：	€600,000.00	€500,000.00 (6)
地域圏医療センター欠損分担金：	0.00	0.00 (7)
地域圏文化センター補助金：	€563,488.00	€574,757.00 (8)
CCR（地域圏文化センター）維持補助金：	€60,675.00	€60,675.00

(1)警察管区の2004年度と2005年度の会計の結果を考慮して€1,000,000減額した。

(2)CPASの2007年度予算の結果を考慮して採択した。

(3)管理計画を予想して現状維持。

(4)管理計画を予想して＋3％。

(5)市が不利な意見を表明していたために前会計年度に関係する教会作業所の会計を承認した監督官庁の決定に続いて行われた増額。

(6)公社の資金調達状況に応じて－€100,000。

(7)下記に3.3ポイント見出す。

(8)管理計画を予想して＋2％。

3．2　活力維持支出

　この予算額は総計€2,962,630.97（2006年度当初€3,166,863.00に対して）に上り、スポーツ、文化、青少年、観光、社会活動、経済、もしくはさらに環境に関係する。それらは各種の活動と計画の支援と強化を可能にし、そのために外部組織を含む。

全体でこのタイプの支出は年間支出総額の2.42％を示す。

第Ⅲ章　基礎自治体

表56　活力維持支出

（以下は明細書）

表　　現	2006年度	2007年度
市議会党派費	34,953.00	34,953.00
市のN.E.W.向上	291,886.00	262,700.00
ASBL G.A.U.運営補助金	198,315.00	178,315.00
特別取引リベート	3,000.00	3,000.00
文化活動補助金	60,000.00	60,000.00
映画芸術と400行動のESSAI-ASBL	12,750.00	12,75.00
ESTIVARTS補助金	27,500.00	27,500.00
合唱曲センター補助金	168,300.00	171,666.00
映画補助金	360,000.00	385,250.97
国際詩センター補助金	59,269.00	59,269.00
ナミュール芸術祭とナミュール5月祭補助金	100,000.00	100,000.00
フランス語映画祭補助金	152,000.00	152,000.00
フォルクナム補助金	4,000.00	4,000.00
ナミュール音楽祭補助金	8,850.00	8,850.00
ASBL世界ダンス・音楽祭補助金	41,405.00	37,265.00
ASBLジャンプ・祭補助金	50,000.00	40,000.00
国際合唱音楽センター補助金	74,677.00	76,170.00
メディア補助金	3,641.00	3,641.00
観光施設補助金	7,350.00	7,350.00
観光協会補助金	265,200.00	265,200.00
ASBL大道芸術奨励補助金	55,000.00	0.00
写真コンクール賞	0.00	250.00
SMALワロン詩飜訳ジェオルジェ・グランプリ	500.00	500.00
労働組合主催祭補助金	31,000.00	8,000.00
各種テーマ・事件予算	75,000.00	50,000.00
ヨーロッパ金羊毛騎士団都市協会会費	112.00	0.00
祭委員会補助金	35,000.00	30,000.00
「ワロン―ブリュッセル都市・映画」補助金	1,239.00	0.00
スポーツ企画補助金	244,255.00	195,404.00
各地域スポーツ協会補助金	200,000.00	200,000.00
エネルギー都市ネットワーク負担金	2,000.00	2,000.00
ムーズ川上流協定	4,960.00	4,960.00
環境向上	12,400.00	6,500.00
資料センター補助金	52,020.00	52,020.00

441

ナミュール美術館・文化協会補助金	18,585.00	18,585.00
ナミュール美術館負担金	0.00	12,500.00
ナミュール考古学協会補助金	22,374.00	22,374.00
C運河補助金	219,224.00	215,000.00
公立小学校補助金	50,000.00	5,000.00
4公社補助金	2,000.00	2,000.00
社会活動補助金	18,000.00	30,000.00
ASBL差別問題補助金	5,000.00	5,000.00
地域圏外国人統合センター補助金	9,916.00	9,916.00
ナミュールASBL住宅管理補助金	37,145.00	37,145.00
思いやり食堂補助金	28,016.00	28,576.00
福祉厚生補助金	44,621.00	44,624.00
開発協力補助金	60,000.00	22,000.00
環境企業助成金	400.00	400.00
エネルギー助成金	0.00	20,000.00
環境家事助成金	15,000.00	5,000.00
合　　計	3,166,863.00	2,962,630.97

3．3　地域圏医療センター

　2004年度の病院会計の追加支払については利用収益€552,714.74により清算された。

　2005年度の会計はそれに関しては€606,345.31の収益であった。それゆえ市の関与はなかった。

　2006年度に関するものは地域圏医療センターの予算は利用収益€154,562を示した。

　2006年度会計はいまだに作成されていないが均衡が取れていて利用収益は僅かである。

　2007年度の病院予算はまだ作成されてはいないが均衡は取らなければならない。それゆえいかなる計上も2007年度市予算の中には含まれていないがこの会計年度のための地域圏医療センターの利用欠損への負担金は出されていない。

　追加支払については2004年度に市により病院の欠損の範囲内で取得され

た活力支援は€1,104,351に上った。この額は2004年5月に一部と2004年7月に残額とが徴収された。

最後に、市は病院の資本再組入により€2,275,000の金額まで2004年度に負担した。同じ目的のための2005年度の負担は€2,925,000に上った。

4　負　債

2006年末負債の通常負担は€24,009,462.01に上った。

2007年度予算は€24,368,134.39に位置づけられる。

4．1　投資的負債

<u>通常投資的負債の負担</u>は€15,081,088.62（2006年度の€14,711,431.39にかわり）に上り、負担の免除に関しては政府の補助金により3分の1が支援される；この最後のものは€2,552,366.38に上る。

ワロン地域圏が《政府の補助金》の多くの公債の負担により負わされる部分を直接出資するとする2006年度の決定に注目するのが重要である。

市のためのこの最後のもの負担は2006年度の€24,362.30に対して2007年度予算では€3,905.31取り戻した。

同じ差は地域圏による負担の支払収入により取り戻される。

通常投資的負債の負担は専ら市により負われ€12,528,722.25で会計年度の実質支出総額の10.25％を示す。

2006年度にはそれは確定した負担が€12,302,394.33だから10.30％に位置づけられる。

<u>2007年1月1日現在で市の負担した元本の残りの投資的公債の残額は2006年1月1日の€77,137,640.74に対して€83,390,217.02に上る。</u>

4．2　資金の負債

1）2006年12月31日の元本の残額は「活力」支援を含まずに€17,386,364.15に上る。

2005年12月31日のこの残額は€22,954,567.75だった。

2007年度会計年度の途中でのはっきりした情報では償還さるべき元本

は€4,083,059.12に上った。これらの公債から生まれる利子に関しては2007年度には€721,782.88に上る。

年間総額（元本と利子）は2007年度には€4,804,842.00と位置づけられる。前年度の途中でと同様にワロン地域圏は2007年度には無視できない部分の支援を続けることになるのは€2,040,544.32に上るからだ。

2001年度会計年度に関係する「活力」支援に関しては2007年度は導入された負担は以下に記したように示せる：

・利子：　　　　　　€1,202,410.39
・償還：　　　　　　€1,426,397.67
合計：　　　　　　€2,628,805.06
・地域圏の関与：　　€1,887,621.66
・市の負担：　　　　€741,183.40

注：情報として市により実際に徴収された活力支援は2007年1月1日に€30,425,466.00に上る。

市により引き受けられる資金の負債の実質負担——活力支援を含む——はちょうど€3,505,481.08に上った。それは会計年度の実質通常支出総額の2.87%を示す（2006年度は3.07%）。

最初の資金公債の完済——80年契約——は2010年に起こる。

4．3　その他の負債

€1,059,723.04と見積もられるが、それは現時点に関しては主として債務者の利子とS.W.D.E.に毎年支払われる同じもの｛利子｝に関係する。**それは会計年度の支出総額の0.87%を示す（2006年度は0.59%）。**

Ⅳ　投資計画

総括すれば2007年度の投資計画補助金（€4,455,015.00）を含む一件書類は€25,395,373.00に上り、そのうち€12,189,500.00は公債により、€69,500.00はそれぞれ固有の基金から調達される。

€8,681,358.00の投資は4公社関連である。

第Ⅲ章　基礎自治体

注：2007会計年度に関する活力支援を構成する€5,431,839.51の収入は以下の監視説明書では臨時収入に計上され、その後で2007年度の通常業務に移される。

2007年度予算に計上された投資のうち若干の予算額は「生産的」の語の下の題目にある。それは€452,000.00に上り、経済の生成プログラムもしくは金融回復の投資である。

投資の計画全体は予算の補遺14に示してある。

公債の総額（市部分）――生産的投資を含まない――は2007年度には

表57　投資計画（主要な項目）（ユーロ）

項　目	合　計	公債・市部分	補助金・公債	固有基金
都市施設公社	5,166,192		5,166,192	
道路	3,299,077	2,195,631	1,103,446	
市庁舎	2,518,650	2,518,650		
一般事務・作業所	2,411,351	2,401,501		9,850
土地公社	1,806,300		1,806,300	
城塞公社	1,568,406		1,568,406	
スポーツ	1,519,369	1,217,219	2,425,000	59,650
排水	1,465,000	365,000	1,100,000	
消防士	1,260,000	750,000	510,000	
総務行政	730,000	730,000		
宗教	650,000	315,000	335,000	
移動	500,000	180,000	320,000	
中等教育	459,068	452,000	7,068	
社会・住宅施設	400,000	40,000	360,000	
基礎教育	367,000	367,000		
私有財産	352,500	352,500		
青少年	205,000	200,000	5,000	
街灯	190,000	190,000		
公園・植林	176,000	1,685,000	7,500	
余暇・スポーツ・青少年公社	140,460		140,460	
公衆美化	90,000	90,000		
墓地・死体公示所	40,000	40,000		
美術館	21,000	21,000		

第2部 自治体現地調査報告

€11,737,500に上り、住民1人当たり€109.11である。

　大臣の訓令に従えばその分野に関しては市が予算割当額を認める2公社の投資計画が2007年度に実現可能な投資総額が差し引かれる；2007会計年度の公債発行可能な総量は管理計画を尊重する。

　　　　2007年3月12日

　　　　　　　　　　　　　　　　　　　P. Sechehaye　総務部長

Ⅲ　行政報告目次

2005年の理事会、議会、委員会の会議数
第Ⅰ章　住民
　人口数、登録と抹消の記録、戸籍法上の登録、身分証明書、行政機関への贈与、墓の形態の登録、パスポート、相続証明書、戸籍・住民（合算）1人当たり郵便物、選挙・非有権者の記録、重罪裁判所の陪審員、法定同棲、道路、国民登録簿、外国人の領域、運転免許領域、裁判記録領域
第Ⅱ章　戸籍
　出生、死亡、結婚、離婚、国籍、追加の証明書
第Ⅲ章　財政
　Ⅰ．改革された通常予算
　　収入の構成

負担金	€6,161,608.38（4.0%）
移転	€127,177,791.01（82.1%）
市債	€16,126,540.05（10.4%）
課税	€5,431,839.51（3.5%）

　　1．主な通常収入
　　　主な負担金収入、負担金収入の変動、主な移転収入、移転収入の変動、主な負債収入、負債収入の変動、
　　2．主な通常支出
　　　人件費、支出の変動、運営支出、主な支出（ごみの収集と処理最大）、

第Ⅲ章　基礎自治体

　　支出の変動

　　移転支出、主な支出（警察管区費最大）（{活気と支援}の補助対象の一覧表）、支出の変動、負債支出、主な支出、負債の変動
- Ⅱ．特別予算
- Ⅲ．財務
- Ⅳ．税収増大傾向（2005会計年度）
- Ⅴ．2005会計年度

　　会計年度の通常予算の当初と会計報告の比較、主な移転収入の実行額、運営による投資の実行（支出の決定）価格

第Ⅳ章　人的資源
- Ⅰ．人事課

　　実人員（1,536人、内パートが200人少々）、法定の地位（新たな市書記の任用）、その他の職員構成員（退任、任用等）、消防部、議会により可決された規則、病欠願、労災、年金、募集活動
- Ⅱ．人間関係業務

　　発生の統計、市民の情報、出版—2005年版、行事の運営、市の内部関係、資料課の役割
- Ⅲ．一般業務
- Ⅳ．物流／会計／車庫

　　一般統計（郵便物の収受等）、機材の取得（車両等）
- Ⅴ．情報処理

　　実施、基盤整備、
- Ⅵ．都市地図

　　機材、作業の要求、日常の活動、マッピング・サイト、予定通りの活動、地名、土地台帳
- Ⅶ．複写

　　2005～2006年会計年度の市役所のために実行した作業
　　第3者のための作業（公益活動のために実行された作業）

第2部　自治体現地調査報告

　Ⅷ．分権的協力

　　コンゴー民主共和国、セネガル、コソヴォ

　Ⅸ．都市防災

　　課の紹介、交渉と安全・防止協定の継続、協議の場所、部内作業班への参加、分科会の実施（暴力、道路の安全、家庭内暴力、不登校、安全の地域診断等）、

第Ⅴ章　総務

　Ⅰ．祝賀行事

　　祝賀行事、主なナミュールの村祭り（市の助成金が認められている）

　　市、ワロン祭、聖ニコラの行列、サーカス、行政活動

　Ⅱ．情報と伝達

　　対応―広報、市民の情報、出版―2005年版、行事の運営、市の内部関係資料課の役割

第Ⅵ章　基盤整備と建築物

　Ⅰ．建築物工事

　　市庁舎、市の作業場所、教育、スポーツ施設、文化施設、教会、司祭館、墓地、安全業務、各種建物

　Ⅱ．電気機械

　　市庁舎、城塞、文化、市の作業場所、宗教、消防署・警察署、各種（学校）、スポーツ施設、

　Ⅲ．各種の祭と行事 {月別列挙}

　Ⅵ．不動産管理

　　大きな建物の売却・取得と各種行為、家賃の徴収と不動産の貸付措置、

　Ⅴ．公共事業

　　一般統計、道路、水の供給、公共照明、道路―排水―墓地施設

第Ⅶ章　消防と救急

　地域圏救急センターは職員165人が働き相互依存の4課からなる。：

第Ⅲ章　基礎自治体

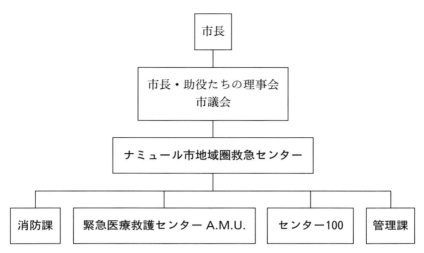

Ⅰ．構成

　消防課、救急医療救護課（A.M.U.）、センター100、管理課、管理技術課

Ⅱ．業務地区

Ⅲ．職員

Ⅳ．署内活動

Ⅴ．搬送

Ⅵ．幾つかの数字｛火災件数等｝

第Ⅷ章　商業とまちの活性化

Ⅰ．経済問題

　「商業─PME──まちの活性化」係（統計、インターフェース、活性化）、「農業調査」係

　「市場」係

Ⅱ．城塞公社

　生計、敷地の保守と更新、催しとイベント、紹介、商売と賃貸

Ⅲ．流動

Ⅳ．貸付物権─出来事

449

第 2 部　自治体現地調査報告

　　貸付物権、出来事
第Ⅸ章　教育
　Ⅰ．小学校と幼稚園
　Ⅱ．工業学校
　Ⅲ．市立ジェル・ラザロン学院
　Ⅳ．美術学院（時間短縮芸術中等教育）
　Ⅴ．芸術学校
　Ⅵ．2005年9月1日から2006年8月31日までの間の学校事故
　Ⅶ．市理事会に提出された書類
　Ⅷ．市議会に提出された資料
第Ⅹ章　レジャーの共有施設と推進
　Ⅰ．スポーツ・レジャー・青少年・スポーツ公社
　　プール、スポーツ会場、投資と施工された工事
　Ⅱ．「スポーツ奨励予算」の配分、
　　クラブ、個人プレーヤー、市後援行事、スポーツ活動、同化スポーツ
　Ⅲ．文化
　　祭とアニメーション（各種展示会等）、キリスト教博物館の活動と考古学、考古学博物館、各種の支援
　Ⅳ．図書館
　　地域ネットワークの承認、蔵書と活動、蔵書の活用、コンピュータ化、外部との協力
　Ⅴ．観光
　　LEOPOLD小公園の情報センター、GROGNON山荘の情報センター（来訪者数と前年との比較）、「国籍」による来訪者のパーセンテージ、観光業務と産物観光業務と産物（GROGNON—城塞のシャトル・ミニバス・テーマを持った見学案内人・「昔の兵営」への見学案内人・徒歩見物・オーディオ・ガイド・市営競技場・観光パッケージツアーの楽しみの連携と設定）

第Ⅲ章　基礎自治体

対外宣伝（出版・宣伝行事・展示会とワークショップ・宣伝広告・広報活動と新聞・テレビ・ラジオ・情報交換・《展望バス》の運行）、Lives-sur-Museの市営キャンプ場（統計）、人事、ナミュール地域観光会館

Ⅵ．青少年

2005年の活動と展示会の全スケジュール、魅力あるFabiora王妃公園、遊び場、補助金活動（青少年会館）、幼児、親たち・支援、研修（フランス語話者共同体により承認され補助される中退者受入れ研修等）

第XI章　社会福祉活動

Ⅰ．社会福祉事業

事業統括係、財務管理係、調度係、総合社会福祉係（街頭のソーシャルワーカー等）

年金係、失業センター係、仲裁係（異文化間の仲介・オンブズマン・借金の仲介等）

市民相談係、長老諮問会議、麻薬中毒撲滅運動、司法代替措置活動

Ⅱ．｛この後以上について改めて詳細に統計などを記述｝

第XII章　環境

Ⅰ．環境会議、緑地帯および公共美化

公共美化と廃棄物政策（再生利用と有効利用・不法投棄対策・犬の糞反対運動・美化班の作業支援・犠牲祭の羊屠殺後始末・スプレーの落書き対策・水道網と下水の吸込み口の保守・ゴミの発生防止運動・クリスマスのモミの木集めの実施、コンポストの貸出―販売制度・一定の場所の浄化改造）

Ⅱ．生物多様性の展開

生物学的に関心の大きい地帯の保護、ワロン地域圏開始の実験―活動に協力、環境団体による自然のための活動向上、関心喚起と教育の活動の展開、自然進展市計画（PCDN）を通して市の環境ネットワーク構築、農業畜産環境を保存・管理、市の環境ネットワークの連結要素の保存と発展、市域の急斜面と岩山の生物学的関心の向上

451

Ⅲ. 田園生活（農業、森林、狩猟、魚釣り）と水質

農業環境方策の促進、環境保護に関する農業界の自発性向上、農村地域の環境保護に関する関心喚起と情報提供の展開、水の管理と質の改善への関与、森林の生物多様性の維持・発展、森林の経済的役割の促進、私たちの樹木と森林の啓蒙的教育的適性の強化、狩猟の倫理向上と狩猟者―森林の利用者―の尊重促進、水計画の生物学的知識と質の改善

Ⅳ. 緑地と市の美化

並木道の樹木の活用、市の銘木の活用、植生復元と市有緑地発育の計画策定、墓地内の植生再開発、使いやすい空地と小公園の段階的復元、都市地域に組み入れられた緑地の一角の様々な管理手法に着手、関係行政官公署との協働で市の建物の周囲の整備、市内の花飾の増加、緑地課の任務の強化、緑地管理の新技術と方法の創出、関係行政官公署との協働での公有地の管理の確保

Ⅴ. エネルギー

エネルギーの合理的使用（U.R.E.）への一般大衆の関心喚起、UREと再生可能エネルギーと推進、市の建物内の適切な技術と再生可能なエネルギーの利用の研究、市域内立地諸企業に関する適切な技術と再生可能なエネルギーの利用の研究

Ⅵ. 責任ある生産と消費

市庁舎内の省資源消費に市各部課を巻き込む、市の文化遺産の持続性のある管理促進、環境認証（Emas、ISO ｛国際標準化規格｝）を目指す、消費者の情報の中継を行い行動の変化を引き出す、公正且つ地域的な商業分野の活動の支援、品質が地場の製品と持続可能な手法に由来する製品の価値の向上

Ⅶ. 情報提供、関心喚起、教育および参加の戦略

持続可能な開発についての関心喚起や教育の様々な手段の配置、住民との接触を増やし参加を促進、内外の情報処理装置の展開、市の環境と持続的開発委員会を通して市の受任者に情報伝達、公衆に情報を伝達し対

話する、会議や協議によりNIMBY症候群と闘う
- Ⅷ．責任ある生産と消費

  行政部内の省資源消費を目指した市各部署の結果、市遺産の持続可能な管理の促進、環境認証（Emas、ISO）

  消費者情報の中継と行動の変化の誘導、公正且つ地場の商取引諸活動、良質の地場産品や持続可能な生産から生まれる産品の売込み

第ⅩⅢ章　地域整備
- Ⅰ．都市計画—市域整備

  一般統計（2005暦年）（都市計画）、商業的な地取り
- Ⅱ．市域整備
- Ⅲ．市総合排水計画（PCGE）
- Ⅳ．3年間の比較
- Ⅴ．公式調査と検査

  住民への通知（掲示による通知）、住民への通知（配達による通知）、住民への通知（《情報通信》課と《総務》課の通知）

  不衛生状態—市長殿の命令（検査・通信・布告の証明・建設現場と工事の検査・契約書（監督補佐による））
- Ⅵ．住居

  一般統計、市営宿泊所、賃貸借許可、都市計画許可、許可、衛生

第ⅩⅥ章　土地公社
- Ⅰ．生計
- Ⅱ．住宅提供

  取得、工事、賃貸借（収入総額）
- Ⅲ．建築地所提供

  譲渡
- Ⅳ．土地の予備

  譲渡、工事、賃貸借、市普通財産の土地公社への書換え、借入金
- Ⅴ．都市施設の分担金

第2部　自治体現地調査報告

　　工事、賃貸借、土地公社のR.U.E.への書換え
　Ⅵ．経済社会目的への土地と建物の提供
　　工事、取得、借入金、Etoile通り7（A.M.P.）、商品取引所、収支額総括
第XV章　都市整備公社
　Ⅰ．一般統計
　Ⅱ．収入
　　記録器、市庁舎駐車場、Elyséesキャンプ場駐車場、P＋R Saint-Nicolas、ナミュール展示場駐車場、兵営・Rogier駐車場、Cartes沿道
　Ⅲ．支出
　　記録器、駐車場、保安、都市改造、年末祭、各種

第Ⅳ章　大学研究者

第1節　ゲント大学人権センタースタッフ

インタビューアー＝Dr. Pieter Vanden Heede
　　　　　　　　Dr. Bengt Verbeeck
　　　　　　　　Dr. Valentina Staelens（女性）
　３人の研究者は、いずれも憲法学・政治学・地方自治の専門家

1　ベルギー連邦の政治状況
(1)連邦化・地域主義——1970年代からの流れ。
　総選挙と地方選挙のズレ──結果が違ってくる・様相が複雑になる。
　　総選挙＝2007年
　　地方選挙＝2006年
　　共同体選挙＝2004年
(2)フラーンデレンの独立機運
　ここ30年来の動き。
　　権限移譲──ワロンはもう十分とするがフラーンデレンはもっと寄越せ。
　　　特に社会保障──対人関係の行政──権限がないと十分なことができない。
　　　だがワロンは自前ではやれない・経済的に弱体なので財政的に参ってしまう。
　　　どちらも自分のことしか考えていない。
(3)ヨーロッパの同様な機運と軌を一にするものと見るか、ベルギー独自のものかスペインのカタルーニャなどに似た所を調査してみたが状況は異質。

第2部　自治体現地調査報告

　　ベルギーは独自性

　　EUは裁判所の二つの判決で地域圏自治体が独自の法律を作れるようにした。

2　今回の総選挙結果の分析

(1)特徴——中道右派の勝利・中道左派と社会党の退潮

　　その原因——フラーンデレンの自治権強化＝税源と社会保障権限の移譲要求。

　　　それ以外に何かあるか——例　社会党の腐敗・連邦政府の改革。

　　社会党の腐敗——確かに一因——ナミュール市やシャルルロワ市のスキャンダル。

　　　だが社会党は20年も政権にいて飽きられ、変化が求められた。

　　各政党のマニフェスト——差が縮まり接近した。

　　VBの問題——今回は移民問題は争点にならなかった。

　　争点は両地域間の対立だった。

(2)VBへの各党の対応

　　コルドン・サニタリー（「防疫線」）

　　キリスト教民主フランドル党のVBへのすり寄り。

　　　同党の勝利——VBとの協力の可能性が残されている

　　　　だがフラーンデレンで多数が取れてもワロンは無理。

　　　　ワロンが駄目といったら可能性はない。

(3)連邦の組閣の難航

　　各政党の立場が明確——→妥協ができない・妥協したら有権者の支持を失う。

　　　与党4党間に開きはないのでは。

3　フラーンデレン共同体・地域圏について

(1)政権の構成

　　キリスト教民主フラーンデレン党が与党の中心。

(2)共同体と連邦

共同体の権限を広く解釈して少しずつ拡大している。

　例　幼稚園への権限

　　教育の権限は連邦だが実験的に国務院・仲裁院の反応を見て。

黙示的な範囲——曖昧なのを共同体へ取り込んでいく。

(3)県への影響・基礎自治体への影響

県は権限がなく、あまり存在意義がない——昔と違って何もできない。

県知事は連邦でなく共同体へ報告するようになった。

共同体は基礎自治体に対して厳しい。

　1980年代終わり頃から財政援助をする代わりに厳しい条件を付けるようになった事業に対して企画書を提出させ、公務員の削減を要求する。

　　狙いは市民のためという。

　　だが基礎自治体の規模はまちまちなのに例えば文化センターやスポーツセンターを一律に必置にする——→小さい所は造れない。

　　{県と違ってきめ細かくはない}

4　基礎自治体について

(1)大合併への評価

ベルギーの合併は社会圏としての一体性を尊重していて、日本のように場当たりではないと思われるがどうか。

ベルギーの合併前の基礎自治体は元々小さかった

　説明者の住む基礎自治体は12が合併したがそれでもオランダに比べて人口が少ない——オランダは平均2万5000人

学者の見解はもっと合併をやれ——だが政治家は駄目だ。

　確かに経済面ではよくなったが、個人的見解としてはかつての基礎自治体の持っていた一体性は失われてバラバラになってしまった。

　住民が政治家に要求するにしても距離が遠くなってやりにくくなった。

一旦合併した後の分離——憲法では認められているが実例はない。

ポルトガルでは合併後も元の自治体に自治組織を設けて二段階になっていてうまくいっている。

(2) 自治体——ワロンとの違い

共同体の法規が両地域で別々になったのは最近のことなのでまだ何ともいえず

(3) 合併した後でも広域行政機関（société intercommunale pure等）が必要な理由。

合併してもなお単独ではできない事業——電気・ガス・ごみ。

　　IVAGO——ごみ——焼却・広域

　警察・救急・消防

　　ゲントは単独だが周辺は数基礎自治体で一つの単位

5　その他

(1) 女性の政界進出

候補者——"bar one"制度——1人以上の差があってはならない。

　これによって議員は確かに増えたが内閣は少ない。

(2) 女性の王位継承権

2003年の憲法改正で実現——だが裏がある。

皇太子はよいが次男が放蕩者——長男に何かあった場合次男では困るので間の王女に。スキャンダルが多い。

(3) 選挙権——ベルギーは投票義務——オーストラリアなどと同じ

民主主義なら当然——建前——義務付けないと投票率が低く、少数の投票で決まってしまうことになる。

だが義務づけはおかしいのでは権利ではないか、おかしな投票になる可能性もあると質問してみた。

総選挙の後いつも組閣の際にその点は問題になる。

義務にしたのは社会党の主張による。

第Ⅳ章　大学研究者

　　　義務にしないと階級の低い層の投票がなく、社会党に票が入らない
　　　と考えた。
　　だが、実際は社会党ではなく極右のVBに流れてしまっている。
⑷閣僚と大臣
　連邦の大臣
　　　ministers――大臣＝15人――閣僚
　　　secretaries――特命担当大臣（副大臣）＝7人――大臣と対等
　　　与党間のバランスを保つため増やした。
　　　行政改革とか家庭問題とか特定目的を担当。
　共同体の場合は両大臣は対等でない。

第2節　ペータース教授（ルーヴァン大学）

インタビューアー＝Professor Patrick Peeters

まえおき
仲裁裁判所――憲法第143条改正で今年（2007年）7月「憲法裁判所」と改称
　改正は今回はこの1点のみ
　従来の仲裁の仕事から改変
教授はこの問題の第一人者（第1部で詳しく紹介）
　専門は比較憲法・地域主義

1　連邦の政治状況
⑴連邦化（federalism）と地域主義の流れ
　①どのように評価しているか――プラスと見るかマイナスと見るか
　　社会的・経済的・文化的な面で中心より共同体へ権限移譲の流れ。
　　それとともに共同体の独立志向が強まった。
　　特徴――理論上は異なって両地域の対立。

459

連邦と共同体と基礎自治体の三者の分担の制度に。
　プラス面
　　中央政府に変化＝両地域のバランス。
　　　──両者がOKしないと何もやれなくなった。
　　合意形成──問題解決の方法を探す必要
　マイナス面
　　共同体は一方的に決められず・危機的状況。
　　　──フラーンデレンは権限移譲を要求・ワロンはもう結構。
②今後フラーンデレンとワロンは分離独立の機運を強めるか。
　その場合ワロンは経済的に自立できるかの質問。
　連邦がどこまで移譲できるかの問題。
　　経済・通貨──移譲できないの理論。
　　　だが通貨はユーロになって連邦から離れた。
　　極端な主張をする政治家──法人税徴収や団体交渉権を共同体へ。
　　　だがワロンにとって厳しくなる──パラドックス。
　　権限移譲は両方がよくなるから──→だがワロンはもっと援助して
　　　欲しい。
③ヨーロッパの同様な趨勢と軌を一にするものと見るか、ベルギー独自のものか。
　地域主義の動きはベルギーだけではない。
　　イタリア・スペイン・フランス・イギリス等。
　両地域の対立──これはベルギー独自のもの・ほかにはない。
(2)今回（6月）の総選挙結果の分析
　①特徴──中道右派の勝利・中道左派と社会党の退潮。
　　その原因──フラーンデレンの自治権強化＝税源と社会保障権限の移譲要求。
　　　それ以外に何かあるか──例　社会党の腐敗・連邦政府の改革。
　　全国政党──70年代に分離・共産党も別れた──思想よりも言語の方

第Ⅳ章　大学研究者

が大事
- 階級よりも言語の戦い。
- 南は中道・自由党が強い。
- 県重視。

中道右派が勝利した理由
- ワロン——従来「社会党国家」と呼ばれていたほどだったが長すぎて飽きられた。
  - 自由党と社会党の支配。
  - 国民は保守化——昔の価値に戻りたい。

社会党の腐敗
- 影響はあったが一つの原因でしかない。
- 他党にもスキャンダルあったが影響なし。
- 社会党なしには政権がつくれなかった。

移民問題
- これも一つの原因でしかない。
- 中道右派勝利の原因ではない。
  - 選挙の際のマニフェストは選挙後は話題にはならない。
- 労働力不足——→移民入れる必要はあるが不安がある。
  - だがその流入の度合いは下がってきている。
    - ——これ以上には増えないし多数にはならない。

②VB（Vlaams Belang）への各党の対応

コルドン・サニタリー（「防疫線」）。

CD&V（キリスト教民主フラーンデレン党）のすり寄り——単なる選挙戦術かどうか。

今回の民主党の公約——選挙には影響はなかった。
- 2003年の総選挙で社会党の方が影響受けた。
  - 社会党なしでは政権つくれなかった。

(3)連邦の組閣の難航・失敗

①最初の失敗の原因
　組閣の話に入るときフラーンデレンの方が強い主張。
　cdHが市民に対して共同体独立について妥協しないと約束。
　　妥協するとなると国民にしっかり説明しないとできない。
　ブリュッセルの選挙区分離の問題──これが重要。
②今後の見通し
　連邦の基盤が弱くなるのではないか──そのとおり。
　　ワロンはそれを心配してもっと連邦を強くしたい。
　　例：ブリュッセル空港の騒音問題
　滑走路の方向で対立─→中央に移したらよい。
　　フラーンデレン共同体の地域─→環境問題はフラーンデレン共同体が決める。
　　　共同体は騒音に厳しい─→罰則。
　だが経営は中央政府。
　裁判に入っている。
　　政治家だけの問題でない──法律家だけの問題でない。
　　裁判長が決められる問題でもない。
　　事前に決める権限は連邦にない。
　仲裁院
　　付近の運動団体
　　　ブリュッセルの東の方はワロン・北の方はフラーンデレン。
　　　　─→裁判所も違う──言語の争いに巻き込まれてしまう。

2　共同体

(1) フラーンデレン共同体
　与党──3党
(2) 共同体・地域圏の出現と県（province）への影響・基礎自治体（commune）への影響

県のあり方

　　中央の権限移譲。

　　逆に共同体へ基礎自治体から引っ張る。

　分権化——はっきりした目標があるわけではない——少しずつやっていく。

　そのため市民は無関心。

　　交渉は数人だけでやる・市民の参加がない。

3　基礎自治体（commune）について

(1)大合併への評価

　1975年

　　現代社会では小さすぎた——→減らした。

　　選挙での対立。

　　　喜ばない人もいたが結構うまくいったのではないか。

(2)ワロンとの比較でフラーンデレンの基礎自治体の特色の有無

　基礎自治体——当時はまだ連邦政府の管轄下。

　　2001年に共同体に移った

　　　——→違う方向へ進む・差が出てくるかも知れない。

4　王制の将来

(1)国家の統合の象徴

　組閣——大統領と違いどちらかの人間でない——危機のとき王制があるから。

(2)民主主義の原則——王制は矛盾

　政治の邪魔にならないよう形があるだけだから。

　日本と違う。

　　妊娠中絶問題どう考えるか。

　国の象徴——→中央政府としかつながらない・共同体とは関係ない。

第Ⅴ章　実態調査から得られた知見

第1節　連邦レベルの問題

1　組閣の難航と政局不安

　ベルギーでは、国王は日本と同様「象徴」にすぎず、実質的権限はないとされるが、しかし日本とは違って絶対多数を握る政党もないこともあって総選挙後の組閣は形式的にせよ国王の指示に従って進められる。私たちの調査時点は、その年6月10日の総選挙から3か月前後たったところで、まだ組閣の先が見えていなかった。しかし、いろいろな人に聴いてみると皆覚めていて、あれは政治家だけが騒いでいるにすぎないだとか、年内に決まればよい方だとか、南北の対立が国家制度のあり方をめぐるものだけにお互いが妥協せず解決は困難だとか、うんと時間を掛ければよいとか、余り気にはしていない様子がうかがわれた。

　そして、結局年内には決着がつかず、暮の12月下旬にやむをえず総選挙で敗北した前首相の内閣をそのまま3か月間暫定政権として存続させることになったが、この任期切れの2008年3月下旬、ようやく第1党のキリスト教民主フランドル党（CD&V・N-VA）党主のイヴ・ルテルムを首相とする新政権が発足した。与党は、同党のほか、フラーマン自由党（open VLD）、フランドル社会党―フランドル進歩党（SP.A-Vlaams Progressieven）、改革運動（ワロン系自由党、MR）、ワロン系社会党（PS）、人道的中道民主党（cdH）が参加した連立政権だった。ところが、この政権は内部対立が深刻で、わずか3か月後の7月に総辞職に追い込まれたが、このときは国王が総辞職を認めなかった。このため、内閣は命拾いをしたが、破綻は早くも半年足らず後の12月中旬にやってきた。折からの世界的な金融危機がきっかけとなったのである。

第Ⅴ章　実態調査から得られた知見

　ベルギー最大の銀行は、ベネルクス3国共通のフォルティスで、9月に実質国有化されたものの金融危機で経営難に陥り存続できなくなり、フランスの金融大手BNPパリバへの買収計画が進められていた。だが、この買収に反対のフォルティスの小口株主の一部が、事前に知らされていなかったことを理由に訴訟を起こし、その控訴審の判決が12月12日に出され、株主側の主張を認めて売却の65日間凍結を命じた。ところが、18日にロンデルス最高裁判所長官から国会へ異例の書簡が送られた。それによると、この裁判に対して首相側近を含む政府当局者から政府に有利な判決を出すよう不当な圧力が加えられたとのことだった。これが明らかになると、BNPの株価は一挙に暴落し、野党は首相の辞任を要求、遂に22日総辞職をよぎなくされた。

　この結果を受けて、国王は元首相のウィルフリート・マルテンスに暫定政権の組閣を命じ、またも長引く組閣劇の第2ラウンドが始まるかと思われたが、今回は意外に早く決着がつき、2008年末ぎりぎりの12月30日同じキリスト教民主フラーンデレン党のヘルマン・ファンロンパウ下院議長がこれまでの中道5政党の連立による新政権を組織することになった。

2　連邦の弱体化と共同体・地域圏の強化

　実態調査を通じて極めて印象的だったのは、連邦政府の弱体化と、それと対照的な共同体・地域圏の強化であった。極端な意見は、共同体や地域圏への権限移譲が進み、さらに今回の総選挙で主張された連邦の独占する課税権の共同体への移譲までキリスト教民主フラーンデレン党主導の政権樹立で実現するようになれば、通貨もユーロに統一された以上もはや国家の存立意義はなくなるのではないかとまで断じていた。しかし、3月に成立した新政権は、この点を中核とする政治制度の改革をめぐりワロン系の与党の同意が得られず、僅か3か月余りで総辞職を決意せざるをえなくなり、このときは国王の拒否で辛うじて続投となったのであった。したがって、当面これ以上に連邦弱体化が進むとは考えられないが、現状でも、以前は連邦の権限に属していた基礎自治体への監督権が地域圏に移され、それを県に委任するといっ

た事例の指摘がしばしばあった。また、県知事の任命権も連邦から共同体に移され、連邦は推薦をするだけとなったのは、やはりその変化を象徴するものといえる。

3　各級選挙の時期のズレの影響

　ベルギーの各級選挙は連邦全体でそれぞれ統一した日に一斉に実施される。だが、議員の任期は連邦議会は4年、共同体・地域圏は5年、県と基礎自治体は6年とそれぞれ異なっており、また直近の選挙は連邦が2007年、共同体・地域圏が2004年、県と基礎自治体が2006年と時期がずれていて、しかも全てがフラーンデレンとワロンに分裂した同一の諸政党の候補者名簿に対する選挙のため、最近の政治的変動の激しい時代にあっては、その時々の民意にはかなりの変化が見られる。これは、もちろん日本でも同様だが、ただ地方選挙が日本のように都道府県も基礎自治体も原則として政党とは無関係な個人候補者に対するものとは違って、地方まで政党化が進行しているため、この選挙結果のズレが政府間関係に時に大きく影響することになるようで、時折その点に関わる指摘があった。

　この政党化の全レベルでの進行は、いま一つ日本では実現困難な女性議員の大量輩出を各級議会にもたらすことになった。これは、北欧諸国や南欧でも同様で、男女平等を制度的にも実質的にも達成した土壌を前提に、ベルギーでは政党候補者名簿の記載にも男女同数を保障する"by one"制度を採用できるようになったことによる。ただ、ベルギーでは、連邦政府の場合閣僚の女性比率は北欧諸国に比してまだ著しく低い。

第2節　県レベルの問題

1　県の将来像

　3分の1世紀前の連邦化に伴う共同体と地域圏の出現により、連邦の弱体化もさることながら県の受けたマイナスの影響は深刻であった。これは、日本でももし仮に近い将来何らかの形で道州制が実現するとなると都道府県が

第V章 実態調査から得られた知見

被る影響を大いに示唆するものがあるといえよう。例えば、これまで県が所管していた幹線道路の建設維持管理が全て共同体・地域圏に吸い上げられ、県には僅かな県道のみが残されたにすぎない。しかも、日本と同様に、大規模な基礎自治体合併を強行して弱小基礎自治体が減少したことにより、相体的に県の補完的機能の必要性は薄れ、この面からも県の存在価値が問われるようになった。すでに、基礎自治体に対する監督権は連邦から共同体・基礎自治体に移され、県はその中から予算（予算・会計）と人事（職員の身分・給与）を委任されているにすぎない。さらに、EUとの関係でも、県の存在意義は否定され、危機に直面している。これは、EUが、一方でヨーロッパ自治憲章からもうかがわれるように、基礎的自治体を尊重するとともに、他方でそれぞれの国家レベルを飛び越して新たに出現した地域圏と直接対応するようになったことによるものである。

ただ、そのような県の機能の縮小や役割の低下の進展にもかかわらず、調査した各県では、なおとりわけ弱小基礎自治体への補完的機能は存在意義があると強調していた。合併後でも依然として自前では道路建設をするだけの技術も財政力も持たない所があり、県の援助は不可欠とのことであった。

2　県の合併問題

県の将来像とも密接に関連するものとして、各県で、県同士の合併の可能性の有無を尋ねてみたが、いずれも否定された。これは、日本の場合は、これまでも道州制への代替物として時折提唱されてきたが、もちろん両国間には決定的な条件の違いがある。後述するように、ベルギーでは各県が面積や人口規模などかなり平等で、日本のように一極集中や各府県間の大きな格差は存在しないことが、その理由の一つに挙げられた。（ただし、実際にはフラーンデレン5県中4県は人口100万人台で1県だけ78万人で最大格差は2倍ちょっとだったが、ワロンは100万人台は2県で後の3県は20万〜40万人台でかなり格差があった）また、逆に、独自の歴史を持ち、言語もそれぞれほぼ県単位で違っていたことも指摘された。さらに、県ごとに大きな性格の

第2部　自治体現地調査報告

違い、例えば工業中心か、観光中心か、農業中心かなどがあり、これも合併の機運を生まない原因とされた。

　これは、もちろんフラーンデレンとワロンの言語境界線を越える場合の難しさは容易に想定できるが、さらに両地域内でもそれぞれ独自性があることを意味している。要するに、この合併問題は、基礎自治体と県とでは全く事情を異にしているのであり、それはまた基礎的自治体とは違って中間団体の県の場合は、その区域と乖離するに至った機能は、より広域の国や共同体・地域圏に、またより狭域の基礎的自治体に移すことが比較的簡単なことにも起因していると思われる。

3　県知事の性格

　いま一つ県知事の二重性格も目につく。ベルギーでは、県知事は国王により任命されてきたが、現在はフラーンデレンでは共同体政府、ワロンでは地域圏政府の任命に変わった。また、最近までは中央官僚の最後のお努め・「上がり」とされてきたようだが、ナミュール県では地域圏議会議員だった42歳の知事が誕生、幾分変化が起こっているようにも感じられる。だがともあれ、その性格自体は不変で、行政機関ではなく、共同体や地域圏の代理人として議会や執行機関の常任理事会の会合に出席してそれへの監視役を務め、違法・不当な議決や執行などについては直接拒否権を行使したり、共同体や地域圏政府への報告を行ったりしている。したがって、その給与は、他の行政職員同様共同体・地域圏政府によって額等が決定される。こういった県知事の国王の代理人あるいは国家代表としての性格は、日本の明治憲法下の知事とも似通った点があるが、西欧諸国では意外に多くの国がこの二重の性格を持っていることが分かる。この二重の性格を有する国を挙げてみると、県議会互選の議長が知事を兼ねるスペイン、1993年から直接公選とはなったがイタリア、国の任命のフランス、広域のランスティングに国の行政区域のレーン府を併設してその長官に高名の政治家などを政府が任命するスウェーデン、ベルギー同様国の官僚である女王弁務官が任命されるオランダ、国の任

命のノルウェーがある。また、基礎的自治体の長が、ベルギーと同じ国の任命でやはり二重性格を持っている国としては、オランダ、ルクセンブルク、ノルウェー、ギリシャが挙げられる。

　この二重性格は、中間団体としての県あるいはそれに類似の自治体が元々国の行政区画であり、その長としての県知事が国から派遣されていたことによるもので、ドイツやオーストリアも同様だったが、この両国は第2次大戦での敗戦に伴う連合国の占領中に英米流の地方自治制度が導入されて姿を消したのだった。したがって、明治期に日本に導入されたドイツの制度は、これらいわゆる大陸系諸国共通のものだったといえる。

第3節　基礎自治体レベルの問題

1　大規模合併の評価

　ベルギーは1970年代後半に基礎自治体の大合併を行い、その数は約4分の1の589に減少したが、合併に先立ってパイロット基礎自治体を設け、その成果のうえに合併を進めるという慎重な姿勢を示した。日本の昭和大合併や平成大合併のように、突然国策や財政窮迫を理由にアメとムチで強制され、その場になって相手を探し、組合せが二転三転するといった場当たりなやり方はしていなかった。そして、合併に際して提示された判断基準は以下のとおりであった（「ベルギーの地方自治」CLAIR REPORT 212）。

①既存のパイロット基礎自治体の周囲で合併、その地理的経済的文化的な影響を考慮。
②地形的都市圏的なゾーンを構成する全要素を考慮する。
③基本的要素は住民の生活様式・思考様式・類似性とする。
④住居地域・緑地・工業地域・農業地域・商業地域が可能な限り調和的に含まれる。
　新たな基礎自治体の中心部にアクセスするための距離や交通手段も重要要素となる。
⑤各基礎自治体間でその中心部と関連市町村が距離的に離れる地方は農村

第2部　自治体現地調査報告

部合併のみとする。

⑥工業地帯は可能な限り同一自治体に再編成する。

この合併についての調査対象基礎自治体あるいは有識者の評価はまちまちだったが、特にマイナス評価の中に、これだけ慎重に事を運んだにもかかわらず、なおそれぞれ一体性が喪失したこと、住民と政治家との間の距離が遠くなったこと、周辺部ではほったらかされているという不満が強いこと、本来望ましい形の組合せとは異なってしまったこと、などの指摘があったことが注目される。これらはそのまま日本の場合にも当てはまる基礎的自治体合併共通の問題点といえよう。

なお、これだけ大規模な合併を行ったにもかかわらず、人口100万人近いブリュッセル首都圏を除けば、10万人以上は8市のみで、大合併しても県庁所在地の中心都市も大きくて20万人前後にすぎず、日本と比べると規模はかなり小さい。前述のとおり、調査対象2市は、リエージュ市が合併により7万人から20万人に3倍増、ナミュール市が3万人から10万人台にやはり3倍増となってこの8市の中に含まれ、しかもリエージュは第4位に位置するのである。

2　南北両地域の基礎自治体の相違

今回の調査に当たり、フラーンデレンとワロン両地域の基礎自治体の相違を想定して、特に前者の代表的な都市の一つでも二つでも訪問したいとアポイントメント獲得に努力願ったが、結局実現できなかった。もっとも、基礎自治体に関する法令は20世紀末まで連邦政府の管轄下にあり、両地域の共同体・地域圏に所管が移されたのは2001年になってからで、両地域の基礎自治体の相違はこれから現れるかも知れないが、現在のところそれはまだ顕在化していないのではないかとのことだった。だが、これまで詳しく論じてきた南北の政治的性格や状況のさまざまな大きな差違が、地方自治にもそれ相応の影響を及ぼしていることは想像に難くないので、この問題は今後に残された研究課題と考えたい。

あとがき

　著者がベルギーの政治、行政、地方自治に関する本書を執筆するきっかけとなったのは、まえおきで触れたとおり自身が発足以来会長を務めていた自治体国際化協会の比較自治研究会で同国の実態調査を担当したことにあった。

　こうして、2008年度前述の４部会の対象外のベルギーとオランダを実態調査することになった。そのいきさつを述べておくと、第１に、特にベルギーは面積わずか３万2547km²、人口1100万人少々の小国にすぎないが、ここ３分の１世紀の間に、フランス南欧部会の研究対象のイタリアやスペインと軌を一にして連邦化が進み、しかも本文中で触れたとおり比例代表制に特有の多党分立と相まってワロンとフラーンデレンという南北間の深刻な民族的対立がこの年６月の総選挙で頂点に達して組閣が難航、191日間の後ようやく暮れに３か月の暫定内閣が成立したという政治事情があって格好の研究対象が現出したことにある。なお、この総選挙後の組閣の難航は、これも記述したとおり2010年６月13日の総選挙後はさらに深刻で、世界最長記録といわれた１年半（541日）も続いた。

　また第２に、そのような事情から座長会でその研究を提案したところ、まえおきでも述べたようにどの部会のメンバーも研究対象を広げる余裕はなく、それこそ会長自ら手掛けよと反論されてしまったことによる。まさに後述のようにベルギー憲法もアメリカ合衆国やカナダと同様連邦と州の権限配分の結果その間隙に生ずる新たな課題は、余剰権力として連邦の権限・責任に帰するのに似て、どの部会にも属さない国は会長にということになったわけである。幸い、1971年最初の世界一周の長期調査旅行の際、パリからブリュッセルまでのインターシティ列車で子ども連れの夫人と相席となった初対面の著者を翌日ゲントの自宅に招き、ベビーシッターに１歳から５歳までの娘さん３人を預け、英語で案内ができるからとフランス国境沿いのワロン地域から夫人の商社マンの兄を呼び寄せて終日ゲント、ブルージュ、クノッケなど

471

の見物をさせて貰い、昼にはゲント一のレストランでフルコースの食事を振る舞ってくれたのから始まり、夫婦がお互いにファーストネームで呼び合うほどの知遇を得たベルギー人のゲント大学医学部教授Harko & Lieve van Egmond夫妻の招きで、それから著者夫妻は無慮10回に達する同国訪問とその国内旅行（彼らは国内に限らずヨーロッパ各地に足を伸ばしてくれた）を体験していて、強い親近感を抱いていたこと、また日本には若干のベルギー研究者はいるが遺憾ながらその地方自治や地域主義の適当な研究者は当時は現役を退いた下条美智彦教授ら二三の方以外見当たらなかったことから、やむをえず私が引き受けることにした。ただもうこのとき既に後半年で傘寿という高齢の身であり、各地の一人旅は無理だったが、やはりまえおきでも触れたとおり都合よく愛弟子の当時コモンウェルス部会に所属していた馬場健教授（当時は准教授）が半年の予定でロンドンに私費留学していたので、全面的に彼の力を借りることができた。それこそ、丸2週間のインタビュー相手のアポイントメント取得、宿や通訳の手配、参考文献の購入、さらには連日の車の運転まで全てを献身的にやってくれたお陰で無事実態調査を終えることができた。また、この調査旅行には岡田彰拓殖大学教授も私費で同行して馬場君を補佐して頂いたことを感謝を込めて記しておきたい。

　ところで、私のベルギーの地方自治に関する実態調査報告は、各県（province）や基礎自治体に対する事前の質問事項への回答がいずれも大量のうえ、オランダ語とフランス語ばかりなので時間を掛けて仕上げることにしたこと、さらに共同体・地域圏のインタビューはワロンだけ自治担当大臣が応じてくれるはずだったが訪問直前に当方の訪問不可能な時間帯に変更してきたため断念したこと、したがってこのときは全て文献を中心に若干の現地での見聞を交えて執筆せざるをえなかったことを断っておく。

　それにしても、1971年から翌年に掛けて私が最初に世界一周の調査旅行に出掛けた当時は、ベルギーは日本からは「遠い遠い国」だった。その後数年経って3度目かに前述のEgmond夫妻に日本へ来てみないかと誘ったら"far, far east"という言葉が返り、また「貴方はいつも浴衣や日本人形な

あとがき

どいろいろ珍しいものを土産にくれるので子どもたちは夢の国の王子様と呼んでいる」と話してくれたのが忘れられない。それくらいだから、ブリュッセルの博物館では、「日本の部屋」には何と笙・篳篥と古色蒼然たるひな人形（それも三段重ねの内裏や５人囃子は半分しかおらず並べ方もでたらめ）に恐らく幕末か明治の初めの若い女性の着物姿の写真が１枚添えてあっただけで、日本大使館は何をやっているんだと憤慨した。しかし、私も大きなことはいえず、ベルギーについての知識は２度の大戦でドイツ軍に蹂躙されたこと、フラーンデレン地方がかつては素晴らしいタペスリーなどの織物の産地だったこと、明治の初めから鉄道車輌など鉄製品が輸入されていたこと、ブリュッセルを初めゲント、ブリュージュなどの素晴らしい都市があること、南にはアルデンヌの景勝が広がっている程度の知識しかなかったし、帰国して著者の勤務校成蹊大学の経済学部佐々木克巳教授（故人）から私のベルギーへの思い入れがことのほか大きいと聞いて上梓したばかりの『歴史家アンリ・ピレンヌの生涯』（創文社、1981年）を贈呈して頂き、初めて少し学んだにすぎない。だが、初めの頃先述のEgmond夫人に寿司の話をしたら生魚などまっぴらと怖じ気を震われたのに、その後しばらくして夫妻が著者たち夫婦を寿司屋で接待してくれたし、成人した子息の夫妻が飼っていたのは秋田犬だったのを見ても日本はもはや"far, far east"でなくなっていたようだった。そして、日本の側でも、学界での発表テーマで見ても、ベルギーの研究者が増えているのは確かで頼もしい限りである。

2016年４月

佐藤　竺

著者略歴

佐藤　竺（さとう・あつし）
1928年　東京都生まれ
1951年　東京大学法学部政治学科卒業
現　在　成蹊大学名誉教授
　　　　公益財団法人地方自治総合研究所顧問
　　　　日本行政学会・日本地方自治学会各顧問

主要著書『日本の地域開発』1965年（未来社）
　　　　『現代の地方政治』1965年（日本評論社）
　　　　『転換期の地方自治』1976年（学陽書房）
　　　　『川崎市議会史第二巻』1986年
　　　　『地方自治と民主主義』1990年
　　　　『川崎市議会史第一巻』1991年
　　　　『武蔵野市百年史Ⅲ』1998年
　　　　『武蔵野市百年史Ⅳ』2000年
　　　　『武蔵野市百年史Ⅱ』2002年
　　　　『日本の自治と行政』上・下2007年（敬文堂）（自治総研）
　　　　（翻訳）P・フェフナー著『ドイツの自然・森の幼稚園』2009年
　　　　　（公人社）（自治総研）

自治総研叢書 35

ベルギーの連邦化と地域主義
―連邦・共同体・地域圏の並存と地方自治の変貌―

2016年9月25日　初版発行　　　定価はカバーに表示してあります

　　　　　著　者　　佐　藤　　　竺
　　　　　発行者　　竹　内　基　雄
　　　　　発行所　　株式会社　敬　文　堂
　　　　　　　東京都新宿区早稲田鶴巻町538平成ビル101
　　　　　　　東京(03)3203-6161代　FAX(03)3204-0161
　　　　　　　振替 00130-0-23737
　　　　　　　http://www.keibundo.com

ⓒ2016, Atsushi Sato
Printed in Japan　　　　　　ISBN978-4-7670-0218-7 C3331

印刷／信毎書籍印刷株式会社　製本／有限会社高地製本所
カバー装丁／株式会社リリーフ・システムズ
落丁・乱丁本は，お取替えいたします。

既刊・自治総研叢書シリーズ（1～34）

1	澤井　勝　著	変動期の地方財政	3,883円
2	辻山　幸宣　著	地方分権と自治体連合	3,107円
3	古川　卓萬　著	地方交付税制度の研究	4,000円
4	今村都南雄編著 地方自治総合研究所監修	公共サービスと民間委託	3,300円
5	横田　清　著	アメリカにおける自治・分権・参加の発展	3,300円
6	古川　卓萬　編著	世界の財政再建	3,300円
7	島袋　純　著	リージョナリズムの国際比較	3,500円
8	高木　健二　著	分権改革の到達点	3,500円
9	中邨　章　編著	自治責任と地方行政改革	3,300円
10	今村都南雄　編著	自治・分権システムの可能性	3,300円
11	澤井　勝　著	分権改革と地方財政	4,000円
12	佐藤　英善　編著	新地方自治の思想	4,000円
13	高木　健二　著	交付税改革	3,000円
14	馬場　健　著	戦後英国のニュータウン政策	3,000円
15	高木　健二　著	2004年度年金改革	2,800円

16	人見　　剛 著	分権改革と自治体法理	3,500円
17	古川　卓萬 著	地方交付税制度の研究Ⅱ	3,300円
18	久保　孝雄 著	〔戦後地方自治の証言Ⅰ〕 知　事　と　補　佐　官	2,500円
19	打越綾子 内海麻利 編著	川　崎　市　政　の　研　究	3,800円
20	今村都南雄 編著	現　代　日　本　の　地　方　自　治	4,300円
21	佐藤　　竺 著	〔戦後地方自治の証言Ⅱ−1〕 日本の自治と行政（上）	3,000円
22	島袋　　純 著	〔戦後地方自治の証言Ⅱ−2〕 日本の自治と行政（下）	3,000円
23	光本　伸江 著	自　　治　　と　　依　　存	4,000円
24	田村　達久 著	地方分権改革の法学分析	4,500円
25	加藤芳太郎 著	〔戦後地方自治の証言Ⅲ〕 予　算　論　研　究　の　歩　み	3,000円
26	田中　信孝 著	政府債務と公的金融の研究	4,500円
27	プルネンドラ・ジェイン著 今村都南雄監訳	日　本　の　自　治　体　外　交	4,000円
28	大津　　浩 編著	地方自治の憲法理論の新展開	4,000円
29	光本　伸江 編著	自　　治　　の　　重　　さ	4,000円
30	人見　　剛 横田　　覚 編著 海老名富夫	公害防止条例の研究	4,500円
31	馬場　　健 著	英国の大都市行政と 都市政策 1945 − 2000	3,000円

32	河上　暁弘　著	平和と市民自治の憲法理論	4,200円
33	武藤　博己　編著	公共サービス改革の本質	4,500円
34	北村　喜宣　編著	第2次分権改革の検証	4,500円

価格は税別です。